财富
聚变时代

THE ERA OF
Curate the Wisdom in Counter-Cyclical
and Critical Thinking
WEALTH FUSION

发掘逆周期的
生存智慧

陈宁迪 著

中国出版集团有限公司
研究出版社

图书在版编目（CIP）数据

财富聚变时代：发掘逆周期的生存智慧 / 陈宁迪著 .— 北京：研究出版社，2025.6.

ISBN 978-7-5199-1918-4

Ⅰ . F275-53

中国国家版本馆 CIP 数据核字第 2025JX8600 号

出 品 人：陈建军
出版统筹：丁　波
责任编辑：杨　猛

财富聚变时代：发掘逆周期的生存智慧

CAIFU JUBIAN SHIDAI FAJUE NI ZHOUQI DE SHENGCUN ZHIHUI

陈宁迪　著

研究出版社 出版发行

（100006　北京市东城区灯市口大街 100 号华腾商务楼）

北京汇瑞嘉合文化发展有限公司　新华书店经销

2025 年 6 月第 1 版　2025 年 6 月第 1 次印刷

开本：710 毫米 ×1000 毫米　1/16　印张：21

字数：331 千字

ISBN 978-7-5199-1918-4　定价：78.00 元

电话（010）64217619　64217652（发行部）

版权所有·侵权必究

凡购买本社图书，如有印制质量问题，我社负责调换。

序 言

财富聚变的时代，如何发掘逆周期的生存智慧？这是一个很宏大的话题，也是每一个财富拥有者和守护者必须直面的问题。

1971年美元和黄金脱钩后，货币便挣脱了黄金枷锁和所有束缚；2008年金融危机时，美国初尝"禁果"，享受到超发货币的快感；2020年新冠疫情来袭，本来只是短暂的信用冻结，对美国经济来说只是一场"小感冒"，但是美国政府再次开动印钞机"撒钱"，引发了严重通胀，至今都没有恢复正常。当信用货币的源头失去了节制，财富的守护就变得异常艰难，而这一切在1971年信用货币诞生的那一刻就注定了。

我刚开始进入金融行业的时候，以为金融只是金融。而当我深入研究了金融体系的表象和内里后，才发现金融的背后是经济基础和逻辑；再研究经济后，发现经济和政治从不分家，这个学科在一开始就叫"政治经济学"。于是我开始研究政治，发现人类只能去历史中寻找答案，而我在烟波浩渺的历史中发现所有决策的背后都是人性的力量。我突然发现，人性和人类的决策不过是大脑突触释放的电信号，突触将神经元相连构成的神经网络就是智慧的源泉；于是我们创立了突触科技，我们相信人工智能（AI）和金融的未来必将在神经网络的土壤上交汇。

本书是我 2022 年以来发表在德林控股公众号、财经媒体等不同地方的文章精选。梳理这些文章本身也是一个二次创作的过程，让我有机会从一个旁观者的角度审视自己的思想历程。即便一些文章对未来的判断有不准确的地方，但是因为文章清晰地展示了我当时的思考过程，最后都予以保留。我认为这正是思考的价值，也是记录的意义，更是进步的过程。我相信对读者也有所启发和帮助。

我在金融行业已经二十多年了，德林成立也有十几年了。我们清楚地知道并且完整地经历过市场的周期，我们更知道技术性的投资方法往往随着市场环境的改变而迅速失效，没有百战百胜的投资公式，也没有一劳永逸的投资模型。所以，本书不是直接教读者如何进行资产配置，而是想揭示更基础、更具持久性的财富运行逻辑，只有理解了财富流动的内在逻辑，才能真正立于不败之地。

在梳理本书的过程中我始终面临一个挑战：如何把现实的复杂和投资的直观进行结合。读者可能会在书中发现一些表面上看似矛盾的判断，例如美国国债的严峻性与美元体系的韧性并存；中国经济增长的潜力与结构性矛盾同在。这些看似矛盾的观点恰恰反映了经济现实的多元性和复杂性，而每一次投资决策都必须通盘考虑客户需求，比如资金使用期限、流动性压力、客户预期、政府政策的变化，等等。财富的逻辑正蕴藏在这些复杂却又辩证的关系之中，散发迷人的光芒。

在书中，读者既能看到明朝的白银泛滥、治理危机和财政困局，也能看到拿破仑在执行大陆封锁政策期间因为不懂经济规律而错失遏制英国的最佳时机；既能看到我们为中央建言献策，希望中国也能引进美国的"401K"计划来提振股市、分享收益，也能看到我对"一带一路"倡议的期许和赞叹，中国一路向西可以打开更大的世界格局。

在书中，我对美国房地产市场穿越周期的长期韧性予以肯定，也对 2022 年以来利率上升对房地产的压制和负面作用进行了详细分析；我对中国在科技领域实行的开源策略高度认可，也详细介绍了美国的互联网公司是如何把开源当成工具，"玩弄"世界于股掌之中。

在书中，我们梳理出全世界的精英是如何通过垄断知识、垄断财富来统治民众，也同样梳理出当财富分配恶化到极点后社会暴力重组、财富消灭的可怕之处；当我领略到泰勒·斯威夫特通过世界巡回演唱会享受全球化的红利时，我也同样看到了美国民众在全球化浪潮中失去高收入职位，从而让美国社会陷入严重的两极分化。

这就是纷繁复杂的世界本身，了解世界是认知财富的第一步，这些表面上毫无关联的历史事件和当代经济现象，实际上都是同一套财富流动规律在不同时空背景下的具体体现。财富聚变的新时代已经开启，这是每一个财富拥有者和守护者必须直面和认真思考的问题。

愿本书能为读者提供一个透视财富的独特视角；

愿德林能为客户筑就一个守护财富的价值港湾。

最后，我要感谢德林控股的合伙人艾奎宇，在他的强烈建议和大力支持下，本书出版工作得以快速推进。还要特别感谢德林新经济研究院执行院长郎咸平教授，我们之间很多学术观点的碰撞为本书增色不少。最后，感谢德林新经济研究院的马行空、何铭宇、王文杰、徐广泽等同事在数据搜集、图表整理和文字润色等方面的卓越工作。本书是德林集体智慧的体现。

陈宁迪

德林控股董事局主席

2025 年 5 月 22 日

目录
Contents

序言 /I

PART.1 大国兴衰的底层逻辑 /001
    1. 帝国的生死密码 /003
    2. 当贸易成为战略武器：对拿破仑大陆封锁的反思 /021
    3. 精英统治的千年困局 /030
    4. 民粹时代的政治短命现象：能源费上限补贴能拯救衰退的大英帝国吗？/049
    5. 美国的下一场战争 /055
    6.《拜杜法案》启示录：科技冷战新形态 /065

PART.2 资本流动的终极动力 /069
    7. 美元和美债 /071
    8. 港元保卫战 /102
    9. 香港还是新加坡 /124
    10. 中国需要自己的"401K"提振股市 /139
    11. 地产：穿越周期的神药 /154
    12. 资本代价——美国的贫富悬殊 /207

PART.3　AI，中国的机会 /215
13. AI 的智能是如何产生的 /217
14. AI 如何帮助人脑扬长避短 /222
15. 代码开源：科技民主化还是大国新战场？ /228
16. 人形机器人的竞争——中美谁赢？ /239
17. 创新生态的竞争：香港如何成为国际创新科技中心？ /245
18. 香港的二次革命不能舍本逐末 /252
19. 中国崛起，一路向西 /260

PART.4　动荡年代的个体策略 /269
20. 是谁给行李箱装上了轮子？ /271
21. 新加坡：繁荣的背后 /275
22. 竞技体育背后的人性 /278
23. 新加坡繁荣的辩证思考 /283
24. 随笔：从威尼斯到米兰 /290
25. 漫步曼哈顿：老钱的秀场 /297
26. 日本：美国的附属品 /300
27. 日裔在美国："二战"中的财产被没收了吗？ /315
28. 再读《孙子兵法》/322
29. 动荡年代的坚定信念 /326

PART. 1

大国兴衰的底层逻辑

从海禁政策到大陆封锁，解码权力游戏的终极逻辑

　　经济基础决定上层建筑，明朝的贸易政策为我们勾勒出一幅鲜活的图景。从洪武海禁的铁腕封锁，到郑和七下西洋的壮丽篇章，再到隆庆开关的自由放任，明朝的贸易之路历经风雨剧变。之后，白银如潮水般涌入，曾一度催生大明市场经济的繁荣，江南大地甚至隐现工业革命的微光。然而，繁花似锦的表象之下危机四伏。江南文人官僚集团对商税的顽强阻挠使朝廷无缘商业盛宴的果实，但是白银洪流引发的通货膨胀严重侵蚀民生，加剧了贫富分化。崇祯帝在国库空虚之际向官员开口借贷无果，而李自成攻入北京后竟从官员家中搜出白银7000万两，是所需军饷的几十倍。这触目惊心的对比生动揭示了财富分配失衡如何成为强盛帝国崩塌的致命一击。

　　同样的财富分配逻辑，在拿破仑的"大陆封锁令"中亦留下深刻印迹。这场雄心勃勃的贸易战意在扼杀英国经济命脉，却因拿破仑"法国优先"的短视策略弄巧成拙。盟友因利益受损而离心离德，欧洲大陆率先陷入经济泥沼。封锁未能精准击中英国的粮食安全命门，反而让拿破仑在远征俄国的冰天雪地中折戟沉沙，帝国霸业烟消云散。这一历史教训穿越时空，在当今中美贸易摩擦中依然余音绕梁：若美国发动贸易战不能快刀斩乱麻、找准时机与战场，其后果恐将自噬其身。

财富分配的本质，根植于权力与知识的垄断。回溯过往，精英阶层凭借对知识传播的掌控，构筑起统治的坚固壁垒。中世纪西方的拉丁文《圣经》，仅教士可解其奥秘；东方的文言文，则将穷人隔绝于知识殿堂之外。直到古腾堡印刷术的横空出世，以及五四新文化运动的风起云涌，知识垄断的藩篱才被打破，社会变革的洪流随之奔涌。然而，互联网时代虽赋予知识获取前所未有的平等，却也孕育出新的悖论。算法驱动的个性化推送，悄然编织出"信息茧房"，将无数人困于自我认知的囹圄，预示着社会分层在新维度上的悄然加剧。

民粹政治对财富分配的粗暴干预往往事与愿违。以英国特拉斯政府的能源价格保障计划为例，这一政策无视经济规律，未能触及结构性症结，反而令财政雪上加霜。这无疑敲响警钟：财富分配的调整若仅为迎合短期政治诉求，而非立足经济可持续性，必将自食苦果。

从历史的视角俯瞰，美国发动战争的背后往往隐藏着清晰的经济脉络：高失业率、低通胀环境，以及白宫与国会同党共治。这一模式在朝鲜战争、越南战争及伊拉克战争中反复上演，为洞察未来地缘冲突提供了宝贵线索。而1980年《拜杜法案》的成功，则揭示了科技冷战的新范式。通过专利政策改革，将政府科研成果的果实让渡给大学，这一举措点燃了美国的创新引擎，催生了"美国创新、中国制造、全球销售"的全球化浪潮。它深刻证明，在科技角逐中，制度创新往往比技术突破更具颠覆性力量。

历史篇章交相辉映，共同谱写出一条颠扑不破的真理：财富分配的模式决定国家命脉。这一底层逻辑穿越古今，宛如明镜，为我们审视当今全球经济格局的变迁，提供了洞悉未来的钥匙。

1. 帝国的生死密码 ①

明朝留给我们无数的叹惜，郑和下西洋早于葡萄牙几十年，一次出行人数达 2.7 万人、200 多艘船，大的船只约 2000 吨，长 150 米宽 60 米，可载 2000 人；而哥伦布的船排水量 100 吨、几十个人，和郑和船队相比不及百分之一。隆庆开关（1567）后大量白银流入，明朝经济一片繁荣，几乎具备了发生工业革命的所有物质条件，但是事与愿违。

明朝中后期的经济史给我们提供了丰富的史料，以古鉴今，避免重蹈覆辙，可聊以宽慰后人之心。

明朝对外贸易的四个阶段经历了从政府垄断到放开民营的全过程。洪武海禁时片板不得下海，政府垄断朝贡贸易；郑和七下西洋为明成祖赚取超过 1000 万两白银，民间也以朝贡之名进行些私人贸易；嘉靖以后，民间贸易规模越来越大，海商（海盗）势力之大政府也无可奈何，于是终于迎来了隆庆开关，明政府承认私人贸易，并对他们收税。

1520 年以后日本发现多个银矿，1540 年美洲白银产量日渐提升。突然冒出来的白银和明朝被压抑的市场经济相结合，在中国江南地区打造了一片繁华盛世。中国市场经济的繁荣程度达到封建王朝历史最高，超过宋元。

随着白银成为主要的交易媒介，明朝政府接受了白银的货币地位。1581 年张居正的"一条鞭法"在全国推广，明朝经济的货币化程度再次加深，政府逐渐丧失了对居民的人身控制权，就连军队也从义务兵变成了雇佣兵。随着政府需要购买的服务越来越多，以及白银流入导致的通货膨胀，政府财政越发吃紧。但是政府商税收入却因为江南文人官僚集团的阻碍而无法增加，明神宗不得不派出内监直接收税，由此带来一系列严重问题。

市场经济高度繁荣，江南文人控制下的政府无法对商业收取合理的税负，导致贫富悬殊迅速扩大。本来历朝历代只有官员凭借特权兼并土地，明朝又

---

① 原文写于 2024 年 11 月 26 日。

多了一个商业富豪群体，这导致明朝的土地兼并超过了以前的任何朝代。江南大量商人富豪的生活堪比王侯，而农民已经开始易子而食。大量流民导致政府对户籍的管理完全失控，流民遍地。

福无双至祸不单行，万历后期中国气候显著变冷，农业收成锐减、草原冰封时间变长，北方出现大量起义军，后金也开始南下劫掠。内忧外患之下，明朝政府却依然收不起来商税，财政危机愈演愈烈，导致明朝迅速灭亡。明朝灭亡之前，崇祯8个月发不起饷银哭着向官员借钱，但是官员都哭穷不借。李自成占领北京后发现国库是真没银子，但是在官员、富商、宦官家中搜出7000万两白银。这不能不让人深思：大量白银涌入到底给朱明王朝带来了什么？

关于明朝为何迅速灭亡，历史学家给出了很多原因，包括皇权与阁权之争带来的宦官专权、财政危机带来的赋役征银和加派三饷、鼠疫传播带来的军力衰减、气候变化导致的粮食危机等。本书并不试图找到一个标准答案，我重点从明朝海禁到开放的过程分析其对经济的影响，以古鉴今。

对外开放让明朝经济迅速繁荣，经济繁荣又反作用于明朝的政治体制，包括财税体系、军队模式、皇权边界等等。而明朝的政治体制无法适应市场经济的迅速发展导致其无法应对社会危机而迅速灭亡。其中最重要的危机是通货膨胀危机和贫富悬殊危机，这在当时的条件下都无法解决。

1.1 对外贸易，四个阶段

- 洪武海禁（1368—1398）

1368年大明王朝成立，此时朱元璋同时面临两个方向的敌人：一是上百万元军主力撤回蒙古草原，同时控制山西、甘肃的扩廓帖木儿、辽东的纳哈出、云南的巴扎瓦尔弥仍效忠元朝，并随时准备策应元惠宗南下进攻明军，这是朱元璋当时面临的最主要军事威胁；二是和朱元璋一样的其他反元义军，其中势力最大的是方国珍和张士诚的余部，他们原本是海上的盐商，在沿海地区颇有实力，其影响范围除东南沿海方向外还包括山东、辽宁的沿海地区，而且同倭寇勾结经常上岸抢劫财货。为了避免两线作战，专心对付主要敌人（元朝），所以朱元璋最终选择了"片板不得下海"的海禁政策。

这一禁令还有另一个原因，即把对外贸易的权力和利益垄断在政府手中，以达到"禁海贾，抑奸商，使利权在上"的目的。整个洪武朝海禁是非常严格的。

- 郑和下西洋（1405—1433）

1405年朱棣以"清君侧"为名攻破南京，登基称帝，年号永乐（1403—1424），建文帝不知所踪。为了寻找建文帝的踪迹，同时肃清海上的反明力量，树立大明不可侵犯的国威，在朱棣的主导下，郑和开启了浩浩荡荡的下西洋行动。

郑和是宦官，是皇帝的服务人员，不是通过科举进来的政府官员，和郑和一起的是大量锦衣卫特务以及直接归皇上指挥的2.8万军人，他们由另一个宦官王景弘率领。举个例子，爪哇国内战，西爪哇误杀了170多个郑和的士兵，郑和没有因此兴师问罪，而是选择接受对方的谢罪。但是面对大明悬赏缉拿的海盗陈祖义，郑和收到信息就直接剿灭了对方5000多人，并焚烧其船只，生擒陈祖义回大明受审。陈祖义盘踞今天的印尼，巅峰时拥有战船百艘、攻打过50多座沿海城镇，称霸日本海、台湾海峡、南海和印度洋。因此郑和出行的目的非常清晰：肃清直接敌人，震慑潜在敌人，扬威海外，这样即便建文帝真的活着也难掀起风浪。

同时也不能忽视下西洋的商业目的。明成祖刚打完仗（靖难之役），赏赐三军、大封功臣，之后营建北京宫殿、远征越南，导致国库空虚。派郑和下西洋扩大朝贡贸易，除了获得奇珍异宝之外，获得大量黄金白银也是重要的任务之一。郑和下西洋以及各国贡使带进的货物，总值究竟有多少没有记载。田培栋根据永乐、宣德、正统、景泰、天顺各个时期的财政收支估计，郑和七次下西洋至少带来黄金20万—30万两，白银超过1000万两，是宋元市舶收入的十倍以上，这还未计奇珍异宝、香药、胡椒等[①]。

郑和下西洋是皇帝主导的行为，此时明朝政府仍然不允许民间进行海外贸易。但是随着朝贡贸易的扩大，私人海外贸易也在增加。尤其是跟随贡使

---

① 田培栋：《郑和下西洋的性质与所获财富的估计》，载《郑和下西洋研究文选》，海洋出版社2005年版，第270—272页。

或者以贡使之名进行的商业贸易规模越来越大,大量商人冒充贡使进行私人贸易,因为当时的海外贸易"牟利恒百余倍",导致实际上的海外贸易放松了很多。

- 时松时紧(1433—1566)

1433年七月初八,郑和第七次下西洋回归后,宣德皇帝颁布了一道严厉的禁海令,严禁海商走私,这一禁令一直持续到嘉靖末年(1566)。这130多年中,官方的海禁政策时紧时松。但是沿海人民的贸易热情却怎么也阻挡不住,因为海外贸易的利润实在太高了。在此期间海外贸易主要有以下几种形式:

(1)私自出海贸易。以下记载都来自《明实录》:正统年间(1436—1449)福建、广东潮州有私自下海去南洋通商的;成弘时期(1465—1505)有豪门巨室,造巨舰进行海外贸易;正德(1506—1521)、嘉靖(1522—1566)年间,澳门海面"居海外杂番,广通贸易",闽粤商人趋之若鹜。

(2)假扮朝贡进行贸易。1506年以前,官方的朝贡贸易都无需缴税。"两广奸民、私通番货,勾引外夷,与进贡者混以图利"。被官府抓到的有冒充西班牙的,有冒充日本的。

(3)海商和官府勾结,行贿以获得暗中保护。1547年,明廷都察院右都御史朱纨转任浙闽提督,因为任职期间秉公执法,处死了96名海盗(海商)而得罪了江南权贵,于是在朝中遭御史弹劾,并被革职,后被迫自杀。自杀前朱纨说:"纵天子不欲死我,闽、浙人必杀我"。

(4)海商和地方豪强勾结。地方豪强通常在官府有代理人,在家造远洋巨舰出海贸易。

(5)以海岛为据点,直接武装起来进行走私活动。嘉靖时期著名的海盗有汪直、徐海、陈东等。1553年三月,汪直勾结日本人入侵多个沿海地区,大肆劫掠,连舰数百,蔽海而至……滨海数千里同时告警。海禁政策已经到了不得不改的时候。

- 隆庆开关(1567—1644)

隆庆帝继位,准许私人出海贸易,史称"隆庆改元"(1567)。政府也意识到,只要让大家合法做生意,则"寇转而为商",不让做生意则"商转而为寇"。

从隆庆开关到明朝灭亡（1644）的77年是市场经济蓬勃发展的时期，大量中国商品涌向世界，带动社会经济高度繁荣，全球白银则大量流入中国。我们要重点讨论的就是这70多年白银大量流入后发生的事情。

1.2 白银流入，蓬勃发展

• **市场经济由小渐大**

朱元璋建立的明朝不同于宋元，明朝在1368—1500年，是一个主要依靠实物和劳役为主的国家财政体系，其极力压缩商品经济和货币交易的空间，对货币的需求很低。这一体制也被称为"洪武型经济制度"。

1500年以后，随着市场经济的发展，经济货币化程度不断提高，对白银的需求也越来越高。根据学者刘光临的研究，1480年明朝的货币需求在1300万—2000万两白银，到1550年前后货币需求已经上升到1亿两白银。

中国经济对白银货币的巨大需求和自身白银产量的供应严重不足，是促使海外白银流入中国的最重要驱动力。

• **国际白银流入中国**

日本白银生产与流入中国

1520—1540年日本发现多个银矿，1550—1644年日本的白银产量为2.1亿—2.5亿两。学者对于日本到底有多少白银流入中国估算的差距偏大，从5000万两到2.5亿两不等。

美洲白银生产与流入中国

1498年哥伦布"发现"美洲，16世纪40年代西班牙殖民者从开采黄金转向开采白银。1540—1600年美洲白银产量约1.7万吨（折合4.5亿两），1600—1700年4.2万吨，1700—1800年7.4万吨。

1550—1644年从美洲输入中国的白银数量有多少，学者估算在2000万两到2亿两，没有准确答案。

欧洲白银流入中国

中国和欧洲之间的白银流入估算更加困难，因为涉及复杂的转口贸易、居间贸易。学者们预计1550—1644年从欧洲流入中国的白银在3300万两到

5000万两。

明朝自身从1550—1644年的白银产量约1000万两，即便所有海外流入的白银都采用最低估算标准，明朝自身的白银产量占比也不到10%。所有数据都按照最低标准，则至少有1亿两白银净流入中国，学者们多数估算有2亿两。

大量白银流入让明朝经济蓬勃发展，繁花似锦。因为白银的出现解决了欧洲和日本对中国商品需求和他们支付能力之间的缺口，世界贸易借助白银得以蓬勃发展，让中国民间的繁荣程度超越宋元时期。

《金瓶梅》大致成书于万历十年（1583）左右，大家可以由该书一窥明朝县城普通商人的奢华生活，学者们所谓的资本主义萌芽也都是用这一时期的明朝举例。

1.3 市场繁荣，社会变革

- "一条鞭法"

1581年张居正把嘉靖初年已在福建、江浙等地施行的一条鞭法在全国范围推广和实施。推行"一条鞭法"的初衷是"并徭役、田赋与杂税为一条"，防止地方政府持续开征新的税项，以简化税制、增加政府收入。后世讨论的重点是，把实物地租、劳役统一折为银两意味着封建国家对百姓的控制减弱，有利于市场经济的发展，也说明明朝江南地区社会经济的货币化程度非常高。但是"一条鞭法"也意味着，将农民与政府分离并转交给手握大量货币的高利贷者，尤其是在市场经济不够发达的地方，"一条鞭法"造成了民众更重的负担。

另外，"一条鞭法"并没有改变明朝政府越来越缺钱的处境。南通地方志《州乘资》记录了地方政府在"一条鞭法"以外加派给农民的其他税项。这意味着张居正的初衷"不再给百姓增加税收"的美好愿望并没有实现。"一条鞭法"没有解放农民，而是解放了民间金融。同时，政府对白银的依赖也意味着明朝政府放弃了自秦以来所有政府都拥有的货币控制权，任由国际输入的白银主宰经济运行。

表 1.1：通州鞭外加派表

项目	银(两)	项目	银(两)
募兵军饷银	1010	赋役兵饷银	160
弓箭弦扣银	156	军器银	274
缮修银	100	清河麦折银	13
马夫工食银	131	杂支工费银	121
差夫银	111	懿安皇后表文银	25
解部于秋表银	1	民壮抽口银	374
邵伯驿馆支银	33	界首驿馆支银	48
广陵驿馆支银	127	铺司兵工食银	52
仪真驿轿夫工食银	123	仪真馆支银	366
南河工部吏书银	43	东宫表签银	2
贴科场银	9	木植供应银	7
丝额款外马夫工食银	756	丝额款外公费银	54
新增缮修款	30	伞扇轿乘银	3
公座费	2	漕运供应银	9
漕运旧缮修款	28	漕运新增缮修款	30
卷箱银	300	公费充饷银	300
清军厅公费银	4	学院供应银	54
苏家堰柳苇银	100	刑具银	2
修府署银	529	恤刑纸劄银	1
家火银	3	焰磨公费银	2
粮房复加募兵军饷款	205	岁会书册银	1
代征清河县麦银	20	漕院吏办衣服银	1
府仓麦米银	316	城操军舍银	239
口粮银	104	把门军舍银	194
大河徐稍石港军舍口粮款	573	廖角银军口粮款	265
民兵银	152	工科银	41
京库盐钞带闰银	7	绢丝价银	13
兵部柴薪银	7	协济大柳驿站马银	85
监犯口粮银	50	锡价银	17

续表

项目	银(两)	项目	银(两)
解官路费银	20	颜料蜡杂贴价银	265
操官路费银	20	礼房公费银	108
代印官输亢军器银	189	官目口粮银	340

来源：邵潜：《州乘资》"赋役"

货币（白银）替代徭役意味着自古以来国家对劳动力的支配权丧失。就连军队也从原来的"军户"，转变成了拿军饷的"雇佣兵"。由此导致了整个国家的财政压力越来越大。同期欧洲社会到此时都衍生出了以国债和税收为中心的现代财政和货币体系，但是明朝政府显然没有进化出这种能力，巍巍皇权也绝不会弯下腰找民间借钱（发债），皇帝可以直接收税！而且是越过原有的国家治理体系，由皇帝的奴仆（宦官）直接去各地收税。

- 内监收税

经济的货币化程度越高，政府和皇家购买服务的开支就越大。但是政府收入却因为江南文人官僚集团的阻碍无法增加。于是明神宗于1596年向全国派出矿监税使，不许内阁讨论、不许地方拒绝，直接代表皇帝建立了一套新的税收体制，叠加在原来的税收体制之上。

这一无奈之举带来严重的社会问题。一是宦官收上来的税都进了皇上的私库，而没有进入国库，根据1597—1606年的数据估算，大概是每年170万两（不计水晶、珍珠、纱罗、红青、宝石、人参、貂皮、琥珀等实物）；二是宦官本身的水平参差不齐，他们带着自己的下属、奴仆、家小分赴各地，取代了原本国家的征税体系后严重贪污腐化，交给皇上的银子大概只有10%—20%，剩下80%—90%都被各级官员贪污了。

明朝灭亡时，李自成在北京城的官员府中搜出来的白银数量达到7000万两左右。这是一个天文数字，前面我们估算整个1550—1644年流入中国的白银数量才1亿—2亿两而已。明朝国库每年收到的税银才500万两（按万历三十年至三十五年平均计算），如果这7000万两白银用来募兵，够打败李自成好几次。

矿监税使横征暴敛导致全国发生大量抗税事件，民变、兵变甚至官变时有发生。据学者不完全统计，矿监税使征税期间大概每年两次民变，而且以商人、工匠、作坊主、乡绅等新兴经济势力为主。

1.4 福祸相依，物极必反

● 通货膨胀

写作本书时，我看到无数中国学者说"明朝亡于通缩"，证据是政府收不上来钱。其他王朝末期（尤其是用纸币的宋元）通胀都是几千倍，而明朝没有出现这种情况，所以他们认为明朝亡于通缩。我们的历史学者和明朝一样不愿意睁眼看看外面的世界。

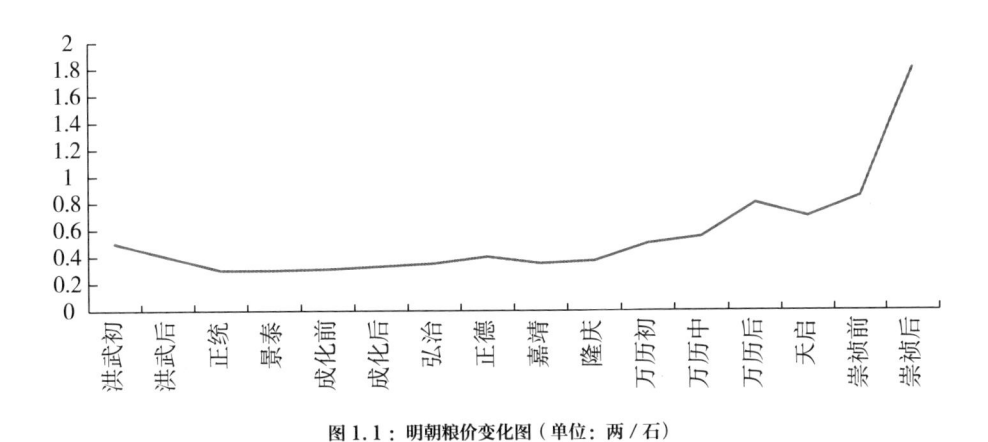

图 1.1：明朝粮价变化图（单位：两/石）

来源：王裕巽：《试论明中、后期的私铸与物价》，载《中国钱币》，2001年第3期。

从图1.1可知，从明初到隆庆开关，明朝粮价基本是0.4两白银/石。隆庆开关（1567）后一路上涨到1.8两/石，上涨了3.5倍。这是我国历史学家眼中的通缩，你要知道这是用白银计价，不是纸币。看看同时期的欧洲，他们和明朝一样也是用白银（和黄金）做货币。

在欧洲，1500—1660年西班牙商品价格上涨了300%，英格兰商品价格上涨了350%。欧洲把这段时期称为"价格革命"。它导致欧洲经济结构发生巨大变化，物价上升让收取固定货币地租的封建庄园主破产，工商业资产阶级通过贸易和制造业积累了大量财富。因价格革命导致的经济压力和社会阶层变动引发了英国的清教徒革命（1642—1651），最终削弱君主权力，推动英国向现代民主制度发展。

图 1.2：价格革命时期英格兰商品价格

来源：[美] 大卫·哈克特·费舍尔著：《价格革命：一部全新的世界史》，X.Li 译，广西师范大学出版社 2021 年版。

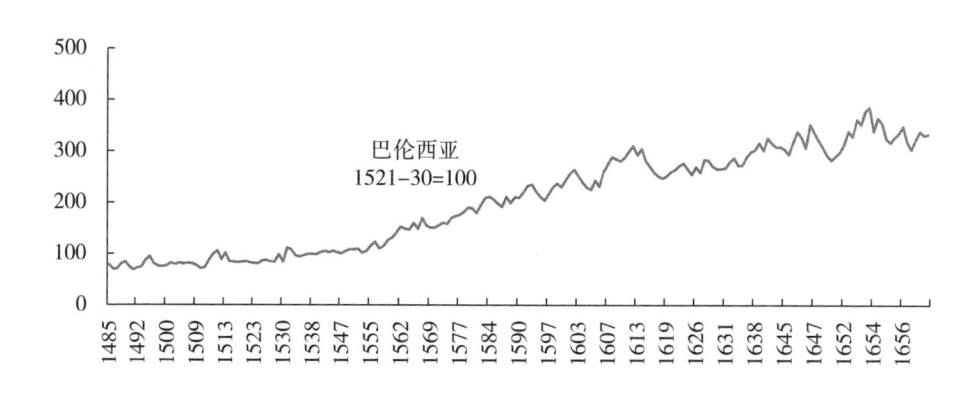

图 1.3：价格革命时期西班牙商品价格

来源：[美] 大卫·哈克特·费舍尔著：《价格革命：一部全新的世界史》，X.Li 译，广西师范大学出版社 2021 年版。

欧洲价格革命发生之际，明朝粮价从 0.4 两白银 / 石的价格涨到约 1.8 两白银 / 石，比同期的英格兰还高。英格兰因此发生了资产阶级革命，明朝因为缺钱而派内监收税加速了自己的灭亡。因此不要再说明朝亡于通缩了，明朝实则亡于通胀、亡于江南文官集团阻止征收商税！

● **贫富悬殊**

明朝进入隆庆、万历时期后，和国际白银流入同时发生的是社会加速两极分化。以往的中国王朝晚期通常是官僚群体占有的土地越来越多，而明朝除了官僚群体外还新增了一个商人群体。

官僚群体的致富手段主要靠门生故吏的经营，凭借权势逃避纳税义务。张居正也承认："江南豪家田至七万顷，粮至二万，又不以时纳。"最后税款都转嫁到了小民头上。张居正自己家里也有8万亩土地。大学士严嵩在北京附近有庄田百余所，在他老家袁州一府四县的田地，70%属于严家。

明朝最重大的变化是市场经济的兴起，中国江南又有了一批新富人。他们的致富方式主要有三种：一是经营手工业，主要是棉纺织业；二是最先从种粮改种经济作物发展商业农业的一批人，包括种棉花、种甘蔗、种烟叶、种桑树。而且那时已经有生态农业，把沼泽开垦后，上面养猪、旁边种菜、坑下养鱼等。三是商人。这三类富人非一家一户，在中国江南几乎遍地开花。

客观上，这两类群体的出现加速了明朝的贫富悬殊，产生了大量流民。因为很多商人有钱以后也会买房置地，这导致明朝中叶以来土地兼并规模之大，"超过了以前任何时代"[1]。

农村贫富两极分化各朝各代都有，但像明代中后期涉及层面如此之广、贫富差别如此之大则是前所未有的。归有光说："江南富家豪民兼百室之产，役财骄佚、妇女、玉帛、甲第、田园、音乐。拟于王侯，故世以江南为富，而不知其民实贫也"。张居正改革后，在灾变面前江浙一带的农民已有"易子而食"[2]的现象了。

明代中后期政府对户籍已经完全失控，流民遍地，全国各地佃户、雇工、奴仆、无业游民剧增，以至于嘉靖、隆庆时政府的户籍登记只能抄过去的记

---

[1] 翦伯赞主编：《中国史纲要》第3册，人民出版社1965年版，第187页。
[2] 1587年"邑大旱，萍藻尽枯，明年民大饥，有易子而食者，有以妻易数饼者，有饥不可忍牵手就溺者，有潜身义冢食新死胔者，有烹亲罐中为逻卒擒报者。及有司设法赈济，无济于事。"雍正《分建南汇县志》卷十四·救荒，转引自张德二主编：《中国三千年气象记录总集》（第2册），凤凰出版社、江苏教育出版社2004年版，第1271页。

录。我们看到一个经济繁荣、官商富贵、政府无能、民不聊生的晚明王朝，稍有风吹草动便左支右绌。

1.5 危机袭来，谁救大明

● 气候危机

万历后期至天启年间中国气候显著变冷，北方风沙壅积日甚，旱灾逐年增多，农业收成锐降[①]。

史籍中相关记载也很多，1600年浙江嘉兴、嘉善，冬运河冰冻。1601年畿辅八府及山东、山西、辽宁、河南荒、旱、霜。1602年中原多水，南方多冬雪。1604年北京、保定、辽东、山东、陕西、凤阳报水旱灾。1606年全国多水。江苏淮安等县正月雨雪甚。海南琼山冬大寒，百物凋落，六畜冻死。1607年全国多水，安徽太湖，冬，水结冰。1608年秋自江淮以北如陕西、河南等地，旱魃为虐，赤地千里。1615年广东大埔又雪，摧木折枝。1616年，浙江正月大雪二到三尺。1618年，上海嘉定正月十日大雪，江苏常熟元旦，雪深三尺。1620年冬至1621年春，安徽、江西、湖北、湖南4省出现长达40余日的冰雪天气，汉水及洞庭湖封冻可行车马。

这样的灾害天气持续肆虐，一直持续到清初，史称"明朝小冰河时期"。也正是这样的大寒天气迫使东北的努尔哈赤于1618年起兵反明，南下劫掠！

● 农民起义

天气变冷压缩了东北的努尔哈赤的生存空间，张居正的货币化改革又把北方贫穷之地的农民逼成了流民大军，农民起义军有了源源不竭的新生力量加入。1588年（万历十六年），"一条鞭法"在全国实施7年后，安徽、江西、湖北交界处爆发刘汝国领导的农民起义；1589年、1599年、1604年、1606年、1622年广东、浙江、福建、南京、山东均有大规模的暴动。1627年，陕北澄县饥民暴动，李自成后来加入其中，并最终推翻明朝。

明初实行军户制度，朱元璋自豪地说："吾养兵百万，不费百姓一粒米。"原因是政府拨给军户土地，军户要出人当兵并负责军队的相关劳役。军人到

---

① 葛全胜等著：《中国历朝气候变化》，科学出版社2011年版，第566页。

部队服役时也有种田的任务。而军官为了发财,侵占军屯,使正规军耕田,士兵变成了农奴。明朝建国70年后(1438),逃亡官军竟达163万,占在籍军官的一半以上。而且军中职位也是世袭的,军官一般15岁袭职、60岁退役,这种模式也导致战斗力下滑。1449年明英宗率50万大军亲征蒙古瓦剌部(兵力9万),在土木堡一战即溃,自己都当了俘虏。

嘉靖年间(1522—1566),倭寇进犯沿海,一支70多人的日本浪人队伍竟能窜犯千里直达南京。戚继光募来几千士兵,组成一支能战的"戚家军",才打败了倭寇。到隆庆初年,浙江沿海募兵已占近70%。原有的军户制度早已在货币化浪潮中崩溃。募兵带来的军饷制度更增加了政府的支出,朝廷的财政困难反过来影响了军队建设,因为朝廷总是遇到战事才紧急招兵,战事停止则匆忙裁员以节省费用。

- 执政危机

明朝的执政危机体现在两方面。

一是制度设计,明太祖取消宰相后,六部没有名义上的首领,六部尚书直接对皇帝负责(内阁相当于皇帝的秘书处),皇帝一旦懒政便会大权旁落,皇帝想要做事也只能依靠比官员更忠心的太监,因此明代宦官专权为历代之最。

二是防范江南文人集团带来的内耗。江南从唐朝中期就成为全国最发达的地区,明朝时江南的税赋占全国的一多半,再加上江南原本是张士诚的根据地,所以朱元璋刻意打压江南地主。《明会典》卷5、卷8都明文写:"户部一曹,不许苏、松及浙江、江右人为官吏,以其地赋税多,恐飞诡为奸也。"明朝户部尚书共91人,只有1个徐铎是江右人,他是在朱元璋的法律出台前任职的,另一个是崇祯时破格提拔的浙江人倪元璐。

明太祖这么做是有原因的,户部管土地、户籍、赋税等一切财政事宜,是最重要的职位,不能交给江南豪绅。但是江南文官集团势力依然很大,嘉靖年间的正三品官朱纨,提督浙闽海政,因为处死了96个海盗,得罪了江南豪绅,影响了他们出海做走私生意,朱纨被逼自杀。

天启年间,魏忠贤逼江南大户交税以应付军队和皇宫开支,由此跟东林党人展开斗争。后来魏忠贤被崇祯皇帝扳倒,东林党人全面执政。崇祯皇帝以为他能让朝政焕然一新，结果发现东林党人"多营私图，罔恤民艰"，于是杀死魏忠贤不到一年崇祯就开始派出宦官监军、宦官统领禁卫军等。

而且东林党全面上台后江南的税赋就更收不上来了。1632年浙江、福建、江西、湖广、南直隶（包括江苏、安徽、上海）等较富裕的八省，秋季竟只能交上税银总额的14%。而此时的大明正处于水深火热之中，外有后金、内有义军，收不上税无异于雪上加霜。

- 财政危机

财政危机表现在商业繁荣，但是商税却收不上来。尤其是1567年开关以后，大量白银流入（1亿—2亿两）、商业异常繁荣。李稻葵的研究认为明末中国GDP占全球比重达到34.6%的历史最高点，但是明朝政府得到的却只有通胀和入不敷出。

商税收不上来是明朝最大的败笔，也是明朝灭亡最重要的原因之一。美国经济史学家诺斯说，17世纪之后英国凭借工商税收来分享经济发展的成果，于是工商业发展与财政收入"同呼吸、共命运"。也因如此，国家颁布了一系列针对商人的产权保护措施与法律体系。这些产权保护措施又进一步推动了英国工商业的发展，增加了国家的税收，最终让英国走向现代国家。

明朝之所以收不上来工商业税，是因为大量出身经济发达的江南地区、商人背景的官僚充斥朝廷，他们千方百计阻止政府对工商业收税，国家的负担都落到了贫民的土地上，以此保护自己的利益，其典型代表就是东林党。

税课司持续收缩

明朝户部税课司负责征收全国工商税，如盐铁、茶马、铜铅、市舶、织造、坑冶、市易、关津、漕运、河泊、抽分竹木局、钞关等部门。工商税业务归中央直接统辖，事务归地方管理。明初时全国设有400多个税课司局，但是到了1600年仅存112个，税课司一直在地方政府官员的建议下持续裁撤。

以东林党为首的江南官僚集团持续在朝廷建言，减少对工商业的税收。比如东林党的精神领袖、为东林书院题写"风声雨声读书声声声入耳，家事国事天下事事事关心"的顾宪成就说："钞关职在通钞，钞停即宜罢除，不必待之取盈。"钞关是明代征收内地关税（流转税、过税）的机构，他竟然要直接罢除。顾宪成还记录了其他士大夫关于内地关税的评论："则缘物定，例与时迁，用日加诎，则例日加繁……更以一时权宜，执为数岁常额，而商立槁矣……要于则例之中，常存宽恤之意，通于情与法之间，度本末而立之衷，是亦催科中抚字也。"[①] 这一说法其实可以代表大多数江南士大夫的意见，意思是收取商税虽有助国用，但政府应该清简廉平，类似这样的评论可以列出很多。

> 嘉靖时太监李能请于山海关收商税，刘颖以戕民生祸，极力阻止，主事鄢阅亦针对此事劝诫。在他们的坚持下，嘉靖皇帝终收回成命。
>
> 万历年间户部尚书赵世卿其再三恳劝万历皇帝罢黜税监，蠲减商课："天地生财，止有此数，多之于此，必损之于彼。"
>
> 顾宪成请减浒墅关税，以利商民。

在皇帝派出内监收税后，东林党的李三才、高攀龙首先提出取消。眼见取消无望，于是又请皇上撤回内监，只设一个定额，由地方政府负责征收。估计如果真的这样实施，不出几年地方官员又会奏请取消，以减轻商人负担。另有东林党人余懋衡说，稍微加一加田赋就行了，收商税的坏处十倍于收田赋。很明显东林党所有这些建议都是代表工商业富豪利益的。

明朝商税不到宋朝的十分之一

宋朝的法定商税率为5%（过税2%+住税3%），明朝的过税（钞关税）0.2%至3%，住税（商品税）3%至6%，双方税率差不多。但是明朝中后期商品经济比宋朝更发达，国际上的白银流入更多，可收到的商税不到宋朝的十分之一。

黄仁宇统计，1570—1590年（隆庆、万历年间），钞关税、商品税、蕃船抽分、房地契税、竹木抽分、矿银、渔课等来自工商业的总收入94.3万两银。北宋中后期，商税收入（过税加住税，不含其他来自工商业的税费）常年保持在800万至1000万贯。按北宋一两白银约等于一贯钱的比率折算，明王朝的工商税总收入只有宋朝商税收入的10%。考虑到明朝白银大量流入中国带来的通胀，商业税的比例实在太低了。

[①] 《浙江备录上·北新关志》，第2425—2426页。

其核心原因在于，江南文官官僚集团占据庙堂，形成了有代表不纳税的既成事实。有赞同不纳税或少纳税的官员，他们不吝表扬，甚至为他树碑立祠：如嘉靖年间的徽州府推官徐州的墓碑上写"尽撤商役"；万历年间崇德县知县蔡贵易因其"视商无分于民，而未尝夺利以益民"被立碑；另外有《宋工部祠记》《张工部榷政记》等文赞扬这些官员体恤商情，执法从宽。这样的例子不胜枚举，尤其是嘉靖、万历年间。

臣僚王纪弹劾税监周利虐商，痛陈"税繁则商困，商困则来者稀"，请求万历皇帝将近京重叠小税一概蠲免。①

李维桢于一篇官员祠记中写道：刘贻哲能拨乱反正，裁汰冗税，赞曰："利者义之和也，利于己，不利于物，则悖义不和……是义不明，至于廉耻丧，宠赂彰，民生不遂。"②

万历时大学士李廷机说："阅《名臣录》……有大司农周文端公经者，委官监税课，入多者与下考……先辈已有先得我心者矣。"③

万历皇帝驾崩后，江南文官集团干的第一件事就是昭告天下"一切榷税（商税），并新增织造、烧造等项，悉皆停止"。

明代士大夫在商税政策上几乎一致主张常怀仁惠之心，寓抚于征。他们持续批评收税机构冗迭、重复勒索等病商苛政……并建议强化榷政监管，慎选官吏，严稽详考，重惩贪渎。这导致明代商税收入始终未在国家财政中占据重心位置。

田赋从始至终都是明朝最重要的税收来源，占朝廷收入的比例约70%以上。但是因为土地在明朝中后期高度集中，大户逃税导致小民的税越来越重，于是民众揭竿而起，最后玉石俱焚。

收不到税，国与家皆亡

图1.4是太仓银库（国家公共财政）每年的收支情况。大家可以看出，

---

① 卷473《请豁重叠小税疏》，第5199页。
② 卷55《刘金宪祠记》，第679—680页。
③ 卷460《报北新关吴主政》，第5041页。

1551年以后政府的支出明显大于收入。银子的缺额通常有两种途径弥补，一是动用库存，明朝建立以后长期实行"征三贮一"的原则，即收到的税收要有三分之一存起来以备战争、灾荒。二是用皇上的私库填补国用，这个需要大臣请求皇上开恩才行。

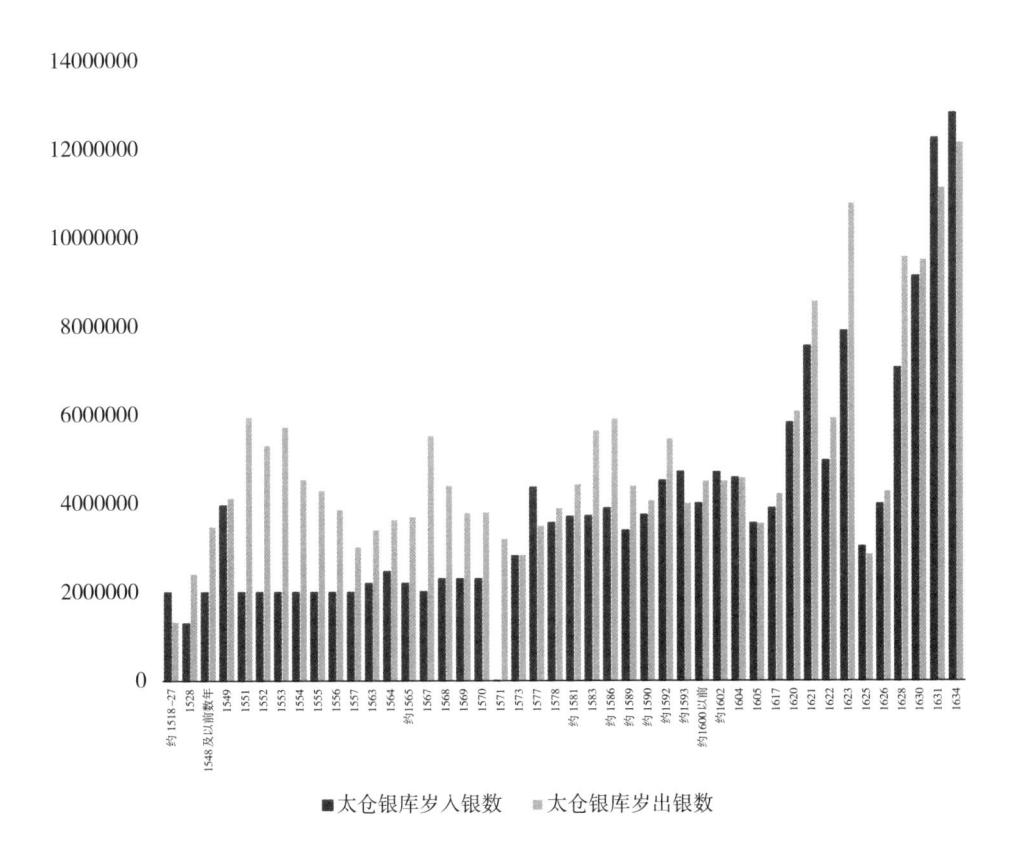

图1.4：太仓银库收取和支出的银数（单位：两白银）
来源：全汉昇、李龙华：《明中叶后太仓岁入银两的研究》，载《香港中文大学中国文化研究所学报》，1972年第5卷第1期。

明朝的库存白银在张居正去世的1582年还有600万两，其中老库银200万两，窖库银400万两。到1599年窖库银已经被用光了，只剩下200万两老库银。之后老库银逐年下降，1602年65万两、1604年50万两、1605年30万两、1606年18万两、1609年8万两。不管是万历皇帝，还是后面的天启、崇祯，他们面临的都是这么个情况。有文官集团在所以收不上来商税，如果再不让太监出去收税，帝国拿什么来对抗后金和李自成呢？

看看明政府可怜的税收状况，再对比一下李自成占领北京后在官员家中搜出的 7000 万两白银，我们不由得反思，大量白银流入到底给明朝政府带来了什么？首先是高度两极分化的社会，产生了大量贫农；其次是大量富商以及代表富商利益的江南文官集团。而这一切都加速了朱明王朝的灭亡。

1.6 教训与思考

明初海禁的原因，一是皇家垄断海外贸易之利，二是防止沿海民众和海上的其他反元力量勾结。靖难之役后国库空虚，朱棣派郑和下西洋扩大朝贡贸易，同时肃清海上残余海盗，郑和七下西洋为皇家私库带来 1000 万两白银的丰厚回报。之后，民间开始通过各种方式参与海外贸易，直到隆庆开关，大量白银流入，一派盛世繁华的景象。

隆庆开关后，中国被长期压抑的生产能力碰到全球的市场需求，在白银的催化下绽放出市场经济的绚烂烟火。明朝经济为之一振，经济自由化、货币白银化的程度越来越高。

自由市场必然带来贫富悬殊，东南沿海富商抓住对外贸易的机会迅速致富，同时培养出大量代表他们利益的官员进入政府，导致明朝政府从始至终都无法对商业征收到合理的税款。

官员和商人集团利用权势大量兼并土地，加上气候危机导致农民起义和少数民族南下，明朝政府无法应对这样的社会危机，于是迅速走向灭亡。

明朝留给我们的思考是，白银流入导致的经济繁荣给广大老百姓、给明朝政府带来了什么？似乎只有贫富悬殊和通货膨胀这八个字！如何在盛世中保持清醒的头脑进行上层建筑改革是一个值得深思的话题。中国已经经历了 40 年的高度繁荣，想想我们还缺些什么。我认为答案应该是收入分配改革，是共同富裕。

2. 当贸易成为战略武器：对拿破仑大陆封锁的反思 ①

雷德利·斯科特执导的电影《拿破仑》，描述了拿破仑波澜壮阔的一生，其中战争场面尤其震撼。土伦战役展现了拿破仑对火炮的运用，也开启了这位军事天才波澜壮阔的戎马生涯，远征埃及时在电影里能看到法军炮轰金字塔的震撼场面（真实历史中没有炮轰金字塔）。最重要的是后面的三场战役。

第一场是 1805 年的"三皇会战"，这是拿破仑一生的巅峰时刻，法兰西皇帝拿破仑、俄国皇帝亚历山大一世、奥地利皇帝弗朗茨二世（同时是神圣罗马帝国皇帝）都亲临战场，最终拿破仑对敌人以少胜多、分割包围、各个击破，取得了决定性的胜利，神圣罗马帝国因此宣告解体，拿破仑正式成为欧洲的霸主。

第二场是远征沙俄，俄国的焦土政策让拿破仑损失惨重，60 多万士兵几乎全军覆没。1814 年 4 月反法盟军杀到巴黎城外，拿破仑退位并被流放到厄尔巴（Elba）岛。

最后一场是著名的滑铁卢战役，拿破仑兵败后，反法同盟为了防止他再回法国，于是把他流放到了万里之外、大西洋上的孤岛圣赫勒拿（St. Hellina）岛，6 年后，52 岁的拿破仑死在了这里。100 多年后的化验证明，拿破仑是被毒死的。

我对拿破仑最感兴趣的点是，为什么他会从三皇会战的巅峰转向远征沙俄的败笔。这个科西嘉岛出身的无名小卒借着法国大革命的浪潮投身行伍，在部队展现了惊人的军事天赋，最终登基为法国皇帝（1804 年 12 月 2 日），并在 1805 年的三皇会战后正式成为欧洲霸主，达到人生巅峰。

难道真的是拿破仑自我膨胀？在和法国宿敌英国对峙期间忽然决定开辟沙俄战场？远征沙俄的结果是，60 多万法兰西精英葬身冰天雪地，法国由盛而衰。难道这个军事天才不知道东西两线同时作战是兵家大忌吗？西边要镇

---

① 原文写于 2024 年 9 月 26 日。

压西班牙叛乱,还要面对英国海军封锁,同时在东边主动挑起对沙俄的战争难道不是自寻死路?

到底是什么原因促使拿破仑做出了这个让他最终倒台的军事决定?带着这个问题,我梳理了当时法国面临的形势。首先拿破仑不是不想用军事手段征服英国,彻底解决这个宿敌。1798年拿破仑远征埃及,试图切断英国和印度的联系以削弱英国,结果法军被英国海军在尼罗河口断了退路,拿破仑逃回了法国。电影中炮轰金字塔的桥段就是以这段历史为背景演义的。1805年拿破仑和西班牙组成联合舰队试图直接攻击英国本土,结果在特拉法尔加海战中作战不利、全军覆没。两次军事手段都失败了,拿破仑才寄希望于用经济战的方式打垮英国。于是开启了资本主义史上最大规模的贸易战——大陆封锁。而这个大陆封锁政策正是拿破仑决定攻击沙俄的根源。

2.1 "大陆封锁"的来龙去脉

我们今天不讨论英法百年战争的正义性,也不论英法政府各自代表谁的利益,我们聚焦在贸易战的过程及其影响。1806年11月21日,拿破仑颁布《柏林敕令》:"封锁不列颠诸岛;禁止同英国进行贸易和联系;在法国及其盟国领土上的英国人,一律被宣布为战俘,属于英国臣民的财产一律没收;由英国及其殖民地驶出或曾驶往该地的任何国家的船只,都被禁止在欧洲各港口内停泊。"《柏林敕令》是"大陆封锁"政策开始实施的标志,1805年的"三皇会战"后,1806年拿破仑又全歼了普鲁士军队,《柏林敕令》颁布时整个西欧都牢牢控制在拿破仑手中。

1806年《柏林敕令》颁布后,西欧各国都不能和英国做生意,只有葡萄牙作为英国的老牌盟友依旧允许对英贸易。于是拿破仑入侵葡萄牙,1807年11月30日占领了里斯本。

《柏林敕令》中对"英国货"的概念没有明确界定,而且为了争取中立国,拿破仑宣布大陆封锁制度在公海无效。英国抓住这一漏洞,凭借海上优势利用中立国的船只继续和欧洲大陆贸易。法国为弥补这一漏洞于1807年11月23日、12月17日颁布两道《米兰敕令》,不但明确了英国商品的定义,而且提出,中立国船只只要为英国人所用就被视为英国财产,可以被捕获。

随着大陆封锁收紧，西班牙原本出口英国的羊毛无法出口。西班牙经济遭遇了毁灭性打击，导致了1806年至1809年发生多次起义，拿破仑不得不在1809年御驾亲征西班牙。

好不容易把西班牙拿下了，北边的俄国经济又濒临崩溃，因为沙俄主要靠出口粮食、木材给英国赚钱。像西班牙的羊毛一样，这些原材料因为大陆封锁不能卖给英国了，而法国自己的工业能力有限，根本消化不掉这些原材料。俄国的出口额从之前的5920万卢布锐减到1060万卢布。所以1808年8月12日，俄国政府允许中立国船只驶入俄国港口，大量货物通过俄国进入欧洲大陆。

为了赌上这一漏洞，拿破仑于1810年10月18日颁布《枫丹白露敕令》，规定："任何商品必须有原产地证明，一切中立国的船只凡曾在英国靠过岸的，货船一并没收；屈服于英国的中立国船只即视为'已剥夺国籍'，可予捕获。"

1810年10月23日，拿破仑向沙皇致信，要求俄国缉拿他从波罗的海赶走的600多艘满载英国货物的船只，可沙皇只是象征性地扣押了2艘船、没收了8艘船上的货物。1810年12月沙皇又明确宣布对中立国开放本国港口，大陆封锁体系被正式撕开了缺口。为了维持大陆封锁计划，拿破仑决定亲率60多万大军远征沙俄，结果大败而归，大陆封锁体系随后崩溃！

表2.1：大陆封锁政策的形成和演变过程

	时间	主要战争	背景	内容	意义
柏林敕令	1806年11月21日	特拉发加海战（1805年10月）；奥斯特里茨战役（1805年12月）；耶拿-奥厄斯泰特战役（1806年10月）。	拿破仑瓦解第三次反法联盟，控制了奥、荷、意、罗马教皇区的大部分沿海地区。10月打败普军，占领柏林。	1. 对英国经济封锁的范围扩大到欧洲大陆其他国家；2. 断绝了法国及其盟国同英国及其殖民地的一切商业往来；3. 限制中立国在英法之间从事中转贸易。	标志着大陆封锁制度的正式形成；对英国的经济封锁从商业性质转变为战争性质。

续表

	时间	主要战争	背景	内容	意义
提尔西特条约	法俄1807年7月7日 法普1807年7月9日	弗里德兰战役，法国战胜俄，占领了整个普领土，前进到俄边境（1807年6月）。	拿破仑瓦解第四次反法联盟，控制了俄国漫长的海岸线。	1. 俄、普加入大陆封锁体系，对英国关闭全部港口； 2. 由俄调停英法关系，如英拒绝，则俄禁止英入丹麦、瑞典和葡萄牙的港口并对英宣战。	欧洲大陆绝大多数国家加入到对英经济封锁中来。
枫丹白露敕令 第一道米兰敕令	1807年10月13日 1807年11月23日	俄国对英宣战（1807年10月）。	英国利用《柏林敕令》的漏洞控制中立国船只同法国开展贸易，经贸未减反增。	1. 殖民地产品和大批商品从性质上是英国货，除非出示原产地的证明； 2. 任何船舶只要曾在英国靠岸就必须连船带货全部没收。	弥补了《柏林敕令》的漏洞；完善了大陆封锁制度。
第二道米兰敕令	1807年12月17日	西班牙对法宣战，英葡联军助西抗法（1808年6月）。	同上	任何中立国船舶只要为英国人所利用就被认为是英国的财产。	1808年英国的出口受到重创。
特里亚农敕令	1810年8月5日	无	拿破仑采取的特许证措施使大陆封锁制度的成效受影响。	对原材料（主要是棉花）和殖民地农产品（糖和咖啡等）设置重关税。	大陆封锁制度进一步发展。
枫丹白露敕令	1810年10月18日	俄破坏大陆封锁，法国发动对俄战争（1812年6月）。	莱茵联邦部分地区免除了一些原料的高关税。俄国、奥地利和瑞士等未设置高关税。走私猖獗。	1. 走私贩判刑严重； 2. 涉及走私的案件以特别法庭的程序进行审判； 3. 对走私的物品予以没收和出卖，工业品予以销毁。	大陆封锁政策达到顶点。

来源：德林控股

拿破仑人生的最后一场战役——滑铁卢战役一直让大家唏嘘惋惜。但是我们都忽略了一点，拿破仑率旧部600余人逃离厄尔巴岛进入巴黎后，他重新收编的法军已经不是当初的法军了：很多士兵因为政府节省开支被裁军，军马数量不足，骑术训练也不充分。这些问题只有在战场上才能显现出来。而且滑铁卢战役法军只有 7.2 万人参战，而英荷联军有 6.8 万，加上普鲁士军 5 万，几乎两倍于法军。此时整个法国军队全加一起也不过 22.8 万人，而这一次的反法同盟有 77.7 万人的军队，这是他从未遇见过。

拿破仑善于各个击破，这得是在势均力敌的情况下才能实现的军事战术，在绝对实力面前，技巧是靠不住的。退一步说，即便滑铁卢战役拿破仑再次以少胜多赢了，这些临时集结的法军能凭借一个天才指挥官而继续赢下去吗？大家不能忽略军事行动中最基础的因素，军马粮饷、经济实力、人口数量、大国博弈，等等。

我认为当 61 万法军在俄国全军覆没时，拿破仑政府倒台的命运就已经注定了。大家看表 2.2 会发现，法军从未遭遇过如此惨败。你还要知道一点，反法同盟每次有不同的成员国参与，但是法国是不变的主角，是唯一确定的参战方，连续 23 年的战争，没有哪个国家承受得起。

表 2.2：历次反法同盟及其伤亡情况

	法国（万人）	反法同盟（万人）
第一次反法同盟（1792—1797）	116.9（伤亡 55）	约 140（伤亡 69.6）
第二次反法同盟（1798—1802）	约 64（伤亡 21.5）	约 97（伤亡 34.5）
第三次反法同盟（1805—1806）	19.8（伤亡 6.2）	39.2（伤亡 16）
第四次反法同盟（1806—1807）	23.7（伤亡 11）	42.2（伤亡 38.5）
第五次反法同盟（1809）	27.5（伤亡 14）	37.9（伤亡 17）
第六次反法同盟（1812—1814）	65（伤亡 61）	95（伤亡 52.6）
第七次反法同盟（1815）	22.8（伤亡 6.3）	77.7（伤亡 6.1）

2.2 对大陆封锁失败的反思

第一，贸易战贵在迅速

1798 年拿破仑把他刚刚夺取的马耳他岛送给俄国，俄国沙皇不满英国对该岛的封锁，于 1800 年 12 月 16—18 日联合瑞典、丹麦、普鲁士宣布了对英国的贸易禁令。波罗的海就是这四个国家的内海。当时英国从俄国和普鲁士两个国家进口的农产品占其进口总量的 72%，失去这里的粮食供应和港口，英国就会发生饥荒，更别提木材等造船原材料了。

面对波罗的海航运的突然中止，英国谷物市场发生恐慌。1801 年 4 月 25 日英国小麦价格从之前的 55 先令/夸特上涨到 151 先令/夸特。英国国内发生骚乱，1801 年英国仅购买粮食一项就有 1490 万英镑流入欧洲大陆，英国黄金升值 9%，白银升值 17%，英国在西班牙的外汇损失了 16%、在汉堡的外汇损失了 13%，英格兰银行现金储备从 1799 年的 700 万英镑减少到 455 万英镑。

1802 年 3 月，内外交困下的英国被迫和法国签订了《亚眠和约》，合约规定英国近年来占领的殖民地除保留荷兰属地外归还法国及其盟国，英国从埃及、马耳他、直布罗陀、开普殖民地等地撤军，退出在地中海和亚德里亚海的所有港口和岛屿。英国组织的第二次反法同盟被拿破仑不费吹灰之力就粉碎了。拿破仑组织的这次反击时间非常短，但是却让英国承受了巨大损失。

第二，贸易战贵在坚决

伤其十指不如断其一指。英国经济最大的短板在于对欧洲大陆的粮食依赖。大陆封锁切断了英国的粮食供应渠道，英国本土产量不足、粮价飞涨。英国本来可以凭借海洋霸权去美国进口粮食，可是美国在 1809 年同英国断绝通商，北美粮食交易中断。这是摧毁英国信心、煽动英国本土暴动的最好时机，可是拿破仑再次显示了他对贸易战的无知。他说只要允许向英国出口谷物就可以搜罗它的黄金，于是拿破仑通过出售许可证的方式让法国船只进行对外贸易，亲自解救了英国的粮食危机。

贸易战的本质不是单纯地给对方压力，而是制造波动，让对方在波动中丧失信心，从而实现自己的战略目的。拿破仑想的是让英国的黄金越来越少，他不知道在一个开放的经济体中，黄金减少会让英国的出口价格下降、进口价格上升，市场会创造足够大的利益，驱动经济走向平衡。不管是走私或者自己生产都是对这一压力的反应。贸易战应该是利用经济趋势放大对方的经济波动。比如英国粮食危机发生了，美国禁止和英国贸易了，这是千载难逢的机会，法国应该进一步严格封锁粮食出口，让英国的粮价进一步飞涨，对英国的危机推波助澜，从而让英国主动求和，实现法国的战略目的，而不是见钱眼开，主动出口粮食。

第三，盟友内部要合作共赢

"大陆封锁"一直没有建立全面的统一战线，1806 年《柏林敕令》颁布时，美国、俄国作为中立国都能对英贸易。1807 年俄国根据《提尔西特条约》加入大陆封锁后，葡萄牙和西班牙相继背叛。葡萄牙和西班牙的背叛还导致整个拉丁美洲市场向英国敞开大门。1810 年美国好不容易加入法国阵营，俄国又放开了口子。不管如何，英国总能找到替代市场，从而大大削弱了大陆封锁对英国本土的影响。英国的出口不但没有减少反而继续上升。大陆封锁前（1805 年）英国出口指数为 100，只是在 1808 年英国出口指数下降到 91，1809 年上升到 125，1810 年再次上升到 126。封锁期间，英国的总收入仍不断增加，1805 年为 1.03 亿英镑，1811 年增加到 1.31 亿英镑，1814 年达到 1.63 亿英镑。

在大陆封锁时期拿破仑实行"法国高于一切"的政策。他在维持对英国商品禁入的同时，建立了一个等级制的、有利于法国制造业的欧洲市场。拿破仑要欧洲各国市场向法国单向开放，这种错位导致了大陆政策在手段和目标之间的内在矛盾。假如拿破仑在大陆封锁体系中不是那么贪心，不是那么损欧陆而肥法国，而是将对英封锁带来的好处多分配一些给欧陆各国，或者让法国稍微多承担一些政策成本，那么后来的历史进程或将大不相同。

欧洲大陆由于失去了英国这个大买主和廉价商品供应，贸易状况每况愈下。仅有的一点贸易保护的好处被法国独享，法国工业品得以高价卖到各国，以至于各国都不再严格遵守大陆封锁政策。

第四，贸易战本质上是经济实力的对决

在军事冲突中，一方的损失可能会远远小于对手，但是在长期的贸易战中，双方的损失不相伯仲，因为贸易本质上是互惠互利的。而当时的法国并没有足够的经济能力赢得对英国的贸易封锁。

当时英国已经占据了广大的海外殖民地，并且已经开始了工业革命，在持久战能力上不输法国。而且英国能通过遍布欧洲的金融网络从欧洲各国融资发债为自己续命，这是法国没有的额外优势。尤其是在金融能力方面，英国国债利率 3.8%，法国 7.5%；英国国债余额 2.45 亿英镑，法国只有 1.62 亿英镑（表 2.3）。

表2.3：1788年英法经济实力对比

	英国	法国
经济规模GNP（100万英镑）	134.8	290.7
国债余额（100万英镑）	245.1	161.6
国债费（100万英镑）	9.4	12.2
中央政府税收（100万英镑）	16.8	19.7
国债余额/税收（倍）	14.6	8.2
国债费/税收（%）	56.1	61.9
国债费/国债余额（%）	3.8	7.5
国债余额/GNP（%）	181.8	55.6
税收/GNP（%）	12.4	6.8
人口（万）	936.9	2659.6
人均GNP（英镑）	14.4	10.9

1810年法国统计显示，大陆封锁让"德意志和意大利全境物价暴涨，原棉每磅卖到10至11法郎，糖是6至7法郎，咖啡是8法郎，靛蓝是21法郎，平均大约10倍于当时伦敦的市价。欧洲的消费者购买咖啡、糖、香料等，要付出相当于封锁前5倍、8倍、12倍的价钱"。这是法国没有工业能力的最佳证明！英国的反封锁让法国失去了美洲大陆的原材料、失去了英国的工业机器供应，法国的整体工业能力被严重削弱。贸易战本质上是经济实力的对决，英国越战越勇，法国越战越弱。

大陆封锁结束7年后，1820年英国诞生了世界上第一艘蒸汽铁船。这是英国领先于时代的标志，也是海战武器产生代差的开始！英国取得了在世界范围内无可匹敌的强势地位。手工工场被淘汰了！机器大工业开始在英国工业生产中占据主流地位，人类历史上第一个现代工业国诞生了。

中美贸易战已经进行了6年，中国大量商品转道越南、墨西哥进入美国，和当初英国大量走私有异曲同工之处。大家想一下未来的结果是什么？在"大陆封锁"期间，这意味着战争！

对比中美经济实力（表2.4），双方各有胜负。随着中美贸易战变成持久战，这是否会让未来世界的通货膨胀重新抬头？美国如果继续加税是否会让走私再次横行？是否双方的战争不可避免？

表2.4：2023年中美经济实力对比

	中国(大陆)	美国
GDP（现价美元,万亿）	17.89	27.37
购买力平价(国际元,万亿)	31.23	24.66
人口(亿)	14.12	3.33
税收占GDP比重	26%	31%
政府债务余额(现价美元,万亿)（中央＋地方）	10.08（4.28+5.8）	38.26（35+3.26）
全球外汇储备各自货币占比	2.15%	55%
全球支付货币各自货币占比	4.7%	47.37%
钢材产量(亿吨)	13.6	0.8
造船完工量(万吨)	4232	60
工业增加值(现价美元,亿)	56636	36199
粮食产量(亿吨)	7	5.7
全球芯片市场份额	7%	50%
第五代战机产量	100（歼20）	150（F35）
发射卫星次数及载荷	67（153吨）	116（1214吨）

以史为鉴，可知兴替。

英法为鉴，知中美否？

3. 精英统治的千年困局[①]

3.1 精英与平民的鸿沟，历史维度的演化与反思

知人者智，自知者明。胜人者有力，自胜者强。知足者富。强行者有志。不失其所者久。死而不亡者寿。

——《道德经》第三十三章

本章我想从历史的维度来思考解析精英与平民间鸿沟的演化以及未来的走向和趋势，当然也受近代思想家加塔诺·莫斯卡（Gaetano Mosca）所写的《统治阶级》（*The Ruling Class*）的影响，开始了我的精英主义理念之旅。

首先，我选择了东西方几个特殊的历史大事件，分析其对历史走向的影响及一系列蝴蝶效应，来反映精英与平民的鸿沟长期存在的原因以及随之而来的变化；其次，我发现科技发展和工业革命给予了精英主义新的时代责任和百花齐放的效果，但与此同时，随着科技的进一步发展，精英主义又再次走向了少数主义和两极分化，中产阶级开始陨落，精英与平民的人数和财富差距也越来越大。

未来充满着不确定性，我们在新的时代中负有什么样的使命不是时代赋予我们的，而是我们自身的立命所达致的，希望我的沉思能给属于我们这一代的精英们更多的启发。

3.1.1 古代社会用知识划分阶层，精英与平民的区别源自知识取得途径的不同

第一，中世纪的西方

让我们先从中世纪的西方开始说起，因为它对整个近代世界的影响更

[①] 原文写于 2023 年 10 月 5 日。

大。那个时候，贵族和教会构成了精英阶级的主体，是知识的垄断者。西方历时一千年黑暗的中世纪，除了风车和水力磨坊，没有任何重大发明，大多数人居住在一模一样的村庄内，平均寿命只有30岁。老百姓没有姓名，只有用身体特征、专业工种和居家环境来起别名（例如short-短，brown-棕色，smith-铁匠的简称，baker-烘焙师，gates-门，hill-山，等等）。

老百姓的唯一寄托就是每周一次的教会活动，大家唯一相信的是上帝的救赎，而每个村庄的传教士则怀揣神圣的使命，将《圣经》的内容诠释给村民们。《圣经》是用拉丁文撰写、抄送、绘制而成，大多数老百姓没有文化，不识字，更不懂深奥的拉丁文，所以也就更依赖于传教士的言传口述，自然接受了贵族阶层的统治。

然而，15世纪中叶却出现了扭转整个世界的两件大事：（1）1453年君士坦丁堡的沦陷和东罗马帝国灭亡；（2）古腾堡印刷机的发明。

- 君士坦丁堡的沦陷

1453年，君士坦丁堡被奥斯曼帝国攻陷。被视作不可动摇的基督教世界的象征、一度被称作"不可攻破的城市"的君士坦丁堡，在屹立了一千余年后轰然倒塌，给欧洲带来了巨大的冲击，也将整个欧洲完全暴露给奥斯曼帝国。

对于当时的欧洲人来说，这是一场彻头彻尾的灾难。然而君士坦丁堡的逃难者们，携带着宝贵的书籍和文化，向西欧重新进行了希腊语和古典文化的传播，为后来的文艺复兴打下了基础。而欧洲面对着来自东边奥斯曼土耳其的进攻，冒险家们无法向东发展，只能被迫向西远渡重洋开辟新的航线。再之后热那亚人哥伦布说服了西班牙国王资助他而发现了美洲大陆，欧洲人发现了一个更大的世界。至此，大航海时代开启了历史的新的篇章。可以说，没有君士坦丁堡的陷落，也不会有之后欧洲的文艺复兴和科技发展。

- 古腾堡印刷机的发明

1450年，约翰内斯·古腾堡发明了铅活字印刷术，并印刷出改变世界的古腾堡《圣经》，自此印刷版《圣经》替代了手绘版，单一的拉丁文也被翻译成了各种不同的语言，并通过印刷术广为传播。这也标志着广泛传播知识和科学的新时代的来临。古腾堡的印刷术使得印刷品变得非常便宜，印刷的速度也提高了许多，印刷量增加。古腾堡的发明在欧洲非常快地得到了普及。在之后的50年中，用这种新方法就已经印刷了三万种印刷物，共1200多万份印刷品，这使得欧洲的文盲大量减少。古腾堡印刷术的发明推动了文艺复兴、宗教改革、启蒙时代和科技革命等，维克多·雨果称印刷术为世界上最伟大的发明。

这两条线随即推动了整个西方文明的加速变革。大航海时代的开启带来了哥伦布大交换，让旧大陆和新大陆之间开始了联系，并引发了各种生态上的巨大转变，尤其是人口的增加。蕴含强大生产力的玉米、马铃薯和番茄被带回到了欧洲，并成为当时重要的农作物，丰富的农产品导致欧洲人口激增。同样的南美洲作物引入南亚和西非等地后，使得当地蓬勃发展并且有大量的人口往陆地上定居，为欧洲殖民者提供劳动力与市场。与此同时，欧洲人把新型灌溉技术引入了南美洲，再次将农业供给推到了新的高度。

欧洲人口的激增促进了产业革命。多产的新美洲作物、矿石财富以及殖民地的劳动力被送进欧洲，繁荣的发展使得欧洲人口数出现爆炸性跃升。大量增加的人口，叠加英国农业革命和圈地运动的影响，使得农业出现劳动力过剩的局面，人们转而发展其他行业，推动了工商业的发展。此外，成倍数增加的人口带来了日益增长的整体社会的消费需求，为批量化生产的商品提供了销路，也为之后1760年的第一次工业革命做好了铺垫。

而在这段大航海时代开启的同时，由于新的印刷术导致《圣经》的广泛传播，让更多的普通平民不再依靠天主教传教士的传述，而是通过普遍教育识字直接接触《圣经》的内容，最终在马丁·路德的带领下形成了基督新教势力，并在1618—1648年的30年宗教战争中，以基督新教对守旧天主教的胜利而告终。而此时的1620年，有一艘名叫"五月花号"、载着102名英国清教徒（基督新教的一个分支）的船只抵达了美国东部的麻省海岸，签订了举世闻名的《五月花号公约》，也就是美国《独立宣言》和宪法的基石。新教徒的勤奋以及文化的普及，更重要的是对财富积累的观念，也成了未来资本主义起源以及工业革命产生的重要因素。

回到本章的主题。经过对历史大事件的抽丝剥茧，我们可以看到在西方文明的发展进程中，统治阶级和平民阶级最大的区别就是对知识取得的途径不同，从而导致信息的不对称，并产生了巨大的差异。从中世纪的文明程度以及 90% 平民是文盲而无法阅读拉丁文的《圣经》，并严重依赖天主教传教士的解读就可见一斑，平民也被有效地控制在统治精英阶层设定的宗教约束范围之内，最终也导致了长达 1000 年的西方中世纪黑暗历史。两个大事件打破了传统的僵局，让民间智慧迅速提高，从文艺复兴到科技革命，人口也出现了爆发式增长，时代进入了一个新的阶段。统治及被统治阶级又到了一个新的阶段，即倡导民主、自由、平等的资本主义阶段。

第二，再说东方

在封建社会的中国，官吏和士族构成精英阶级的主体是知识的垄断者。东方的黑暗历史应该是从五胡乱华到南北朝的短暂时期、晚唐到五代十国的短暂时期，最长改变汉族文化的黑暗时期应该是元朝和清朝。而这段时期的明显特征就是民族等级、愚民及清朝的关闭门户封海策略。

中国封建社会的结束比西方的中世纪的结束足足晚了 400 年，而这 400 年让中国错过了工业革命以及大航海时代的全部红利。让我们看一看禁锢中华民族发展的几个与西方中世纪文明相仿的普遍特征：（1）由于战乱、瘟疫、饥荒，平民的平均寿命不到 40 岁；（2）大多数老百姓是文盲；（3）官方语言用的是和平时交流语言不同的书写文言文；（4）对平民的管理及统治基本由施行千年的礼教道德来约束；（5）平民唯一能够打破圈层的是通过反复学习八股文，用固定的思维模式通过科举制度赚取功名，服务于统治阶级设定的制度以及礼教道德的解释及执行，并最终成为统治阶级服务的工具。

在我看来，改变中国历史的不是 1840 年的鸦片战争，也不是 19 世纪下半叶的洋务运动，同样是两个大事件决定了中国文明发展的走向。

（1）1851—1864 年的太平天国运动；

（2）20 世纪 10 年代的新文化运动。

• 1851—1864 年的太平天国运动

由于太平天国对中国南方富饶地区的毁灭性打击，也彻底摧毁了清朝对南方的基层统治。太平天国用最传统的方式把南方的财富洗劫一空，后来这些财富又被曾国藩的湘军打包带走。

在南方，大清的基层统治被清除，加上曾国藩解散的大批湘军，就有了大批有钱的湘军将领回到湖南老家办私塾和新式学堂，这与清朝愚民的统治思想形成了鲜明的对比。也就是这些私塾和新式学堂培养了一批具有爱国、进步、革命思想的精英人才，后来这批人才成为中国近代史上的重要人物，如倡导洋务运动的曾国藩、胡林翼、左宗棠；五四运动前倡导新民主主义革命的谭嗣同、陈天华、黄兴、蔡锷、宋教仁等杰出人物；领导社会主义革命以及新中国开国元勋的毛泽东、刘少奇、任弼时、彭德怀、贺龙、罗荣桓、粟裕、陈赓等。

所以后来清末的民主革命都发生在南方，这些人才在后来的辛亥革命、北伐战争、抗日战争及解放战争等历史进程中发挥了极为重要的作用。可以说，太平天国以损失5000万人口以及不可计数的财富的代价，换取了一场近代中国变革的开始，其对中国历史的推动作用相当于西方君士坦丁堡的沦陷开启了整个文艺复兴和大航海时代。

• 20世纪10年代的新文化运动

新文化运动是由陈独秀、李大钊、鲁迅、胡适、蔡元培、钱玄同等一些受过西方教育的人发起的一次"反传统、反孔教、反文言"的思想文化革新和文学革命运动。新文化运动其中的一个重要层面，就是文化形式的革新，具体来说就是文化的表达形式全面采用白话文，放弃文言文。

新文化运动以前，晦涩难懂的文言文将绝大多数中国人排除在了中国文化及知识以外，学习文化和知识成为统治阶层的特权和"专利"。白话文运动让中国平民彻底摆脱了过去600年的文盲史，也从而突破了旧式思维的禁锢和枷锁。而1956年的简体字的发明及推广，更加让中国老百姓的文化水平达到空前的高度。

无论是东方还是西方，精英阶层都垄断了知识传播的渠道，以巩固自身的统治，将自身与平民牢牢区分开来。而后来的科技、文化和宗教变革，打破了少数人对知识的垄断和在传播上的特权，西方民众冲破了黑暗的中世纪宗教牢笼，开始了文艺复兴，进而又导致了工业革命；东方民众也突破了文言文及旧时传统礼教道德的束缚，民众文化水平普遍提高，冲击了东方的封建思想，并逐步与西方先进思想接轨。

3.1.2 文艺复兴和工业革命后，统治阶级不再垄断获取知识的途径，阶级差距缩窄，并诞生新的阶级——中产阶级

进入近代，除了报纸、杂志等传统媒体传播渠道，第二次工业革命中的电话、电报、广播、电视等新媒体出现，给民众提供了新的知识和信息传播途径，进入了电子传播时代。20世纪30年代以来，人类社会进入了报纸、广播、电视三足鼎立的大众传播时期，专业机构有组织地向大众连续性地、职业性地传播信息。

这一时期，尽管媒体被不同的利益集团所控制或左右，但知识传播面对的时间限制和空间限制被科技消除，大众可以快速获得信息，提升认知，整体社会的知识水平和文化程度都有所提升，也让精英和平民阶层中诞生了"中产阶级"。总的来说，这个时期思想百花齐放，科技革命和发展进入高速运转中，整体社会的生产力也得到进一步解放。普罗大众对新知识和新认知的敬畏和好奇，让民间充满活力。

3.1.3 互联网时代，精英阶层和平民的差异不再是知识，而是认知。认知的差异会重新形成精英阶层和平民阶层的鸿沟，中产阶层也会逐渐消亡

历史的车轮在不断运转，时代似乎又回到了2600年前——中国对8000年前伏羲氏《易经》的争论而出现的百家争鸣、百花齐放的东方文明的璀璨与基石，似乎又回到了2400年前——古希腊的苏格拉底、柏拉图、亚里士多德这希腊三贤为奠定西方文明史而创造的哲学思想。历史又要开始新一轮的轮回，第三次以资讯技术、电脑、移动互联网等为代表的科技革命到第四次以人工智能、虚拟现实、量子信息技术为主的科技革命给予了社会新的生产力和赋能，但同时也给统治阶级和平民阶级带来了新的分离手段和工具。

第三次科技革命的互联网技术标志着人类进入了信息时代，这一时期，知识的传播发生了根本性的改变。如果说由广播电视所完成的对传播时空限制的超越是外延性的，那么，在以数字技术为核心的第三次科技革命中发展起来的互联网则是对传播时空限制的内涵性超越。

互联网的多媒体性、交互性、大容量、可选性、个人性等特点重塑了人类社会认知的格局，带来了一次知识革命。从过往的历史来看，社会认知水

平的发展和科技是呈现正相关的，比如印刷术的发明、广播电视及互联网的发展。但在第三次科技革命甚至是目前第四次科技革命中算法的出现后，情况发生了根本的变化，个人认知和科技发展不再是正相关的关系了。

在互联网发展的初期，知识的传播仍然是单向的，交互性较弱，但随着互联网的逐步发展和普及，交互性越来越强，知识的传播从以前的单向传播走向散点化多向传播，普罗大众也从单一的信息接收者转变为兼具传递者和接受者的角色。当传者和受者不再有明确的界限时，互联网衍生出的另一个问题就是信息的大爆炸，因为较之以前知识只能由权威人士传播，现在任何一个人都可以传播知识。

互联网的发展使得知识和信息呈几何级别增长，信息量增长的速度已经远比人类理解的速度要快了。在信息泛滥的时代，单一的知识获取途径已经无法作为区分不同阶层的手段，因为互联网使得人类对知识唾手可得。

互联网发展至今，我们进入了第四次工业革命，其核心变革之一就是以大数据驱动的人工智能算法技术。从理论上来说，人工智能和算法是为了提高人类认知和改变世界的能力，但就目前来看，似乎是理想很丰满、现实很骨感。人工智能和算法的发展反而让很多人降智了，这里说的降智并不是说人类获取的知识变少了，而是在算法的框架下，人类似乎越来越缺乏独立思考的能力了。

算法驱动的个性化、定制化的推送，给每一个互联网用户都形成了一个信息茧房。在这个信息茧房里，人只关注自己选择的领域，只关心使自己愉悦的东西，只有一个单一的信息源，长此以往，人会如同蚕蛹一般被这个茧房束缚，一方面个人视野会受到严重的局限，逐渐丧失思考能力；另一方面会不愿意面对外部的世界和生活，也无法再正常面对外界的不同声音。

算法给社会整体认知水平带来的另外一个负面影响是加剧了社会的"傻子效应"。所谓的"傻子效应"，指的是互联网的作用原本是让井底之蛙认识井口以外的世界，可成千上万只井底之蛙通过互联网互相认识、互相认同、互相肯定，并经过长期的交流之后达成共识，认为世界确实只有井口这么大。

"傻子效应"和"信息茧房"的概念有些类似，在算法的加持下，每一个互联网用户都更容易找到与自己认知水平相似的人群，这些群体迅速集结在一起，群体规模以几何数量级别的相互依赖式增长来抵御外界不同的认知，并深陷其中，产生一种"回音室效应"。这些相似的人聚集在一起，产生强大的回音，声音反复叠加，使得置身其中的人只能被一种观点所笼罩。这一种观点在这个小圈子里不断被肯定、重复和传播，并且排斥不同的声音，最终会导致整个群体里的每一个人的视野都越来越狭窄，观点越来越偏激。

这种共振效应让大批民众出现前所未有的极端的盲目的认知缺失，而大数据和算法将这群人推向新的共振高潮，并在此分割出精英和民众间认知的巨大差异。可以说，算法正在重新构建社会中新的群体和群体关系，更直白地说，算法对人类认知水平的影响，是社会新的阶层的重要划分依据：精英阶层将算法作为工具，提高自身的认知水平；普罗大众被算法所奴役，认知受局限，最终会被社会所淘汰。

随着人工智能和Web3.0虚拟世界的进一步发展，不同群体的认知和财富差距会进一步扩大，世界会再一次进入统治精英阶层和民众阶层巨大差异的时代，而第一次工业革命和第二次工业革命进程中诞生的中产阶级也会逐渐消亡。

3.1.4 小结与思考

纵观人类历史发展的不同阶段，人类社会都由不同阶层组成，但不论社会处于何种阶段，它都由一小部分人掌控超过比例的财富和政治权利，这一小部分人就是精英阶层。历史上，改变社会结构和推动历史变革最重要的力量一直都是知识和技术，而不同时期精英阶层和平民阶层的区别也体现在知识和认知的层面。

古时精英与普通人区分的最大标志是对文字的理解，并能用文字来清晰表达治理者的意图。古时不同阶层的认知高低在于精英阶层垄断了知识取得的途径，从而产生了信息不对称。例如西方中世纪时绝大多数平民是文盲，信奉的《圣经》是拉丁文，更加拉开了平民与《圣经》的距离，也必须依赖天主教的传教士来解释《圣经》的内容。而东方，在文言文作为官方语言及书写文字的年代，大多数平民也是文盲，没有可能理解以文言文为主导的信息传承，唯一能够进入仕途或者精英阶层的道路也是狭小的等级森严的八股文科举制度，从而大大拉开了精英及统治阶级与平民的距离。

时代的演变中，精英主义的表现形式也在演变。文艺复兴和工业革命给予平民更多机会来接触新的知识和认知，出现了书本、教学、报纸到电视广播等各种新式媒体。科技的发展也解放了大多数平民的生产力，给予他们更多的时间学习以及接触更多的知识。尽管这些媒体被不同的利益集团所控制或左右，但是这个时代让民智觉醒，精英和平民阶层中也诞生了新的"中产阶级"。这个年代思想百花齐放，科技高速发展，生产力也得到进一步解放。群众对新知识和新认知的敬畏之心，让民间充满活力。

然而，进入互联网时代，尤其是移动互联网时期，科技的发展和信息的传递到达了新的层面，知识和信息爆炸式的增加，算法的定制化推送，使得大多数人选择停留在自己的认知范围内，乐此不疲。而认知的群众共振效应让这批人更加地盲目相信自己狭隘的认知是受大多数人拥护的，对任何不同认知或观点也自然更加排斥，从而导致意见的分裂和逐渐走向极端，未来人工智能的发展将会让这个现象更加明显。随后中产阶级将逐渐消失，精英和平民的认知和财富差距也会越来越大。

可以说，现代社会大部分普通人已经超越古时精英的知识结构，并在各个认知层面获得了前所未有的提升，人类社会进入了一个以认知能力为决定性力量划分阶级的新时代。但进入新时代后，传统思维的禁锢从黑暗时期的信息差又换了一种新的形式，通过新科技的手段进一步来禁锢民众的思维，在这个背景下，历史是否会重演？

2000多年前西方的希腊三贤及古罗马共和制民主以及东方的百家争鸣和汉唐盛世，最终都沦落到各自的黑暗年代，这些是否已经给了我们足够的启发？历史的周期是否会再次完成自我实现？精英主义的演化在历史和时代的推进中是否又赋予了新的定义，还是始终遵循着千古不变的定律？精英和平民间不可调和并且不断循环往复的差距是否必须通过天启四骑士（Four Horsemen of the Apocalypse）的出现（各代表瘟疫、战争、饥荒、死亡）而从此被颠覆，推倒再重来，但始终还被笼罩在天命的魔咒之下？一切的未知又仿佛给了大家一些线索和轨迹……

3.2 中产阶级的消失[①]

前文不同于我以往撰写的以宏观经济为视角并通过数据类比所做出的分析和判断，它更接近于 25 年前我在芝加哥大学就社会科学科目中选出的某篇论文话题而选择大量相关阅读材料撰写而成。当然，彼时的我可能还沉浸在自我局限的认知缺失中不可一世。

我现在逐渐倾向于相信命理论和周期论，很多东西看似是对未来的预言，但实则是历史的重演。东西方文明都有以史为鉴的隐喻，在西方的《圣经·旧约》里有 "What has been is what will be, and what has been done is what will be done; there is nothing new under the sun"。翻译成通俗的话就是："已有的事后必再有，已行的事后必再行，现在发生的事过去早就发生过，太阳底下并无新鲜事。"而古代的中国，也有"以史为鉴，可以知兴替"。在历史周期的循环往复中，中产阶级这一概念的兴起是工业革命的衍生品，且随着时代的发展定义一直在变化，东西方语境下中产阶级的定义也有一定的不同。但实质上，社会永远分割为少数统治精英阶级和大多数平民（也就是被统治阶级），中产阶级或者所谓的物质层面的平均主义都是伪命题。

中产的定义关注的只是表面物质分配的层面，而阶级的实质关注的是是否掌握生产资料、资源的分配权和话语权。从这个角度来说，中产阶级其实严格来说算不上一个独立的阶级，和平民被统治阶级并没有本质的不同，资源的分配权和话语权永远掌握在少数人手里。一个残酷的事实就是，社会运行的规则由塔尖的少数人来制定和支配，绝大多数人是游戏规则的接受者、陪玩者，为塔尖人士服务。有另一句揭示这个残酷真相的话语，就是"Don't hate the player, hate the game"（要恨这个游戏，不要仇恨游戏的参与者）。为了更好地理解历史中阶级演变的客观规律，我们依然可以从历史长河的几个重要时间段来按图索骥：

（1）古代农业社会以掌握土地多少作为标准，当土地扩张停止后，人口增长到瓶颈就会有饥荒、瘟疫和战乱，人口迅速减少，周而复始，具有典型的农耕社会特征的东方社会永远逃不出这个怪圈。

[①] 原文写于 2023 年 10 月 7 日。

帝国的统治阶级为了统治的稳定，以一套官僚体系来制约世家大族所组成的精英阶层，并最终融为一体。由于生产力的低下，绝大多数人局限于土地的辛苦耕作，仅为温饱而生存。统治阶级牢牢把握着阶级跃升的向上通道，不断升级平民进入仕途或成为统治精英阶级的难度和门槛，变相让极少数人享有分配权。无论是宗教还是八股文，都是统治阶级稳固自身地位的手段。

（2）海权时代的到来让欧洲发现了新大陆，新的农作物、新的土地和新的资源让欧洲出现井喷式的人口增长，并促发了工业革命，民智得以开化。即便如此，欧洲大陆的贵族精英体系仍旧是牢不可破，新兴势力只能以殖民地的形式和殖民地所带来新的生产资料和资源来打破传统利益网。到"二战"后的去殖民化，欧洲又重新回到了贵族精英的少数人统治层面，为了社会的和谐和稳定，也只能以不断降低工时、增加福利的政策让大多数平民妥协，但这也带来了欧洲竞争力的长期衰落。

（3）美国独立后也经历了长期的土地扩张，直到19世纪末墨西哥战争结束后，开始倡导门罗主义并成为美国基本外交政策的起始点。门罗主义发表于1823年，表明美国希望欧洲诸国不应再殖民美洲，或涉足美国与墨西哥等美洲国家的主权及相关事务，美国也会对欧洲各国的争端保持中立。同时，美国开始了海权扩张，最终从科技、贸易、金融、军事等各个领域来主导全世界的生产资料和资源的分配权。

美国虽然没有经历过封建时代，历史上没有贵族、地主、君主和平民的区分，但也有其阶层的分级。简单来说，美国少数的精英统治阶级用全世界的资源来让美国的3亿民众心安理得地服从于其内部的游戏规则。

美国在享受全球化消费和金融红利的同时却也不得不面对新的竞争对手——中国，这让美国民众中的底层工人首先从市场竞争中被淘汰。接下来在美国不断补贴底层民众时，短期主义的政治体制只能通过不断扩大的财政赤字来平衡，也就开始了不断升级印钱发债的模式。与此同时，科技的发展带来的劳动力的革新、高居不下的通货膨胀都加速了美国二战后婴儿潮这一代中产阶级的陨落。美国目前财富的贫富差距既是历史新高，也是西方国家之最。

（4）精英统治阶级在历史的不同阶段会用不同的手段和工具控制阶级的

跃升通道，在古代有八股文和宗教，而在现代就是科学技术。目前大家唯一依赖的就是通过科技创新来提高生产力、提高产品的主导性或垄断性，而美国也是希望堵截中国科技的发展，来保证对全世界资源分配的绝对话语权，通过对外的绝对统治力和收益的不公平分配来平衡美国内部的政治统治制度，缓解社会矛盾，让绝大多数人继续活在美国梦中，并继续服从于美国精英统治阶级所制定的游戏规则。

（5）无论是目前普及的互联网、移动通信和可再生能源科技，还是即将普及的人工智能、元宇宙、基因改造等未来科技手段，其实也都是现代/未来社会的生产资料。这些生产资料无论对内还是对外，最终均将成为精英统治阶级对平民被统治阶级的管理或者改造工具。

古时人性的认知被信息屏蔽所限制，而现代随着目前科技的发展，人性的认知被信息的爆炸式覆盖所麻痹。归根结底，人类的命运早已注定，少数悟道的精英阶级永远能够通过不同的方式来统治绝大多数安于现状、躺在舒适区的普通人。在周期的循环往复中，唯一的区别就是安于现状的旧精英们被新悟道的新精英们所替代。

3.3 二八定律，适用于财富占有率吗？[①]

> 获取普世的智慧，并相应地调整你的行为。即使你的特立独行让你在人群中不受欢迎……那就随他们去吧。
>
> ——查理·芒格

首先我来谈一下什么是"二八定律"。二八定律由意大利经济学家帕累托提出，因此也叫"帕累托法则"。帕累托的观察和人口及财富有关，比如意大利约有 80% 的土地归 20% 的人所有，80% 的豌豆产自 20% 的植株。后来，大家惊讶地发现二八定律广泛地存在于各个领域，其中也包括私人财富领域。大家普遍有一个共识，就是世界上 80% 的财富掌握在 20% 的人手里。而当我在 2000 年初涉金融领域时，在汇丰投资银行伦敦培训时学到的第一堂课就是

---

① 原文写于 2024 年 1 月 6 日。

二八定律，自然我被要求关注的目标客户群体也就是这 20% 的人。

然而二八定律这个比例是恒久不变的吗？回顾历史，我们发现虽然总体的趋势一直是大部分的财富掌握在少部分人的手中，但也会经历财富从分散到集中再到分散的过程，其中也伴随着社会的变革。人们真正开始关注贫富分化、开始讨论贫富分化，是在西方经济学诞生之后。我这里分三个维度为大家做个解析：一是 2000 年来中国历史中财富周而复始的规律性变化；二是美国这 100 年来的贫富差距的变化；三是近 30 年世界财富的迁徙。

3.3.1 中国历史上的财富再分配

中国 2000 年的封建统治下，贫富分化一直扮演着推动社会变革的重要角色：

汉朝，从汉高祖刘邦时期，到汉武帝刘彻时期，再到新朝王莽、东汉刘秀时期，以及黄巾起义，经历了从平均分配土地到加强中央集权、富豪士族垄断资源的变化，最终导致了社会动荡和农民起义。

后面的三国、晋朝、南北朝、唐朝、宋朝，中国社会又经历了相似的循环，包括建朝初期百废俱兴，平均分配资源到逐步中央集权的强化从而促发与地方的矛盾，而外患以及地方割据所导致的动荡，士族门阀的垄断导致财富高度集中分配不均而最终爆发农民起义并促使了朝代的更迭，反反复复……

到了明朝，历史依旧循环往复，明朝初期，永乐帝通过发展海外贸易、修筑明城墙、编纂《永乐大典》等方式使得明朝繁荣昌盛。明神宗时期，政治相对稳定，经济逐渐复苏。而到了明朝中期的万历时期，早期政治相对清明，但到了后期发生了一系列问题。其中，日本倭乱导致军费开支上升，加上西班牙从南美洲引入的大量白银涌入中国市场，导致通货膨胀。由于通货膨胀，白银贬值，国家财政遭受冲击。

此时，在东林党保护的江南富豪士族垄断财富，而普通百姓生活变得困难，社会矛盾加剧。这些问题的积累最终为明末社会动荡和衰落埋下了伏笔。

清朝初期经历了相对稳定和繁荣的时期，但到了乾隆时期，由于长时间的统治和过度奢靡的生活方式，国家财政出现了问题。人口剧增，但财富分配不均，社会矛盾逐渐加剧。鸦片战争标志着中国与西方列强发生冲突的开始。晚清时期，中国面临内外交困，经济、军事、政治上都陷入困境，而社会财富的高度不均导致了社会动荡。辛亥革命结束了清朝，中华民国成立。这标志着中国封建社会的终结，但后来由于政治混乱、军阀割据垄断资源而进一步加大财富的分配不均，社会动荡继续存在。

1949年，新中国成立。在成立初期，中国实行了一些重要的土地改革和财产分配政策，试图解决社会不公问题。1978年，改革开放以后，中国实施了一系列经济改革政策，取得了显著的经济增长。然而，随着时间推移，社会中的财富分配不均问题再次显现。

总体来说，中国历史中反复出现了社会不公、财富分配不均等问题，而政治、经济制度的变革常常是对这些问题的回应。这样的现象不仅发生在中国，也发生在西方世界。这里直接跳过欧洲历史，让我们从2000年的历史长河收缩到近100年的美国的财富变化。

3.3.2 近100年的美国，中产阶级的崛起与消亡

美国最有钱的0.1%的富人占社会财富的比重，在1940年为20%，此后一路下跌，在1980年下跌至7%；与此同时，美国底层90%的平民占社会财富的比重由20%上升至35%。这一切的背景是美国主导了名为"大压缩"（Great Compression）的旨在缩小国民收入差距和收入分配改革的政策。"大压缩"政策使得美国在短短几十年期间创造了大量的中产阶级，而中产阶级的崛起一度带来了社会的稳定、和谐。

而进入20世纪80年代，大规模减税开始了，里根减税计划的要点是：将个人所得税税率一律减少25%；对企业给予加速折旧以减少税负。

紧接着，美国通过了其历史上具有划时代意义的税制改革方案：个人所得税和公司所得税的最高税率从50%和46%下降到28%和34%。根据美国税务政策中心的计算，减税计划64%的好处将流向5%的最富裕纳税人。长期以来较为公平的收入分配被彻底打破了。从1990年开始，随着资本市场的蓬勃发展和长期的牛市，金字塔顶端的富人的实际收入快速上升。1980年后，0.1%最富有的人占社会财富的比重一路上升到20%以上，平民财富的占比则一路下跌至100年前美国社会"镀金时代"的20%。社会财富进一步集中，

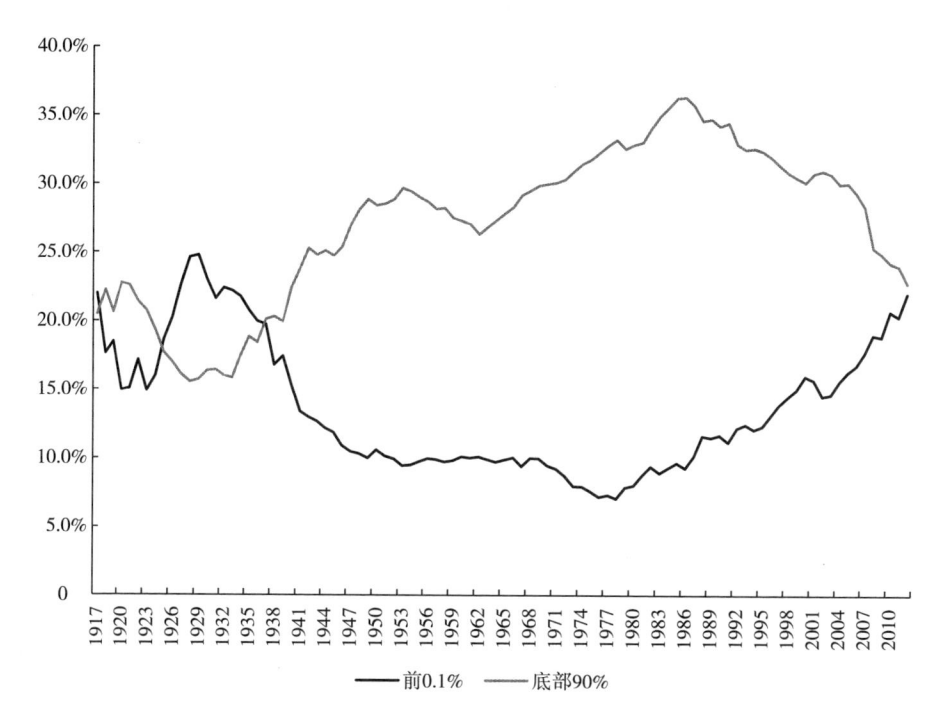

图 3.1：美国财富不平等：顶层 0.1% 的人拥有的财富与底层 90% 的人拥有的财富相同

来源：德意志银行研究报告

贫富分化进一步加剧。

在上一次中产阶级崛起的进程中，工会扮演了举足轻重的角色。工会持续帮助工人群体提高工资福利、改善劳动条件、维护工人群体的自身权益，工会运动给身为蓝领的工会成员带来了高薪，带动了整个工薪阶层收入水平的普遍提高，造就了世界上最强大的中产阶级。而在中产阶级逐渐缩水以后，历史再度重演，工会重回大众视野，美国大罢工浪潮愈演愈烈。2023 年，在美国好莱坞掀起 60 年来最大规模的罢工、35 万名卡车司机与美国运输商 UPS 展开罢工谈判后，罢工行动蔓延到了包括汽车制造行业在内的多个行业。这说明，美国财富分化的水平再度来到了临界值，美国正处于经济不平等、社会不平等与政治不平等相互交织，不断引发大众抗争、民粹主义兴起和新思潮涌动的躁动期。

3.3.3 世界财富进一步向顶层集中

观察全球财富的分配，我们不难发现近几十年来世界的整体趋势和美国一样，都是财富进一步向金字塔顶端集中。2000 年，前 0.001% 富人家庭的财富总量占世界财富总量约 4%，底层 50% 家庭的财富总量占世界财富总量约 2%；而到了 2020 年，前 0.001% 富人家庭的财富总量占世界财富总量约 6.4%，底层 50% 家庭财富总量占世界财富总量依然为 2%。

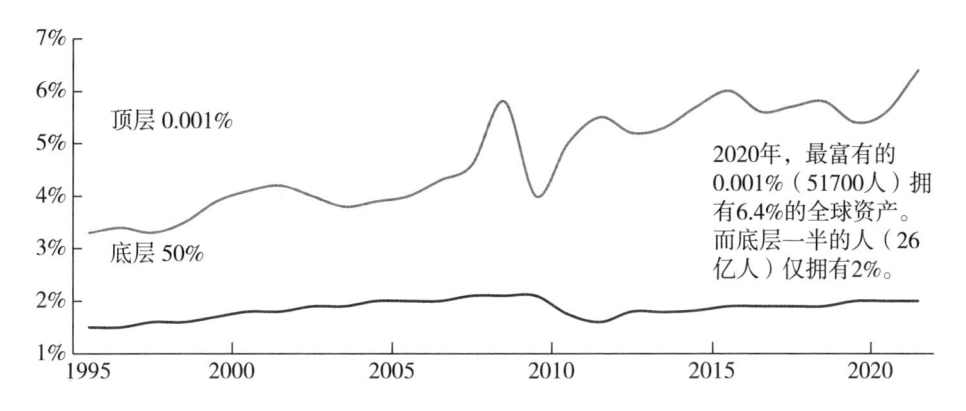

图 3.2：极端的财富不平等：顶层 0.001% 与底层 50% 的财富份额占比情况，1995—2020
来源：2022 The world inequality report

财富金字塔可以更直观地展示全球财富的分配情况。2010 年瑞信的全球财富报告显示，全球 8.1% 的人口拥有 82.4% 的财富，其中最顶端的 0.6% 拥有 39.3% 的整体财富。

而到了 2016 年，全球 8.2% 的人口拥有 86.2% 的财富，其中最顶端的 0.7% 人口拥有 45.6% 的整体财富。相较于 2010 年，财富进一步向顶层集中。相较之下，拥有 10 万至 100 万美元财富的这一批人，也就是大众认知上的中产人群，群体人数虽有所增加，但占整体财富的比例却有所缩水。

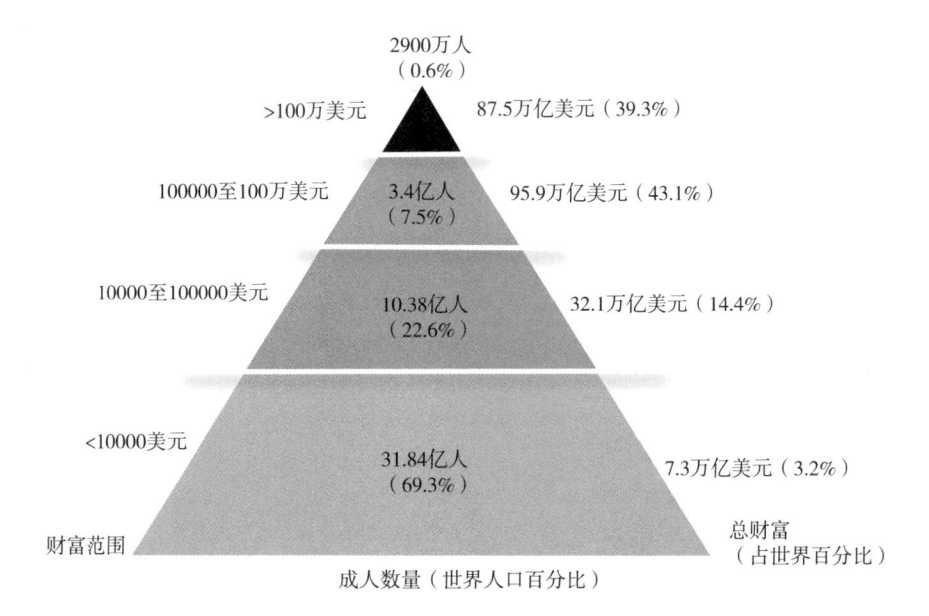

图 3.3：2010 年全球财富金字塔

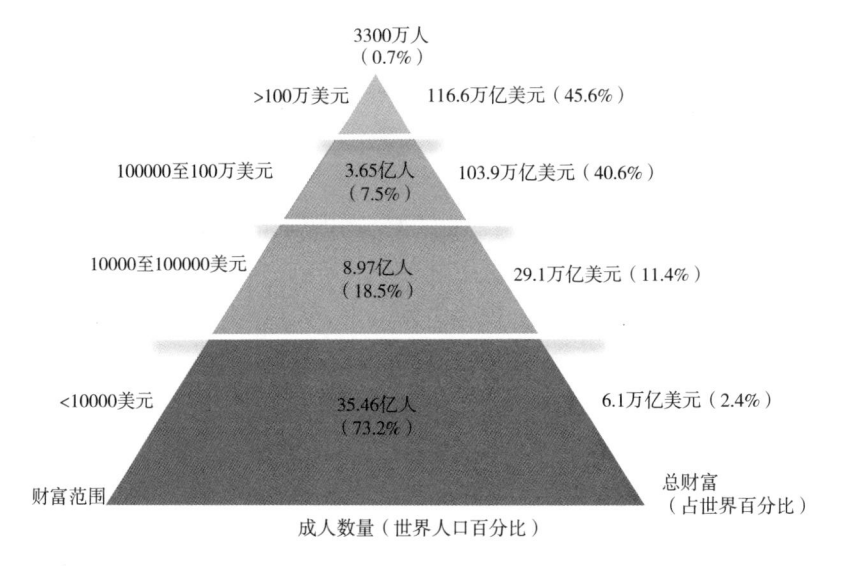

财富范围	成人数量（世界人口百分比）	总财富（占世界百分比）
>100万美元	2900万人（0.6%）	87.5万亿美元（39.3%）
100000至100万美元	3.4亿人（7.5%）	95.9万亿美元（43.1%）
10000至100000美元	10.38亿人（22.6%）	32.1万亿美元（14.4%）
<10000美元	31.84亿人（69.3%）	7.3万亿美元（3.2%）

来源：瑞信全球财富数据书

图 3.4：2016 年全球财富金字塔

财富范围	成人数量（世界人口百分比）	总财富（占世界百分比）
>100万美元	3300万人（0.7%）	116.6万亿美元（45.6%）
100000至100万美元	3.65亿人（7.5%）	103.9万亿美元（40.6%）
10000至100000美元	8.97亿人（18.5%）	29.1万亿美元（11.4%）
<10000美元	35.46亿人（73.2%）	6.1万亿美元（2.4%）

来源：瑞信全球财富数据书

注：人口百分数相加为 99.9%，是原始数据四舍五入所致，特此说明。

再到疫情后的 2023 年，拥有 10 万美元以上财富的群体进一步扩大，13.1% 的人口占据社会整体财富的 85.2%。而其中金字塔最顶端的 1.1% 的人群占比进一步扩大到 45.8%，紧随其后的那一部分群体的财富占比进一步缩水至 39.4%。

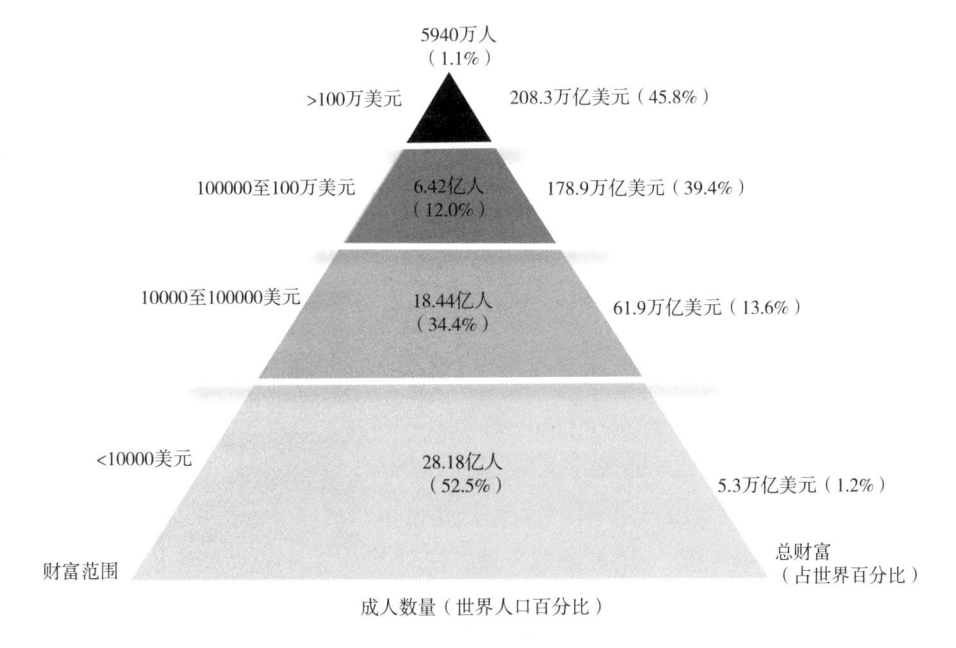

图 3.5：2023 年全球财富金字塔

来源：瑞信全球财富数据书

从上述图中不难看出，近几十年来的趋势一直是财富不断向顶层集中，中产阶级群体逐渐萎缩。二八定律并不适用，而是被一九定律所取代，即社会整体财富的 90% 掌握在 10% 的人手里。但从历史的经验来看，这样的趋势不会一直持续，政府也不会任由贫富差距进一步扩大，因为这势必会带来社会的动荡。

3.3.4 小结与思考

回顾历史的发展，我们发现财富分配的趋势如同钟摆一样，会由分散到集中再到分散，进行周期性的摆动。这个摆动在历史上可能长达数百年，但随着科技的进步，摆动的周期越来越短。

目前世界再度来到了财富高度集中的局面，或者说已经到了一九分界（10%的人拥有90%的财富）抑或到了更危险的一五十分界（1%的人拥有50%的财富）。相信这种状况的持续将会给社会带来巨大的动荡，并会促发新的社会经济行为、新的政治诉求的落地和改变现有既得利益的变革。

这两年我们已经看到了上述的种种迹象，包括 Gamestop 散户 vs 华尔街事件，去中心化虚拟货币的再次回归，美国工会主导的运输、汽车制造等蓝领行业的大罢工，欧洲右翼本土保护主义的崛起，中国提倡的共同富裕，等等，这个钟摆的势能已经在不断积聚力量，我相信在不久的将来，这个钟摆会再度回归到二八定律的平衡状态。

当前的世界局势充满不确定性，我们很难准确地对其进行预测，但在诸多的不确定因素里，我们可以寻找蕴藏其中的确定性因素：

例如人工智能一定会在社会的演变中扮演举足轻重的角色，人工智能的崛起不仅会对经济产生深远的影响，相信也会重塑财富分配的格局。

例如去中心化趋势，让更多的个体的区块链生态来挑战集中心化管理的机构，并会对财富分配有更深远的影响。

科技的高速发展，人工智能和大数据的应用以及 Web3.0 去中心化的技术革新将会不可逆转，与二八定律的钟摆融合在一起，敲响新的时代的乐章，而精英和平民的鸿沟将会被重新定义，并以一种新的形式展现出来。

4. 民粹时代的政治短命现象：能源费上限补贴能拯救衰退的大英帝国吗？[①]

2022年9月，英国新闻频出，其中最引人关注的是女王伊丽莎白二世的逝世，消息传出，举世震惊，众多世界领导人纷纷表示深切悼念。与此同时，发生在英国的另一重大事件则搅动了金融市场和各大经济论坛。9月6日，英国新当选的首相特拉斯宣布了一项全面计划，将以固定费用上限和补贴的形式，冻结天然气和电费两年，这项补贴预计将花费2000亿英镑。

特拉斯在上任的第三天就推出了这项计划，旨在使英国数百万家庭在今年冬天免受能源账单飙升的痛苦，届时一个普通英国家庭的电费和天然气费用将从1971英镑飙升至3549英镑。根据该计划，平均年度费用将被限制在2500英镑以内。企业、慈善机构和学校的能源费用也将被封顶六个月。但这样的补贴是否合理和明智呢？在审查及评判特拉斯的能源补贴计划之前，我们首先分析一下英国的经济和财政状况。

4.1　面对高涨能源价格的脆弱性

同许多其他欧洲国家一样，英国在遭受新冠疫情、俄乌冲突造成的能源危机和高通胀后，经济受到严重损害，尽管历史上英国在国内能源需求方面基本能够自给自足，但在过去的几十年里，英国对能源进口的依赖程度不断加大，2013年达到最高值48%，2022年为35%。与欧洲其他国家不同，英国对俄罗斯天然气供应的依赖较小，其大部分天然气进口自挪威等可靠的供应商。因此，英国面临的只是国际市场调节下天然气价格高涨的问题，而不是天然气供应安全的问题。

[①] 原文写于2023年10月7日。

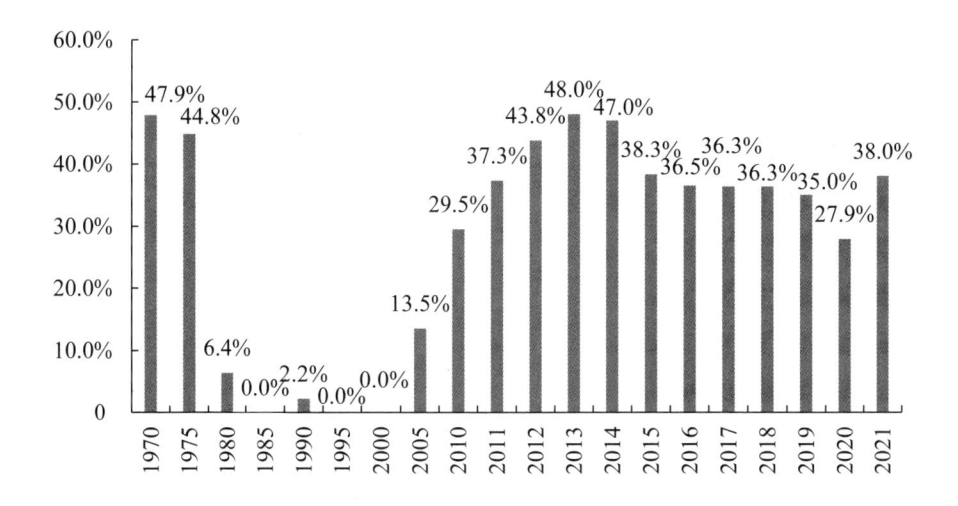

图 4.1: 英国能源依赖系数

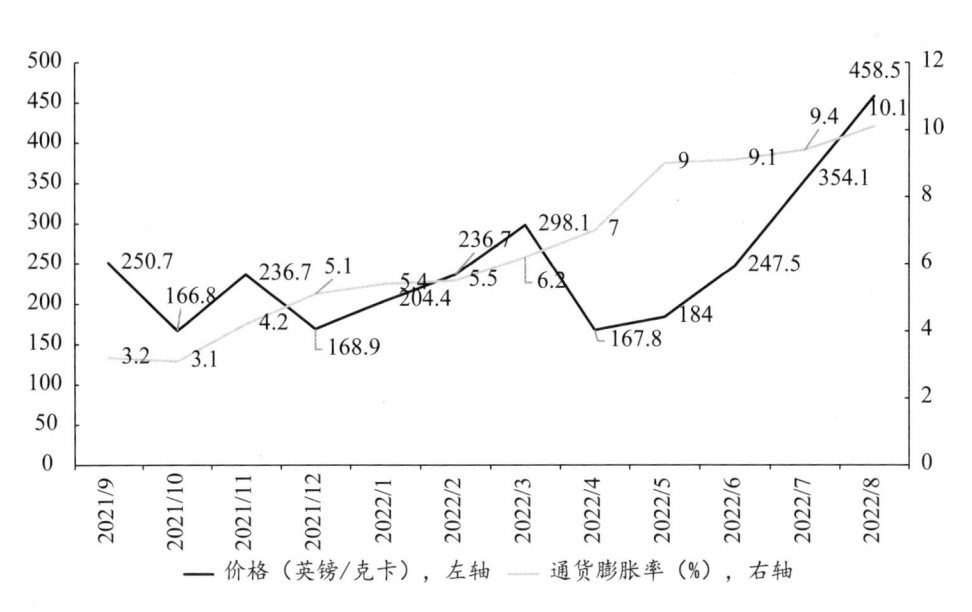

图 4.2：2021 年 9 月至 2022 年 8 月英国天然气价格及通货膨胀率

4.2 货币贬值及借贷成本上升

在能源危机和高涨的通胀下，英格兰银行也面临着平衡通货膨胀和经济衰退的棘手问题。与美国将利率提高到 2.5% 相比，在 2022 年 10 月份预计通货膨胀率为 13% 的情况下，英国仅将利率缓慢地提高到 1.75%，这不可避免地使英镑和英国的政府债券（即"Gilt"）暴跌。自 2022 年年初以来，英镑兑美元汇率已经下跌了 15%。Gilt 的价格已经下跌了 21%。2021 年，英国政府可以以 0.7% 的利息借贷十年，现在它必须支付 3% 的利息。英镑疲软将使进口商品更加昂贵，进一步助长英国这一净进口国的通货膨胀。

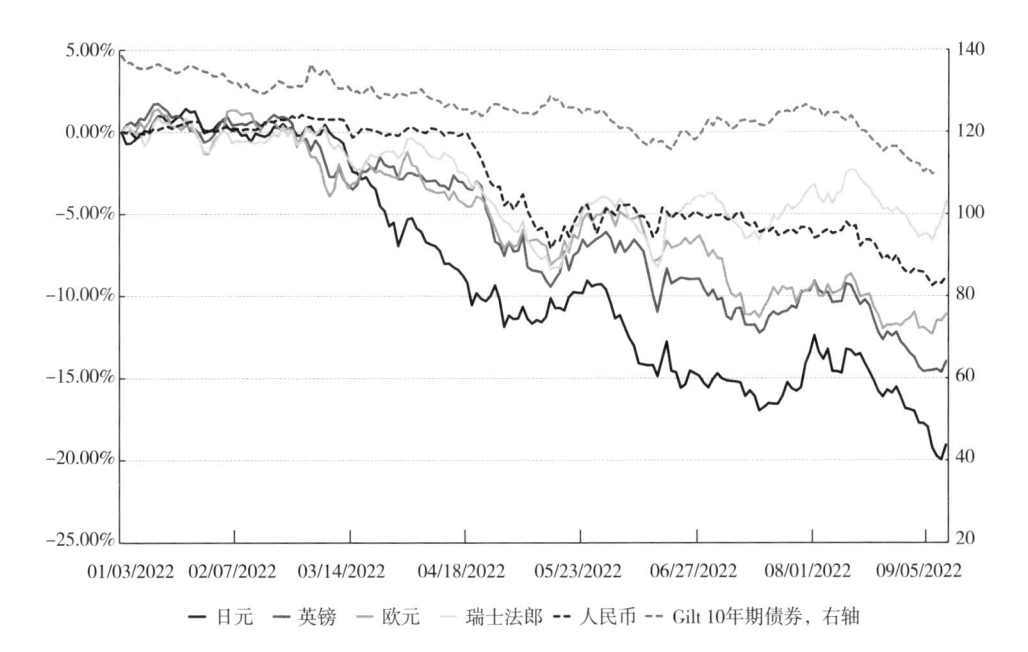

图 4.3：2022 年 1 月至 9 月各国货币兑美元汇率变动比率及 Gilt-10 年期债券价格

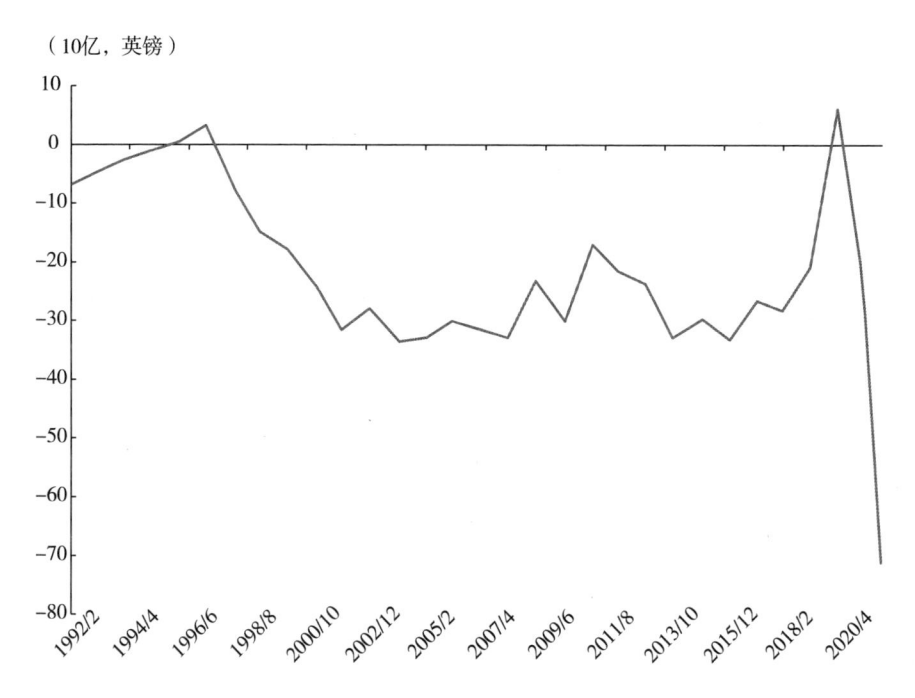

图4.4：1992年以来英国贸易逆差

4.3　令人震惊的政府赤字及债务

尽管英格兰银行和保守党首相一向给人以保守克制、富有威望的印象，但英国的政府债务总额却在近几年急剧增加。政府债务总额从1992年的0.4万亿英镑增加到2022年的2.38万亿英镑，债务占GDP比率从33.1%提高到102.8%。债务占GDP比率是国际投资者判断政府偿债能力的标准，历届英国保守党首相都曾试图阻止英国国债增长至等同于其GDP的规模。国际贷款人也会密切关注政府赤字，因为如果赤字超过经济增长，政府债务就会增加。而英国债务占GDP比率在接下来的十年中将保持在三位数水平。鉴于政府为其债务支付的利率上升及英镑贬值，政府债务和赤字问题将变得更加令人担忧。

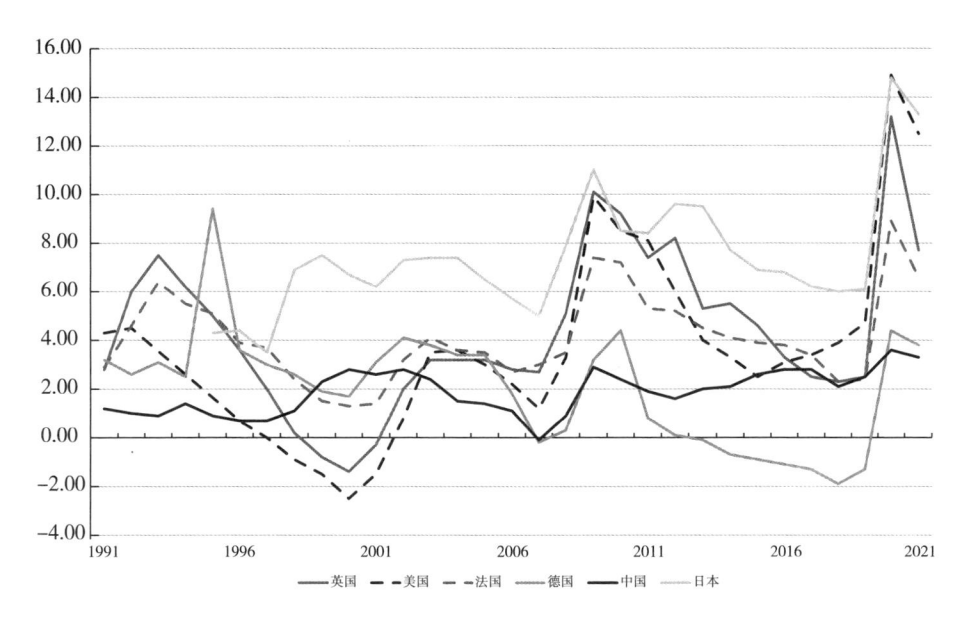

图 4.5：1991—2021 年英国、美国、法国、德国、中国和日本的政府赤字与 GDP 的比率（%）

4.4 宏观经济学入门：抑制通货膨胀的政策

简单来说，一般有以下几套政策可以用来抑制通货膨胀。

（1）紧缩性货币政策。中央银行通过提高利率来减少经济体内的货币供应。这一政策将减缓经济增长，提高借贷成本，从而减少消费和商业支出。

（2）紧缩性财政政策。政府通常会提高税收，减少政府开支，以降低总开支水平。

（3）其他政策。历史上，各国政府曾实施过工资管制、价格管制和配给等政策以抑制通胀。这些措施大多表现不佳，如罗斯福政府在二战期间实施的价格控制和配给，最终导致美国 20 世纪 70 年代滞胀的"尼克松冲击"。

回到本节的开头，特拉斯为期两年的价格保障计划预计每年花费超过 1000 亿英镑（或 GDP 的 5%），以帮助家庭和企业应对飙升的能源账单，此外她还承诺增加国防开支并削减薪资税和企业所得税以促进经济增长。但是基于以上三点的分析，这一冻结能源账单的计划显然会导致以下后果：

（1）在目前令人震惊的政府债务和赤字的基础上增加巨额开支，这将使英国的财政状况面临更大风险，从而引起投资者的担忧，增加英镑进一步下跌的风险。

（2）英格兰银行的进一步加息将增加借贷成本，并加速赤字和债务水平的螺旋式增长。

（3）英镑疲软将导致进口成本增加，诱发更严重的通货膨胀，这将进一步损害经济，促使英镑贬值。

（4）英格兰银行将别无选择，只能提高利率以对抗通货膨胀和货币疲软，并迫使特拉斯修改她的"大胆"计划，增加税收并减少政府开支，以减少赤字及债务水平。

（5）补贴账单有很多副作用，包括扭曲人们在市场调节中的行为，加剧能源使用者间的不平等状况，导致市场效率低下。

高通胀、高债务、英镑疲软、经济衰退和能源危机使英国处于一个内忧外患、四面楚歌的困境。与之相似，50 年前，美国也在与高通胀做斗争，在与黄金脱钩后，美元下跌、大衰退及能源危机导致了滞胀，折磨了美国整整十年。历史已经给了世界深刻的教训，为了对抗通货膨胀而采取的临时价格管控措施只会导致更深更久的衰退。非常时期，非常措施，但这篇文章的标题，应该是一个确定的反问句。

毋庸置疑，英国凛冬将至！

当政府基于良好的动机试图重新调控经济、立法规定道德或追求特定利益时，效率低下、动力缺失及自由丧失的代价便紧随其后。政府应是一位裁判者，而不应是一位积极的参与者。

——密尔顿·弗里德曼

（美国经济学家及教育家，1976 年获诺贝尔经济学奖）

5. 美国的下一场战争[①]

美国政府在决定是否参与或发动战争时，一方面要考虑外部环境，另一方面也要考虑国内形势。大多数学者在评估战争风险时，会更多关注政府表态和举措，评估国与国之间的军事实力及部署，却少有人从美国国内经济、政治及历史沿革的角度分析美国参战或发动战争的条件和基本环境。

在南北战争以后，美国本土就没有再发生过战争，但其参与或发起的大大小小的战争却不少。近一百年来，除了第一次世界大战与第二次世界大战以外，美国还直接发动或参与了十三场战争和军事冲突，其中大规模参与且主导的有1950—1953年朝鲜战争、1955—1975年越南战争、1991年海湾战争和2003—2011年伊拉克战争。

美国的经济实力在"一战"后脱颖而出，"二战"使其成功摆脱经济大萧条并逐渐成为全球霸主。除了朝鲜战争的失利和陷入越战的泥潭外，美国在大多数战争中都取得了"胜利"并享受了其带来的经济红利。我们反对战争和一切人类自相残杀的行为，但今天回顾历史，我想分析一下美国参与或发起的几次主要战争在战前、战时和战后的经济情况，并以史为鉴，帮助我们对目前的中美关系以及美国是否会在未来参与或者发动战争做出预判。

5.1 美国参战历史的经济分析

- **第一次世界大战（1914—1918）**

1914年夏天，第一次世界大战在欧洲爆发，美国商界陷入恐慌，纽约证券交易所关闭了3个多月，同年美国经济也陷入衰退。在"一战"开始到美国1917年参战的前三年中，美国一直保持中立，经济增长也主要来自出口和向参战国家提供物资。其间，美国的通货膨胀率、经济指数和股市逐步上升，失业率也逐步下降，尤其从1916年开始，美国经济增长加速，失业率大幅下

[①] 原文写于2022年9月8日。

降，通胀进一步走高。美国最终在 1917 年 4 月加入了对抗德国的阵营，大量征兵也使得更多的妇女投入生产环节，失业率走低至 1918 年的 1.4%；而高通胀则一直持续到 1918 年战争结束后。一战虽然使得美国国民生产总值及出口贸易节节升高，但给美国带来的负面效应也不能忽视。战后高通胀的阴霾，以及付出近 12 万美国人生命的代价与《凡尔赛和约》利益的高度不匹配，使得美国在 20 世纪 20 年代进入了一个保守及孤立主义占据主流的时代。

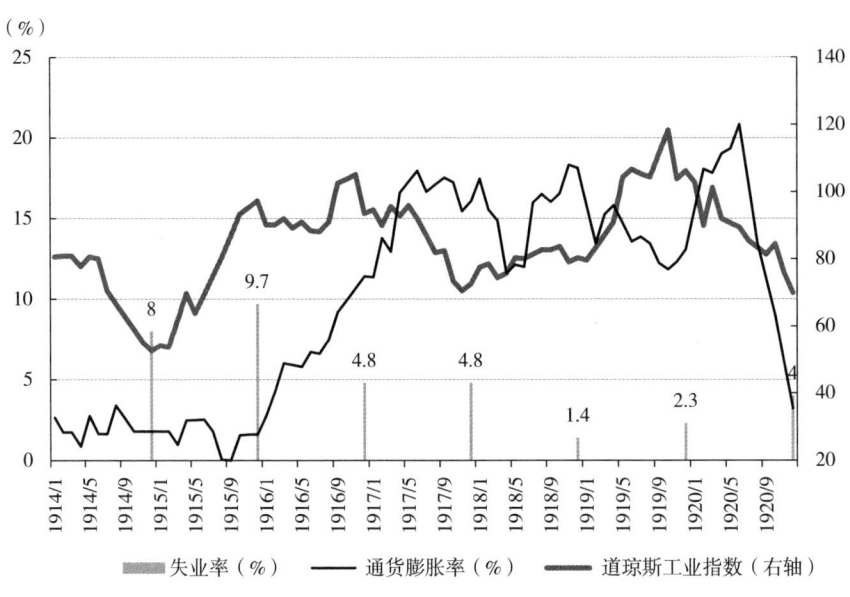

图 5.1：第一次世界大战期间美国失业率、通货膨胀率、道琼斯工业指数情况

- 第二次世界大战（1939—1945）

美国在 1929—1933 年经历了大萧条，经济长期萎靡不振。而大萧条后来波及整个资本主义世界，给包括美国、英国、法国、德国和日本等资本主义国家带来经济危机。大萧条不仅导致了长期的大规模失业，也改变了社会关系，集权主义在德国和日本兴起，最终导致了第二次世界大战的爆发。

1939 年 9 月，德国入侵波兰，标志着第二次世界大战的开始。在"二战"开始后，美国的失业率开始降低，经济由通缩转为通胀。但由于 20 世纪 20 年代开始的保守孤立主义，美国主流社会中参战意愿较低。直到 1941 年

12 月日本偷袭珍珠港之前，罗斯福总统一直试图说服国会参战，而此时的经济增长已把美国拉出了过去 10 年的大萧条，通胀升至 10% 的高位，失业率也已经从 17% 降到 10%。在通胀攀升、失业率走低、经济强劲复苏的大环境下，国会认为没有必要参战，因此罗斯福遇到的阻力极大，而最终得到国会的支持也主要是因为珍珠港事件刺激了整个美国，使得其不得不对日宣战。美国全面参与"二战"后，失业率进一步下降，经济大萧条也随之消退。

由于美国当时已经面临着高通胀的问题，加上美国政府在"一战"期间和战后经历过通货膨胀的恶果，因此在"二战"期间美国政府通过价格控制和冻结价格来冷却通货膨胀。联邦政府取消了对供不应求的商品的自由市场定价，创建了一个配给系统，由政府向公民发放配给券。凭借这个价格控制系统，联邦政府在战争期间有效地控制了通货膨胀率。而战后，政府急切地取消了价格控制，使得通胀跃升，到了 1947 年，通货膨胀率高达 20%。

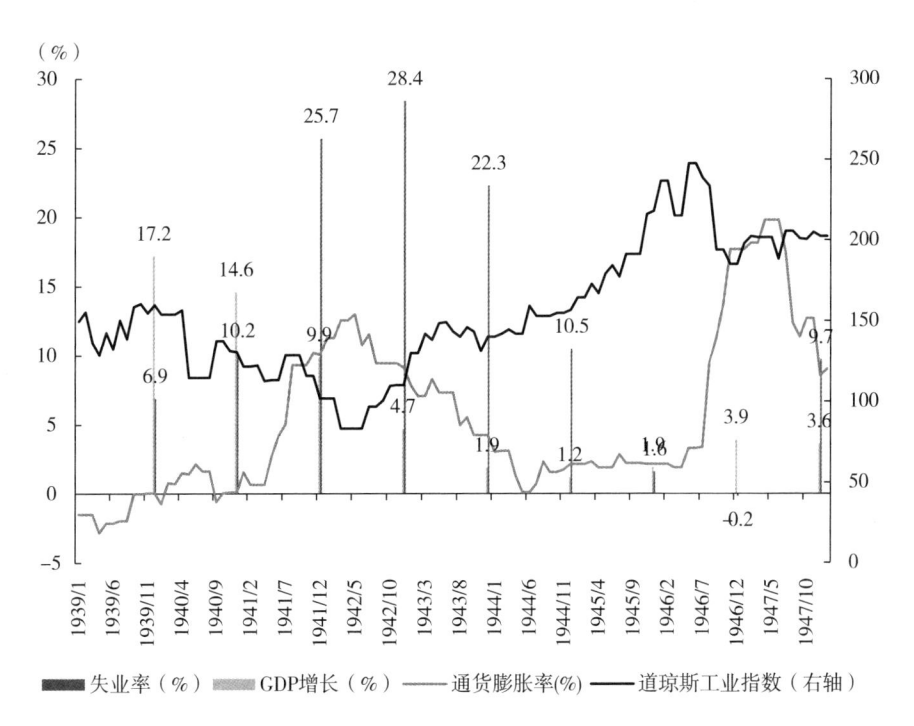

图 5.2：第二次世界大战期间美国失业率、GDP 增长率、通货膨胀率、道琼斯工业指数情况

• 朝鲜战争（1950—1953）

"二战"结束后，美国将矛头和目标对准了苏联和共产主义国家。1947年，美国在外交政策上形成了杜鲁门主义，这使得美国在世界各地援助反共政权，并建立了一套针对苏联的全球军事联盟。在经济上开始实行"马歇尔计划"等措施援助战后的西欧国家及日本，使其摆脱贫困，并听命于美国。这彻底改变了罗斯福时代的美国对外政策，也奠定了战后世界的基本格局。同年，美国还建立了布雷顿森林体系，将美元绑定黄金以应对通胀，通胀率至高位回落，到1949年陷入通缩。

1948年11月至1949年10月期间，美国出现了11个月的经济衰退，失业率也由于退伍军人涌入劳动力市场而节节攀升。

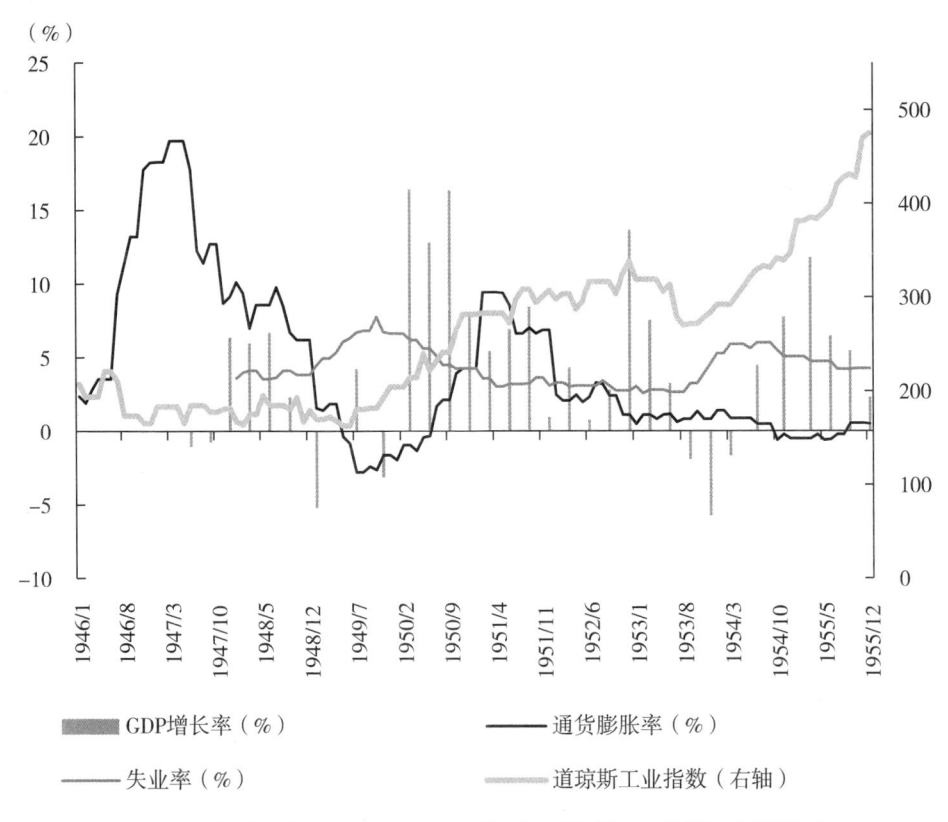

图5.3：朝鲜战争期间美国失业率、GDP增长率、通货膨胀率、道琼斯工业指数情况

1950年，在美国借联合国名义加入朝鲜战争前，其国内失业率在5%以上，经济处于通缩状态，国会也由总统杜鲁门所属阵营的民主党控制，为宣布加入战争扫除了障碍。

1953年战争结束后，政府削减了国防支出，美联储收紧了货币政策以防止战后的通货膨胀，美国的GDP下降了2.2%，失业率达到了约6%的峰值。1954年，美联储放松了政策，美国经济在经历了10个月的衰退后开始反弹。

- 越南战争（1955—1975）

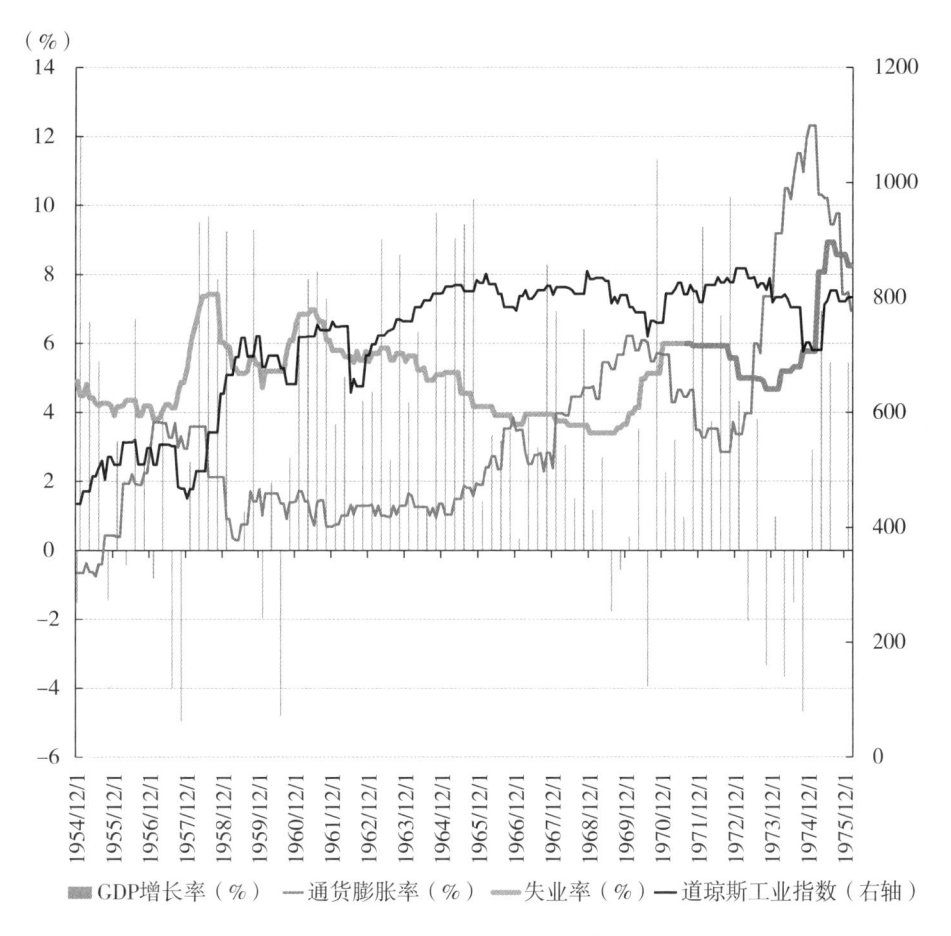

图5.4：越南战争期间美国失业率、GDP增长率、通货膨胀率、道琼斯工业指数情况

越南战争于 1955 年爆发。起初，美国并未大规模进行干预，直到肯尼迪在 1961 年 1 月当选总统以后，开始支持在越南进行战备投入，并于 1962 年 2 月，开始大规模向越南输送美军和作战物资。

在战争初期美国大规模干预以前，即 1957—1961 年，美联储的数次收紧货币政策的举动都导致利率上升，美国陷入短暂的经济衰退。在肯尼迪上任及美国正式加入越战时，美国处于低通胀和高失业率的状态。而肯尼迪被刺杀以后，接替他的林登·约翰逊在 1964 年的总统大选中连任，更积极地让美军介入越南战争，将战争进一步扩大。这个时间段，美国仍面临着较高的失业率及较低通胀的局面。其间国会和白宫也都由民主党控制，与朝鲜战争的背景类似，美国介入越南战争毫无阻碍。

而随着战争的进展，失业率开始下降，通胀开始飙升，美国国内不断累积的厌战情绪最终导致林登·约翰逊连任失败。与此同时，战争开支造成的财政不平衡加剧，对美联储的宏观经济调控构成了相当大的约束，也间接影响了 20 世纪 70 年代的大通胀及经济衰退。

- 海湾战争（1991）

海湾战争是美国历史上少见的由其发动、持续时间短，且国会与白宫相互制约的局部战争。1990 年 8 月伊拉克军队入侵科威特，以美国为首的多国部队于 1991 年 1 月 17 日开始对伊拉克军队发动军事进攻。42 天的空袭后战争于 2 月 28 日结束，伊拉克从科威特撤军。海湾战争强化了美国在该地区的军事存在，同时也为 2003 年的伊拉克战争埋下了伏笔。

海湾战争在老布什的总统任期内发生，战时美国也面临了持续 8 个月的经济衰退，其中 GDP 下降了 1.1%，失业率达到了 7%。老布什在海湾战争期间面临的美国国内经济问题是其无法连任总统的关键因素。虽然其在 1988 年参选时曾承诺不加税，但上任以后面临着高达 2200 亿美元的财政赤字，而在民主党控制的国会及美联储（时任主席格林斯潘也是民主党）的压力下，老布什最终违反了承诺，选择通过加税来平衡由于海湾战争而更加恶化的财政赤字，并最终让他失去所在的共和党里保守派的支持，从而在 1992 年大选中连任失利。

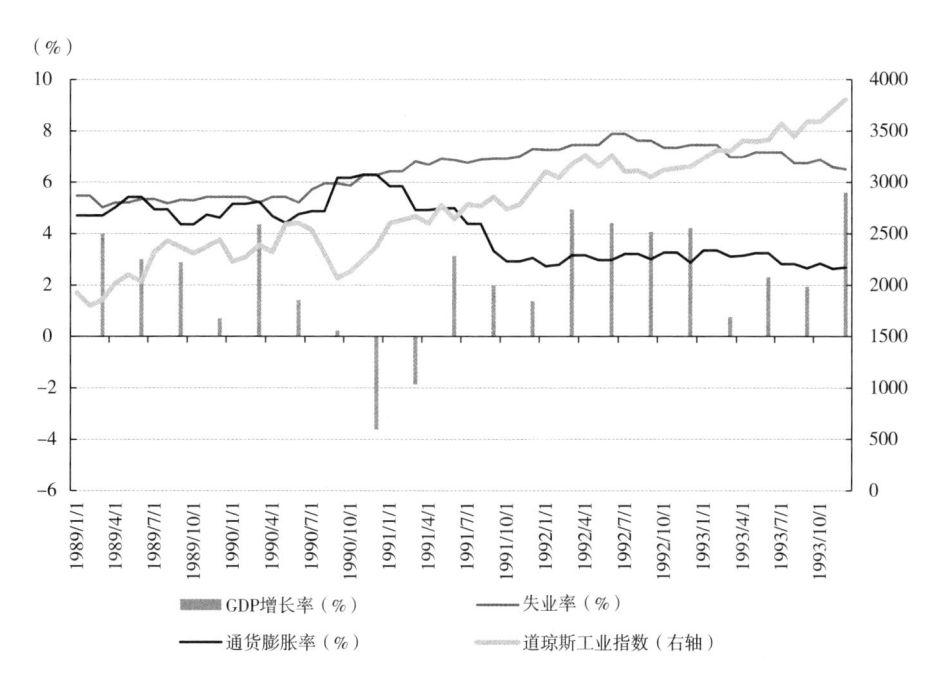

图 5.5：海湾战争期间美国失业率、GDP 增长率、通货膨胀率、道琼斯工业指数情况

● 伊拉克战争（2003—2011）

进入 21 世纪，互联网泡沫破裂，纳斯达克市值蒸发了 75% 以上。2001 年，美国又经历了"9·11"恐怖袭击事件，同时安然等公司发生的一系列重大会计丑闻引发了股市崩盘。美国经济陷入衰退，通货膨胀率降至 2% 以下，失业率上升到 5% 以上。2002 年 10 月，美国国会通过了伊拉克决议，授权总统采取任何必要措施；2003 年 3 月，美国以萨达姆政权拥有大规模杀伤性武器为由，正式出兵伊拉克。

伊拉克战争发生于小布什担任总统的第 3 年，其间，白宫和国会均由共和党控制。2004 年，小布什的参选政见包括延续伊拉克战争，并成功连任。美国经济也从 2003 年后强劲增长，楼市股市不断创新高直至 2008 年金融危机时再次跌入谷底。

(%)
15
10
5
0
-5
-10

18000
16000
14000
12000
10000
8000
6000
4000
2000
0

2000/12 2001/7 2002/2 2002/9 2003/4 2003/11 2004/6 2005/1 2005/8 2006/3 2006/10 2007/5 2007/12 2008/7 2009/2 2009/9 2010/4 2010/11 2011/6 2012/1 2012/8 2013/3 2013/10

■ GDP增长率（%） ——通货膨胀率（%） ——失业率（%） ——道琼斯工业指数（右轴）

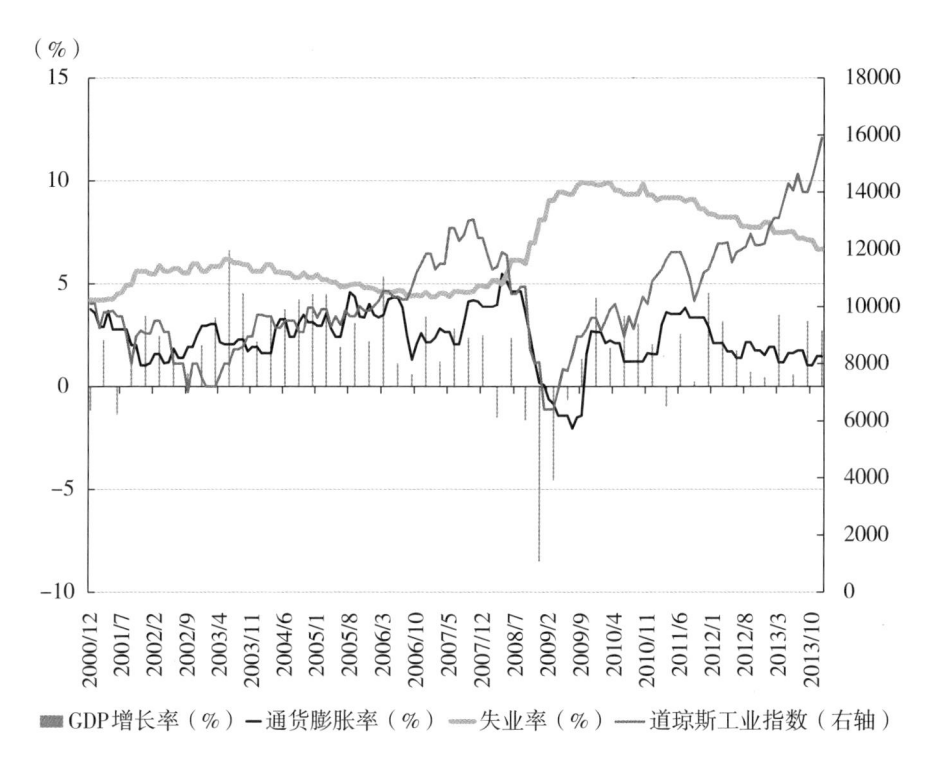

图5.6：伊拉克战争期间美国失业率、GDP增长率、通货膨胀率、道琼斯工业指数情况

5.2 美国今天还会发动战争吗？

纵观100年来的6次主要战争，我们不难发现，"一战"和"二战"都是美国被动卷入，参战虽然会帮助美国降低失业率，但战时或战后通货膨胀会不可避免地走高，美国经济也会短暂陷入衰退。而"二战"后的几次局部战争，都由美国主动参战或发动，参战时美国均面临着高失业率、低通胀的经济环境，而战争所导致的军事开支大规模扩大加强了经济活动，也同时增加了政府的财政负担，所以，战争后期或战后美国不可避免地会面临一段时间的经济衰退。而随着全球化的发展，近几十年来的战争鲜少会带来通货膨胀的大幅增加。

由此可见，美国主动参战或发动战争有几个重要前提：

（1）主要民意支持，例如"二战"期间的珍珠港事件、伊拉克战争前的"9·11"事件；

（2）白宫与国会意见及所在政党高度一致；

（3）经济低迷、高失业率、低通胀的社会环境；

（4）可能对总统连任创造有利条件的政治目的，例如1948年杜鲁门连任、1964年约翰逊连任及2004年小布什连任。

结合几次战争前美国的经济形势及内部的政治形势来看，我判断未来美国大概率不会主动参与或对外发动战争。

表5.1：美国近100年6次主要战争的情况

	"一战"	"二战"	朝鲜战争	越南战争	海湾战争	伊拉克战争
民意	中立	中立转支持	支持	支持	支持	支持
白宫和国会	均为民主党	均为民主党	均为民主党	均为民主党	国会为民主党，总统为共和党	均为民主党
通账率	高	高	低	低	中	低
失业率	低	高	高	高	高	高
战前总体经济	经济陷入衰退	经济陷入衰退	经济陷入衰退	经济由衰退进入复苏时期	经济衰退低迷时期	经济从互联网泡沫破裂中低迷时期
政治因素	被动卷入战争	被动卷入战争	冷战，总统寻求连任	冷战，总统寻求连任	总统面临国会强大的压力	总统寻求连任
战争后期及战后	经济繁荣，通胀飙升	经济繁荣到衰退，通胀飙升	经济短期衰退，失业率上升	经济短期衰退，通胀及失业率齐涨	经济短期衰退，通胀走低，失业率上升，总统连任失利	战争后期美国经历了金融危机，失业率上升，但全球化经济使通胀一直维持在较低水平

经济基础决定上层建筑，美国是精致的实用资本主义国家，打仗参战更多算的是经济账和长久账，鉴于以上的历史事实和分析，我认为美国没有必要也不会轻易发动任何一场对自己不利的战争，解决经济危机，防止经济硬

着陆才是美国政府的重中之重。战争永远是最极端和最后的手段，无论胜负，都没有最后的赢家，正如罗斯福总统曾说："相对于战争结束来说，我们更希望所有的战争本就没有爆发。"

6.《拜杜法案》启示录：科技冷战新形态 [①]

自 2001 年中国加入世贸组织后，全球出现了一个明显的趋势，那就是"美国创新，中国生产，全球销售"。美国高科技行业的创新能力必须与中国大规模制造的能力相结合，才能把创新真正产业化。这个趋势的出现与全球经济秩序的大转型紧密相关，其主要拉动的力量就是来自美国的创新体制的转型，而 1980 年美国通过的《拜杜法案》可以说是最关键的因素。

《拜杜法案》（*Bayh-Dole Act*）由参议员博区·拜（Birch Bayh）和罗伯特·杜尔（Robert Dole）于 1980 年联合提交，因此也以这两位参议员的姓氏来命名。在《拜杜法案》之前，美国施行的科技政策是大规模资助大学，让它们在政府关注的一系列领域做深入研究，比如航空航天、卫星通信、计算机和半导体芯片等。但当时的专利政策奉行的是"谁出资、谁拥有"的原则，研发的成果不仅收益权归政府，而且一切的后续性研发也不可以由发明人独享，这导致高校没有动力推动新技术转化为民用科技产品。而另一方面，只有数量有限的大公司才有能力以昂贵的代价购买技术专利的所有权。这样的制度安排最终导致大量科研成果闲置浪费。截至 1980 年，美国联邦政府持有近 2.8 万项专利，但科技成果的商业转化率仅为 5%。

《拜杜法案》做出了几项重大调整。首先它规定技术成果的权利由大学保留，并与发明人分享成果转化的收益。高校获得了收益权，便有了转化的动力。其次如果公司购买技术，但没有在一定时间内对其做市场化开发，高校则可以收回知识产权，公司无法获得对专利的完整控制权，所以也就意味着公司只要获得独家的商业开发权就足够了。而所有权和商业开发权的分离，使技术转让费用大幅降低，小企业也能够负担。最后，如果大学不能让科技成果服务于市场，政府则有权收回成果的所有权，这就进一步刺激大学努力推动成果的转化。

[①] 原文写于 2021 年 12 月 4 日。

《拜杜法案》被《经济学人》杂志中一篇名为《创新的金鹅》（*Innovation's Golden Goose*）的文章誉为"过去半个世纪以来，美国最鼓舞人心的法案"。《拜杜法案》之后，政府、大学、企业的三螺旋联盟成为美国创新的新基石。大学的创新热情被大大激发，与产业界的合作也进入新的阶段。学术研究不断将知识转化为产业界乃至市场所需要的发明，使得美国在信息技术、基因工程、医疗方法以及计算机软件产业化方面取得了显著进展。1980年，美国大学能够被授予的专利不到250件，这些创新中只有很少的一部分被成功转化。从1991年到2003年，新的许可量从1229件增加到4516件，总量达到了2.59万件。1980年开始到1993年，美国高校自己创设公司达1013家，到2015年时共成立超过8000家，并涌现出大批以大学为中心的创新型中小企业集群，尤其以马萨诸塞州的128公路地区和加利福尼亚州的硅谷最为著名。美国大学技术经理人协会的报告《美国大学／非营利组织发明的经济贡献：1996至2015》显示，联邦政府资助的研究经济回报率巨大，在20年间，学术专利与随后的工业许可使美国工业总产值增加了1.33万亿美元，美国国内生产总值增加了5910亿美元，创造了多达427.2万个就业岗位。

《拜杜法案》极大地促进了美国中小企业的发展，进一步推动了产业创新。大企业对单项技术的重视程度远低于中小型公司，小公司买到某单项技术后，会把大量的资源重点投入、深度开发，也有机会邀请高校基金共同投资、利益分享。美国中小企业数量远远多于大型企业，新技术的商业转化时间缩短，转化率大幅提升，创新的活力也被充分激活。

大型企业因为自身战略和流程的考虑，在失去一些与高校合作的先发优势后，转而选择投资或收购这些小企业开发的技术授权，再整合出更为贴近市场的新产品。同时也减少了中小企业的开发及销售风险，保持了彼此之间的生存空间和优势。对许多高市场占有率的大企业而言，他们的创新不仅是技术创新，更是产品创新和观念创新。大企业很难杜绝他人对自己观念创新的模仿，同时又不再拥有技术壁垒，就只能追求速度壁垒，也就是要让自己创新的速度、转化的速度、销售的速度都比追赶者要快，从而确保自己的优势地位。为了不断提升创新效率，就必须将大部分生产流程拆散细分，外包到劳动力密集型地区，因为一旦创新端有了变化，从设计到生产线的链条都需要调整，转型成本高、时间长，这会严重拖累大企业的创新效率，所以大规模分散外包便成为美国在内的西方国家这一轮创新经济的内在需求。

当大规模外包需求出现时，中国正开始全面对接全球中低端制造业转移的大潮，而2001年加入WTO，让东西方的经济互动和全球化进入了高速发展的快车道，一系列汇率改革、加强外贸出口的举措，以及相对廉价的劳动力，推动中国走向"世界工厂"的道路。20多年来，中国GDP增长了8倍，成为世界第二大经济体，占世界经济比重从2001年的4%增至2020年的17.4%，中国的货物出口增长了7倍多，成为第一大货物贸易国，利用外资稳居发展中国家首位。

从全球角度看，中国已经全面融入了世界经济体，并在区域和全球价值链中扮演了越来越重要的地位。同样，当人民币汇率上升、劳动力成本上涨、国际航运及油价变动、地缘政治变化后，原本的东西方供需平衡和产业布局状态会本能地自我优化，而资本投入、创新输出乃至人才流动都会随着形势不断变化。中国正在加速科技创新，并希望进一步提升经济内循环的效率，同时解决伴随过去20多年低端制造业产生的环境污染，打破产业低端、劳动力密集的固有发展模式，向绿色可持续经济发展，甚至不惜降低经济增速，淘汰落后产能，乃至揭开某些行业产业的遮羞布。与此同时，美国撤出阿富汗及中东，说服多个海湾国家与以色列关系正常化，从反恐战争中逐步脱身，转身继续加强科技创新、人才培养及高端制造业回归。中美的竞争关系将会愈发明确，但彼此之间的合作，也将会从原来的"我动脑子，你出苦力"转变成"共同设计，优势制造，全球销售"的全新层面。

40年前的《拜杜法案》改变了美国科技创新的产学研合作链条，激发出了活力和动力。中国的自主创新能力也在不断提高，从购买、模仿到自主设计，再到某些领域的全球领先，政府、高校、企业的互动也越来越多，转化率和产业化率不断提升。全球供应链体系已经在过去20年基本形成，这不仅仅关系中美两国，更是真正的全球采购、全球销售，因此，"反全球化"的保守封闭主义很难在经济贸易领域站住脚，寻求更低成本和更大的市场，是经济发展的基本规律，我们应该保持乐观的态度和信心。

PART.2

资本流动的终极动力

从中国香港联系汇率到美国两极分化，重构资产配置坐标系

　　财富分配奠定国家兴衰的基调，而资本流动则是驱动财富增值的磅礴动力。在当今全球金融版图中，美元与美债无疑是国际资本奔涌的核心支柱。美债规模已飙升至36万亿美元，这一数字令人瞠目，却也并非无解的历史绝境。放眼"二战"后的英国，其债务占GDP比例曾高达249%，远超今日美国的122%。然而，英国凭借经济增长、温和通胀、黄金储备升值以及殖民地红利的多重助力，逐步走出泥潭——60年清偿外债，83年还清内债。这段历史启示我们，超大规模债务并非不可逾越的深渊，关键在于经济增长与制度设计的精妙配合。

　　美国的债务体系自有一套独特逻辑。从技术层面看，美联储、财政部与政府联手构筑了危机应对的坚实框架：30年期固定抵押贷款利率锁住了居民的还款压力；财政部灵活调控短期与长期债务的发行节奏；美联储则凭借无与伦比的流动性创造能力稳坐中军。更深一层，布雷顿森林体系瓦解后，美元取代黄金成为全球储备货币，美国因此独享"铸币税"的无上特权。

　　香港的联系汇率制度生动诠释了利用强势货币给本土经济带来的冲击。自

1983年确立以来这一制度抵御了多次投机风暴，尤其是1998年"港元保卫战"中挫败索罗斯的狙击，尽显香港金融堡垒的硬核实力。其秘诀在于多重防线：货币基础100%由外汇储备支撑，外汇基金票据与银行系统结余筑起铜墙铁壁。由此，香港稳立于中国与全球资本的交汇处，国际金融中心的地位牢不可破。然而，随着中国经济崛起，单一盯住美元的汇率模式渐露短板。内地与香港的经济深度交融，香港的货币政策被迫紧随美联储脚步，于是加剧了本地金融市场的经济波动。

新加坡以一篮子货币为锚的模式或许为中国香港打开了一扇新窗。疫情后新加坡乘势吸纳大量资本流入，一时风光无限。然而，其资本市场的底蕴却难掩其劣势：新交所上市公司总市值仅为港交所的1/7，流动性不足香港的1/15，可供外籍投资的住宅占比仅16.5%，随着亚洲其他金融中心重整旗鼓，新加坡的短暂荣光恐难持久。

资本流动的另一命脉在于市场制度的创新。2023年，中国经济承压之际，美国"401K"计划的经验如明灯引路。20世纪80年代，美国推出"401K"养老金计划，将海量资金引入股市，不仅催生了随后20年的牛市盛景，更助推经济从工业型向消费型华丽转身。中国若能整合9万亿存量住房公积金与养老金，引导资金入市，便可激活股市的财富效应，点燃消费复苏的引擎。

在资产配置的舞台上，房地产展现出惊艳的周期穿越能力。自1890年起，美国房价年化增长率达3.44%，长期跑赢2.81%的通胀。即便在2022—2023年的激进加息周期中，房价仍韧性十足，呈现"缩量上涨"的奇景。三大支柱支撑这一奇迹：千禧一代购房需求的井喷、高净值人群的财富效应，以及房屋供应的结构性短缺。随着美联储步入降息通道，这一趋势料将更加强劲。这一逻辑，正是德林"ONE Carmel"项目的战略根基。在动荡年代，优质实物资产，尤其是地产的价值，远超虚拟资产的光环。

资本流动遵循恒定的法则：从高风险之地流向安全港湾，从低回报之域奔赴高收益之所。洞悉这一终极动力，方能握住财富增值的命门。

7. 美元和美债

7.1 透视美债运行逻辑[①]

2024 年 9 月我写过一篇文章《美国的阳谋：降息后的明枪与暗箭》，深入分析了不管谁当选美国总统，美国的国债都会继续上升的事实。当时我预测 2025 年，美联储会把利率降到 3% 左右，并退出本轮量化紧缩。当初的推演正在一步步变成现实。今天这篇文章重点从美联储、美国财政部的角度透视美国国债的发行肌理和运行逻辑，帮助大家看清为什么美国一定会降息，以及为什么债市的风险是可控的。

不可否认市场上很多人担心美国国债，大家用各种算法、图表、数据暗示其风险。美国债市的确在屡创新高，2024 年 12 月已经突破 36 万亿美元，债市占 GDP 的比重突破 120%，超过"二战"时的高点（118.9%）。再加上特朗普的政策可能进一步减少税收，扩大赤字，美债的上升压力更大了。市场上的各种数据对比基本都是以此为基础演绎的。

市场之所以担心美债，是因为传统的经济学理论无法解释今天的国债运行机制。美元和黄金脱钩后，尤其是 1983 年美元实现金融自由化以来的这段行情是金本位时代的金融理论无法解释的，但是所有金融理论在此之前就诞生了。

旧工具无法适应新时代导致了各种疑惑。这篇文章试图从美国国债运行的实际出发，告诉大家为什么最应该担心的不是债市。

[①] 原文写于 2024 年 12 月 11 日。

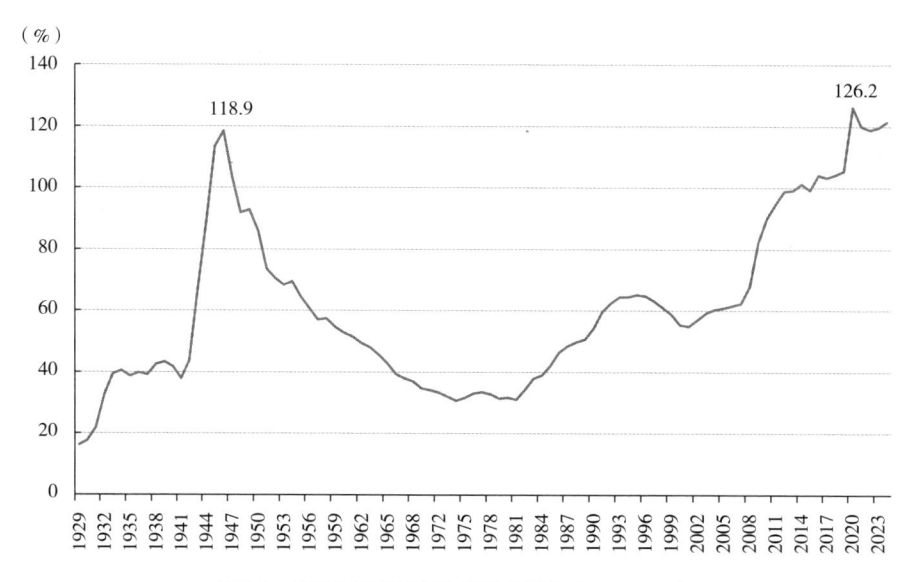

图 7.1：美国未偿国债总额占 GDP 比例（1929—2023）

来源：iFind

第一，美国债务总量及类别

为了方便分析，我们选用截至 2024 年 10 月 31 日的国债数据，美国国债总额是 35.95 万亿美元。其中有 7.38 万亿美元属于政府间债务，公众持有的债务是 28.57 万亿美元（有 5998 亿美元是非市场化的，占比太小予以忽略）。

这 28.57 万亿美元的类别如下：占比最大的是 2—10 年期的债券（Treasury Notes），共 14.4 万亿美元，占比 50%；1 年期的债券（Treasury Bills），共 6.19 万亿美元，占比 22%；10 年期以上的债券（Treasury Bonds），共 4.74 万亿美元，占比 17%；另外有通货膨胀保值债券 2.03 万亿美元，占比 7%；其他债券 1.18 万亿美元，占比 4%。

美国债券总额就是美国财政部借钱的数量，其金额是美国国会决定的，只要国会认为需要提升，这个金额就可以持续增加，"二战"结束以来美国国会已经 103 次提升债务上限。重点是，2023 年 6 月美国国会最后一次提升债务上限时同意：在 2025 年 1 月 1 日前暂停设置债务上限。理论上现在美国财政部想发多少债都可以！所以 2023 年 6 月至今，美国国债从 32 万亿上升到 36 万亿。

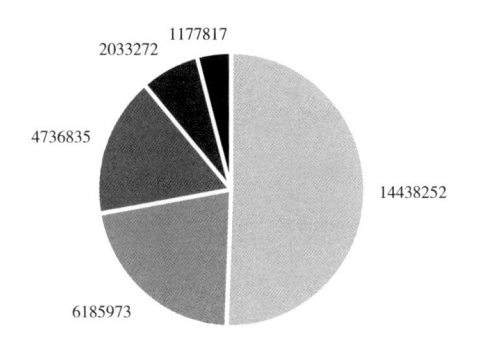

图 7.2：公众持有美国国债构成（单位：百万美元）

来源：Treasury direct

第二，大量短债到期会对国债运行产生什么影响？

截至 2024 年 10 月 31 日，美国未偿付的 1 年期以内的短债金额是 6.19 万亿美元，其中 2024 年未偿付的金额是 3.37 万亿美元，2025 年需要偿付 2.81 万亿美元。

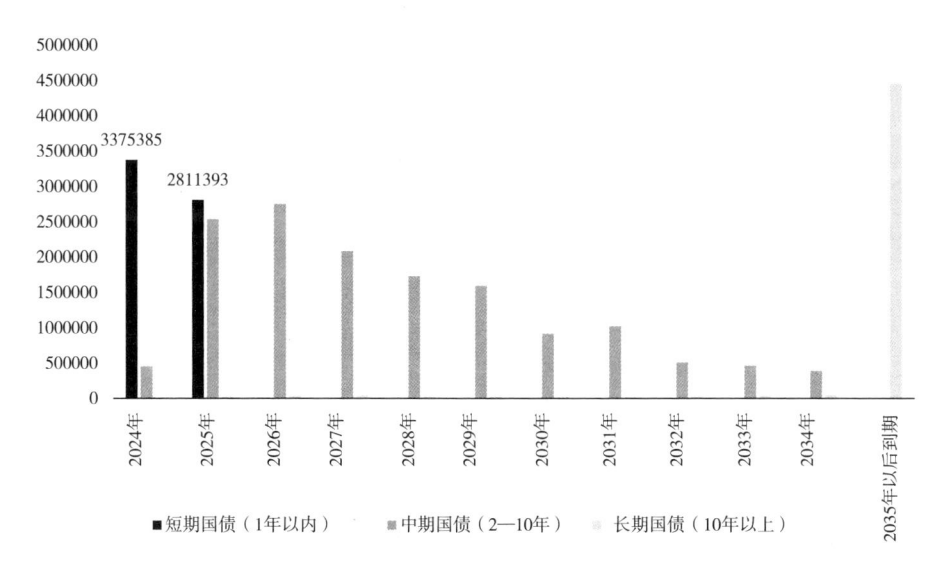

图 7.3：公众持有的 28.57 万亿美国国债类别（单位：百万美元）

来源：Treasury direct

有观点认为，6.19 万亿美元短期债务到期压力太大了。如图 7.4 所示，和历史数据比 6.19 万亿确实很高，比 2022 年底相比增加了 67%，和 2019 年底相比增加了 156%，但是如果深入了解美债的发行和定价原理就没那么担忧了。

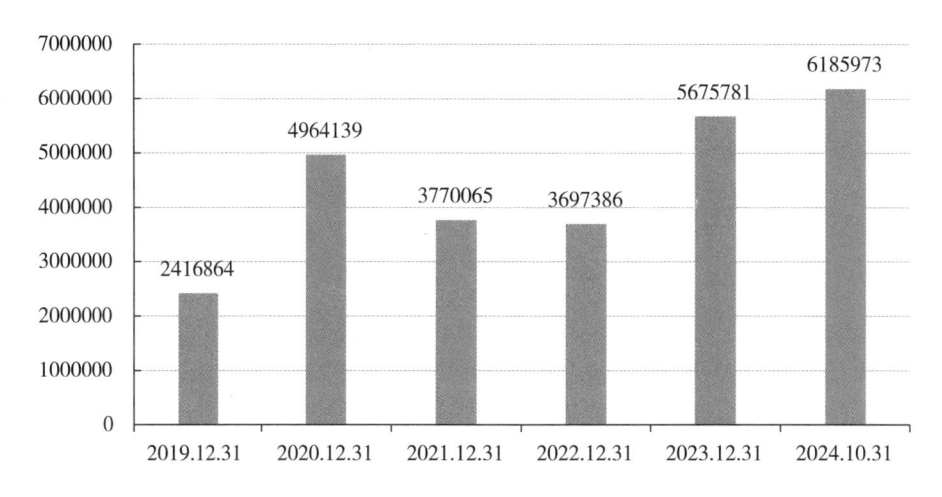

日期	金额
2019.12.31	2416864
2020.12.31	4964139
2021.12.31	3770065
2022.12.31	3697386
2023.12.31	5675781
2024.10.31	6185973

图 7.4：1 年以内到期的美国国债金额（单位：百万美元）

来源：Treasury direct

首先，美国国债是上限管理。这钱只要国会已经批准借出来了，具体如何辗转腾挪，长债换短债、短债换长债是财政部操作层面的事情。其中唯一的影响因素就是利息的高低。而利息高低由两个因素决定：一是债券数量的多少，一旦某种类型的债券数量太多就会导致其拍卖时价格下跌（收益率上升）；二是美联储定的基准利率，也就是我们平时在媒体上看到的加息、减息。

其次，目前美联储处于降息区间，很多人质疑这一趋势能否持续。我们给大家算一笔账。目前 36 万亿存量美债的平均利率是 3.4%，但是新发行的美债利率都在 4% 以上，如果美国不降息，其未来的支出压力会越来越大。所以降息趋势是非常确定的，接下来我们详细分析。

- 美联储利率对债券价格有决定性影响

从图 7.5 可以清晰地看出，1 年期国债在市场上的回报率和美联储加息态势完全同步。美联储加息（灰色线）则债券价格下跌回报率上升（黑色线）。

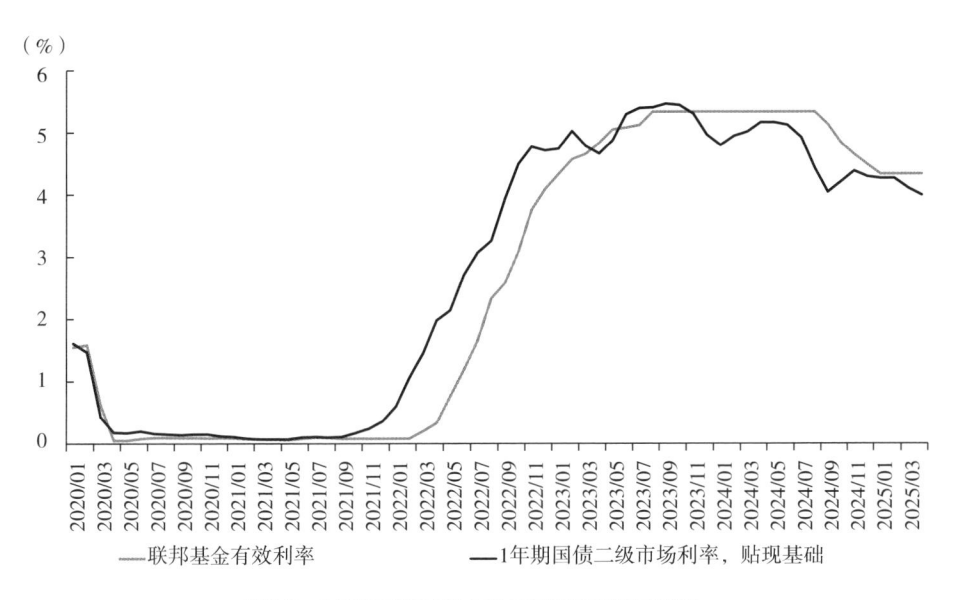

PART.2 资本流动的终极动力 · **075**

图 7.5：1 年期国债在市场上的回报率和美联储加息态势

来源：FRED

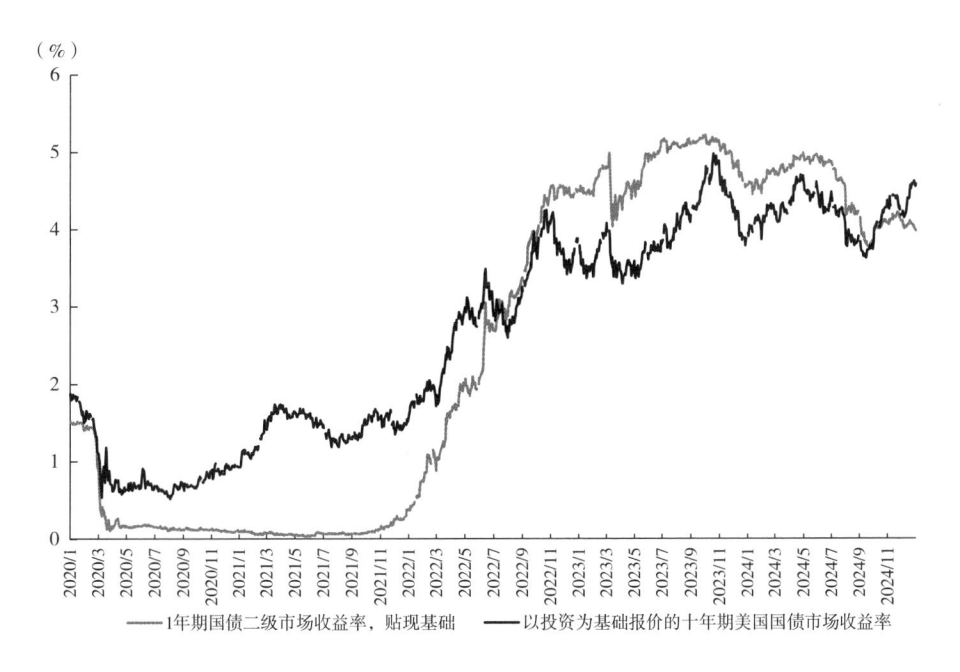

图 7.6：1 年期短债收益率和 10 年期长债收益率情况比较

来源：FRED

因为耶伦大量发行 1 年期以内的短债，导致短债供应增加、价格下降、回报率上升。所以 2022 年下半年以来，1 年期短债收益率（灰色线）超过 10 年期的长债收益率（黑色线）。也就是说，财政部调整不同债券的供应只能在小范围影响债券价格，债券整体收益率仍然取决于基准利率。因为商业银行可以把它的多余现金直接放到美联储按照基准利率收取利息。

- 美联储降息下，财政部会怎么操作？

图 7.7 是美国三种类型的国债余额。2020 年 3 月疫情来袭，美国决定全民发钱。于是美国的短期国债从 2020 年 3 月 31 日的 2.66 万亿美元，在 2 个月内涨到 4.63 万亿美元，6 月 30 日又涨到 5.1 万亿美元。

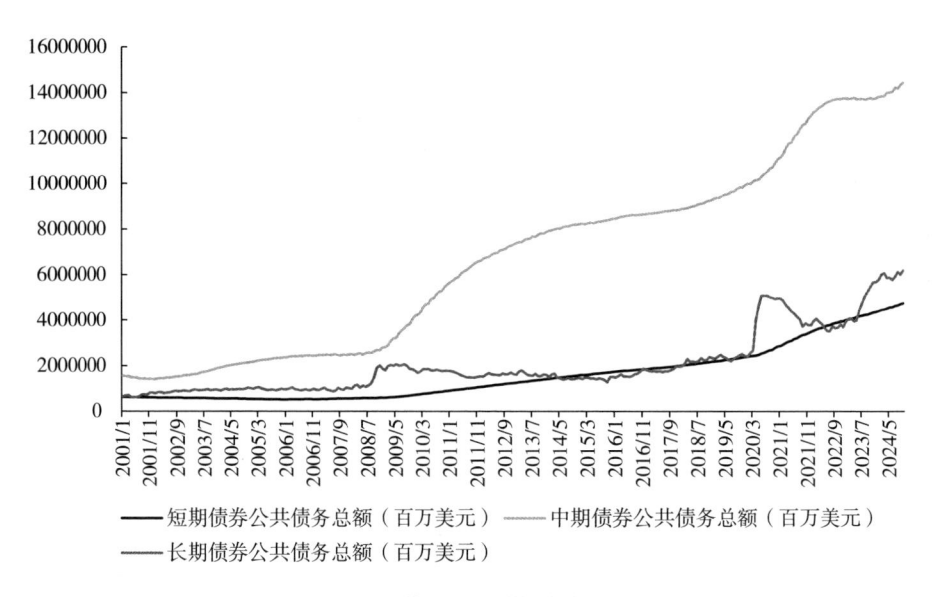

图 7.7：美国三种类型的国债余额
来源：美国财政部

当这些短期债券到期时，美国财政部选择发更多的 2—10 年期中长期债券把短债还掉。为了更清晰地展示这个过程，我把 2019 年以来这三种类型的国债占比画了出来（图 7.8）。

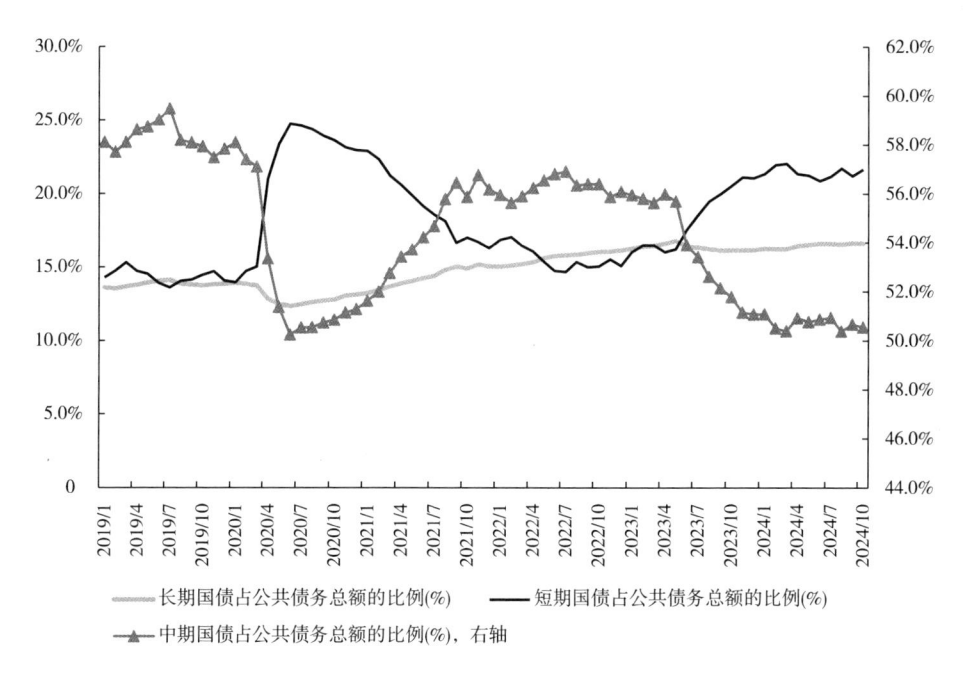

图 7.8：美国三种类型的国债占比

来源：美国财政部

2020—2021 年美国财政部选择用中长期债置换短债，因为当时美联储基准利率是 0—0.25，置换成本很低。但是现在美国处于降息过程中，只要财政部认为 2025 年底的利率低于 2024 年底的利率，它就会选择暂时发短债还短债。事实上美国财政部 2024 年以来也是这么做的，这就是为什么图 7.8 中的三角形标注线没有上扬、黑色线没有下跌的原因。

- 真有人抛债券怎么办？财政部回购！美联储救助！

2023 年下半年美国 10 年期国债回报率突破 5%，除了美联储加息之外，大量国债发行导致的流动性不足也是原因之一。所以 2023 年 8 月美国财政部披露了债券回购计划，主要是针对 20 年期、30 年期这类流动性差的长期国债，回购金额每季度最多 300 亿美元。长期国债收益率应声回落，这一计划最终于 2024 年 5 月正式启动。

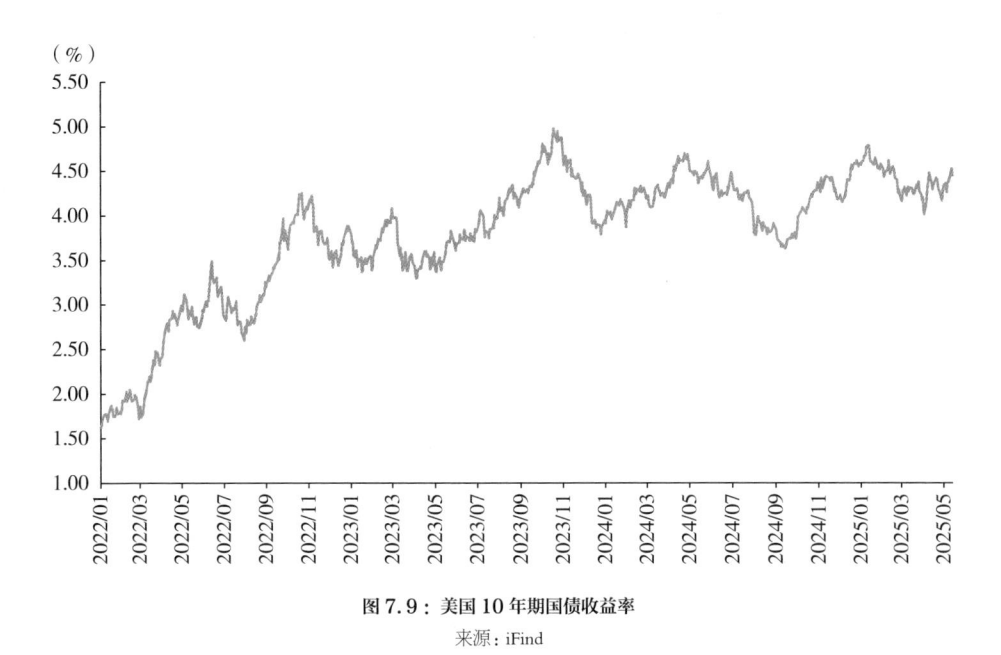

图 7.9：美国 10 年期国债收益率
来源：iFind

回购国债相当于提前还款。2000—2002 年美国财政部确实这么干过，当时国债的回购金额是 675 亿美元，主要是因为克林顿两个任期内共创造了总计 630 亿美元财政盈余。2000 年回购开始时美国的国债总额是 5.77 万亿美元，675 亿美元的回购额度占国债总额比约为 1.1%。

但是今天的美国政府显然没有财政盈余的可能，那为什么要提前还款呢？美国财政部称，当前回购长期国债是要淘汰那些流动性及价格都比较差的旧债，其资产负债表也不会因债券回购而发生变化。这些官方话术大家看得云里雾里。实际上是控制长债收益率！防止长债价格大跌（即收益率大涨）。因为价格下跌表示美债难卖，可能严重影响美债信誉。所以美国财政部实际上是为美债兜底去了，这个兜底表现为防止长债因为没人接盘而收益率暴涨。

美国财政部的担忧是真实存在的。目前美国可流通的国债有 30% 是外国投资者持有，和 2008 年 50% 的高点相比已经大幅下跌。表面上外国持有的国债余额还是小幅上升，可是外国人的买债速度远远赶不上财政部的发债速度。

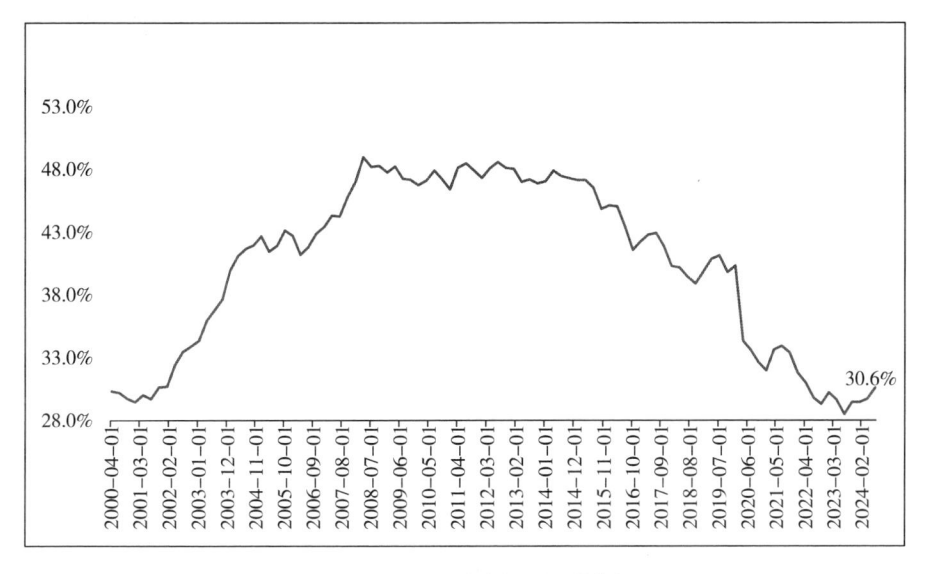

图 7.10：外国投资者持有的可流通美债占比
来源：美国财政部

美国财政部为长期国债兜底是为了防止美债因为没人买而影响市场信心。美国财政部说得很清楚："财政部的目标是成为一个对价格敏感的买家。我们的回购规模可能会少于规定的上限，或者根本不回购，这取决于我们收到的报价的质量。"也就是说只要价格合理它是不会出手的，这不就是兜底的意思吗？！

2023 年 3 月 10 日硅谷银行陷入危机，美国联邦存款保险公司（FDIC）接手并宣布对每个客户最高保额为 25 万美元，而很多客户的存款实际上超过 25 万美元，因此恐慌蔓延。3 月 12 日美国财政部、美联储宣布为硅谷银行所有储户存款托底。这一举措造成美联储资产负债表在 2 周时间内上涨了 3900 亿美元（图 7.11）。

美联储首先通过传统贴现窗口提供了大约 1500 亿美元流动性，又通过新成立的流动性工具（BTFP）提供了最高 1678 亿美元流动性，最后对被联邦存款保险公司接管后的新实体"硅谷桥银行"提供了 1430 亿美元援助。三个资金提供渠道之和约 4600 亿美元，因为资金的提供是动态的，一共造成了美联储资产负债表扩张了 3900 亿美元。

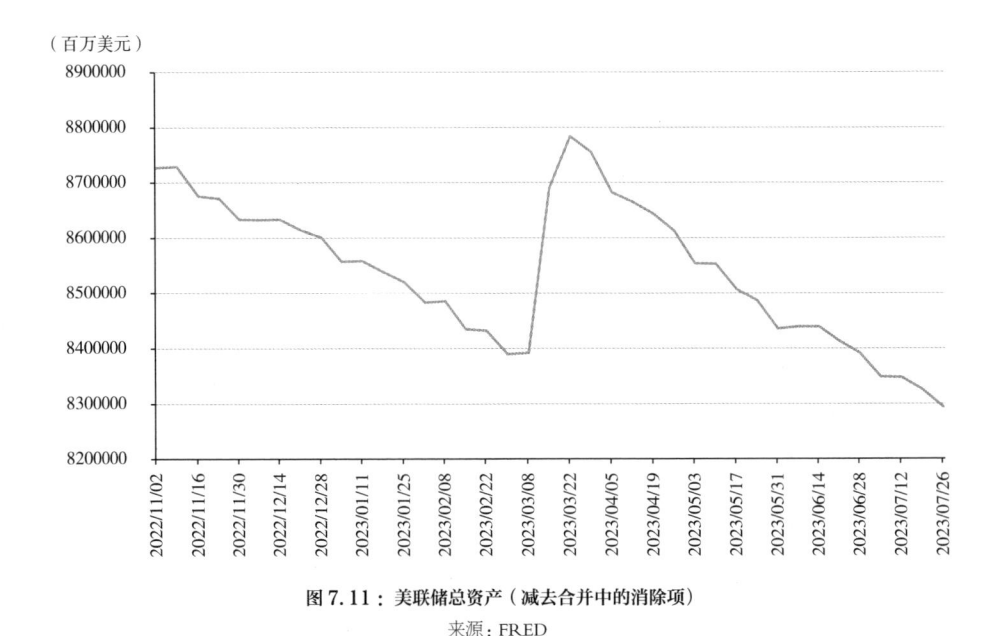

图 7.11：美联储总资产（减去合并中的消除项）
来源：FRED

第三，降息意味着美联储停止扭曲市场，珍惜目前的高收益债！

先给大家看一个则消息：截至 2024 年 12 月 5 日，美联储总计亏损 2122 亿美元，是 2023 年亏损额的 2 倍（1143 亿美元）。

为什么"世界的央行"、负责印钱的美联储会亏钱？直接原因是利息支出太多了。为什么利息支出变多？因为美联储 2022 年以来的加息是人为抬高美国短期利率，这一价格已经远远超过了中性利率。

- **拆解美联储负债：用亏损维持高利率**

美联储加息后，商业银行无法把手里的现金以现在的利率贷出去。如果美联储不做任何操作，则商业银行为了把钱借出去赚利息会主动降低利率。美联储为了维持自己规定的高利率就不得不以联邦基金利率吸收商业银行的多余存款，这个是银行准备金利息支出。

除了商业银行的准备金之外，像保险基金、养老基金这类也有大量的短期现金可以出借，为了防止它们压低利率，美联储针对这些机构开展隔夜逆回购操作。简单说就是把资金借给美联储，美联储按照基准利率支付利息。美联储就是通过这两个渠道支付了大量利息，导致自身 2024 年亏损 2100 多亿美元。

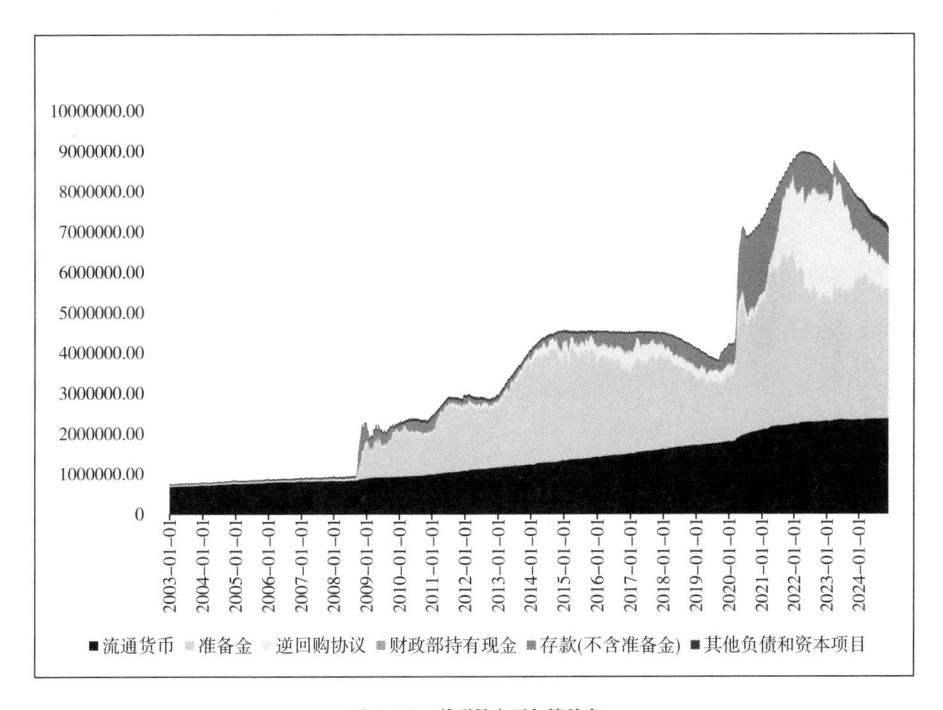

图 7.12：美联储主要负债种类
来源：FRED
注：由于财政部持有现金数值相对较小，图中未能显示此项数据。

其他负债比如财政部的现金存款和流通中的货币都是不需要支付利息的。美联储持续亏损说明当前的基准利率太高，因此必须加速降息才能停止亏损。当然，美联储的目标并不是盈利，但目前降息的趋势是确定的，市场讨论的焦点是降息幅度和时间。

因此大家要珍惜目前的高收益债。根据 UBS 的计算，如果美联储接下来降息 100 个基点则债券可获得 7% 的回报，200 个基点可获得 14% 的回报，以此类推。

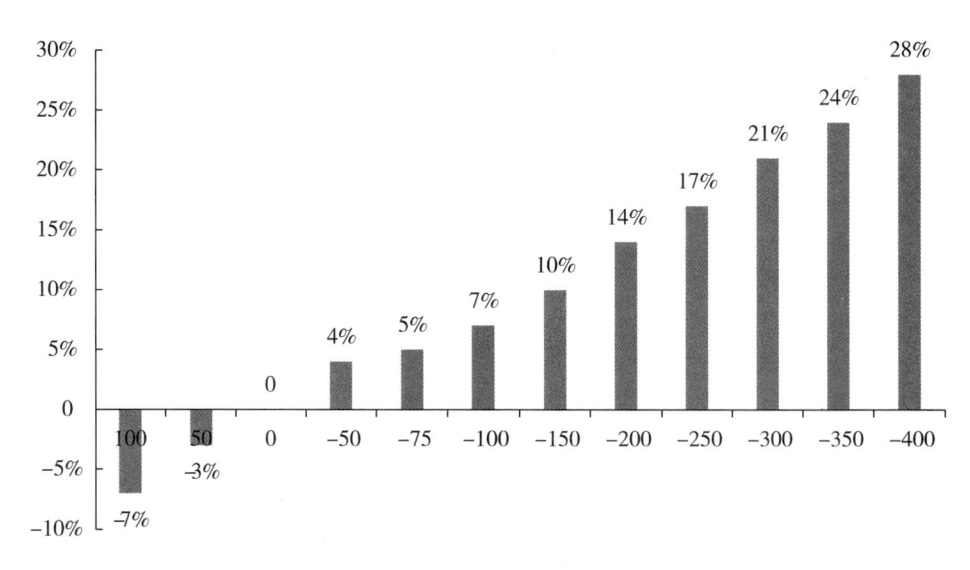

图 7.13：根据不同的美联储政策利率情景对未来 12 个月投资级总回报的估计
来源：UBS

- **拆解美联储资产：缩表空间所剩无几**

2022 年 3 月美联储资产负债表达到 8.9 万亿美元，之后开始按照每月 900 亿美元的规模缩表。2024 年 6 月缩表规模缩减到每月 600 亿美元。纽约联储预计 2025 年年初或者年中结束缩表，美联储的资产负债表规模将缩减至 6 万—6.5 万亿美元。从 2024 年 12 月到 2025 年 6 月，7 个月的时间预计累计缩表 4200 亿美元，而 2024 年 12 月美联储资产是 6.89 万亿美元，减去 0.42 万亿正好达到纽约联储预计的规模。

所谓缩表就是减少美联储资产中的美国国债（图 7.14 的黑色部分）。为了方便大家用平时常见的资产负债表方式读懂美联储，我们把上面两个图合并，看 2024 年 12 月的截面数据。

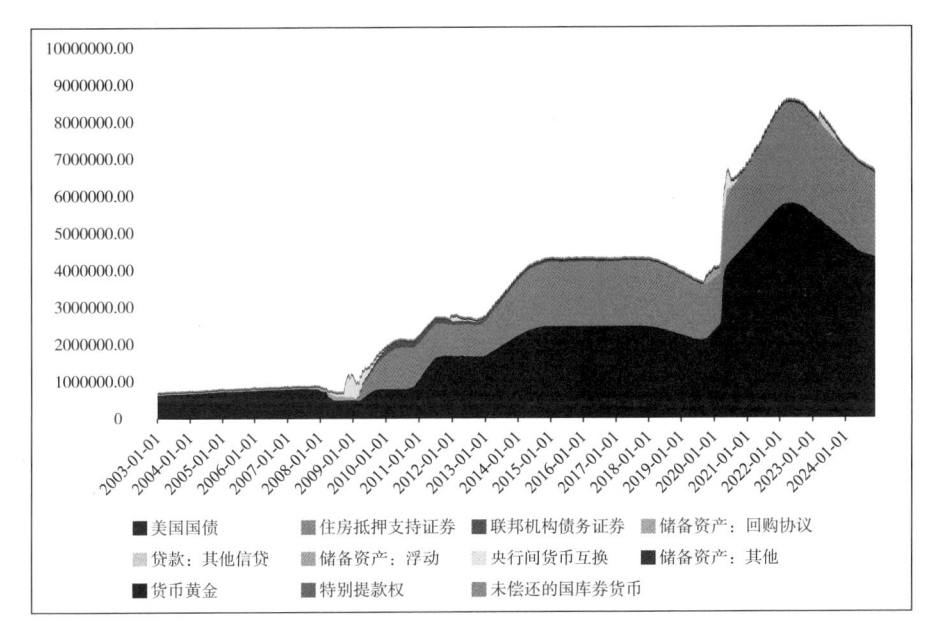

图 7.14：美联储主要资产种类

来源：iFind

注：美联储的资产种类众多，有美国国债、货币黄金、贷款：其他信贷、特别提款权、住房抵押支持证券、联邦机构债务证券、储备资产：回购协议、储备资产：浮动、储备资产：其他、央行间货币互换、未偿还的国库券货币。但部分资产数值较小，在图中几乎不可见，较为明显的只有美国国债（图例：黑色）、住房抵押支持证券（图例：灰色）。

表 7.1：美联储 2024 年 12 月的资产负债明细

资产（万亿美元）			负债和资本（万亿美元）		
			负债		
美国国债	4.32 万亿美元	62.7%	流动货币	2.3 万亿美元	33.6%
住房抵押支持债券	2.25 万亿美元	32.6%	准备金及其他存款	4.2 万亿美元	61.3%
其他	0.33 万亿美元	4.8%	逆回购协议	0.55 万亿美元	8.0%
			其他负债及股息	−0.2 万亿美元	−2.9%
			总负债	6.85 万亿美元	
总资产	6.895 万亿美元		资本	0.045 万亿美元	

来源：iFind

美联储资产缩减到什么程度是合理水平没有统一定义。假设美联储资产占 GDP 比重回归到疫情之前的平均水平为合理区间，大约在 20%，则美联储还有约 6000 亿美元的缩表空间，从 2024 年 12 月的缩表速度来看，也不足 10 个月。

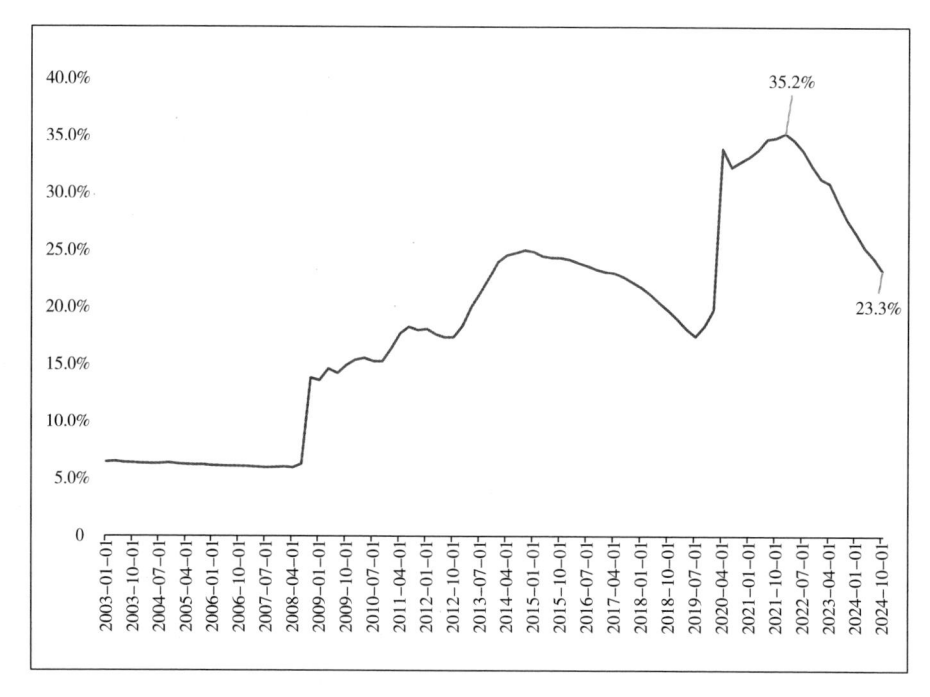

图 7.15：美联储资产占 GDP 比重
来源：iFind

特朗普的减税政策决定了 2025 年他执政后一定会继续增加国债。在国外投资者购买美债疲软的情况下，我们认为 2025 年底美联储可能会直接下场购买美债，再次为市场释放流动性。

总体来说，债市风险可控。其根本原因在于美国国会作为国债信用的最终授权者不会让债市发生违约；美联储精准操纵短期利率为美国经济服务，一旦有危机征兆（例如硅谷银行危机）可以突破现有规则直接援助陷入危机的银行，或者直接下场定向购买债券（例如曾经的 MBS）；美国财政部也开始为无人接盘的长债提供流动性以压低其回报率。在工具如此齐备的情况下，美国政府可以拯救任何短期债市危机。

福祸相依，这一体系也不是万能的。甚至可以说，正是因为美联储强大的利率操纵能力和信用释放能力才让美国股市获得了无尽的弹药。问题在于，股市的信心本质上是公司的业绩决定的，更进一步说是今天的 AI 技术是否能取得突破决定的！而这一切都超出了美联储的控制。

第四，小结

（1）美国债市屡创新高，已经突破了二战时的高点，这是和平时期没有过的情况。但是和当初最大的不同在于，今天是信用货币主导，主权政府有无限的弹药，因此今天和二战时的情况有本质不同。

（2）大量短债即将到期不会对美国债市造成危险。原因是债券上限、债券种类、债券价格是美国国会、财政部和美联储能够直接决定的，三者不存在本质利益冲突，所以债市不会爆发危机。

（3）随着美联储降息，美国高收益债会越来越少，要珍惜这一投资窗口期。美联储的亏损也会随着降息而减少。

（4）美联储的无限信用创造能力带来的风险，既推高了股市，又把风险沉淀到了股市。因为股市的短期涨跌是由市场信心决定的，美联储只能事后救市，无法提前预判风险爆发点。

7.2 37万亿美债是不是世纪难题[①]

投资最怕的四个字："此次不同"——这十二个字才是危言耸听。

——麦克·贝特尼克

主流媒体和政客大佬在美国大选前期反复强调美国目前的债务问题时，我还是忍不住想谈谈自己的感想，就像你们看到的，我所引用的充满矛盾但又充满哲理的两句引文一样。是的，大家谈的是美债屡创新

[①] 原文写于 2024 年 5 月 12 日。

高，美国财政是巨额赤字，美债崩溃，仿佛美国未来不可避免的衰退成为某些媒体热衷报道的话题。然而，我还是控制不住，想用我自身局限而又理智的认知，不自量力地来解析这个看似简单而又不简单的问题。我是做金融的，但是我学的是经济，当分析经济的时候，才发现 80% 是政治。而开始看政治的时候，发现政治是哲学、是历史、是宗教、是人性。无论如何，历史和人性基本占据了我们所熟知的绝大部分的专业和智慧。所以，这里我们再重温一下历史。对于今天这个话题，我们可以把现在的美国和一战到二战时期的英国作比较。历史总有很多相似之处，我们无法破解现在的问题，但是，我希望这篇文章能给大家带来耳目一新的感觉。

目前巨额美债到底是不是所谓的世纪难题？

7.2.1 现在的美国和"一战"至"二战"时的英国比较

第一，综合实力都是世界第一

"一战"（1914—1918）和"二战"（1939—1945）时期，欧洲是世界的中心。英国加上殖民地，土地面积占全世界陆地面积的四分之一，全部人口占全球四分之一，被誉为日不落帝国。"一战"前美国经济实力已经超过英国，但英国综合国力是世界最强，仍然是最主要的金融霸权国家。在军事上，英国有着世界排名第一的海军，排名第二的空军。在人口上，英国是世界第一大殖民帝国，有着广阔的殖民地、丰富的原材料及市场。

当下的美国，经济实力排名全球第一已经长达一个多世纪，在全球的军事部署几乎和当时的英国一样无处不在。美国少有真正的殖民地，但美军遍布 150 多个国家，在本土外部署约 20 万人。

第二，同样面临崛起国竞争

当时的英国，面临美国、德国、苏联的崛起和赶超。20 世纪 30 年代，英国经济在产出方面不仅被美国（最早于 1872 年）超越，还被德国（1898）和苏联（1930）赶超。而今天的美国也面临崛起国中国的竞争。在购买力平价基础上，中国的 GDP 在 2014 年赶上了美国，以美元计算的 GDP 是美国的 75% 左右。当前美国经济仍然领先，但和中国的差距已然缩小。

第三，都是主要的贸易流通货币和特权

英镑在普法战争中崛起，美元在"一战"中崛起。"一战"前，英镑是大多数中央银行的储备资产，并在国际交易中以英镑代替黄金。伦敦的金融市场流动性较好，英镑在贸易结算中占60%。现在，美元是流通和储备的主要货币，以美元计价的国际贸易占比为47%。

第四，巨额的债务和最高的信用

"一战"后，英国债务占GDP比例从1918年的109%上升到"二战"后的249%，达到历史新高。当下，美国债务36万亿美元，占GDP比例达到了122%，高于"二战"后的峰值。

表7.2：英国和美国比较

	英国	美国
债务/GDP峰值	249%	122%
经济地位	当时首位	现在首位
GDP世界份额	包含殖民地23.9%	25.40%
货币地位	贸易结算的60%	贸易结算的47%
面临挑战	崛起国德国、美国、苏联	崛起国中国
优势产业	纺织、采矿、航运、金融	科技、医药、人工智能、金融
黄金储备	2543吨	8133吨
黄金储备占世界比重	8.20%	24.50%
财政赤字/GDP	高峰时6.9%	2023年6.2%
外债规模	19%	33%
偿还完外债时间（"二战"债）	60年	?
偿还完内债时间（"二战"债）	83年	?
偿债方式	经济发展、通货膨胀、黄金储备、殖民地利益	优势产业吸引资本流入、本币计价的信用货币，偿债压力小于英国

来源：德林研究院

从 1717 年到"一战",每当遇到战争,英国的财政赤字就会扩大,债务随之上升。但是,一方面,英国多数时候会赢得战争;另一方面,战争结束后,英国会以原比价回归金本位,并偿还战争中积累的债务。这使得英镑和英国国债在较长的时间内保持着最高信用。

当下的美债规模增长迅速,但是美联储在量化宽松(扩表)后也要实施量化紧缩(缩表)回收流通中的美元,美债仍然是全球信用等级最高的债券,在近百年时间保持着最高信用。

7.2.2 "二战"时英国的债务压力超过美国

在"一战"前,英国的债务占 GDP 比重仅为 29%,预算平衡,政府支出和收入均约占 GDP 的 13%。"一战"后,1918—1919 年债务占 GDP 比重上升到 143%。"二战"开始时,债务占 GDP 的 135%。政府支出占 GDP 的比例升至 62%(峰值),其中 80% 为国防支出。税收占国内生产总值的比例上升到 39%。支出和收入的缺口部分,政府通过借款为战争筹集资金:借款在 1941—1942 年达到 GDP 的 27%(峰值)。两次世界大战彻底改变了英国的财政状况。在"二战"结束时,英国虽然是战胜国,但是其债务占 GDP 高达 249%。

美国是英国的主要资金来源,通过低息贷款和《贷款租赁法》,1946 年,英国获得了 5.86 亿美元的贷款(按 1945 年汇率计算约 1.45 亿英镑),此外还获得了 37 亿美元的信贷额度(按 1945 年汇率计算约 9.3 亿英镑)。在 37.5 亿美元的贷款总额中,加拿大出借 11.9 亿美元,两者的年利率均为 2%。这笔债务从 1950 年开始分 50 年偿还。

到第二次世界大战结束时,英国债务 210 亿英镑。约 34 亿英镑是外债,约占全年 GDP 的三分之一。60 年后的 2006 年,英国完成了最后两笔转账——美国(8325 万美元)、加拿大(2270 万美元),用了整整 60 年的时间,偿还了"二战"所欠的外债。

此外,英国在 1932 年发行的战争债券是 19 亿英镑,在 2015 年 3 月还清。英国用了 83 年的时间,偿还了战争所欠的内债。

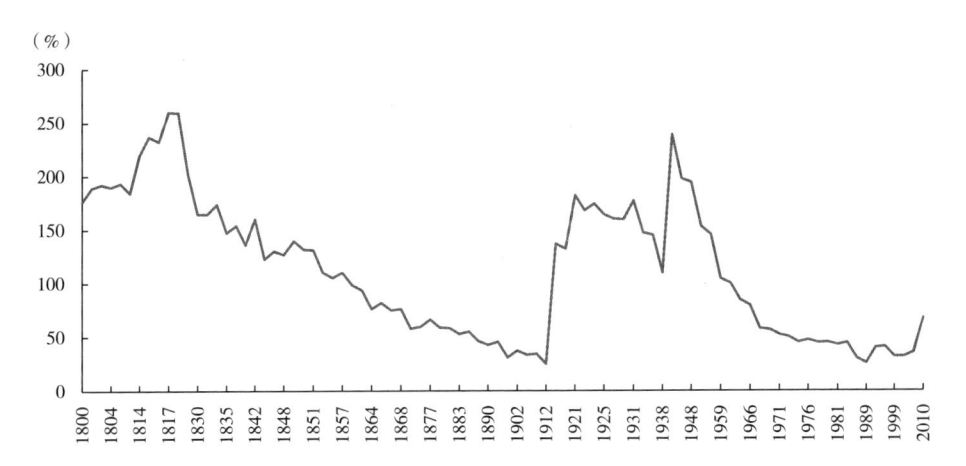

图 7.16：1800—2010 年英国债务 /GDP

来源：economicshelp.org

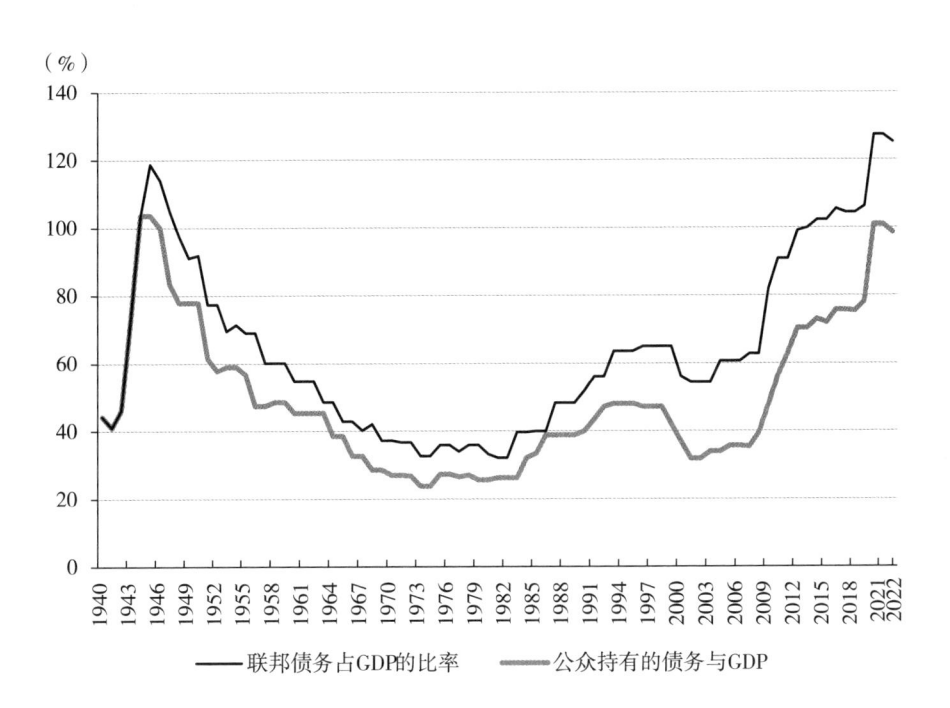

图 7.17：1940—2022 年美国债务 /GDP

来源：Bloomberg

在"一战"前，英国的债务占 GDP 比重仅为 29%，在"二战"结束的时候，英国虽然是战胜国，但是其债务已经占 GDP 的 249%。从 29% 到 249%，仅仅用时 30 年。从这个角度分析，美国 20 世纪 80 年代的债务占 GDP 比重是 30%，到如今是 122%，耗时 40 年，增长的速度和幅度是远远不及"二战"期间的英国的。

"二战"后，英国的财政赤字在 1976 年曾一度高达 6.9%，美国 2023 年财政赤字是 6.2%。总体上，当时英国的债务压力是超过当今的美国的。

7.2.3 英国是如何偿还债务的？

第一，经济增长是化解债务的原动力

第二次世界大战后的几十年是资本主义的"黄金时代"，经济增长率高，GDP 增速平均在 3.5%。英国当时的优势产业包括棉纺织业、采矿和冶金。棉纺织业曾是英国对外贸易的支柱，占据了全球绝大部分的市场，使英国获得了巨额的贸易顺差和利润。棉纺织业还促进了英国的金融业、保险业、航运业的发展，为英国的经济多元化和现代化奠定了基础。

20 世纪 50 年代初英国向重工业转型，投资高速增长，投资是拉动经济增长的主要手段，并成为经济复苏最根本的源泉，而内需得到提振的同时上市企业盈利增多；另一部分经济复苏的动力来源于汇率优势，货币政策上英镑再一次贬值，帮助英国平衡了进出口贸易，在货币贬值带来的价格优势下，英国工业品重新打入世界市场。

在战后的十年中，由英国政府主导投资，平均水平是私人投资的两倍。20 世纪 50 年代前期，政府投资占 GDP 的 7.3%，几乎是两次世界大战期间（2.7%）的三倍。20 世纪 50 年代后期，私人投资也显著增加。同时，政府投资仍然较高，总投资占 GDP 的比例从 1950 年的 10.9% 增加到 1959 年的 16.1%。

20 世纪 50 年代英国经济增长的同时，政府债务与 GDP 的比率迅速下降。一是因为，在这个十年中 GDP 增长得相当快，从 1950 年的 3205 亿英镑增长到 1960 年的 4503 亿英镑，增幅 40%。二是因为，政府实施投资后，私人投资迅速跟上，减少了政府的支出。到 1959 年，债务与 GDP 的比率已降至

112%，相较于 1950 年的 200%，下降了近一半。

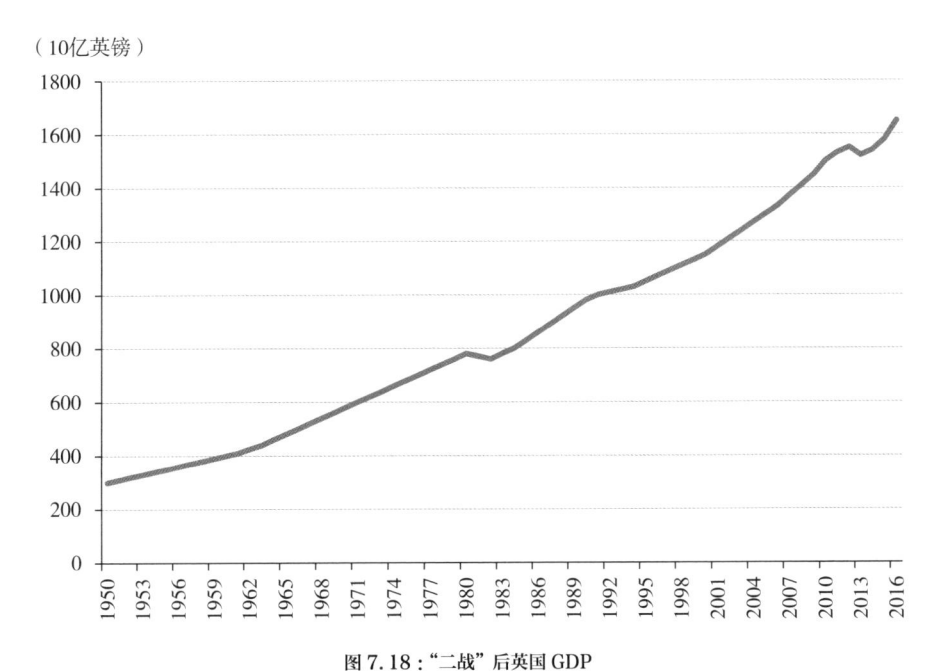

图 7.18："二战"后英国 GDP

来源：Broadberry, Campbell, Klein, Overton, & Van Leeuwen（2015）

表 7.3：1950—1958 年英国政府债务 /GDP

	1950	1951	1952	1953	1954	1955	1956	1957	1958
公共部门净贷款(＋)/借款（－）（占 GDP 百分比）	4.7	0.7	−1.8	−3.2	−1.6	0.3	−0.8	−0.2	0.1
公共部门债务(占 GDP 百分比)	200.6	178.5	165.1	156.5	150.5	139.3	128.3	121.7	116.6
公共部门债务利息(占 GDP 百分比)	5	4.9	4.9	4.8	4.7	4.7	4.4	4.3	4.5
银行利率(%)	2	2.1	3.7	3.9	3.2	4.3	5.4	5.6	5.4

来源：ONS DATA

经济增长带来了政府收入的增加。政府收入从 20 世纪 50 年代末占 GDP 的 34%，上升到 60 年代末占 GDP 的 42%。

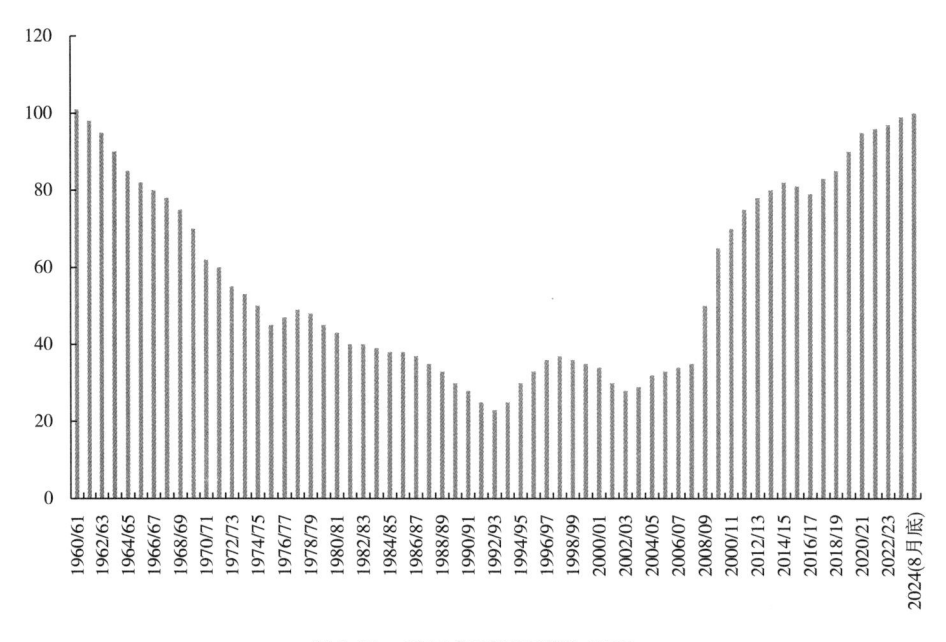

图 7.19：1963 年后的英国债务 /GDP

来源：ONS

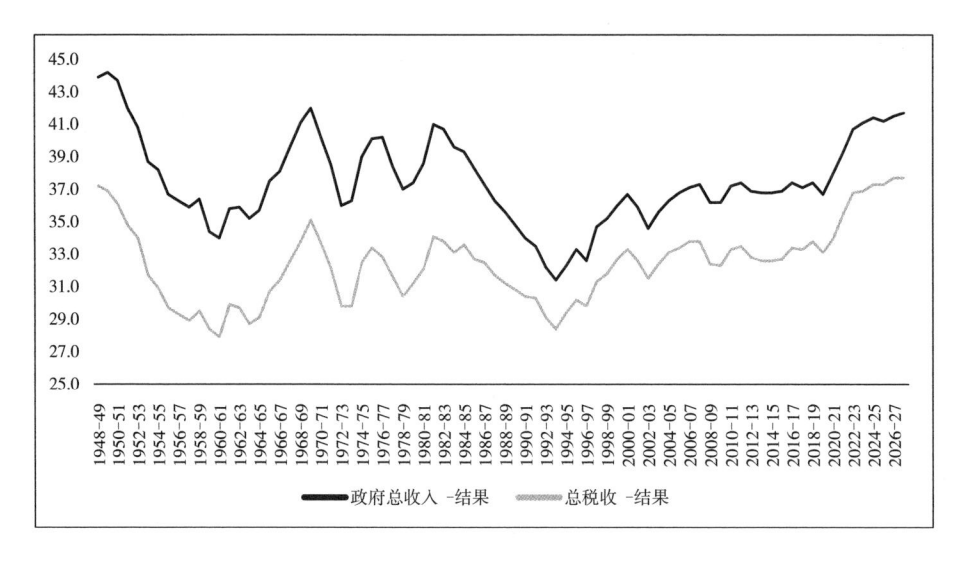

图 7.20：英国政府收入占 GDP 比重（%）

来源：ifs.org.uk

1947年，英国的赤字率是3%，自1970年以来，平均赤字率是3.7%。在"二战"后的40年里，债务增长缓慢，到了20世纪80年代，英国国债规模才增加到了1000亿英镑。债务增加得慢，GDP增长得快，是债务与GDP比值下降的主要原因。

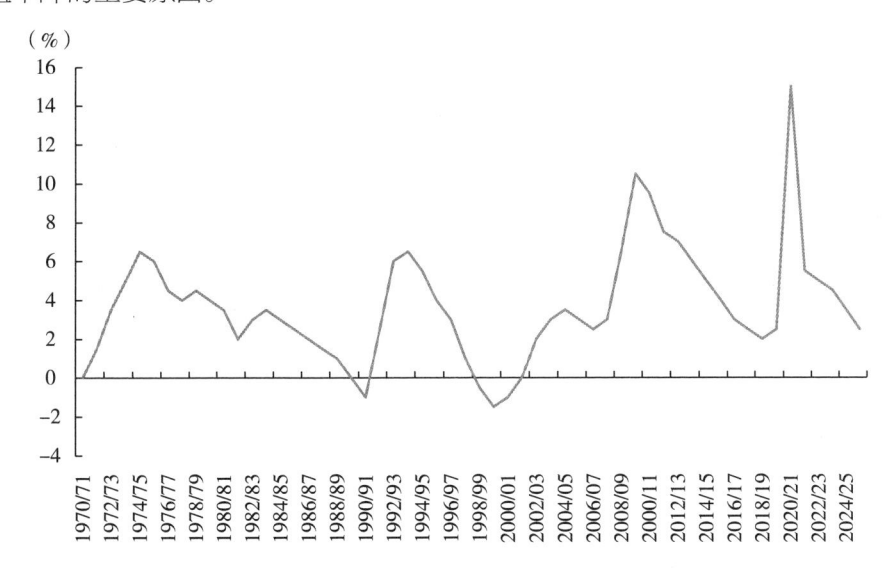

图7.21：英国1970年以来的赤字率（%）
来源：commonslibrary.parliament.uk

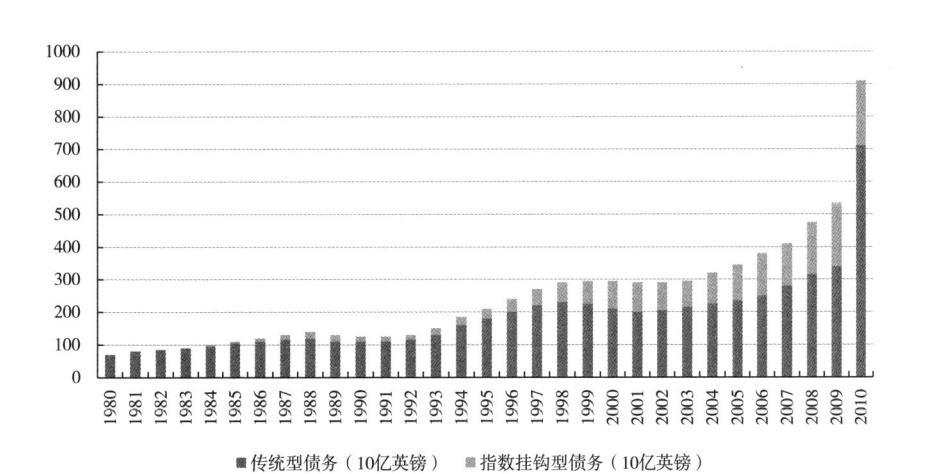

图7.22：英国国债规模
来源：IFS.org

经济增长也带来了居民收入增加。到 1959 年，家庭可支配收入比 1950 年增加了 22%，拉动了国内消费，促进了经济发展。

第二，通货膨胀稀释债务

对于国内的债务，长期通胀是稀释债务的一个方式。20 世纪 70 年代的英国平均通胀率 12.6%，1975 年，通胀率一度高达 24.2%，这意味着 10 年后，100 英镑只剩下 25 英镑的购买力。那么，对于 100 亿英镑的国内债务，相当于只需要偿还 25 亿英镑，缩减 75%。

表 7.4：英国 20 世纪 70 年代通胀和 GDP

	1970	1971	1972	1973	1974	1975	1976	1977	1978	1979
GDP 增长率（%）	2.7	3.6	4.4	6.5	-2.5	-1.5	3	2.5	4.2	3.7
通货膨胀率（%）	6.4	9.4	7.1	9.2	16	24.2	16.5	15.8	8.3	13.4

来源：ONS

第三，黄金储备升值是偿付债务的保障

英国的黄金储备在"二战"后是 2543 吨，黄金在此后近一个世纪的时间内，价格上涨了 100 多倍，从每盎司 20 美元到 2400 多美元。由此，黄金储备价值也随之上升，是偿还债务的有力保障。不仅如此，英国和美国的黄金交易量占全球九成以上，通过实物和期货，影响着黄金的价格。

第四，从殖民地获取经济利益

在两次鸦片战争后，英国占据中国香港。从 1898 年 7 月 1 日至 1997 年 6 月 30 日，长达 100 年。在 20 世纪 70 年代中期之前，港英当局和英资财团利用其在中国香港的垄断地位及特权，在金融、地产等公共事业领域，通过垄断地皮再高价出售，获取了丰厚的土地收入。据外交部原副部长周南先生讲述，仅仅是投资这一项，英国政府在 1997 年之前，每年都要从中国香港拿走上千亿港元。1995 年，英国首相梅杰也称："英国在香港有巨大的经济利益，其直接投资在 900 亿至 1000 亿英镑。"

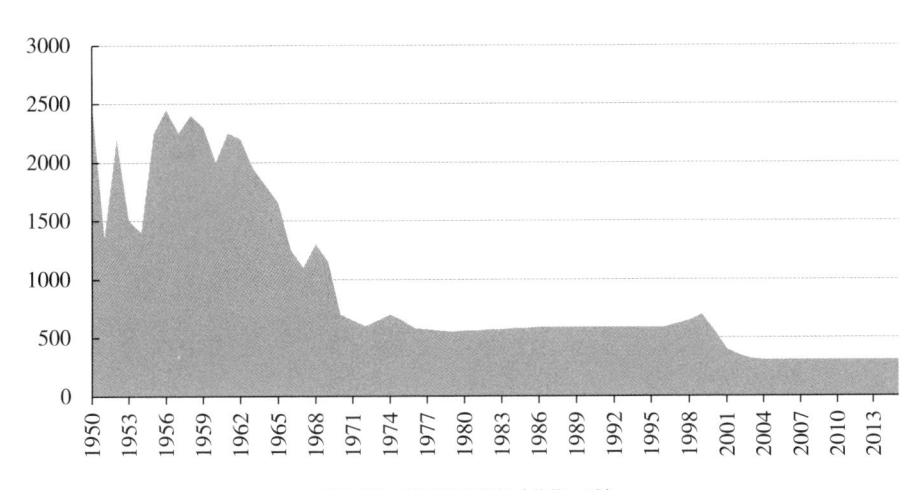

图 7.23：英国黄金储备（单位：吨）
来源：wikipedia.org

英国在"光荣革命"以后的两个多世纪中，参与了全面的殖民战争和殖民掠夺，通过贸易、征服和殖民地建立了大量的财富，根据《经济史学家》（*The Economist*）报道，2018 年的一个研究估计，英国殖民地贡献了 18.5 万亿英镑的经济财富，相当于英国 GDP 的 24 倍。

7.2.4 美国的债务是不是难题？

第一，优势产业吸引资本流入

美国从一开始追随欧洲的工业化，到成为领先的创新者。在此期间，美国制成品贸易顺差增长，并持续了 70 年。20 世纪 70 年代初，随着美国金融资产对外国投资者的吸引力越来越大，美国贸易由顺差转为逆差，且从 70 年代以来一直是贸易逆差。然而，贸易赤字并没有抑制美国的发展。比较优势才是国际贸易的基础，大规模消费和金融创新是美国优势产业，凭此吸引着全球资本流入。

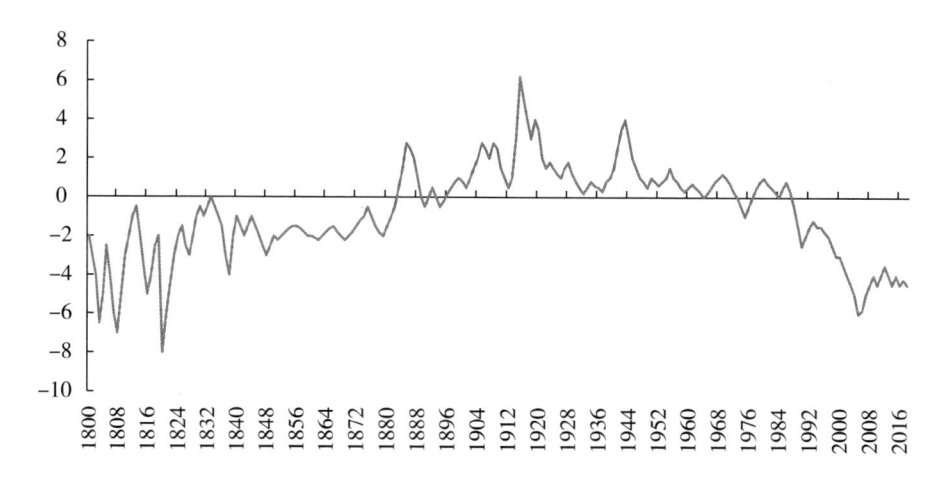

图 7.24：1800—2018 年美国贸易收支占 GDP 比例（%）

来源：Bureau of Economic Analysis

近一个世纪以来，美元作为全球 58% 的储备资产和 47% 的贸易结算货币，使得资本总体持续流入美国。

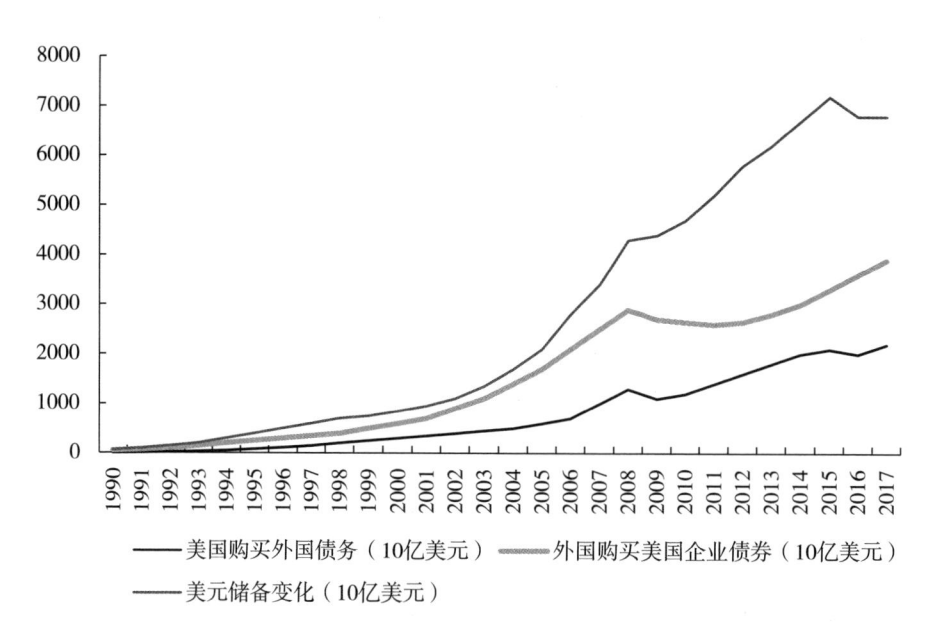

图 7.25：外资流入美债，美元储备资产变化

来源：Bloomberg

第二，外债以本币计价

和其他国家发行外债不同，美国的外债以本国货币美元计价，这消除了汇率波动的风险。此外，美国经济的规模和生产力，加上美国作为世界金融体系中心的作用，意味着对外国投资者来说，美国相较其他国家在金融投资方面更具有吸引力。所有这些因素都表明，美国能够维持比其他国家更高的外债。

第三，美国偿债压力小于二战后的英国

"二战"后英国人口 4700 万，总负债 210 亿英镑，人均负债 447 英镑，按照当时 1 英镑 =4 美元，折合 1787 美元。"二战"后 1 美元相当于现在 10362 美元，即折算成现在人均负债 1852 万美元。现在美国人口 3.3 亿，总负债 36 万亿美元，人均负债近 11 万美元。可见，从人均负债的角度，美国现在面临的债务压力远小于当时的英国。

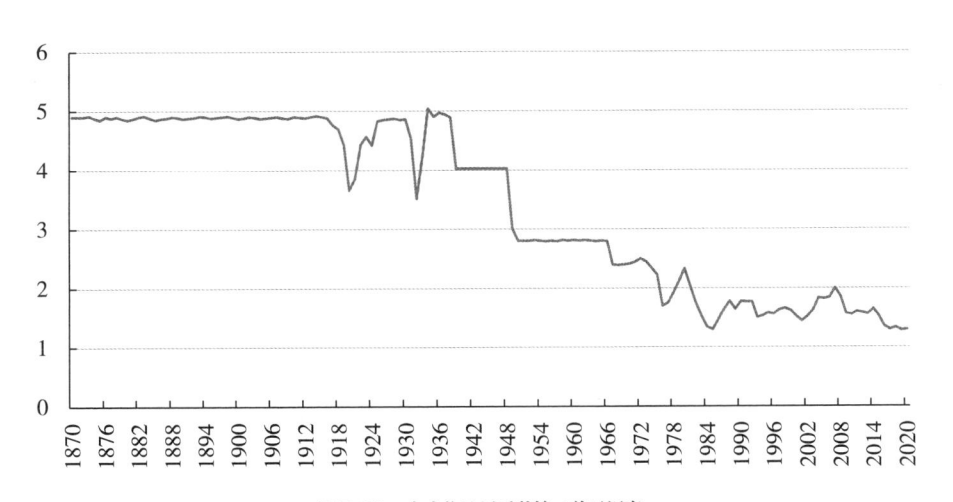

图 7.26：金本位及以后英镑 / 美元汇率
来源：Wind

美国是移民国家，优越的地理条件和幅员，吸引着全球的人才和富人移民，相较于当时地处岛国的英国，也是不可比拟的优势。

从"债主"的角度分析，英国外债的主要债主是美国。美国在1872年GDP占世界比重已经超过英国，并在"二战"后以22.8%的占世界经济比重，超过包括殖民地在内的英国（16.4%）。而当下美国的外债比较分散，日本已经替代中国成为美债最大持有者，持有美债占比6%。日本2023年GDP是4.2万亿美元，只有美国27.4万亿美元GDP的15.3%，而且美国在日本驻军，日本是美国的盟友；而中国持有美债占比5%，且持续减少。中国主张和平崛起，无意主动挑战美国。由此来说，美国总体面临的偿债挑战比"二战"后的英国小。

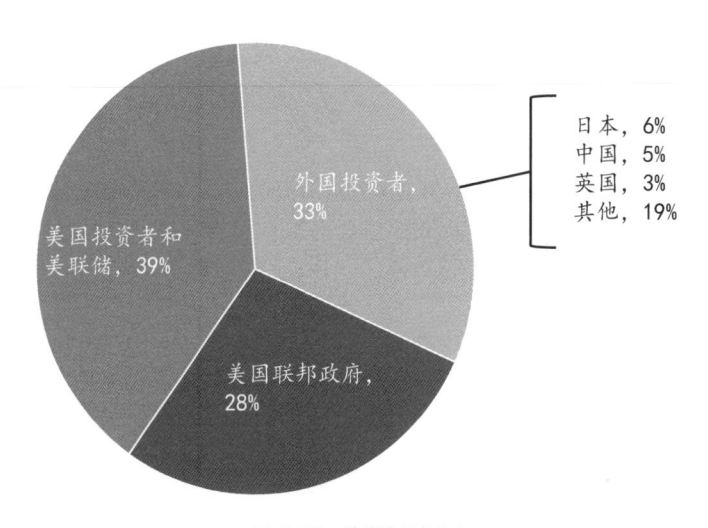

图7.27：美债持有者分布
来源：Wind

如果简单推算，英国"二战"后债务占GDP比是249%，持有黄金2543吨，到2006年还清外债时用了60年；美国现在债务占GDP比是122%，持有黄金8100吨，且黄金在各国货币超发下处于长期升值，那么，美国的债务有黄金作为保障，放在"以世纪为单位"的时间中或许也不是没有解。

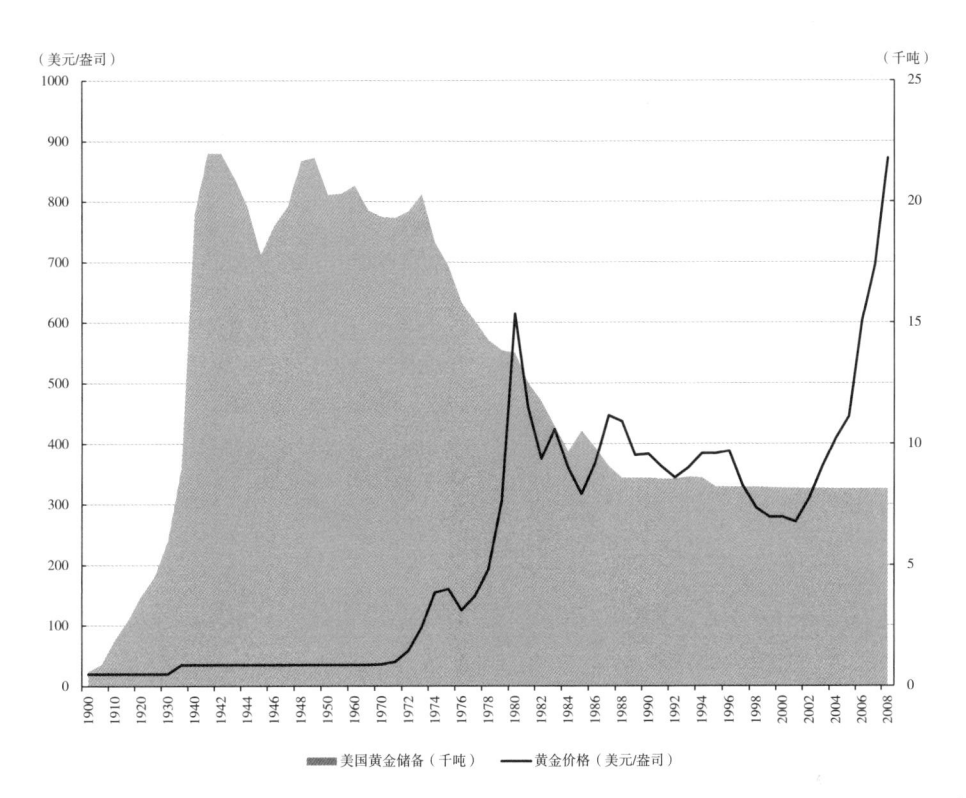

图 7.28：美国黄金储备和黄金价格

来源：world gold council

"二战"前的英国通过英镑和伦敦来统治世界，而英镑的信用来源于金本位。现在的美元虽然早就 脱离了金本位，但是美国仍然通过最有效率的金融传导体系，通过量化宽松和紧缩，加息和降息，收放自如地调节并影响着全球经济。美元作为全球主要储备货币、贸易结算货币，拥有着特权。同时，美国无疑仍然保持着金融和科技的全球领先地位，支撑美元信用的基础在自身科技、军事实力外，崛起国货币和挑战契机均未成熟也是因素之一。

当今世界，无论是发达国家还是发展中国家的债务水平都达到了历史从未有过的高度，单独分析一国的债务指标毫无意义。诚然，莎士比亚曾说："生存还是毁灭，这是一个问题。"而对美元和美债而言，也许不能归结为一个简单的二选一的问题。如果人工智能等科技革命蓬勃发展，那么，将如同人类历次的科技、工业革命一样，推动经济滚滚向前发展，化解债务在漫漫时间之中，现在看似的难题在世纪的长河中或许并不难解。36万亿美元的债务，那又怎么样？

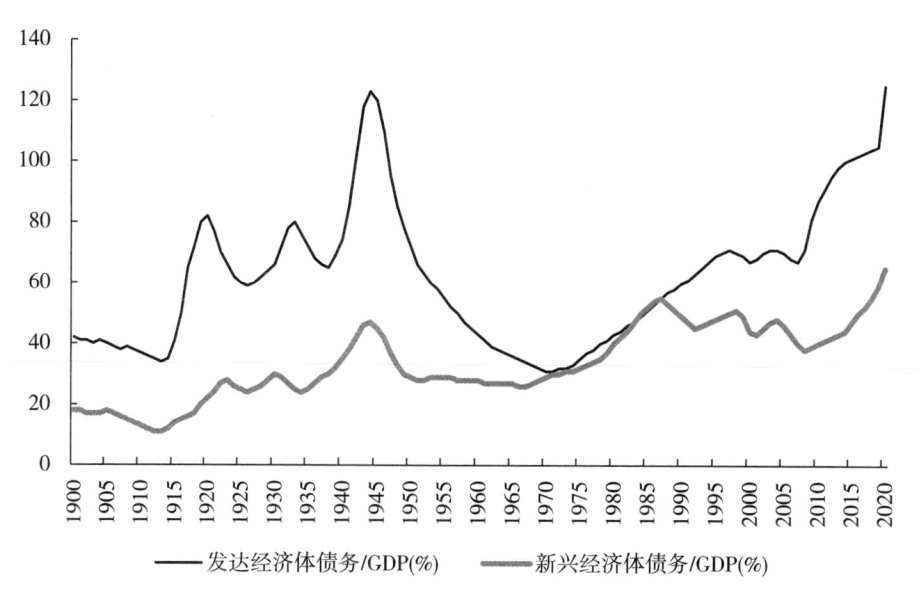

图 7.29：发达国家和发展中国家债务/GDP
来源：IMF

7.2.5 小结

（1）作为全球独领风骚的领导者，美国无论军事实力、科技实力，还是全球影响力不亚于100年前的"日不落帝国"英国。所以，我们比较当下的美国和"一战"到"二战"时期的英国，在综合实力和面临的挑战等各方面都非常相似。

（2）"二战"后英国债务/GDP达到240%，外债34亿英镑，用60年时间还清；内债216亿英镑，用80年还清。化解债务的精要，在于把债务分摊到足够长的时间；经济发展是根本动力，可控的通胀是稀释债务的方法，黄金储备资产的升值是偿还债务的保障。

（3）美国现在债务/GDP是122%。人均债务、债务增长速度都低于"二战"时期的英国。美国经济在人工智能、医药、科技等创新带动下仍向前发展，手持拥有特权、作为世界储备货币和结算货币的美元，仍可以通过经济增长、科技创新以及量化宽松等手段在较长时间逐步化解债务。

（4）在发生任何可能的大规模战争前，美国目前的债务根本没有到达100年前英国所面临的债务压力，鉴于目前美国在世界的金融霸权、媒体和英语的影响力，以及世界大部分地区所拥护的自由民主的主流意识，美国有足够的空间和金融工具来化解目前所谓的债务压力，更无从谈起当时英国所面临的债务危机。

（5）殖民地已然不复存在，代理人战争却不可避免。战争是政治的延续，更是经济的延伸。无论如何，保有避险资产的配置，始终是不可或缺的选项。

8. 港元保卫战

8.1 联系汇率制度的攻防逻辑[1]

> 联系汇率的争议点就在于为了维系港元兑美元的汇率，当中付出的代价是否在任何时候，不管香港面对的环境如何改变，依然值得。
>
> ——香港金管局前总裁任志刚

2023年5月4日，香港金管局总裁余伟文针对"香港银行体系结余跌破500亿港元"再次发声维护香港的联系汇率体系，主要可以归纳为两个观点：

（1）银行体系结余只占银行资产的小部分，银行所持有的外汇基金票据和债券总额超过1.1万亿港元，可随时补充港元流动性；

（2）联系汇率制度的目的是"保持港元汇价稳定"，而非针对港元利率。

对于第一个观点，市场上仍有很多类似凯尔·巴斯那样无知的投资者或所谓专家依旧相信香港银行间结余就是联系汇率护盘储备的说法，但我早在2022年7月就撰写了《捍卫港元》的文章，真正解释了港元联系汇率的护城河，在此不再赘述。而第二个观点则是我想进一步挖掘，并与大家深入探讨的话题：港元联系汇率制度是否有改善或者调整的空间？

这个话题专业性较高，我尝试尽量用简洁概要的论述方法，希望大家不被专业用语迷惑。同时希望本章可以给政策制定者及投资者带来一些新的思路。

---

[1] 原文写于2023年5月7日。

(10亿港元)

图 8.1:1998 年以来香港银行体系结余
来源:香港金管局

8.1.1 港元联系汇率制度的合理性

回顾香港货币历史,在 20 世纪 70 年代以前,港元与英镑实施货币局制度,港元属于英镑货币区。70 年代英镑极度动荡,影响了香港物价和经济。1972 年 7 月至 1974 年 11 月,港元短暂与美元挂钩,后因布雷顿森林体系瓦解而转为浮动汇率制度。香港的联系汇率制度产生于 1983 年的港元危机,当时港元再度与美元挂钩,汇率定为 7.8 港元兑 1 美元。联系汇率在香港已经运行了 40 余年,其间也多次面临考验,而香港金管局也多次采取措施巩固联系汇率制度。其中主要的两个里程碑就是 1998 年和 2005 年推出的措施。而从 2005 年开始,香港建立了港元汇率的兑换区间(7.75—7.85),并沿用至今。

根据国际经济学"不可能三角"(即货币的三元悖论)的原理,一个经济体不可能同时实现汇率稳定、资本自由流动和独立货币政策。香港作为小型的开放型经济体,稳定的汇率安排是其最优选择。而将稳定汇率作为目标,意味着要放弃独立的货币政策,不可能控制货币供应量或者利率,这也就是我在一开始引用金管局总裁余伟文的第二个观点,与港元联系汇率创办及执行宗旨相符。

从历史上看，香港经历了"盯住英镑——短暂盯住美元——浮动汇率"，而在浮动汇率时期遭受通胀压力和经济波动后，在 20 世纪 80 年代初重新确立其与美元的联系汇率制度。而就是因为香港选择了汇率稳定以及资本的自由流动，从而保证了香港在 20 世纪 80 年代签署《中英联合声明》后不仅成了中国改革开放的对外窗口，而且逐步成为亚洲的国际金融中心。而在经历 1997—1998 年亚洲金融危机期间全球资金对香港联系汇率制度冲击的洗礼后，联系汇率制度的两次改革使其汇率机制更具弹性及抗压性，并在 2008 年全球金融风暴中对香港金融体系屹立不倒起到了关键性的作用。

但历史不是一成不变的，正如冉冉升起的中国经济。自 2001 年中国加入 WTO 后，尤其在 2004 年之后的这 20 年，中国 GDP 总值从占美国的 16% 到目前占美国的 70%，已然成为全世界第二大经济体。香港也从作为中国向外发展的桥梁逐步转变为以中国经济为主体的亚洲金融中心。那过去 40 年间所沿用的港元联系汇率制度是否到了该调整的时机呢？港元还需要和美元"挂钩"吗？

8.1.2 港元联系汇率制度的局限性

香港金管局前总裁任志刚曾表示："联系汇率的争议点就在于为了维系港元兑美元的汇率，当中付出的代价是否在任何时候，不管香港面对的环境如何改变，依然值得。"这个代价，实际上就是香港为了维持联系汇率制度必须面对的种种限制。

我将联系汇率制度的局限性主要归纳为两个层面：一是对实体经济中输入性通胀的调节非常被动；二是货币政策与实际经济周期不符所造成的不利局面。

第一，调节实体经济的输入性通胀非常被动

香港作为小型高度外向型经济体，对外贸易是本地生产总值的三倍。香港本身自然资源匮乏，几乎所有的消费品都靠进口输入，因此香港的物价水平极受汇率的影响。盯住美元这一单一货币的联系汇率制度意味着香港既不能通过调节利率来控制通胀，也无法管控本土物价。

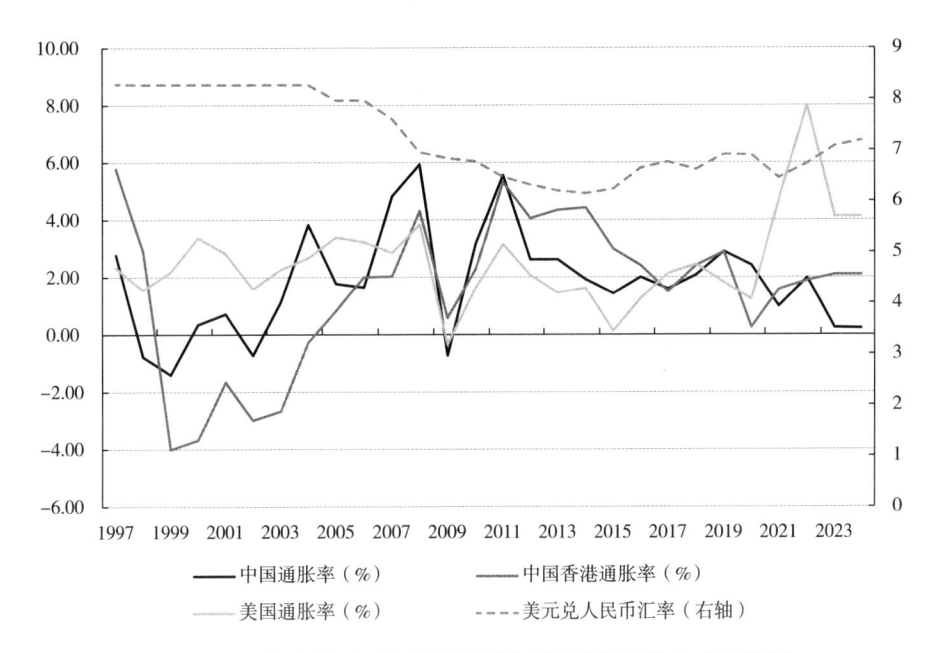

图 8.2:1997 年以来美国、中国以及中国香港三地通胀率以及美元、人民币汇率
来源：Bloomberg

从过去 40 年的历史周期来看，香港的通胀史可以分为五个阶段：

第一阶段，在香港相对内地商品购买力强盛期间（1980—1996），整体内地进口商品物价对香港整体经济影响较小，香港本地通胀水平主要受美国及国际影响；

第二阶段，在港元和人民币汇率稳定时（1997—2005），基本和内地通胀率走势相一致，但由于港元强购买力的持续使其始终低于内地的通胀水平；

第三阶段，2005 年 7 月人民币汇改后至 2010 年 9 月，人民币兑美元从 8.28 逐步调整到 6.8，并由于全球金融风暴，2008—2010 年汇率基本维持在 6.8，香港通胀率基本在追赶内地通胀率并最终趋向吻合；

第四阶段（2011—2016），由于美联储维持低利率、中国经济高速发展、人民币升值最高至 6 等因素，香港一直处于高通胀，远远高于内地及美国等；

第五阶段（2017 年至今），随着美元逐渐走强，全球疫情导致美国进入高通胀和中国低通胀的连环影响，香港通胀率受多边影响而在整体追随内地通胀率的基础上波幅放大。

香港和内地的贸易连接越来越密切，与美国的连接越来越薄弱。从进口额来说，香港从内地进口占比从 39% 上升至 50%，从美国的进口从 15% 下降至 5%。从香港本地消费品进口结构来看，主要来源是来自内地。以食品类来说，内地是香港活牛、活羊、活猪、活家禽的唯一供应方。整体来看，香港本地的猪肉和鸡肉超过 70% 从内地进口，淡水鱼类和海鱼类分别有 97% 及 45% 由内地进口，新鲜蔬菜、水果、鸡蛋从内地的进口比例分别为 92%、67% 与 21%。

表 8.1：2000—2022 年中国香港十大贸易伙伴的贸易额占比

年份	中国内地	中国台湾	美国	新加坡	韩国	日本	越南	印度	马来西亚	泰国
2000	38.94%	5.08%	14.80%	3.46%	3.38%	8.86%	0.19%	0.95%	1.61%	1.31%
2001	40.28%	4.70%	14.26%	3.36%	3.17%	8.86%	0.20%	0.95%	1.61%	1.37%
2002	41.83%	4.73%	13.35%	3.38%	3.34%	8.37%	0.25%	0.97%	1.74%	1.46%
2003	43.07%	4.72%	11.92%	3.56%	3.46%	8.88%	0.29%	1.12%	1.69%	1.44%
2004	43.75%	4.91%	10.98%	3.74%	3.50%	8.81%	0.31%	1.11%	1.69%	1.41%
2005	45.02%	4.77%	10.48%	3.97%	3.30%	8.30%	0.30%	1.25%	1.65%	1.50%
2006	46.42%	4.88%	9.78%	4.22%	3.39%	7.68%	0.43%	1.18%	1.59%	1.55%
2007	47.48%	4.64%	9.13%	4.41%	3.38%	7.32%	0.43%	1.49%	1.59%	1.55%
2008	47.55%	4.22%	8.72%	4.28%	2.87%	7.15%	0.50%	1.88%	1.60%	1.63%
2009	48.68%	4.46%	8.28%	4.20%	2.83%	6.89%	0.68%	2.03%	1.69%	1.60%
2010	48.91%	4.59%	7.99%	4.51%	2.93%	6.81%	0.76%	2.29%	1.73%	1.73%
2011	48.50%	4.59%	7.63%	4.38%	2.97%	6.39%	0.93%	2.54%	1.66%	1.68%
2012	50.35%	4.43%	7.39%	4.11%	2.89%	5.53%	1.28%	2.24%	1.50%	1.59%
2013	51.07%	4.45%	7.23%	4.00%	2.98%	5.33%	1.38%	2.41%	1.67%	1.74%
2014	50.25%	4.81%	7.11%	4.06%	2.96%	5.01%	1.67%	2.41%	1.66%	1.75%
2015	51.24%	4.44%	7.23%	3.98%	2.96%	5.01%	1.66%	2.41%	1.66%	1.72%
2016	50.82%	4.83%	6.99%	4.25%	2.94%	4.64%	1.72%	2.23%	1.74%	1.72%
2017	50.24%	5.09%	6.61%	4.24%	3.75%	4.64%	1.72%	2.33%	1.74%	1.75%

续表

年份	中国内地	中国台湾	美国	新加坡	韩国	日本	越南	印度	马来西亚	泰国
2018	50.38%	4.78%	6.62%	4.32%	3.79%	4.48%	1.68%	2.55%	2.52%	1.72%
2019	50.80%	4.98%	6.15%	4.36%	3.29%	4.45%	1.89%	2.30%	2.34%	1.61%
2020	51.82%	6.15%	5.29%	4.56%	3.85%	4.26%	1.89%	2.41%	2.10%	1.61%
2021	52.45%	6.73%	5.03%	4.71%	3.89%	3.79%	2.15%	2.55%	2.41%	1.75%
2022	49.14%	7.84%	5.31%	5.09%	3.92%	3.65%	2.71%	2.67%	2.33%	1.61%

来源：香港统计局

香港本土的通胀率受内地经济的影响愈发明显，由于香港无法自动调节利率，而美国经济周期通胀时期随着内地经济增长以及对香港影响的越来越深入，与香港实体经济也逐步脱离。所以追随美元利率的调整已经起不到调节香港本土实体经济通胀的作用了。

从 1997 年至 2005 年 7 月 21 日人民币汇改前，人民币兑美元一直稳定在 8.28 左右，也意味着对港元的稳定性。但是汇改之后，人民币兑美元从 2005 年到 2013 年大幅上涨至最高点 6.04，而从 2013 年至今又反复在 6.2—7.1 震荡。基于香港联系汇率制度，港元与人民币汇率的波幅不是取决于香港本地和内地经济的关联性，而是取决于美国和中国的国际贸易往来和汇率政策，从而导致香港在对内地输入性通胀时的货币调节作用失调。

值得注意的是，2012—2016 年，香港通货膨胀率远高于内地和美国的通货膨胀率，其原因主要就是香港大部分商品从内地进口，而这段时间美元走弱、人民币走强，港元的购买力被削弱，在内地已经发生通胀的情况下，香港的通货膨胀会因为港元兑人民币贬值而加剧，实际上出现了双重输入性通胀。此极端情况的出现，造成了贫富差距的加剧以及一系列社会的不稳定因素。而由于与美元挂钩的联系汇率，导致香港特区政府没有很好的短期财政或金融工具来适当做出调节。

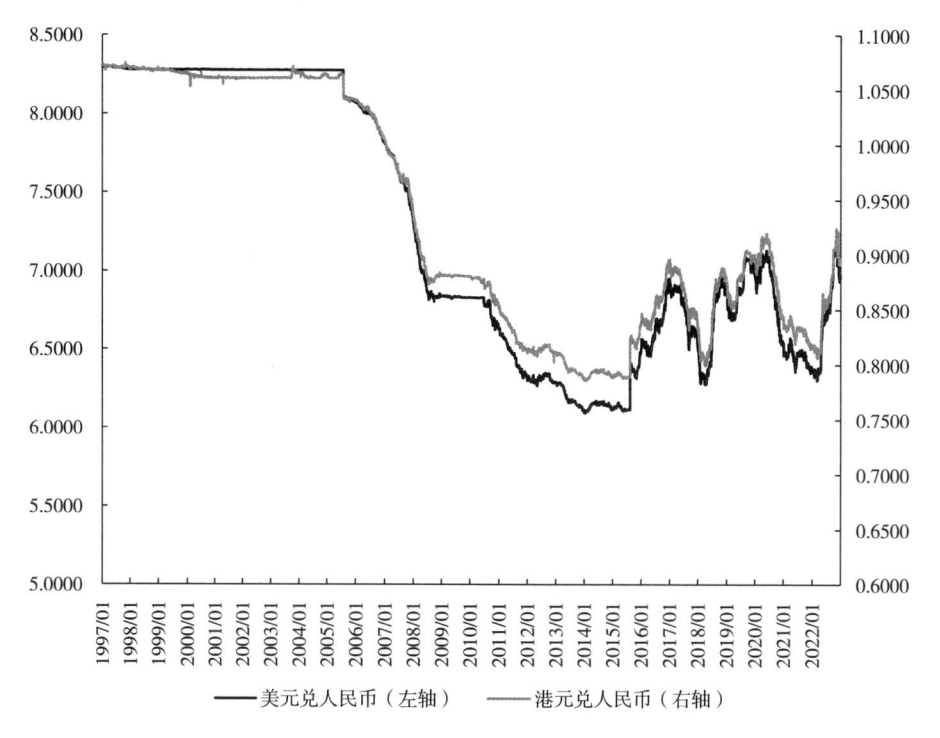

图 8.3: 1997 年以来美元兑人民币汇率以及港元兑人民币汇率
来源：Bloomberg

第二，货币政策与实际经济周期相背离的不利情况

在联系汇率制度下，香港无法灵活运用汇率变化作为经济调节机制，如果香港面临竞争对手的货币大幅贬值或出口市场经济衰退等情况，被动跟随美元的汇率会导致香港的出口产品面临竞争力下降的局面。此外，香港被动跟随美国的货币政策，但由于香港与美国的经济周期可能不一致，极有可能出现香港需要跟随美国加息/减息，而利率并不符合当前香港宏观经济形势的局面，最终对香港经济和金融体系造成极其不利的局面。这在历史上也多次发生：

（1）1997 年香港金融危机以后，中国内地、中国香港、美国三地通胀走势相同，但幅度不一。香港通胀下降幅度最大，从 6% 一年内陷入通缩，并在 1999 年最低跌至 -6%。三地通货膨胀变化的原因不尽相同，但总体看，美国的通胀率运行较为平稳，基本稳定在2%—4%，而香港和内地均不同程度地陷入通缩，但内地快速恢复，而香港在通缩的区间挣扎了较长的时间，到2005年通胀率才重回正值。

香港经济迟迟不能复苏，联系汇率或许是重要因素之一。如果港元不是盯住美元，那么在经济低迷、失业率高升、物价下跌的情况下，港元可以贬值，带动出口，抑制进口，改善对内失衡。但由于1997—2003年美元一直处于升值趋势，导致港元跟随美元被动升值，这和香港的实际经济周期不符。

（2）2008年金融危机以后，香港跟随美国采用了极为宽松的货币政策（2009—2015年贴现窗口基本利率长期维持在0.5%），香港通胀快速攀升，实际利率走负，大量资金涌入了房地产，引发了资产价格泡沫。香港的房价指数在短短6年的时间内翻了一倍。这期间，高通胀同时加剧了香港的社会矛盾。

（3）2018年，香港实际增速下行已经非常明显，但是其货币政策依然跟随美国加息，实际利率偏高进一步增加了经济下行压力。与此同时，食品和住屋通胀压力带动CPI同比增速走高。低增长、高通胀下香港社会冲突加剧。

（4）美联储2023年5月加息后，香港银行贷款利率不断攀升，对香港经济产生明显的负面冲击。以占香港GDP比重达20%的房地产为例，香港私人住宅售价指数自从2022年2月以来已经连续15个月同比负增。与此同时，出口贸易也呈现出较大的下行压力。如果美国维持高息环境，对香港最大的影响就是资金的进一步撤离，流动性的紧缺和资金的高成本对香港各行各业的打击也是巨大的，楼价、股市及资本市场所构成的虚拟经济也会继续下跌，进一步让香港陷入通缩的洼地。

（5）如果美联储进入降息轨道，而同时中国经济从复苏转到加速发展的轨道，那么美元走弱、人民币走强、中国通胀抬头，香港的联系汇率制度会让经济再次面临2012—2016年双重通胀的困境。

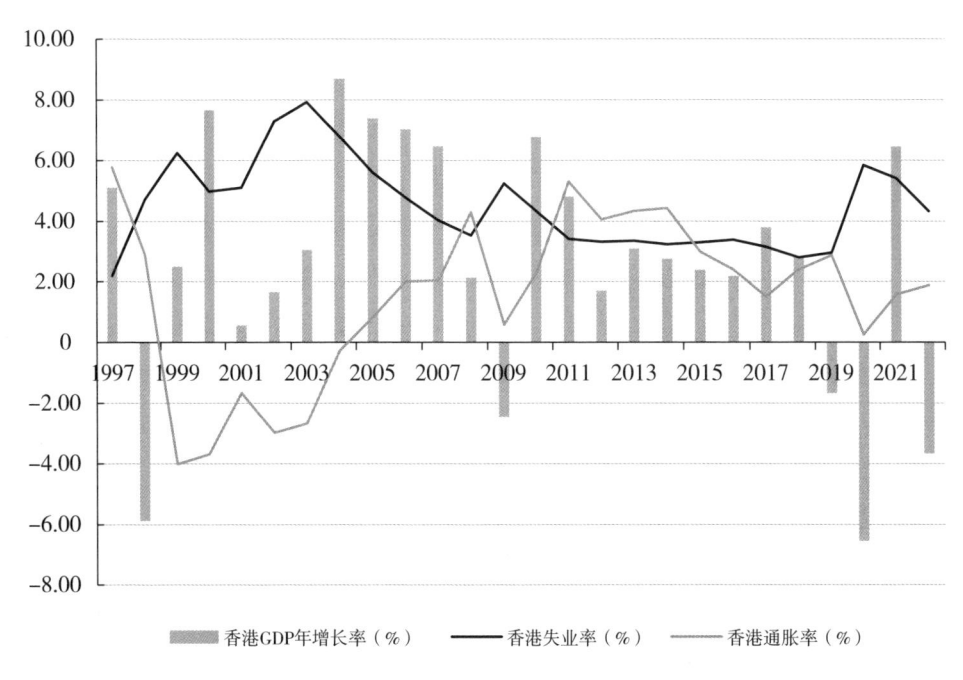

图 8.4: 1997 年以来香港通胀率、失业率及 GDP 年增长率
来源：Bloomberg，香港统计局

8.1.3 新加坡联系汇率制度的一些启发

2022 年 10 月，我曾撰写过一篇名为《新加坡可以继续在亚洲一枝独秀吗？》的文章，其中简述了新加坡的货币政策是以管理新元汇率为核心，通过新元的名义有效汇率（SNEER）的调整，影响新加坡国内中期进口货物价格的稳定，尽量把通货膨胀率保持在 2% 以下，以促进经济的良好增长。新加坡在短短几十年间发展成一个经济繁荣、货币坚挺、低通胀、低失业率、人民丰衣足食的发达国家，成功的主要因素之一就是行之有效的货币政策，尤其是盯住一篮子外国货币的管理浮动的联系汇率机制。中国香港和新加坡作为亚洲两大金融中心，在经济基本面、产业结构、发展定位，包括政策选择上都有一定的共性，但二者的联系汇率制度却有所不同，这里可以给我们带来一些启发。

新加坡在 1965 年脱离马来西亚成为独立经济体，初期使用马来西亚元；1967 年新加坡元取代停止发行的马来西亚元，仍盯住英镑；1972 年 6 月英镑自由浮动后，新元改为盯住美元；1973 年美元开始大幅贬值，新加坡被迫放弃固定汇率制，转向自由浮动；其后几年新加坡遭受外来通胀压力和经济波动，直到 1981 年决定终止自由浮动制，重新采用有管理的浮动联系汇率制。

从历史上来看，新加坡和中国香港所经历的货币政策演变到最终确定联系汇率制度的轨迹是非常相似的，但是正如李光耀在其自传中强调的一样，新加坡的货币政策首先要通过货币的自由流动来保证吸引外资进入新加坡，而因为新加坡国土资源的限制以及高度依赖外来资源，又要同时保证汇率的稳定从而保证物价的稳定，所以在货币的三元悖论中放弃了本国独立的货币政策，这与香港近 20 年与内地经济的紧密联系以及其联系汇率制度对物价的影响是完全不一样的。

中国香港和新加坡均采用放弃独立货币政策的联系汇率制度。中国香港属于货币局制度，单一盯住美元以 7.75 至 7.85 港元兑 1 美元的汇率与美元挂钩，而新加坡则盯住一篮子货币且不公开不透明，并且采用的是"有管理的浮动"的汇率制度，其主要特点有：

（1）新加坡金管局是通过其主要的贸易伙伴和竞争者的一篮子货币来决定新元的汇率。根据新加坡对不同特定国家的贸易依赖程度，篮子中的货币会被赋予不同程度的重要性和权重。考虑到新加坡的贸易模式与趋势的变化，这一篮子货币的组合将定期地被检讨并修改。金管局没有向外界公布一篮子货币的具体构成，但有分析表明，新元受美元变动影响最大。

（2）金管局对新元汇率的管理是把它定在可操控的浮动范围内。金管局会允许贸易权重的新元汇率在一个不被公开的范围（称为政策带）内波动，而不是把它锁定在一个固定的价位上。为应付外汇市场上的短期波动，这种做法提供了灵活性。如果汇率的波动超出了这个政策区间，金管局将进场干预，通过对外汇的买卖将汇率带回到范围内。

所以，不难看出，尽管中国香港和新加坡都采用联系汇率制度，但新加坡货币政策的出发点是要影响新加坡国内中期进口货物价格的稳定，并尽量把通货膨胀率保持在 2% 以下，从而产生盯住一篮子外国货币的独特的管理浮动汇率机制。

8.1.4 小结

总体来说，由于香港汇率盯住单一美元，其货币政策被动跟随美国，外部经济周期的变化对香港整体经济的影响会加剧，使得香港经济相对更为脆弱。关于香港银行间结余进一步减少的情况，香港金管局总裁余伟文强调联系汇率制度政策目标是"保持港元汇价稳定"，而非针对港元利率。这放在总体香港联系汇率的框架内是完全正确的，但是港元汇价的稳定本身是否保证了物价的稳定，保证了经济的有效运作却是一个没人继续追问的问题。

在权威专家回复银行间结余的减少将导致 HIBOR（香港银行间同业拆借利率）上扬，并同时减少美元与港元的套利空间，从而减少港元弱方兑换的压力，或者进一步说明当外资撤出香港，银行间结余枯竭而导致流动性危机时，金管局能将 1.1 万亿港元的外汇基金票据和债券通过停止展期或者接受抵押的方式重新释放流动性，进而维护联系汇率制度以稳定港元汇价。但是否有权威专家进一步思考当美联储停止加息甚至开始进入减息通道时，全球经济对香港联系汇率制度下的香港经济的挑战？

我认为美国在几轮激进的加息后，极有可能开始重新减息，重回货币宽松政策。届时，美元指数下降，人民币汇率上扬，人民币商品价格也会变相上升，叠加内地经济复苏后的通货膨胀，香港会再次面临 2012—2016 年那样的双重输入性通胀。而宽松的货币政策下，香港房价会重新走高，租金上扬，也会加剧香港的通胀，届时社会的不稳定因素可能又将重启。

目前中美经济发展逐渐分化，香港几乎所有主要产业也越来越依赖内地，内地已不是 20 年前的内地，而香港更不是 20 年前的香港。或许现在是时候重新考察一下：单一盯住美元的汇率制度是否仍旧符合香港宏观经济政策的具体需要。在此，我本人给出一些大胆的建议或者是臆想：

（1）开始由官方及民间智囊团讨论在现有安全的联系汇率体系下改善联系汇率制度的可行性，正本清源，而不是让境外媒体或者某些利益集团通过各种渠道传播不专业且投机性的观点来从中牟利，甚至操控惑众来造成对金融体系稳定的不良影响。

（2）认真参考新加坡的浮动联系汇率 SNEER（新元的名义有效汇率）制度，通过选择盯住一篮子货币的有管理的浮动汇率制，来控制香港本土的通胀及物价。

（3）考虑到香港与内地经济的紧密联系，以及香港未来可以作为推动人民币国际化的重要离岸人民币枢纽的战略地位，香港或许可以在未来一篮子货币中，采取大部分权重盯住美元和剩余部分权重盯住人民币及其他主要贸易伙伴货币的汇率制度。

（4）在香港的投资移民计划（CIES）中，可以考虑让投资者将部分投资转成离岸人民币资产，而不是美元资产，并保证该笔投资款长期为香港经济繁荣稳定、未来联系汇率的改变以及人民币国际化做好铺垫。

8.2 捍卫港元的政治意义[①]

  未来充满不确定性，
  然而，凛冬将至。
  唯一不变的就是变化本身。
  让我们保持审慎乐观的态度，准备好在机会来临时全力出击。
  就在不久的将来……

——陈宁迪

  1998年的夏天，香港特区政府打赢了一场艰难的港元保卫战，抵御住了对冲基金传奇人物乔治·索罗斯（George Soros）领导的对港元的投机性攻击。1998年的记忆虽遥远，但却深深地印刻在每一个香港人的记忆里，资本外流的焦虑总会引发公众的恐慌，并使得公众经常质疑香港联系汇率制度的合理性。那么，联系汇率制度合理吗？

  2022年香港一系列的事件放大了这样的恐慌情绪，引发了投资者的关注，我们来梳理一下：

  2022年7月19日，香港金管局入市买入86亿港元，沽出11亿美元，港

[①] 原文写于2022年7月27日。

汇再次触及弱方兑换保证水平。港汇区间自 2005 年开始实施，允许美元兑港元在 7.75—7.85 波动。金管局的此次干预是 2022 年的诸多连续行动之一。

截至 7 月 22 日，香港金管局，也就是香港的"中央银行"，在 2022 年已经合计售出了 220 亿美元，购入了 1726 亿港元，使得香港银行体系结余（香港持牌银行在金管局开设的结算户口结余总额）降至 1653 亿港元，较年初的 3775 亿港元总结余有大幅下降。

香港银行间同业拆借利率，即 HIBOR，其一个月期，也从 2022 年初的 0.14% 上升至 1.06%（截至 7 月 26 日）。

香港市场利率的上升速度仍低于美国，导致利差扩大，促使全球投资者抛售港元而投资于较高收益的资产，即所谓的套息交易，进一步促使资金撤离港元市场。

《信报财经月刊》7 月刊登了一篇名为《美元霸权终结，联系汇率将变天》的文章。很多经济学家建议港元联系汇率应有所变革，港元可与人民币或其他一篮子货币挂钩。

7 月 4 日，中国人民银行与香港金管局公布优化货币互换协议，改为常备协议形式，无须续期。协议规模由原来的 5000 亿元人民币 /5900 亿元港元扩大至 8000 亿元人民币 /9400 亿元港元。

海曼资本管理（Hayman Capital Management）的创始人凯尔·巴斯（Kyle Bass）在社交平台推特上唱空港元，表示联系汇率护盘储备将于 8 月底耗尽。对此，金管局总裁余伟文在 7 月 22 日隔空回应表示这是对港元联系汇率不负责任的评论。

香港金管局在 7 月 22 日发表了一篇名为《重温联系汇率制度的设计及运作》的文章。

7 月 24 日，香港特区政府财政司司长陈茂波撰文表示现时留存在香港的外汇储备规模庞大，足以在美国加息导致的资金外流的情况下维护港元的联系汇率制度。

前面这些专业术语和新闻的真正含义又是什么呢？我将用两种方法来解读，试着厘清事件背后的原因以及未来可能的警示。

8.2.1 基本方法（又难又无聊的"基础经济学 101"）：货币的三元悖论及联系汇率制度演进的基本机制

香港面临着国际经济学经典的三难困局，即一个国家或地区不能同时拥有以下货币政策三项中的两个以上：

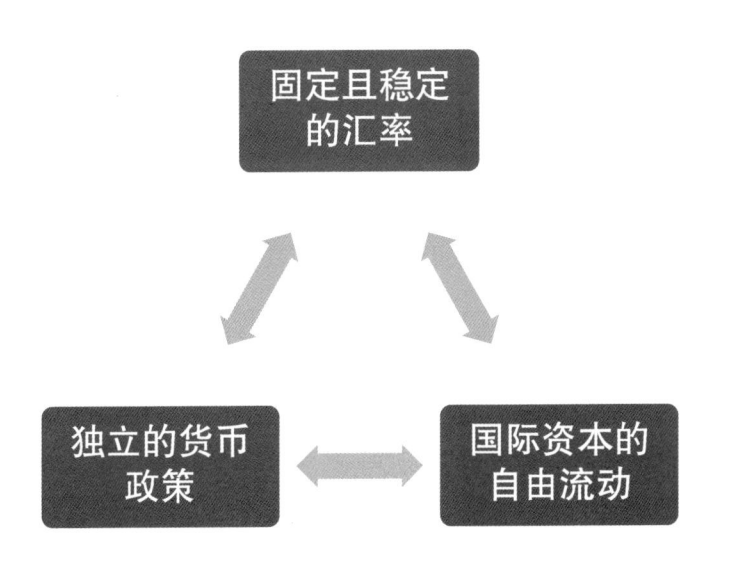

图 8.5：国际经济学经典的三难困局

香港的联系汇率制度允许资金的自由流动，也保证了港元紧盯美元和港元汇率的稳定。然而，联系汇率制度不允许香港拥有独立的货币政策也无法自行控制利率。

对此，香港金管局采取了以下措施去维护联系汇率制度：

（1）香港的基准利率与美国联邦基金利率挂钩。

（2）香港的货币基础是完全由外汇储备支持的。

这意味着在固定汇率的基础上，货币基础的任何变化都与外汇储备的相应变化完全一致。外汇储备对货币基础超过 100% 的储备支撑，是金管局捍卫香港联系汇率制度的有力保证，并大大地提高了其公信力。

（3）香港的港元货币供应量 M2 也有足够的外汇储备作为保障。

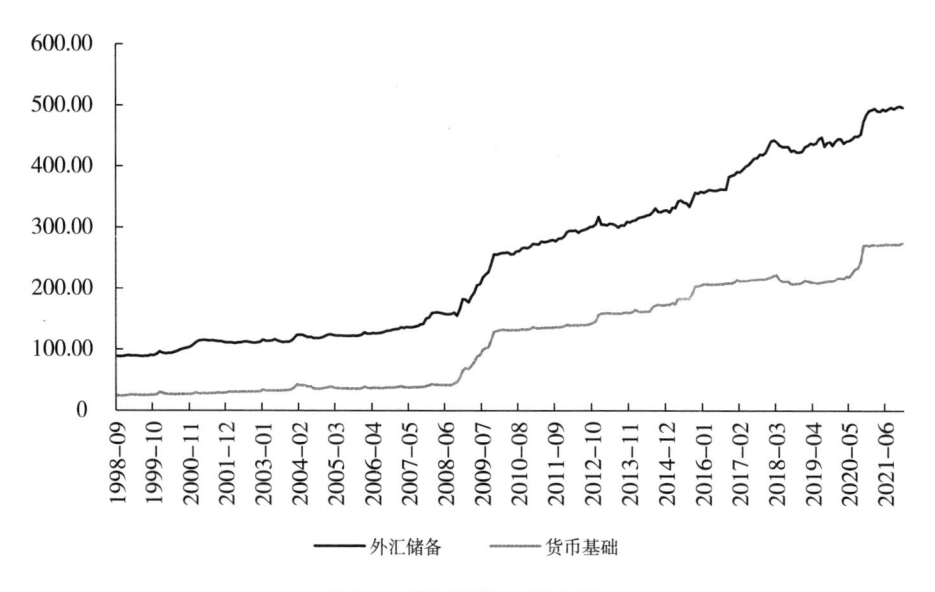

图 8.6：香港外汇储备及货币基础

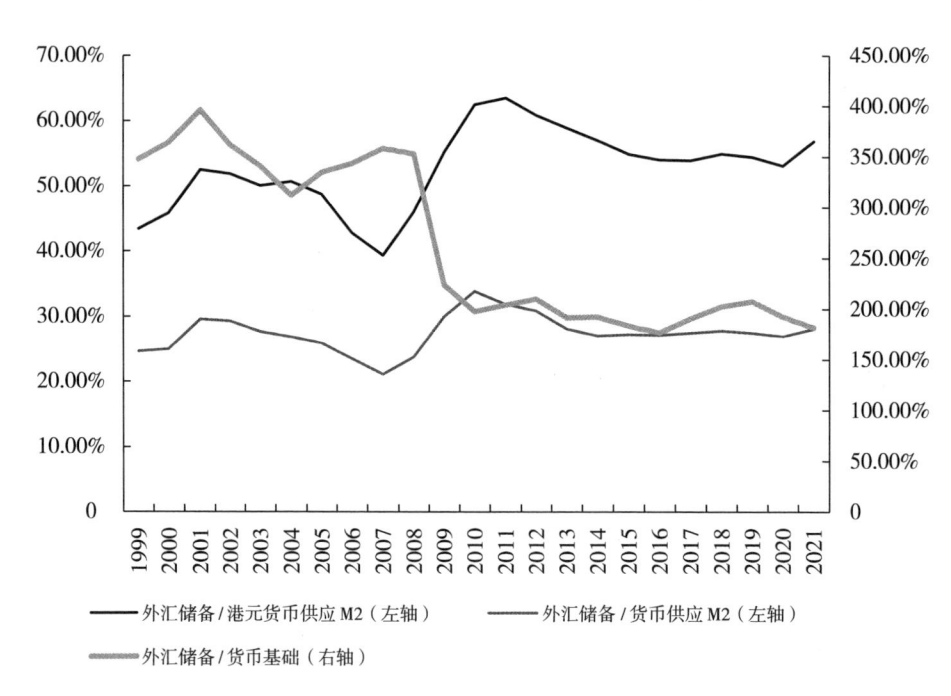

图 8.7：外汇储备与货币基础、货币供应 M2、港元货币供应 M2 的比率

一旦发生资本外流，导致港元贬值触及 7.85 港元兑换 1 美元的弱方兑换保证，或资本流入导致港元升值触及 7.75 港元兑换 1 美元的强方兑换保证，香港特区政府均会采取手段干预。为了维持汇率的稳定，相当一部分的外汇储备被投资于高流动性的美元计价的证券，以最大限度保存其资本。

香港将外汇基金票据及债券计入货币基础。在 1998 年以前，货币基础仅包括银行体系结余及流通中的货币。银行体系结余是香港持牌银行在金管局开设的结算户口结余总额，代表了香港银行间的流动性，是货币基础的组成部分之一。而 HIBOR 是反映银行间流动性的最佳指标。当银行体系结余下降时，HIBOR 上升，反之亦然。当流动性紧张的局面出现时，银行可以将外汇基金票据和债券作抵押，经贴现窗口向金管局按基准利率借入港元隔夜资金作结算和周转。

总体来看，香港金管局已经筑起了多层防御工事以及外汇储备这一堡垒，来捍卫联系汇率制度，具体如下：

第一层防御工事就是自 2022 年初开始显著下降的银行体系结余。第二层防御工事就是 1.2 万亿港元规模的外汇基金票据及债券。如此规模的外汇基金票据及债券，大大增加了利用做空港元来狙击 HIBOR 从而撼动联系汇率制度的难度。第三层防御工事就是资本充足的银行体系，它们拥有超过 4 万亿港元的高流动性资产，为短期内可能出现的重大资金外流的极端情况提供了强有力的缓冲。第四层防御工事是香港本身拥有超过 4000 亿美元且良好运作的外汇储备作为金融堡垒，同时还有来自内地的强大后盾。

因此，我们可以得出这样的结论：香港已经为资本外流及捍卫港元汇率做好了充分的准备。可以被视作一个"无懈可击"的现代"君士坦丁堡"。

8.2.2 分析方法（简单而有趣的"历史 101"）：周期总是循环往复

以下我将简述香港过去两个类似周期的数据和宏观分析情况，这将使我们对未来有一个更加理性和清晰的展望。由于联系汇率制度，香港经济以及资本市场和美国的货币政策、内地的经济发展高度相关，这也决定了银行间的流动性以及外汇储备的水平。

（1）1997—1998：亚洲金融危机中，港元首次遭遇国际炒家狙击。

1997—1998 年对香港来说是特殊的一段时间，以索罗斯为首的国际资本巨鳄对港元发起了一系列的狙击，同时做空香港的股票市场。在有限的选择下，香港每次都通过提高利率进行反击，不断地提高投机者的做空成本。1998 年香港利率一度飙升 300%。但也因此，香港的实体经济遭受重创。到 1998 年 8 月，恒生指数下跌逾六成至 6660 点，香港房地产市值缩水一半，GDP 下跌 5.5%。最后，在中国政府作为后盾的支持下，香港特区政府向国际炒家宣战，动用了 1180 亿港元，即当时外汇基金的 18%，买入了恒生指数成分股中的 33 只股票。

香港特区政府最终击溃了国际炒家，打赢了港元保卫战。而我们可以从这里观察到的是投机者利用的宏观条件和对应的策略。

①亚洲典型的经济兴衰周期；

②各国本币对美元的贬值导致了亚洲许多国家股市崩溃、债务违约、金融体系乃至整体经济的崩溃；

③中国面临着人民币的贬值压力以保持其出口竞争力；

④人民币贬值会造成银行挤兑及港元贬值的传言动摇了民众对香港的信心；

⑤投机者采取的是同时做空港元和恒生股票市场的"双重策略"；

⑥受到港元大量净卖出的影响，香港隔夜银行同业拆息（Overnight HIBOR）上升。上涨的利率也给港股带来了下行的压力。

从图 8.8 可以看出，1997 年 10 月至 1998 年 8 月，香港同业拆息有 4 次飙升至 20% 的水平（超出香港基准利率 3 倍），而恒生指数也出现了 4 次急转直下，自 1997 年 7 月的最高点调整了 60% 以上。

（2）2018—2019：美联储缩减购债规模（US Tapering）及香港社会动荡。

2019 年的香港社会动荡给这座城市及国家都留下了巨大的创伤。随着 2017 年开始的利率上升及美联储开始缩减购债规模及减少市场的流动性（US Tapering），香港在 2018 年开始就出现了资本外流的情况，并在 2019 年社会动荡期间进一步升级。以凯尔·巴斯（Kyle Bass）、托马斯·罗德里克（Thomas Roderick）以及凯文·史密斯（Kevin Smith）为首的基金经理都唱衰港元和香港股市，他们试图打破联系汇率的努力因随后袭来的新冠疫情及美

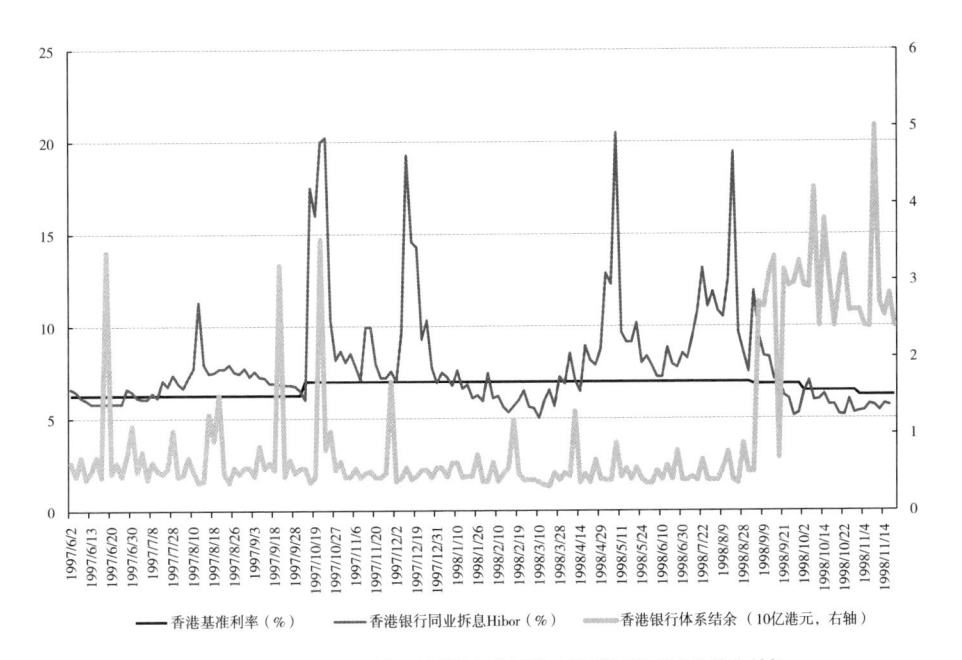

图 8.8：1997—1998 年香港银行同业拆息、银行体系总结余及基准利率

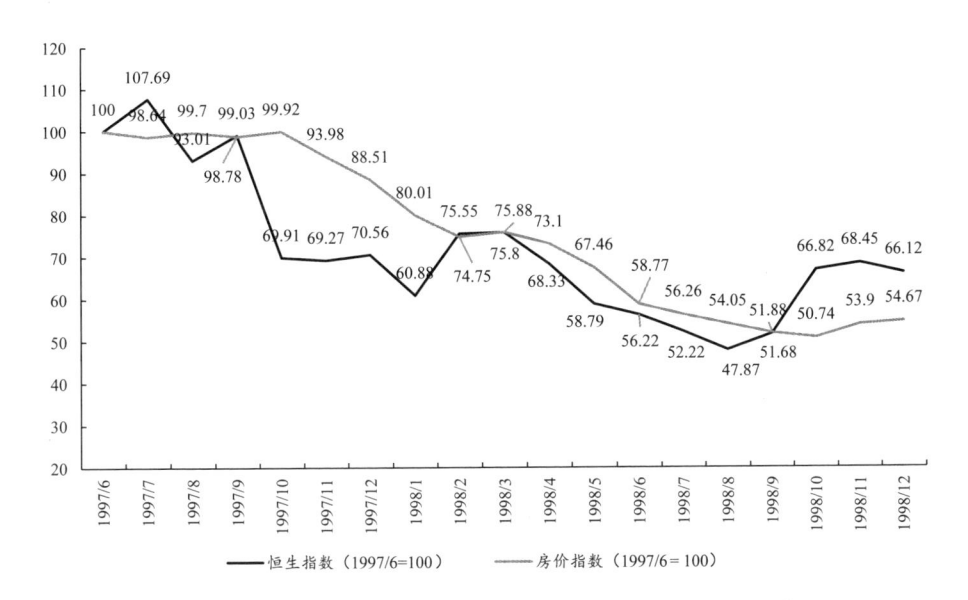

图 8.9：1997—1998 年恒生指数及香港房价指数（1997/6 指数 =100）

国在 2020 年实施的量化宽松戛然而止。但有趣的是，我们一样可以注意到宏观环境和市场反应的一些相似之处：

①美国自 2009 年以来首次缩减流动性，在此以前美联储不断加足马力大举印钞；

②利率的上升给股市以及楼市的资产价格带来了下行的压力；

③中美关系日趋紧张，香港政治环境不利，社会动荡不安，削弱了公众的信心，加速了香港的资金外流；

④2018 年恒生指数一度下跌 25%；

⑤尽管 2018 年 4 月至 2019 年 12 月，香港资本外流，但 HIBOR 大部分时间仍低于基准利率，证明了新推出的外汇基金票据及债券工具能有效地应对香港银行流动性紧张的局面及同业拆息的利率波动。香港银行体系结余也稳定在 500 亿港元的水平，远高于 1997 年 7 月至 1998 年 10 月期间不足 10 亿港元的水平。恒生指数在 2018 年因利率上行及内地房地产市场的低迷而一度下跌超过 20%，但在 2019 年香港社会动荡期间保持稳定，主要原因是内地经济的复苏。而同期香港房地产市场也并未出现明显调整。

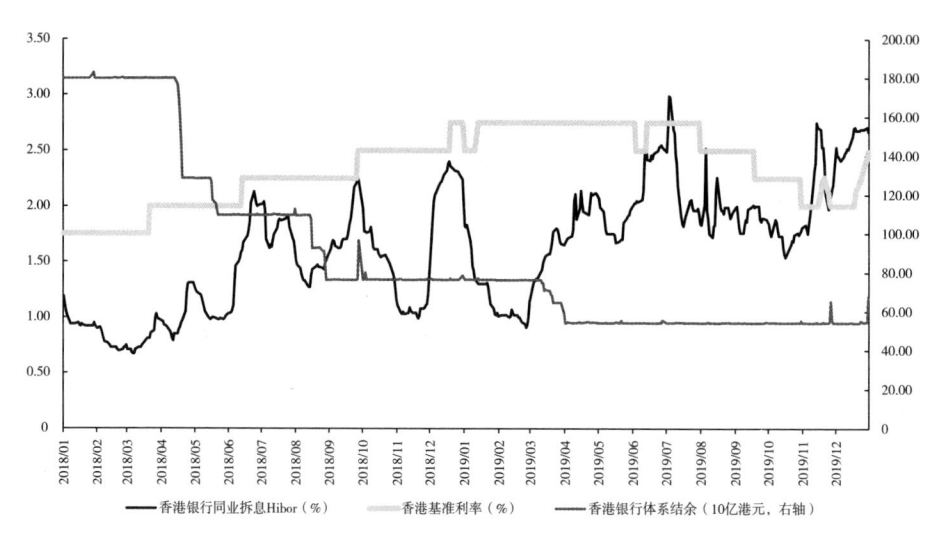

图 8.10：2018—2019 年香港银行同业拆息、银行体系总结余及基准利率

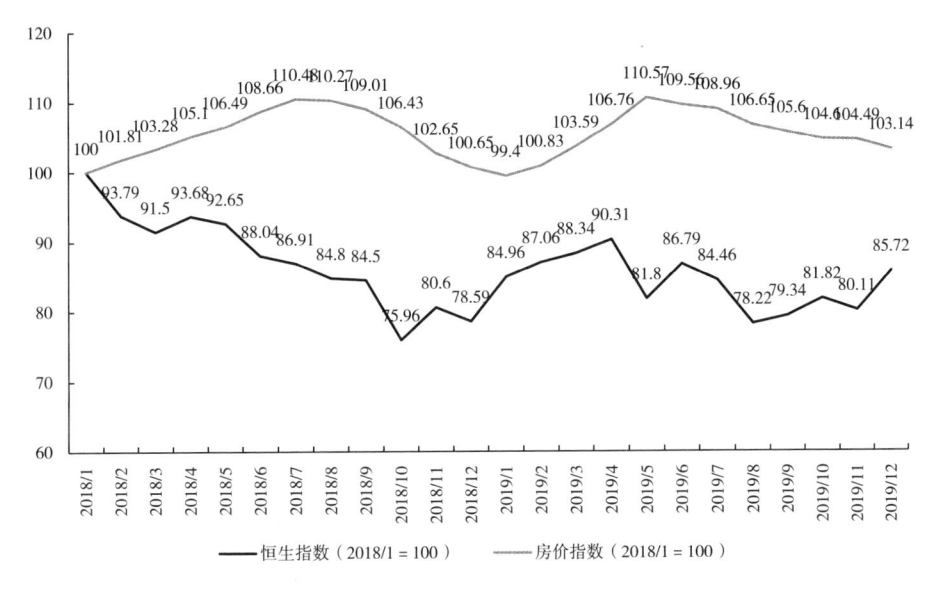

图8.11：2018—2019年恒生指数及香港房价指数（2018/1=100）

（3）2022：是2018—2019年的延续吗？

俄乌冲突及全球高居不下的通胀，迫使美国采取更激进的步伐进行加息。而随着美国回到开始缩减购债规模的轨道上，美元和美元计价的资产不可避免地成为全球资金避险的天堂。世界的另一端，中国对待新冠疫情的严格政策，以及房地产行业的困境，都拖累了这个世界第二大经济体，也增加了香港资本市场及楼市的脆弱性。

那么2022年是2018—2019年周期的延续吗？宏观环境和上述两个周期的相似性非常明确：

①由于美元走强，除美国本土以外的其他大陆都面临着资金迅速撤出的流动性问题；

②中美关系的紧张局势恶化了香港的政治环境，进一步影响了公众对香港的信心；

③近期利率上升的确定性和资本外流的趋势给包括股市和楼市在内的资产价格带来了下行压力；

④中国经济的降温给人民币贬值带来了更大的压力，与此同时中国的外

汇储备也在不断减少；

⑤过去的两年香港一直在与新冠疫情进行抗争，本港经济也因此遭受重大打击；

⑥各种各样挑战香港作为国际金融中心的传言，比如其普通法体系、资本的自由流动及稳定的汇率、新闻及言论自由等等；

⑦随着 7 月 28 日美联储极大可能再加息 75bps（即 75 个基点），中国香港也会进一步调高基本利率至 2.75，而 HIBOR 也会在短期内进一步上升至 2% 或以上，届时对港股和楼市也会带来进一步的下调压力；

⑧香港的股市和楼市将因为上述种种因素叠加而在近期内会有更进一步下行调整的压力。而在接下来 3 个月期间，复杂的国际政治和经济形势，不排除香港出现流动性危机和恐慌性抛售的可能性。

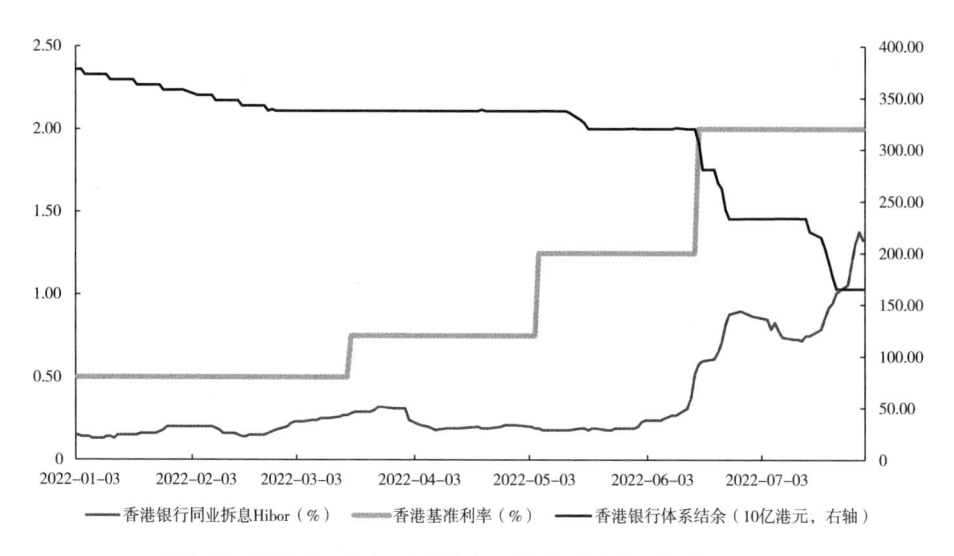

图 8.12：2022 年 1 月至 7 月香港银行同业拆息、银行体系总结余及基准利率

回到君士坦丁堡的故事。它曾是人类历史上最重要也最难以攻破的城市。历史上不乏比君士坦丁堡防御更好的城市，然而，没有一个城市像它那样富足和坚固，并在 800 多年间抵御住了一次又一次的进攻。入侵者可以攻打到君士坦丁堡的外围，但始终无法占领这座城市本身。坚不可摧的防御使得拜

占庭帝国存在了好几个世纪。君士坦丁堡是一个将帝国各省联系在一起的中枢，只要君士坦丁堡未被攻破，帝国就可以进行反击并恢复元气。

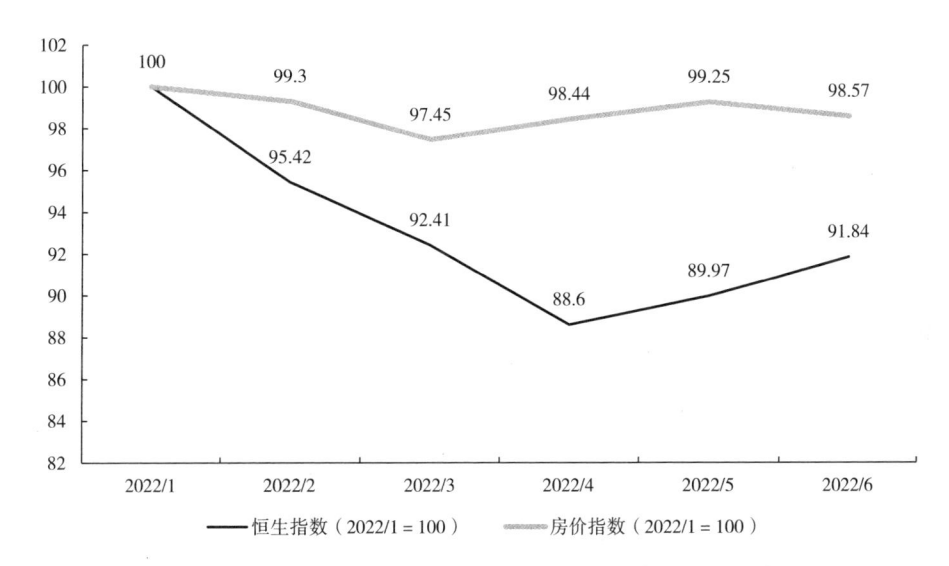

图 8.13：2022 年 1 月至 6 月恒生指数及香港房价指数（2022/1=100）

我认为香港的联系汇率制度是巩固香港作为国际金融中心地位的重要基石，如同君士坦丁堡一样，是现代防御体系和中国经济的堡垒之一。香港财政司司长陈茂波曾经强调，尽管美国利率上升导致资本外流，港元也绝不会与美元脱钩。但他也表示，美国进一步加息也势必会影响香港市场的资本流动和资产价格的变化。

捍卫港元，坚定地维护联系汇率是香港乃至整个中国经济的一场大考，一次不允许失败的战役。

9. 香港还是新加坡

9.1 从大陆法和普通法谈香港的法制优势[①]

　　普通法是保持香港国际金融中心地位的根基。中国希望在世界经济上拥有更多的话语权，在国际资本市场上拥有更大的舞台和更高的参与度，就必须要保护和支持香港作为独一无二的接口的正常运作，维护普通法体系，尊重普通法的一系列法理逻辑。

9.1.1 大陆法与普通法

　　大陆法系和普通法系是当今世界占绝对主导地位的两大法律体系。全球使用人口最多的是大陆法系，代表国家有中国、俄罗斯、德国、日本、韩国等；其次是普通法系，代表国家有美国、英国、加拿大、澳大利亚、印度、新加坡等。全球约 1/3 的人口生活在普通法系的管辖区域，虽然从面积和影响的人口上普通法系不及大陆法系，但使用普通法系的绝大部分国家和地区在全球无论是经济还是政治方面都拥有极强的话语权，占有举足轻重的地位。

　　大陆法系和普通法系的区别体现在方方面面，我们首先从大陆法系说起。大陆法系又称为欧陆法系、罗马法系、民法法系、成文法系。这几种不同的叫法也体现了大陆法系的几个特征，首先是使用大陆法系的国家，多为欧亚大陆上的国家。其次大陆法系来源于罗马法，12 世纪，查士丁尼的《国法大全》在意大利被重新发现，由于其法律体系较之当时欧洲诸领主国家的习惯法更加完备，于是罗马法在欧洲大陆上被纷纷效仿，在与基督教文明与商业文明等渐渐融合后，形成了今天大陆法系的雏形。《国法大全》的内容基本上属于民法，而如今的大陆法系以《国法大全》为基础，具有系统的民法体系，因此大陆法系又称为民法法系。大陆法系是对法律的发明，就是通常由立法

[①] 原文写于 2021 年 12 月 10 日。

机构以理性推导出的理念价值为基础发明出的整齐划一的法律。大陆法系重视前人编撰的法典，强调法典必须完整，成文必须详尽。法院在审判案件的时候要进行法理上的逻辑推理，并严格根据法条进行司法审判，因此也被称为成文法系。

而普通法系，又称为英美法系、海洋法系、判例法系。同样地，英美法系这一名称体现了受普通法管辖的地区主要为北美、英国以及一些曾经的英国殖民地。而之所以被称为海洋法系，是因为普通法系起源于英国，18世纪英国通过海上扩张在世界各地建立了殖民地，并把英国的法律带到了海外殖民地。与大陆法系侧重于法典相比，英美法系在司法审判原则上更加遵循先例，即作为判例的先例对其后的案件具有法律约束力，成为日后法官审判的基本原则。简单地说，普通法系是以案例为基础慢慢发展出来的法律。普通法系与大陆法系的自上而下不同，是自下而上、逐渐积累起来的，是判例法（Case Law），而非立法机关或人直接制定的法律。法官在地方习惯法的基础上，归纳总结形成一套适用于整个社会的法律体系，具有适应性和开放性的特点。

9.1.2 两种法系实际的差异

大陆法系和普通法系由于其历史和指导思想的不同，在法律应用、执行和后续发展上有巨大差异。

第一，审判过程中论证方法的不同

大陆法系采取演绎法，也就是大前提—小前提—结论的三段论，大前提是法条规定了××事实的性质（如偷窃一定金额以上属于犯罪），小前提是案件被告的行为是事实（如A某偷取了某商店10万元现金），结论即为被告的行为是否构成犯罪（A某偷窃的事实构成犯罪）。普通法系则采取归纳法，通过大量列举事实和相类似的判例，从中总结出共同点和一般的法律规则，作为裁判依据。

第二，审判过程中侧重点的不同

普通法系侧重于程序正义，而大陆法系侧重于事实正义。程序正义和事实正义的差异具体体现在陪审团制度。用通俗的语言解释"程序正义"，是案件不仅要判得正确、公平，并完全符合实体法的规定和精神，而且还应当使人感受到判决过程的公平性和合理性。因此英美法系的司法审判中，陪审团扮演了至关重要的角色。陪审团成员通常从初审法院的周边地区遴选，他们对案件不做法律判断，只做事实判断，判断是非的标准不是法律，而是本地的公序良俗或社会传统。所以陪审员不一定懂法，但他们一定要有常识感，能从本地的社会传统出发判断具体的事情。在审判过程中，陪审团被称为"事实认定者"，在认定事实方面有最终的发言权，即案件当事人是否实施了案件中提到的事实，最终由陪审团裁定，法官无法推翻陪审团认定的事实。法官只是在陪审团裁定有罪后才按照适用法律来具体判刑。如果上诉，上诉法院则会假定初审法院所做的事实判断是没问题的，就不再做事实判断而只做法律判断，如果有雷同的案件不同的结果，则最后抽象出一些共同的原则。所以普通法经过不断抽象提炼的过程，逐渐只承诺正当的程序，而不再承诺实质正义，因为正义的标准很难在不同的地方或环境里统一。而大陆法系则会承诺实质正义，正义的内容会包含在立法时所依据的理性原则里。谁不认同这个实质正义，就强制来确保统一。

第三，法律发展的不同

大陆法系注重立法者对制定法律的绝对权力，而法律的进步与完善的标志是一部部新法律的出台与实施。而普通法系的法律制度与理论的发展实质上是靠一个个标志性的案例推动的，法律发展中法官具有突出的作用。大陆法系被发明出来那一刻就定型了，之后会在司法实践中基于案例的充实而有所调整，但调整空间有限，因为法律条文是硬约束。而普通法在没有定型的时候，随着社会演化，新的案例会不断产生，普通法的司法过程就是要把它们和老案例整合在统一的规则下，同时法律会不断演化，而法律的演化相当程度上被社会演化所驱动。

9.1.3 普通法对世界的影响

普通法系起源于英国。18世纪英国通过在海上扩张在世界各地建立了殖民地，并把英国的法律带到了海外殖民地。而对普通法来说，它最擅长的就是在大不相同的习惯中寻找共通的规则。英国商人在海外进行贸易的时候，要适应当地的法律和习惯，这些法律和英国法律可能很不一样，于是双方保留各自的法律并找到超越于各自法律的更有普遍性的一些规则。结果就是英国商人走到哪儿，普通法就被带到哪儿。在此过程中，普通法呈现出两个层次，一层是英国人自己的法律，另一层是超越于各方法律、更有普遍性的规则，最终英国的法律秩序就不断扩展为世界的法律秩序。即便是现在，不同国家的商人在进行国际贸易时产生冲突，双方也会约定普通法来保障合同的执行。

比较19—20世纪英法殖民地的情况，英国基本不会改变当地原有的法律，但程序上要遵守普通法，这样一来，殖民地的传统社会结构得以保留，基本都是间接统治，所以统治成本降到很低。而法国是大陆法系，依照它认为最理性、最文明的原则来制定法律，对殖民地传统的容纳性非常低，从而造成各种激烈的抗争，最后只能以暴力镇压。法国也无法利用当地原有的社会结构来统治，其统治成本肯定远远高于英国，所能统治的帝国规模也远远小于英国。还有另一种影响就是当帝国瓦解后，前英属殖民地仍然能保持基于传统社会结构的自治能力，当地的秩序也比较容易重建起来。而前法属殖民地传统社会秩序被破坏得比较厉害，重建难度就大很多了。所以在非殖民化之后，前英属殖民地发展大多好于前法属殖民地。在不同法系下，殖民地宗主国的统治成本有很大差异，而统治成本又决定了帝国的规模和可持续性。

普通法和大陆法对经济的影响的巨大差异，主要是来自金融监管逻辑上的差异。

首先，普通法系的国家，以英国、美国为代表，拥有的是以证券市场为主的直接融资体系，而大陆法系的国家，以德国、日本为主，主要是以银行为主的间接融资体系。直接融资较间接融资更有效率，因此也更利于中小企业的创新与发展，促进经济和市场焕发新的活力。有研究显示，直接融资比重更高的金融体系对经济的弹性和可持续发展有更好的支持作用。

其次，普通法系认为凡是没有被法例所禁止，以及未经证实或未经定罪，都应视为合法和无罪，大陆法系则不然，这一点尤其体现在创新的差异上。在普通法系下，新的东西出来，只要不被认定为法例所禁止，就是可以继续推进的，因此普通法系更能适应社会价值和环境的变化，灵活应对商业变化的需要。而在大陆法系下，创新较有可能为法律所掣肘，受到限制，而自上而下的法律制度往往具有一定的滞后性，这也会在一定程度上阻碍创新。

此外，相比大陆法系，普通法系对公司内部控制人享有的权利有更多的限制，对外部投资人即小股东的保护更好。这样就使得实行普通法的国家的公司控制权更加分散，股票和债券市场规模更大，分红比例和公司估值水平都更高。所以普通法更加有利于金融市场发展，也更容易从全球广泛吸纳资本。这也是为什么世界上最重要的证券交易市场都在普通法系的管辖地区，如纽约、伦敦、中国香港、新加坡。

总的来说，普通法地区的资本市场更加活跃，市场更具深度，对国际经济和国际贸易的影响力也更大。而大陆法地区更加注重对政府及吸纳存款的商业银行负责，承诺本金的安全性是必然要求，所以在融资过程中大陆法地区对风险的控制更加严格，也更加偏向于保护为企业贷款的金融机构，所以经济活力和创造性不如普通法地区。

9.1.4 香港普通法的优势

中国是世界上为数不多的两种司法体制并存的国家，一方面香港属于中国这个大陆法国家不可分割的一部分，另一方面又和整个海洋世界分享着普通法秩序，使香港成为中国连接世界的枢纽。而香港能成为亚洲金融中心，其中一个很重要的独特优势就是香港的法律属于普通法系。

近代以来，香港一直扮演着连接中国与世界其他国家的桥梁与窗口的角色。对于中国来说，一方面可以通过香港影响国际的资本市场，另一方面可以通过香港汲取全球资本市场的巨大能量。普通法在这个过程中发挥着至关重要的作用，正是因为香港采用普通法系，内地的企业才能通过香港与海外资本市场"无缝衔接"；而外国资本看重香港，其中一个重要原因也是香港采用的普通法系与其本国的法系相同，在某些情况下甚至可以沿用本国的判例。相同的司法体系给了外国投资者更多的保障，也给了他们更大的投资信心。

香港的这种特殊地位是以普通法及其背后的一整套法理、政治与经济逻辑为基础的。我们必须尊重普通法背后的逻辑，正视普通法在香港的地位，否则就有可能要承担失去香港这个独一无二接口的巨大代价。

9.2 新加坡可以继续在亚洲一枝独秀吗？[①]

过去几年，新加坡相对较平稳地渡过了疫情高峰期，也较其他亚洲主要城市更早地取消了防疫和旅游限制。其对外资的吸引力和低税率优势，让全球富豪（包括中国）纷纷移居新加坡，进而成了亚洲最有热度的国家，而新加坡的官方货币也成了亚洲近年以来表现最好的货币。因此，市场上许多人认为新加坡在未来极有可能取代香港成为亚洲金融中心，一枝独秀，一骑绝尘。

但正如我在本节题目中所说，事实是否如此呢？论证之前，我想先强调一下作为国际金融中心的基本条件：

（1）保证资本的自由流动；

（2）以普通法为基础的法治环境；

（3）保证信息的自由交换及获取；

（4）言论及媒体自由；

（5）与世界货币制度保持高度一致的金融体系；

（6）以国际通用语言英语为基础的交流语言和以此为基础的金融人才储备。

我认为，具备以上所有条件的国际金融中心屈指可数，在亚洲，只有香港、新加坡和东京。而香港和新加坡在此方面有其更加独特的先发优势以及相似点，具体包括：首先，低税率吸引全球人才；其次，英文作为通用语言；最后，与美元挂钩的汇率制度和充沛的外汇储备；其余等等就不再赘述了。接下来我想以 2022 年为例，具体分析一下狮城的发展和状况。

9.2.1 新加坡的资金净流入分析及横向比较

2022 年，由于美国退出量化宽松以及加息预期，大量资金回流美国作为"安全港"。根据美国财政部的官方数据统计，自 2021 年 7 月至 2022 年 10 月，美国的国际资本净流入总额达到近 1.5 万亿美元的规模。同期，新加坡银行系统新元存款额增加 434 亿新元（约合 310 亿美元），外币存款额增加幅度远大

[①] 原文写于 2022 年 10 月 7 日。

于新元存款，为 1492 亿新元（约合 1066 亿美元），非新加坡居民存款额增加 361 亿新元（约合 258 亿美元）。但同时，从新加坡外汇储备来计，外汇储备从 4077.4 亿美元减少至 2894 亿美元，与 2020 年大致持平，我们可以大致推断 2021 年 7 月至 2022 年 10 月资金净流入新加坡的规模大致在 300 亿—400 亿美元。

香港方面，同期香港银行体系存款结余也增加了 3710 亿港元，其中绝大部分是外币存款增加带来的，而外汇储备减少 630 亿美元。如果计算香港股市债市流出的资金部分，估计资金净流出的规模大约在 300 亿—400 亿美元。

表 9.1：新加坡、中国香港、美国的银行存款余额及美国国际资本净流入数据

	新加坡（10 亿新元）				中国香港（10 亿港币）			美国（10 亿美元）	
	新加坡银行体系存款结余			非新加坡居民存款余额	香港银行体系存款结余			商业银行存款余额	国际资本净流入
	总额	新元	外币		总额	港币	外币		
2021/07	1530.00	746.7	783.3	487.6	14906.30	7482.60	7423.70	17170.90	126
2021/08	1540.90	752.5	788.3	489.7	14898.40	7457.90	7440.50	17370.80	91
2021/09	1569.10	758.3	810.9	489.5	15000.40	7480.30	7520.10	17483.40	26.8
2021/10	1582.50	764.7	817.8	490.9	15030.00	7480.80	7549.30	17601.60	143
2021/11	1616.20	769.9	846.2	494.4	15127.30	7471.80	7655.50	17862.30	223.9
2021/12	1599.30	771.9	827.4	493.3	15186.20	7414.40	7771.80	18092.80	52.4
2022/01	1623.40	771.9	851.6	505	15578.50	7508.20	8070.30	18004.10	294.2
2022/02	1641.50	775.2	866.3	507.6	15401.70	7544.40	7857.40	18016.80	162.6
2022/03	1651.10	791.6	859.5	503.2	15349.30	7577.10	7772.30	18165.60	146.4
2022/04	1699.60	801.1	898.5	522.6	15306.60	7536.60	7770.00	18156.50	1.3
2022/05	1692.60	798	894.6	509.6	15191.90	7490.80	7701.20	17998.70	182.5
2022/06	1694.60	798.3	896.3	511.3	15239.40	7585.20	7654.20	17977.80	22.1
2022/07	1695.50	797.2	898.3	508.4	15277.30	7532.60	7744.70	17962.10	153.5
2022/08	1722.60	790.1	932.5	523.7	N.A.	N.A.	N.A.	17981.10	N.A.

来源：新加坡金管局、中国香港金管局、美联储经济数据库、美国财政部

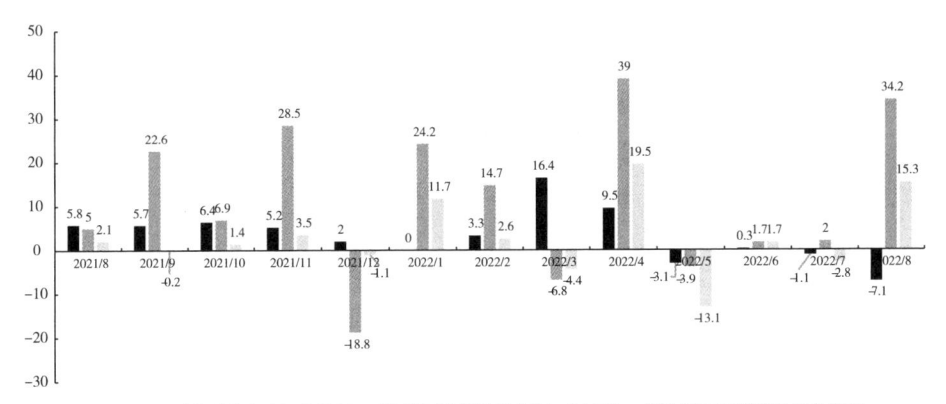

图 9.1: 2021/7—2022/8 新加坡银行存款变动情况

来源：新加坡金管局

图 9.2: 新加坡、中国香港外汇储备资产（单位：百万美元）

来源：新加坡金管局、中国香港金管局

值得注意的是，新加坡外汇储备从 2022 年 2 月高峰时候的 4266 亿美元，直降到 8 月的 2894 亿美元，下降了 1372 亿美元，而且从这半年新元对美元汇率跌幅近 5.3% 的走势上，可以推断出下降的原因：

（1）俄乌冲突使得部分欧洲和俄罗斯关联资金离开新加坡；

（2）由于美元加息，美元走强而导致资金外流，回流至美国本土，例如购买美元国债；

（3）由于能源、蔬菜完全进口，新加坡为了压制通胀而动用外汇储备；

（4）原先在新加坡新兴资本的大幅缩水，包括加密货币及其他另类投资等衍生类资本。

9.2.2 新加坡的股市和楼市的有限承载量

2022 年以来，全球资本加速流动，绝大部分资金还是流向了美国。新加坡虽然从数字上来看，流入资金量比美国小得多，但对于新加坡本地的承载量来说，已然是天量的资金。新加坡无论是股市还是房地产市场，对比美国都不值一提，甚至与中国香港相比都逊色不少，对资金的承载量较为有限。截至 2022 年 8 月，港交所上市公司有 2577 家，总市值为 35.6 万亿港元（4.5 万亿美元），而新交所上市公司仅有 659 家，总市值为 8845 亿新元（6228 亿美元）。从成交量来看，港交所 2022 年 8 月的成交额为 2.1 万亿港元，占总市值的 5.9%；同期新交所的成交额为 243 亿新元，占总市值的 2.7%。无论从市场规模还是流动性来说，新加坡交易所都远远落后于港交所，新加坡上市公司总规模不足中国香港的 1/7，而流动性则不到中国香港的 1/15。新加坡股票市场小、资金少，新兴优质企业不愿意去新加坡挂牌上市。新加坡股市由于缺乏流动性，又缺乏新兴优质企业，所以难以吸引国际资金的活跃参与，这形成了一种较为负面的循环，新加坡如果想要弥补股市的短板，需要相当长的时间。

而新加坡的房地产市场，由于其政府推行的公共组屋政策，可供境外人士投资的房地产市场整体规模也较小。截至 2021 年，新加坡一共有 151 万套住宅，其中绝大部分为仅供新加坡永久居民或公民持有的政府组屋和有地住宅，可供外国人投资的私人公寓仅占 16.5%，即 25 万套。而同年香港可供买卖的住宅单位总共有 168.2 万套。考虑到新加坡公寓的平均价格与中国香港公寓均价相当，均为 1000 万港元左右，新加坡可供外资投资的住宅市场规模不

足中国香港的 1/6。所以也不难推断出资金流入对新加坡楼市价格的强大推动力，但同时也会叠加楼市投资的周期性风险以及潜在的政策性干扰。

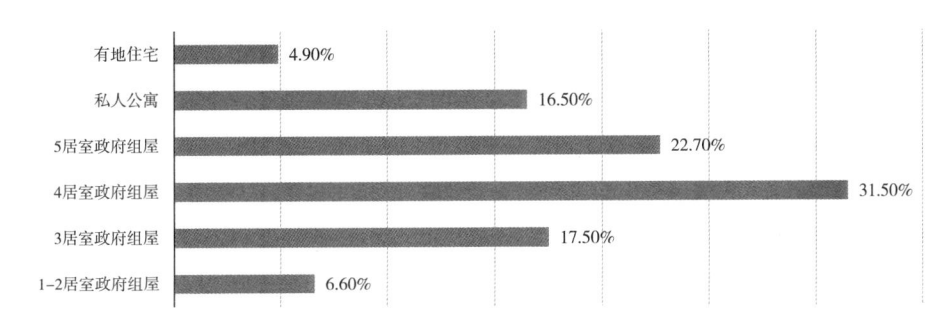

有地住宅	4.90%
私人公寓	16.50%
5居室政府组屋	22.70%
4居室政府组屋	31.50%
3居室政府组屋	17.50%
1–2居室政府组屋	6.60%

图 9.3: 2021 年新加坡各类住房占比
来源：Statista

9.2.3 新加坡面临着输入性高通胀和劳动力短缺的问题

新加坡的通胀自 2021 年底以来上升，截至 2022 年 8 月的整体通胀率为 7.5%。CPI 加速上升的主要原因还是来自核心 CPI 的上涨，8 月核心通胀率上升 5.1%，高于 7 月的 4.8%，创下了 2008 年 11 月以来的新高。这是大量资本涌入新加坡促进了本地的消费以及全球资源能源食品价格上涨的共同结果。

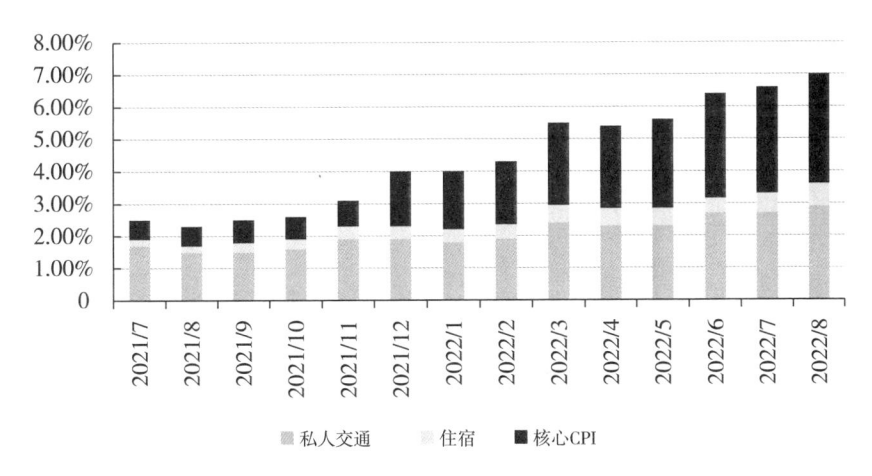

图 9.4: 新加坡 CPI 各项贡献（2021 年 7 月至 2022 年 8 月）
来源：中金

新加坡的核心 CPI 包括食物、服务、零售和其他商品、电力和天然气。核心 CPI 增长主要是输入型通胀导致，因为新加坡的食物和能源极大程度依赖进口。2021 年，新加坡 90% 的食物依赖进口，最大的进口国为马来西亚，新加坡从马来西亚进口 42% 的蔬菜，超过 50% 的鸡蛋，海鲜、水果和肉类也有一定比例。新加坡也从中国进口 27% 的蔬菜，从巴西进口 45% 的肉类。

能源方面，新加坡是天然气进口大国，95% 的电力供应依赖进口天然气。新加坡超过 2/3 的原油进口于阿联酋、卡塔尔、沙特和科威特，天然气一方面通过管道从马来西亚和印尼进口，另一方面超过 70% 的液化天然气进口于澳大利亚和美国。

自 2005 年以来，新加坡经历了 3 次通货膨胀大幅上涨的时期，分别是 2007 年 1 月至 2008 年 6 月、2010 年 3 月至 2011 年 8 月以及 2021 年 4 月至 2022 年 8 月。通过观察新加坡的通货膨胀率和新元兑美元及新元兑人民币的走势，我们不难发现新加坡通胀和新元的汇率呈现正相关性。这是因为新加坡的货币政策主要是通过调节汇率来实现。

图 9.5: 新加坡通胀与新元兑美元汇率

来源：Bloomberg

由于新加坡整体经济体量较小，因此在三元悖论中，新加坡放弃了设定国内利率和货币量的自主权。新加坡国内的消费和生产对进口的依赖度很高，所以对进口的价格非常敏感。因此，新加坡政府如果要调控输入性通胀，只能通过管理汇率波动来实现，在高通胀时期，新加坡政府可以通过让新元升值来降低通胀压力并实行货币紧缩策略。

总的来说，新加坡的货币政策是以汇率为中心的，其目标是通过新元的名义有效汇率（SNEER）的调整，影响新加坡国内中期进口货物价格的稳定，尽量把通货膨胀率保持在2%。2005—2022年，新加坡名义有效汇率整体呈上升态势，尤其2022年的爬升态势明显。这是因为2021年10月以来，为了抑制节节上升的通胀，新加坡政府采取了较为激进的策略，连续四次收紧货币政策。

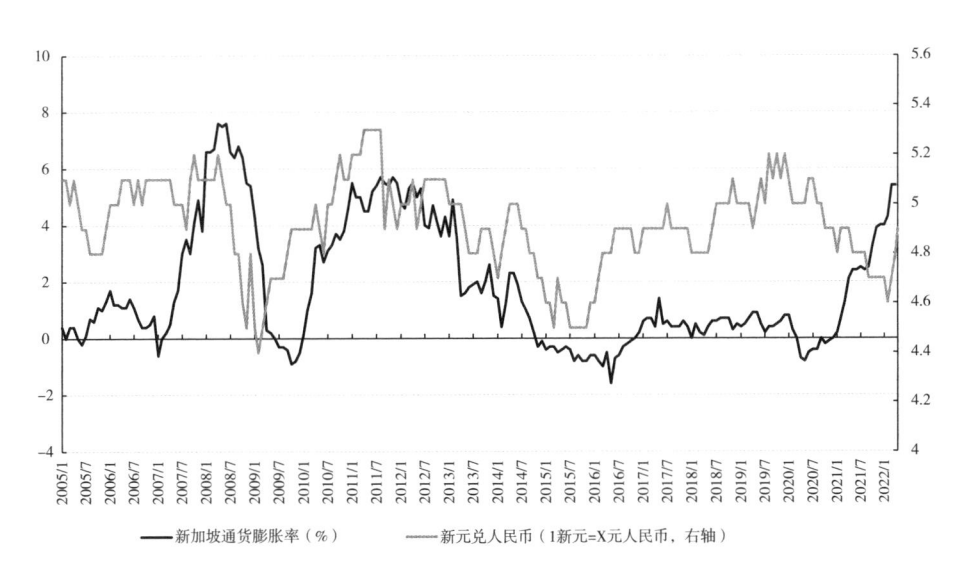

图9.6: 新加坡通胀率与新元兑人民币汇率

来源：Bloomberg

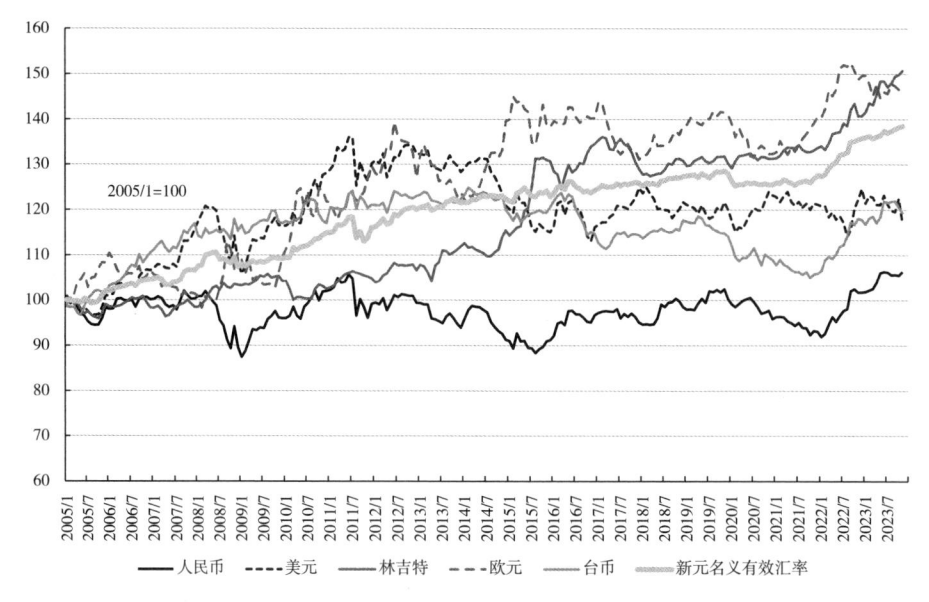

图 9.7: 新加坡名义有效汇率与新元兑主要贸易伙伴汇率变动情况
来源: Bloomberg

2022 年以来，美联储多次大幅加息，导致美元汇率持续上升。2022 年 8 月底较年初，新元兑美元已经下跌了 3.5%，新加坡约 70% 的对外贸易是以美元进行的，美元走强会对新加坡企业进口以美元计价的原材料、能源或中间产品产生负面影响，即加剧新加坡受到的输入性通胀压力。除了输入性通胀因素，新加坡的通胀还受到本地劳动力市场趋紧的影响。高通胀持续且劳动力短缺的局面，有可能加速导致工资上涨。在通胀螺旋式上升的背景下，相信新加坡政府会继续其紧缩政策，提升新元的汇率。新元汇率的走强一方面有利于缓解输入性通胀，另一方面有利于提升新加坡工资的吸引力，吸引更多的海外劳动力，缓解市场劳动力紧缺的局面。

9.2.4 新加坡会取代中国香港吗？

前面我们已经比较了新加坡和中国香港的证券市场和房地产市场的规模，接下来我们也可以客观比较一些其他数据：

表9.2：新加坡、中国香港在外汇储备、银行存款余额、外债规模、GDP、政府赤字的比较

指标	时间节点	新加坡	中国香港
外汇储备（10亿美元）	截至2022-08-31	289.4	431.8
银行存款余额（10亿美元）	截至2022-08-31	1212	1946
外债规模（万亿美元）	截至2022-06-30	1.77	1.84
GDP（10亿美元）	2021年全年	396.99	367.9
政府财政状况		30亿美元赤字	1000亿港元赤字

通过表格中的数据，我们可以看出新加坡和中国香港的经济实力整体相当。香港过去的发展主要得益于对外开放的程度以及作为中国面向全世界的桥梁，疫情以来受到较为严格的防疫措施影响，经济活动大幅度放缓，特区政府的财政状况加速恶化，除了其金融市场仍然保持优势以外，其他方面甚至都逊于新加坡。但无论从资本市场的规模还是银行体系的存款余额来看，短期内香港亚洲金融中心的地位还是无法撼动的，随着香港的全面放开，香港的竞争力会有所回升。

9.2.5 小结

虽然2021年以来，新加坡在亚洲的表现可谓一枝独秀，但是不可避免地正在承受全球央行加息和通胀的压力。新加坡政府放弃了控制自身的利率，使得其利率主要受美国加息的影响，美国激进地加息会使新加坡经济面临借贷成本上升的风险。同时，新加坡外向型经济的特征使得其高度依赖进口，容易受到输入性通胀的影响。高通胀不仅会影响国民日常生活，还会提高新加坡制造业企业的生产成本，而紧缩的货币政策下的新元升值也会削弱其出口商品及服务的价格竞争力。2022年9月新加坡制造业PMI指数降至49.9，是2020年7月以来首次陷入萎缩。

除了上述的外部压力，新加坡内部的房地产市场、股市及资本市场相关容量很小，产业战略深度有限，对外资源依赖性极高，人才的短缺以及缺乏独立的货币政策，使得新加坡对于资金流动敏感性很高，从而也有附带的叠加的风险效应。

随着包括东京、首尔、香港、台北、澳门、上海、北京以及其他亚洲主要城市的开放，新加坡热度也会大幅减退，更多的资金和消费会从新加坡离开，去往更多元化的市场。

新加坡的通胀水平已经来到了7.5%的高位，为了抑制通胀的进一步走高，新加坡金管局将延长紧缩政策，使得新元进一步升值，新元兑美元的汇率很有可能会从目前的1.43逐步上升至1.3的水平。尽管新元的上升能够有效抑制本地的通货膨胀，但同时也会让旅游及商务消费相比较其他亚洲国家变得更加昂贵。

总的来说，新元汇率的未来走势以及亚洲其他主要城市的逐步开放，会让新加坡本身存在的局限性重新显现出来，新加坡的热度也会随之大幅度下降，在亚洲一枝独秀的格局很快就会发生改变。

10. 中国需要自己的"401K"提振股市[①]

> 欲立不世之功，得成勋世伟业，非坚忍所不能也，坚忍于战则无敌，于礼则大治，外无敌，内大治，厚道载物乎？
>
> ——曾国藩
>
> 愈艰难，就愈要做。改革，是向来没有一帆风顺的，冷笑家的赞成，是在见了成效之后……
>
> ——鲁迅

2022年以来，中国已经进行了多次降息降准，但我们依然看到中国的工业产出和消费支出不及预期，居民消费价格指数（CPI）、工业生产者出厂价格指数（PPI）等数据一路下行，通缩忧虑加剧。

2023年6月，国家统计局公布：同年5月CPI同比上涨0.2%，环比下降；PPI下降4.6%，降幅进一步扩大，为2016年3月以来最低，两项数据均低于市场预期。

除此以外，2023年以来的各项经济数据也都显示出经济复苏似乎不及预期，中国经济面临着诸多挑战：出口连续多个月负增长、房地产下行周期、基建投资下行周期、制造业利润下滑、居民消费意愿不强等。可以说，GDP的三驾马车——投资、消费、净出口都面临着动力不足的问题。2023年一季度货币供应量增加15万亿，但是GDP增长只有1.35万亿，资金拉动经济的边际效用也在递减。在全球经济通胀的环境中，中国经济似乎开始有了步入日本30年通缩的影子。

面对通缩的风险，中国政府应该出台什么政策来刺激经济，也成为大家关注的焦点。本部分将从历史的角度切入，推测政府将会采取哪些措施来刺激经济。在此基础上，我也会给出一个大胆的建议，希望能够抛砖引玉，为

[①] 原文写于2023年6月16日。

中国经济学家和政府智库带来另一个维度的思路和高度。

10.1 以史为鉴：2008—2009年的货币及财政政策

中国上一次面临相似的经济困局是2008年下半年至2009年上半年，当时国内先后发生了雨雪冰冻及汶川地震两场特大自然灾害，同时国际上也面临着美国开始、蔓延至全球的金融危机带来的巨大冲击。在2008年之前，中国经济增长速度从1999年的7.6%一直提高到2007年的13%。2008年第三季度，金融危机的影响开始显现，第四季度经济增长速度仅为6.8%，到2009年第一季度进一步降低为6.1%。

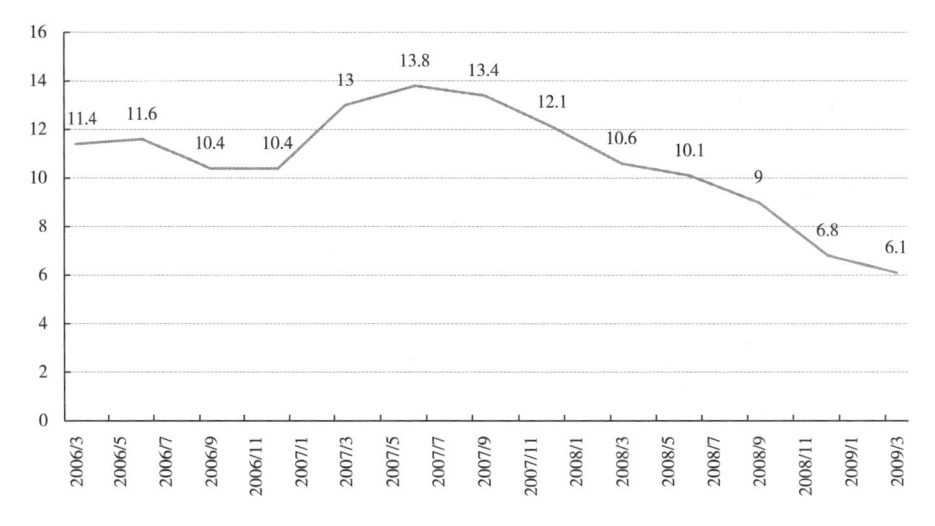

图10.1：2006—2009年中国季度GDP增速（%）
来源：国务院发展研究中心

从经济分项上来看，受到影响最严重的是进出口贸易。金融危机以后国外需求急剧萎缩，自2008年10月开始，中国出口下降，2008年全年，中国出口1.43万亿美元，增速同比下降8.5个百分点，2009年一季度，出口2455亿美元，同比下降19.7%。当时中国大力发展外需导向型经济，出口是拉动经济增长的关键动力。如果放任出口继续恶化，将会面临企业倒闭和失业率上升等一系列严重后果。

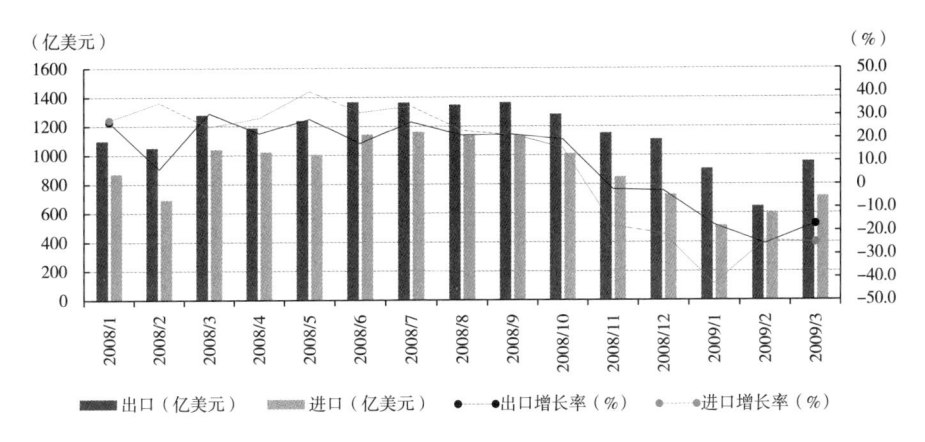

图 10.2：2008/1—2009/3 中国进出口数据
来源：国务院发展研究中心

除此以外，房地产在 2008 年以前经历了一次价格上涨时期，房价过高。而中国也在 2007—2008 年为抑制较高的通货膨胀率采取了紧缩性的货币政策，减少了信贷供给。在多重负面因素的影响下，房地产市场需求减弱，从 2008 年初开始，销售面积同比降幅逐月加大，房地产企业资金趋紧，2009 年 1—2 月，房地产开发投资增速大幅回落至 1%。

对此，中国政府采取了宽松的货币政策，进行了多轮降息降准，使得人民币信贷大幅增加：

（1）从 2008 年 9 月起，连续 4 次下调了存款准备金率，从 17.5% 下调至 14.5%，促进人民币贷款发放；

（2）3 年期贷款利率从 2007 年 12 月的 7.56% 降低到 2009 年 5 月的 5.4%，下降了 2.16 个百分点。

财政政策也由稳健转为积极，一方面推出了总额达 4 万亿人民币的两年大规模经济刺激计划，另一方面实施了结构性减税。宽松的货币政策和积极的财政政策取得了立竿见影的效果，2009 年第二季度起 GDP 增速就转为上升，四季度反弹至 11.9%。

4 万亿计划的实施，使得基建投资增速明显扩张，积极推进了经济结构调整和发展方式转变。从那时开始，中国经济的增长引擎也开始向地产基建切换，地产基建的投资也带动了居民的消费，主要体现在住房消费，同时联动了家装、家具、家电等产业的高增长。同一时期，中国居民收入也得以增加，2009年城镇居民人均可支配收入实际增长9.8%，这也对居民扩大消费产生了积极的作用。总的来说，2008年推出的经济政策使得中国在短期内触底反弹，引领了全球经济复苏势头。

10.2 2023年的中国需要怎样的经济刺激措施

当下中国经济面临的一些问题与2008—2009年颇为类似，同样是出口低迷、房地产周期下行、工业企业利润增速回落、经济增速大幅下滑等。但与2008年不同的是，现在比当年更难。GDP的三驾马车（投资、消费、净出口）都动力不足。当时在全球化背景下，中国对美出口不受限，而现在美国对中国出口持续加征关税始终都没有取消。投资方面，2008—2009年，中国的城镇化率仅有45%，可以通过基建和房地产大幅拉动经济发展；而2022年，城镇化率已经达到65%。在共同富裕的国策下，国家坚持"房住不炒"的定位，房地产也面临着持续投资下滑的趋势。

表10.1：2008—2009年与2023年对比

	2008—2009	2023/5
GDP	最低6.1%	预计5%（破6）
出口增速（美元计）	17.2%	0.3%（1—5月）
1年期存款利率	4.14%下调至2.25%	1.65%
存款准备金	18.5%下调至15.5%	7.6%
通货膨胀率	2008: 5.9% 2009: -0.7%	2%
工业企业利润增加值	2008: 12.9% 2009: 11.0%	5.6%
美元兑人民币汇率	7.3—6.8	7.2—6.7
广义货币M2占GDP比率	151%	233%

来源：德林研究院

2008—2009年中国推出的经济刺激政策是成功的。次序也是先从货币宽松政策开始，降准、降息、增加发行 M2，然后开始财政刺激政策，包括出口退税和 4 万亿的经济刺激计划。2022 年至今，政府已经推出了一系列的货币宽松政策，降息降准也已经到了历史低位，并使得 M2 增速屡创新高。接下来就要看政府的财政刺激政策如何陆续出台，具体措施会是什么。

我们不妨用排除法对拉动经济的"三驾马车"进行简单分析。

在出口方面，出口受外部环境因素影响最为明显，目前全球整体经济前景发展都很不明朗，甚至有可能陷入衰退；中美贸易战也使得美国把原本从中国进口的消费类电子产品、化工、纺织等制造业产品，逐步转移至墨西哥、东南亚和印度等国家。在外部市场受到加息周期影响需求收缩的经济因素以及中美关系紧张的政治因素的影响下，中国出口增速下滑的趋势在一定时间内难以改变。当然出口退税和维持人民币在一定低位来促进出口也是一种必要的财政刺激手段，这里我能给出建议的是：在退税环节上与外贸生产型企业结汇回国挂钩在一起，避免资金变相外流，以及减少人民币汇率炒作而带来不必要波动的诱因及动机。

在投资方面，2008 年后经济的快速修复主要得益于 4 万亿计划对投资的拉动，但将时间线拉到现在，继续扩大投资似乎不可持续。如前所说，相比 2008 年，当下中国的城镇化率已经较高，目前的基础建设情况也产生了翻天覆地的变化。在现阶段继续将资金投入到固定资产的投资，极易造成低效投资、无效投资和过剩投资。这里，我觉得政府能做到的就是发行新一批国债来支援地方债，减少地方财政压力。在此基础上，可以进一步扩大政府公共投资、铁路等基建投资。鉴于目前房地产市场的萎靡状况，可以考虑以国企、央企带头利用银行低成本资金重新盘整国内受困的房地产项目，并进一步加速保障房的建设，就此带动房地产相关配套产业及消费。

上述两个方面的措施基本沿袭了 2008—2009 年的财政刺激路线，但是这个思路惯性可能不足以将 2023 年困境中的中国经济从泥潭里拉出来。在此，我觉得能够扮演核心驱动角色的是促进消费。有研究显示，近些年消费增长对于中国经济增长的驱动作用高于投资增加：一方面是规模大，消费占 GDP 比重大且高于投资占比，每一个百分点的消费增加可以驱动更大规模的经济增长；另一方面是消费拉动经济的效率更高。因此，现阶段政府工作的重心应该是如何促进消费和扩大内需。

为什么目前消费低迷？是因为老百姓都没有钱了吗？

并不是。央行发布的2023年一季度金融统计报告显示，一季度人民币存款增加15.39万亿元，其中住户存款增加9.9万亿元，居民储蓄热情高涨，中国的人民币存款总额高达273.91万亿元。从不断增加的存款总额不难看出，虽然货币供应量充足，但大量的货币以储蓄的方式留存在银行体系中，并未转换成消费或投资流入实体经济循环。

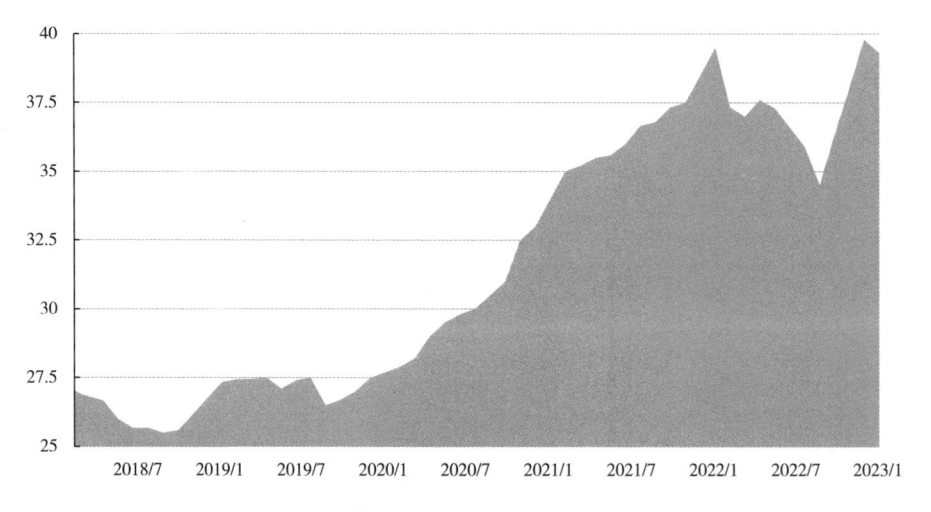

图10.3：中国存款总额（单位：万亿美元）
来源：CEIC Data

归根结底，中国内需不足的原因并非没有资金，而是消费意愿不足，个人和企业对未来经济发展缺乏信心，导致预防性储蓄意愿加强。可以说，预期偏弱也是除了原有的结构性问题以外目前中国经济面临的另一项根本问题。

但如何提振居民信心呢？相较于重振房地产板块或继续搞基建，有一个更有效率的途径就是繁荣A股。一方面，股市的繁荣有利于提振市场的信心，增加市场的流动性，盘活资金；另一方面，股市的繁荣可以提高居民的财富效应，进一步催生消费意愿。从美国经验来看，美国居民的消费意愿基本和股市表现成正比，即股市处于上升阶段时，居民消费信心增强。

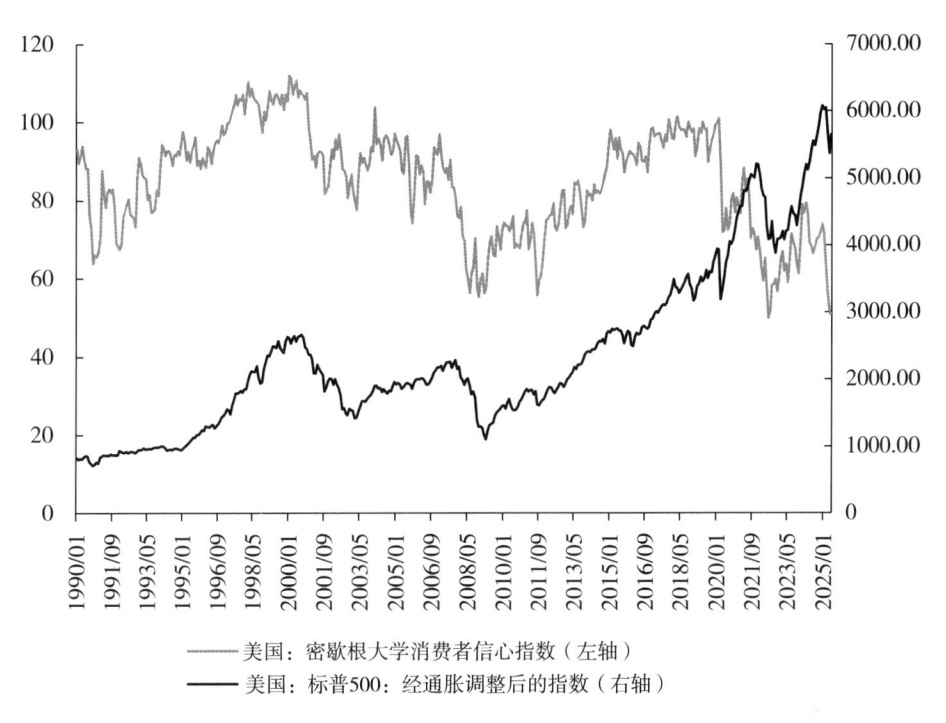

图10.4：标普500指数与美国消费者信心指数
来源：Bloomberg

10.3　如何繁荣 A 股：来自美国的"401K"计划对美国股市影响的启发

股市的繁荣离不开资金和市场信心，二者缺一不可。但过去 15 年来 A 股只有在 2015 年迎来了一个小牛市，上证综指在 2008 年金融危机前是 3000 点，现在仍是 3000 点，中国股市的估值长期处于低位。同期无论是美国股市还是中国的房地产市场，都有可观的增幅。

举例来说，上海的房价在 2008 年均价为 17116 元 / 平方米，2022 年均价 44430 元 / 平方米，增幅达 3—4 倍；标普 500 指数在 2008 年 6 月金融危机前为 1300 点，目前为 4300 余点，增幅也在 3—4 倍；黄金也从 900 多美元一盎司涨至接近 2000 美元一盎司。A 股的历史表现，加上目前中国经济处于下行周期，经济增速放缓，都造成了 A 股投资人信心缺失，而信心缺失也会影响股市的增量资金，形成一种恶性循环。

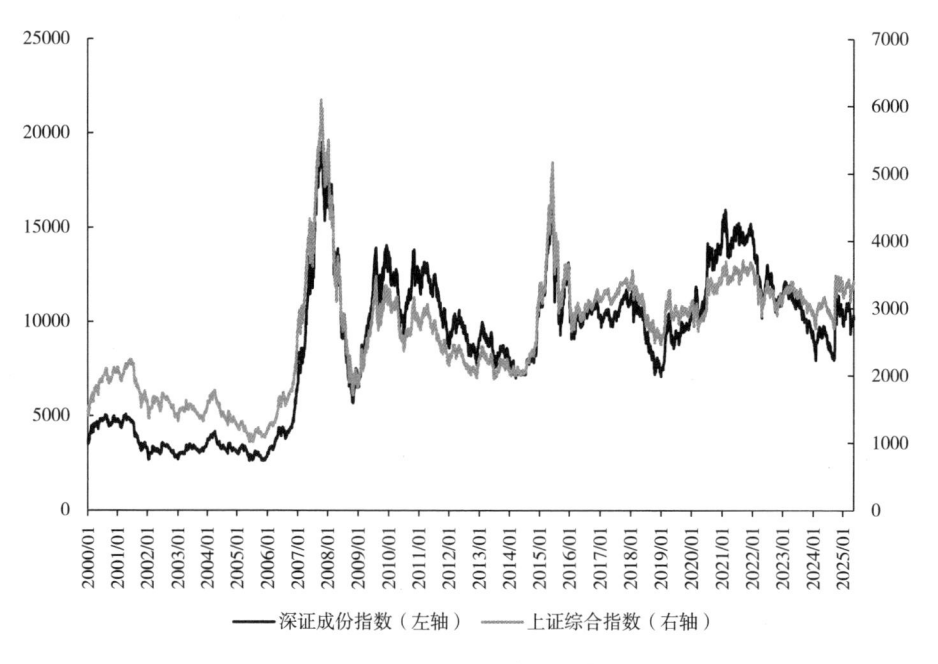

图 10.5：2000 年以来 A 股走势

来源：Bloomberg

那如何繁荣 A 股呢？让我们继续以史为鉴，考察一下华尔街史上最长的繁荣期。1982—2000 年，美国股市经历了接近 20 年的连续上涨，标普 500 指数从 123 点最高上涨至 1527 点，涨幅 11 倍，年均增长 15%。纳斯达克指数从 196 点最高上涨至 4963 点，涨幅 24 倍，年均增长 20%。

美国股市开启长达 20 年慢牛的原因有很多，首先是美国开始走出 20 世纪 70 年代滞胀的阴影，其次是强势美元的政策推动美元在 1985 年前连续四年升值，国际资本向美国回流，为股市输送了大量资金。而有一点尤其值得我们注意，美国在 1980 年开始推动了养老金入市计划，即我们熟知的"401K"计划。虽然美国"401K"计划的初衷是鼓励美国国民增加养老储蓄，但出乎意料的是美国养老金资产规模的不断增加和股市形成良性循环，"401K"计划给股市带来的大量新增资金成为之后 20 年美国长期牛市的有力推手。

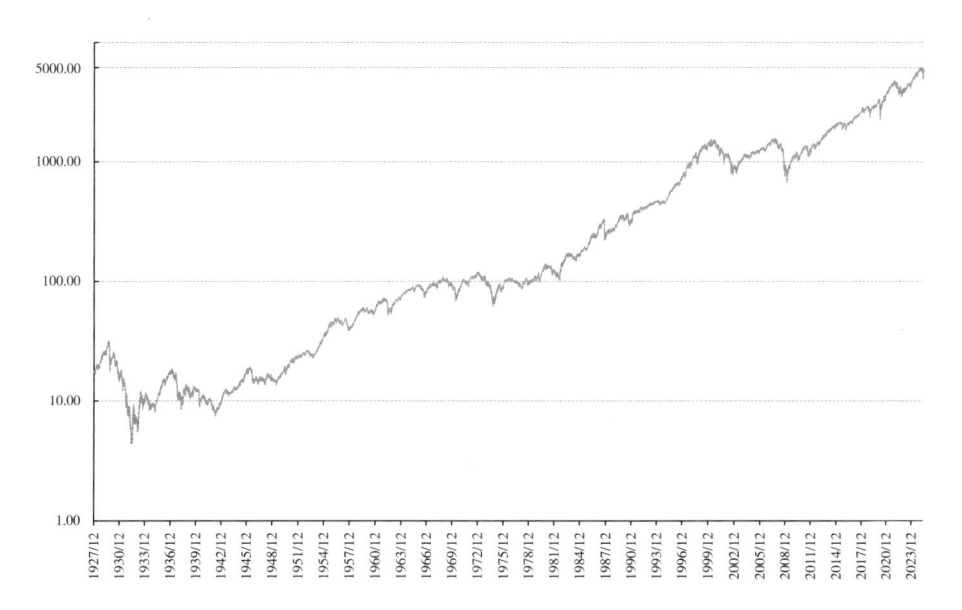

图 10.6：标普 500 历史走势

来源：Macrotrends

第一，"401K"计划概览

美国的养老保险制度有 200 多年的历史，经过长期的发展，现行的养老保险体系主要由联邦退休金制度、企业年金计划及个人退休金计划三大支柱组成，它们相互补充，其中以"401K"为代表的企业年金计划和个人退休金计划已经成为个人养老保险制度的主流。自推出以来，"401K"计划在 20 年内就覆盖了约 30 万家企业，涉及 4200 万人和 62% 的家庭。

"401K"计划是由企业主导、雇主和雇员共同缴费、享受税收优惠的企业补充养老保险的制度。20 世纪 80 年代以前，企业方面的退休养老金仅靠企业自愿发放给雇员，私人企业的养老金制度非常混乱。1978 年，美国《国内税收法》新增的第 401 条 K 项条款规定，政府机构、企业及非营利组织等不同类型雇主，为雇员建立积累制养老金账户可以享受税收优惠。根据这一条款，越来越多的美国企业选择了和雇员共同出资、合建退休福利的方式。因此，美国企业年金计划又称作"401K"计划。

"401K"计划的具体实施方式是：雇主为雇员设立专门的"401K"账户后，双方共同缴纳一定数量的资金存入账户。其中，雇员年度缴费总额不得超过规定上限（2013年为22500美元）；雇主为雇员缴费的比例由劳资双方协议确定，一般为雇员工资的3%—7%，整体上限（含雇主匹配）在2023年为66000美元。"401K"账户归雇员所有，但60岁时才能领取。截至2021年年末，美国"401K"基金总规模达到7.7万亿美元。

而提供"401K"计划的雇主，会指定一个基金公司管理雇员的"401K"账户。从1991年起，包括"401K"计划在内的养老金已经成为美国共同基金净流入的重要来源。截至2021年末，7.7万亿"401K"计划资产中有5万亿美元都投向了共同基金，占比达64%。即使在互联网泡沫破裂及金融危机期间，养老金对共同基金依然保持净流入。包括Fidelity（富达投资）和Charles Schwab（嘉信理财）在内的资产管理公司也受惠于"401K"计划带来的养老金入市，快速扩张。

"401K"的投资方式是雇员自主决定投资决策，并承担投资风险。目前来看，"401K"基金配置中权益类占比高，股票和混合型基金合计配置比例近90%。2021年末，投向共同基金的"401K"资产共5万亿美元，其中，投向国内外股票市场、混合基金、债券市场和货币市场的资金分别为3万亿、1.4万亿、0.5万亿和0.1万亿美元，占比分别为60%、28%、10%和2%。

第二，美国"401K"计划带来的其他影响

除了给股市带来巨额的增量资金以外，"401K"计划还使得美国居民储蓄率加速下降并间接促进了美国个人消费。1960—1981年，美国个人储蓄率基本维持在11%以上，但1980年后开始下降，到了1990年为7.8%，到2005年进一步下降至2.6%。与此同时，美国居民的消费倾向越来越强，从75%上升至1990年的78%，2005年最高达83%。个人消费占GDP比重也从60%迅速上升，到目前占GDP的近70%。美国经济从工业型经济转型成为消费型经济。

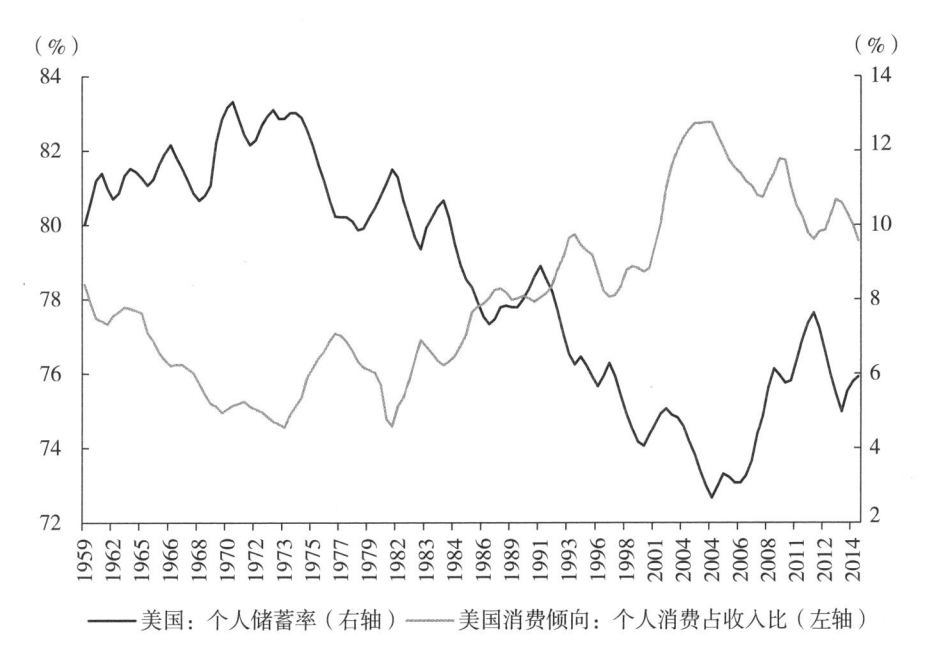

图 10.7：美国个人储蓄率及消费倾向
来源：招商证券

10.4 中国版"401K"将如何推行？可考虑从住房公积金嫁接

中国的现行社会福利保障主要是"五险一金"，其中五险是指包括养老保险、医疗保险、工伤保险、失业保险、生育保险在内的五种社会保险，一金是指住房公积金。与美国不同，中国的养老保险更多的是基本养老金，企业年金类的补充保险覆盖较少，而福利保障中另一具有中国特色的是"住房公积金"。

目前"五险一金"的缴费比例对企业来说已经高达 40% 至 50%，如果要在此基础上再增加一项类似于"401K"的企业年金计划，对企业来说将承担过大的缴费压力。而企业负担过重会造成经营困难，降低企业活力等问题。

表10.2：中国住房公积金和美国"401K"计划比较

中国住房公积金和美国"401K"计划的比较		
	中国住房公积金	美国401K
功能	住房保障/补充养老	补充养老/住房保障
强制性	强制	自愿
缴费形式	雇主、雇员缴费	雇主、雇员缴费
正常退休年龄	50岁,55岁,60岁	67岁
购房贷款	允许	允许
提取条件	购房、租房、退休	首套房、租房、退休

来源：德林研究院

而对于个人来说，目前已经很高的费率已经变相降低了他们的可支配收入，再从自己手中拨出一块放入中国版"401K"并不现实。中国2022年推出了个人养老金制度，但由于上限较低（年度缴交上限为12000元人民币），税收优惠也较小，居民参与意愿不强。目前参加人数不足2000万人，缴费人数仅有600万人。相较于增加新的计划设置，我们不妨优化现有的"五险一金"制度，将其中已经覆盖1.6亿人的住房公积金与企业和个人承担的养老金部分进行嫁接，打造中国版的"401K"。

中国的住房公积金制度诞生于20世纪90年代的城镇住房制度改革。最早是上海仿照新加坡实行的公积金政策，为了解决上海人均住房面积小，需要资金来建更多房屋的问题而试点推出。后来从上海迅速拓展至全国，普及了商品房的概念。发展30年来，住房公积金成为中国普通老百姓最为熟知的一项企业和个人共缴的福利政策。

当商品房市场已经形成的时候，公积金最初的使命已经基本完成。截至2021年底，个人住房贷款余额为38.32万亿元人民币，住房公积金余额为8.19万亿元人民币，仅占贷款余额的21%。可以说，目前中国居民购房款主要来源是商业银行贷款，住房公积金在其中的作用较小。住房公积金作为时代的阶段性产物，也到了需要变革的时候。住房公积金的缴存余额逐年累积增加，说明这一部分的资金并没有得到有效的利用。如果能更好地盘活这账上的8

万亿，将中国特色的公积金转化为养老金的一部分，并入市投资，会极大地提振A股。根据2015年和2020年的历史经验来看，3万亿的增量资金就可以为整体股市带来至少10%的涨幅。

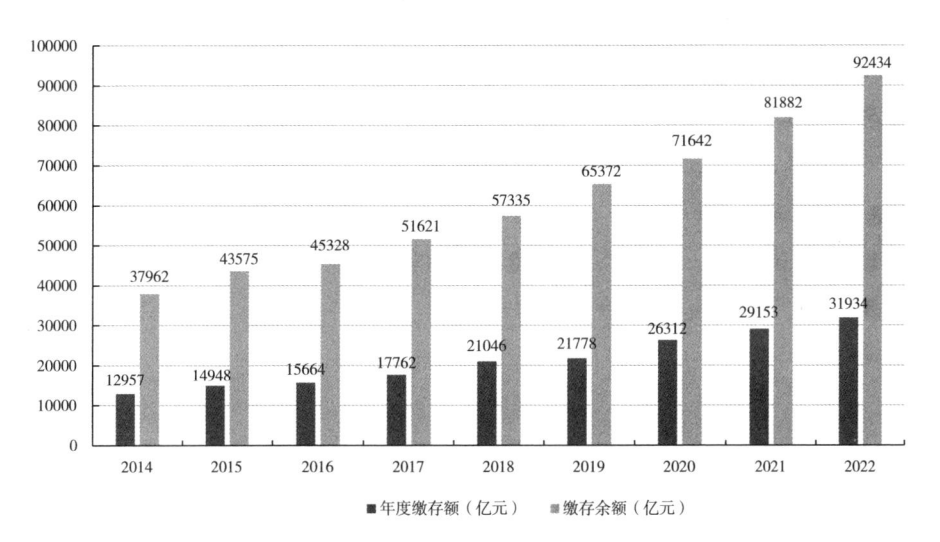

图10.8：2014年以来中国住房公积金缴存额及余额
来源：中国住房公积金年度报告

10.5 小结

在全球其他国家都面临通胀之际，唯有中国近期CPI和PPI双双下降，市场对通缩风险的忧虑增加。中国目前面临着出口萎缩、房地产和基建下行周期、居民消费低迷等一系列问题。当经济的三驾马车都失速时，中国经济如何破局，避免陷入通缩，成为横亘在决策者面前的一个重要问题。

出口受制于外部环境和中美关系；投资的边际效应已经逐渐减少，极易出现低效投资甚至无效投资。在这个背景下，只有更多地释放老百姓的消费动能，才能有效地提振中国经济。中国在2023年出现一波很强的消费复苏，但2023年上半年的数据显示消费的恢复低于预期，主要原因还是居民对未来经济信心的缺失，更多地进行防御性储蓄，消费意愿低迷。

过去十多年，居民的财富效应主要来自房地产，但目前房地产行业已经存在一定的泡沫，再大力发展房地产行业弊大于利。因此，繁荣股市是目前为居民带来财富效应，增强居民消费信心，同时振奋企业活力的更有效的途径。

因此，我们可以借鉴美国的"401K"计划，将中国现有的住房公积金政策与企业和个人承担的养老金计划打通，盘活住房公积金中大量的缴存余额。一方面，股市的繁荣可以增加居民的财富效应以及心理财富效应，催生出一部分消费意愿；另一方面，如果中国版"401K"可以顺利推进，居民进行储蓄的意愿会有所降低，也会有更多的资金可以用来消费。除此以外，利用现有的住房公积金制度，不会给企业和个人带来额外的负担，无论是政府还是社会都可以以最低的成本促进经济。

最后我想再反复强调一下：

（1）2023年中国经济面临着类似2008—2009年的经济通缩环境，而历史上（2008—2009）成功的货币及财政刺激政策或许会让政府再次依照成功的范本来按部就班地实施。

（2）货币宽松政策已经实施到位，降准降息已到历史低位，新增M2屡创历史新高，这些已经为下一步的财政刺激政策出台做好了全部的铺垫。

（3）由于世界格局的变化，全球经济高通胀的环境，中美关系的变化，中国经济结构的现状，决定了2009年财政刺激政策的范本已不能完全承担将中国经济从通缩的泥潭里拉出来的重要角色。

（4）在2009年的范本基础上，本人建议实施以下财政刺激措施：

①鼓励出口外贸企业结汇后的出口退税；

②发行新一批国债支援地方债，减少地方财政压力；

③进一步扩大政府公共投资、铁路等基建投资；

④央企国企带头利用银行低成本资金盘整国内受困的房地产项目；

⑤进一步加速保障房的建设，带动房地产相关配套产业及消费。

（5）属于2023年的范本就是以促进消费为核心驱动力。而扩大内需、促进消费的有效方式可以效仿美国"401K"计划来振兴A股资本市场，A股的繁荣能提高居民的财富效应以及对市场的信心，进一步催生消费意愿。

（6）鉴于中国的城镇化建设已达到65%的高度，住房公积金已基本完成其历史使命，可以考虑对其做出一定的改革，转型成投资公积金，投资政府指定白名单上的股票债券基金，参考曾经成功的美国"401K"计划，将中国资本市场以及中国经济带到一个新的高度。

11. 地产：穿越周期的神药

11.1 为什么只有地产能穿越周期？[1]

11.1.1 美国房价现状：加息周期中缩量上涨

第一，周期：正处18年周期律上行通道

美国经济发展以布雷顿森林体系瓦解为分界线，地产也以1973年为界点呈现出不同的发展特征。

20世纪70年代之前，地产的驱动力来源于美国工业化的腾飞，其扩张收缩与实体经济息息相关。依托扩张的财政货币政策和新一轮技术变革，美国地产逐步走向繁荣；20世纪70年代之后，布雷顿森林体系瓦解使美国走上金

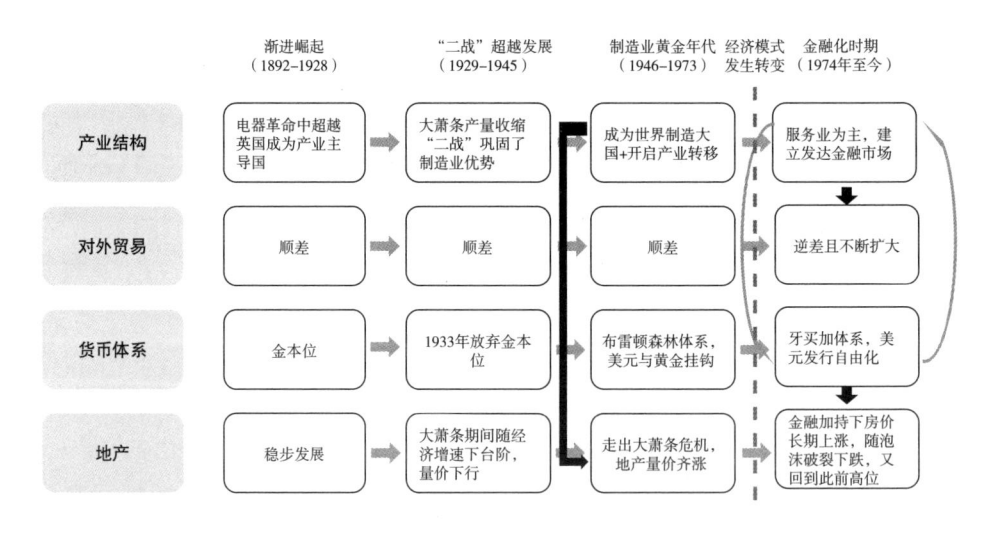

	渐进崛起 （1892-1928）	"二战"超越发展 （1929-1945）	制造业黄金年代 （1946-1973）	经济模式 发生转变	金融化时期 （1974年至今）
产业结构	电器革命中超越英国成为产业主导国	大萧条产量收缩"二战"巩固了制造业优势	成为世界制造大国+开启产业转移		服务业为主，建立发达金融市场
对外贸易	顺差	顺差	顺差		逆差且不断扩大
货币体系	金本位	1933年放弃金本位	布雷顿森林体系，美元与黄金挂钩		牙买加体系，美元发行自由化
地产	稳步发展	大萧条期间随经济增速下台阶，量价下行	走出大萧条危机，地产量价齐涨		金融加持下房价长期上涨，随泡沫破裂下跌，又回到此前高位

图11.1：美国地产随经济模式转变呈现不同特征
来源：招商银行研究院

---

[1] 原文写于2024年8月9日。

融自由化道路，而金融保险和地产在其中扮演着重要角色。该时期的地产高度金融化，受利率影响较大，这也引发了2008年传导至全球金融体系的次贷危机。因此，本节分析重点主要聚焦于金融自由化以后的美国地产。

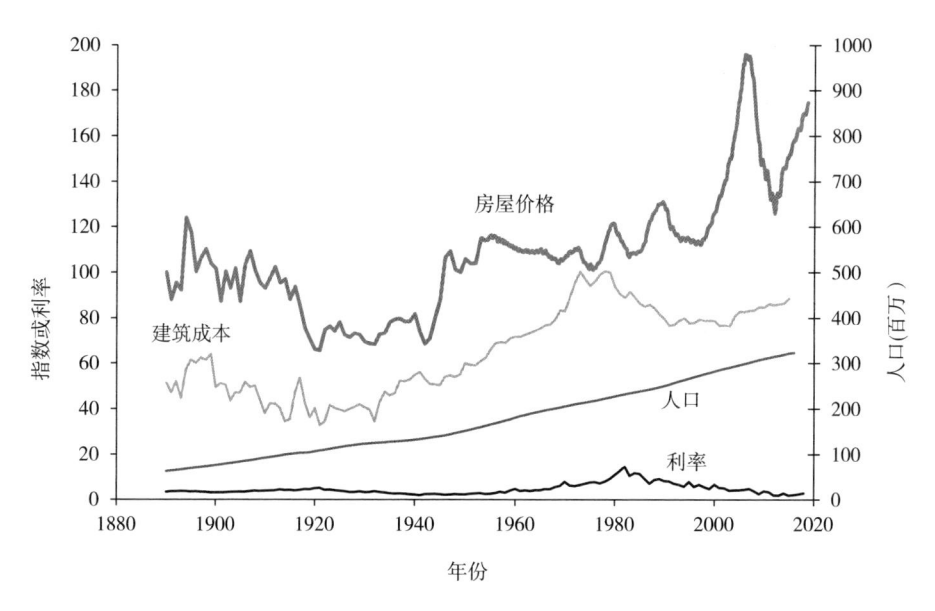

图11.2：美国地产价格从成本驱动转换为金融驱动

来源：德林新经济研究院

长周期视角：美国地产以18年为一轮周期。美国经济学家霍默·霍伊特在《房地产周期百年史》中提出了地产周期理论。通过研究芝加哥1830—1933年的土地价格变化，他发现芝加哥的土地价格分别在1836、1856、1869、1891、1925这五年达到峰值，而建筑业1912年也有一个峰值，因此推断美国平均地产周期为18.4年。

基于数据可获得性，我们观察了1954—2022年的美国房价指数增幅，18年地产周期理论仍然在发挥作用。

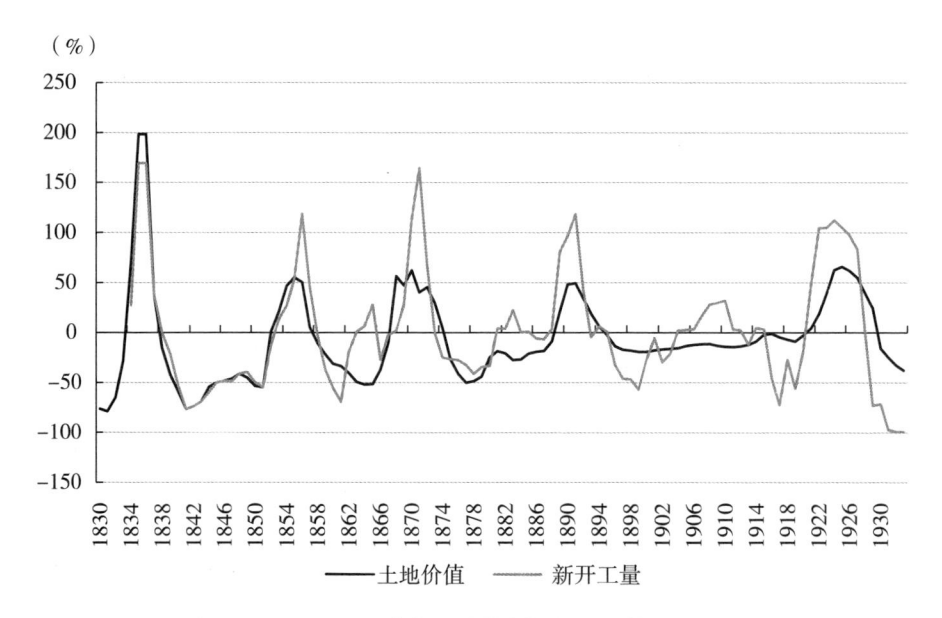

图 11.3：1830—1933 年芝加哥土地价值与新开工量的变化情况 (%)

来源：[美] 霍默·霍伊特著：《房地产周期百年史——1830—1933 年芝加哥城市发展与土地价值》，贾祖国译，经济科学出版社 2011 年版。

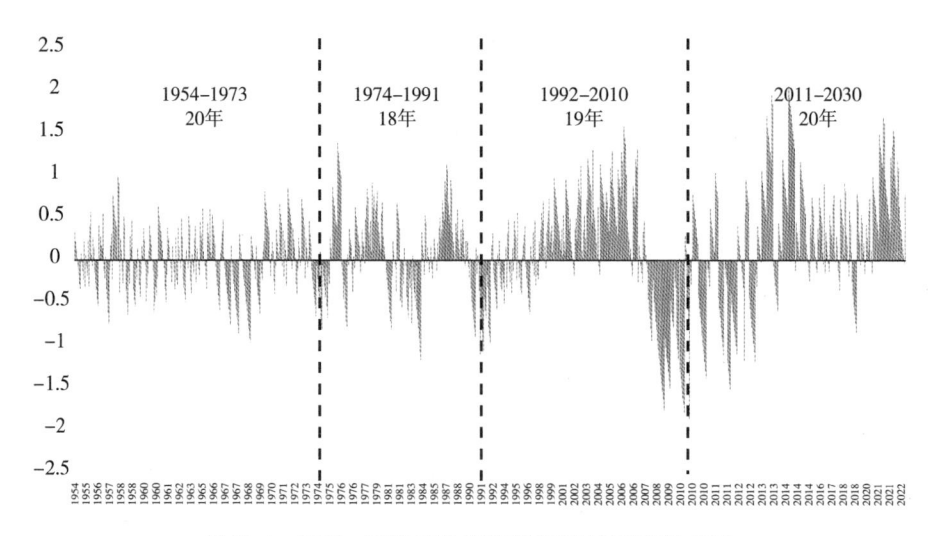

图 11.4：1954—2022 年美国房价指数及其增幅周期划分（%）

来源：FRED，德林新经济研究院

根据 18 年周期律，美国地产目前正处于第二个上升通道的冲刺阶段。由于疫情带来的社会停滞，本轮地产周期的第二个上涨阶段被延长了 2 年。因此我们判断美国本轮地产周期会延长到 2030 年。

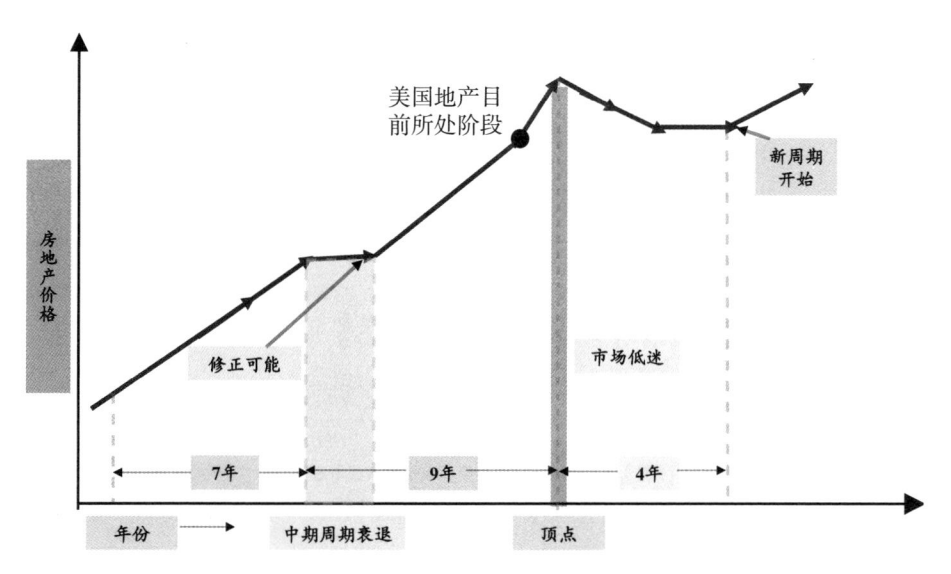

图 11.5：2010—2030 年简化版美国地产周期
来源：公开资料搜集，德林新经济研究院

第二，房价：加息周期中触底回升

美国房价在史上最快的加息周期中实现 V 形反转。在美联储连续加息的驱动下，美国 30 年期抵押贷款固定利率从 2021 年底的 3.11% 急剧攀升至 2023 年 10 月末的 7.79%，达到次贷危机后的历史高位。

随着降息预期逐步抬头，美国房贷利率回调至 6.8% 左右并持续波动。根据 2024 年 8 月 1 日的数据，美国房贷利率已经下落至 6.73%。虽然房贷利率在政策利率的带动下整体呈现抬升趋势，但美国房价却显然并未受到利率水平的压制，反而在本轮加息周期中实现了 V 形反转。

由于美国地产对需求变动更为敏感，我们认为是需求侧的长短期因素支撑了这一阶段的房价上行，这将在本节的第二、第三部分进行详细叙述。

图 11.6：席勒全美房价指数与房贷利率走势

来源：Macrobond，招商银行研究院

成屋（二手房）占据主流，且价格相对坚挺。美国房地产是具备超高城镇化率的成熟市场，成屋销售在其中占比超 80%，居于绝对主导地位。然而，高利率主导下美国成屋供给严重不足。根据 Macrobond 数据，2007 年 7 月至 2024 年 2 月，美国成屋库存大幅收缩 74.4%，远远超过新房库存 13.8% 的跌幅，这一库存短缺使得美国整体房价呈现极高的韧性。

第三，销售：2022 年后缩量上涨

美国地产市场正经历自 2010 年以来最严重的房屋销售低迷。美联储的暴力加息看似没有对房价走势造成影响，但在地产交易量端口，我们却能观测到相当明显的销量萎缩。受到加息影响，美国住房年化总成交量从 2022 年 1 月的 705 万套极速下滑至 2024 年 1 月的 437 万套，两年累计跌幅达 38%。这一"价量背离"的异常走势是美国地产处于短周期磨底阶段的重要依据。

图 11.7：美国房屋销售价格中位数（单位：百万美元）

来源：Haver，中金公司研究部

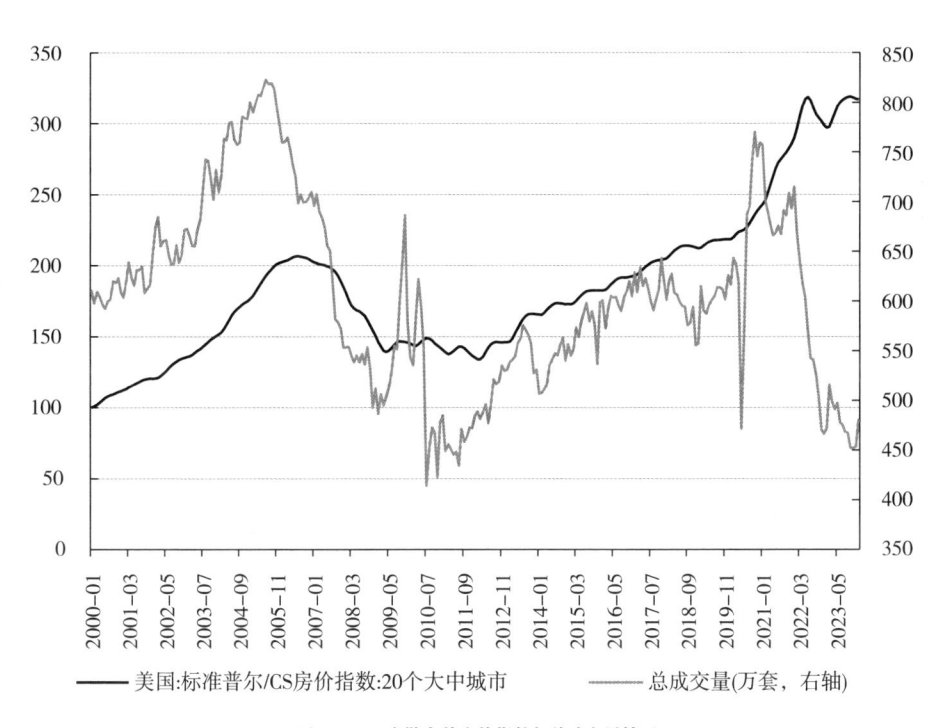

图 11.8：席勒全美房价指数与总成交量情况

来源：Macrobond，招商银行研究院

成屋销售持续不振。由于 30 年期房贷利率在加息举措中大幅攀升，美国居民住房置换需求受到抑制，叠加二手房库存短缺及固定利率房主惜售情绪，直接影响了占据地产销量大头的二手房交易。截至 2023 年 12 月，美国新屋销售量在供给提振下达到 65.4 万套，实现小幅修复；而美国成屋销售却持续萎缩，同月销售量跌至 388 万套，突破 2010 年历史新低。

图 11.9：美国新屋及成屋销量情况
来源：Haver，中金公司研究部

11.1.2 短期支撑：利息周期与股市繁荣带来充分杠杆空间

第一，降息周期即将启动，有望助力房价抬升

利率是影响短期住房需求最为核心的因素，也是地产销售的领先指标。

美国房价跟随利息周期上下浮动，其原因在于房贷利率会随政策利率同步调整。观察2001—2023年的美国房地美房价指数与利息周期间的变动关系，我们可以发现美国房价往往在美联储降息后步入上行区间，而在加息周期中落入下跌通道。这背后的原因在于，美国30年期房贷利率会随联邦基金目标利率的调整而变动，并从融资成本的角度刺激地产供需。我们统计了1989年2月到2020年3月的四次降息周期，平均每1bp的政策利率下调将带来2—8bp的房贷利率回落。

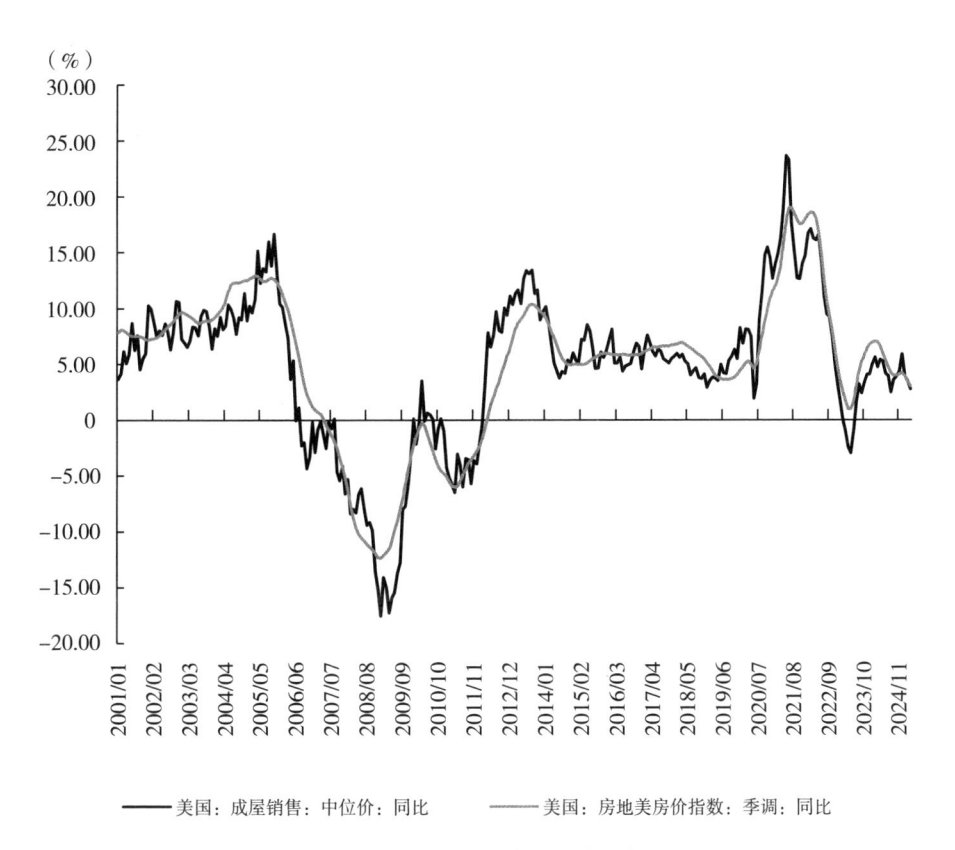

图 11.10：美国房价与利息周期的变动关系

来源：iFund，信达证券研发中心

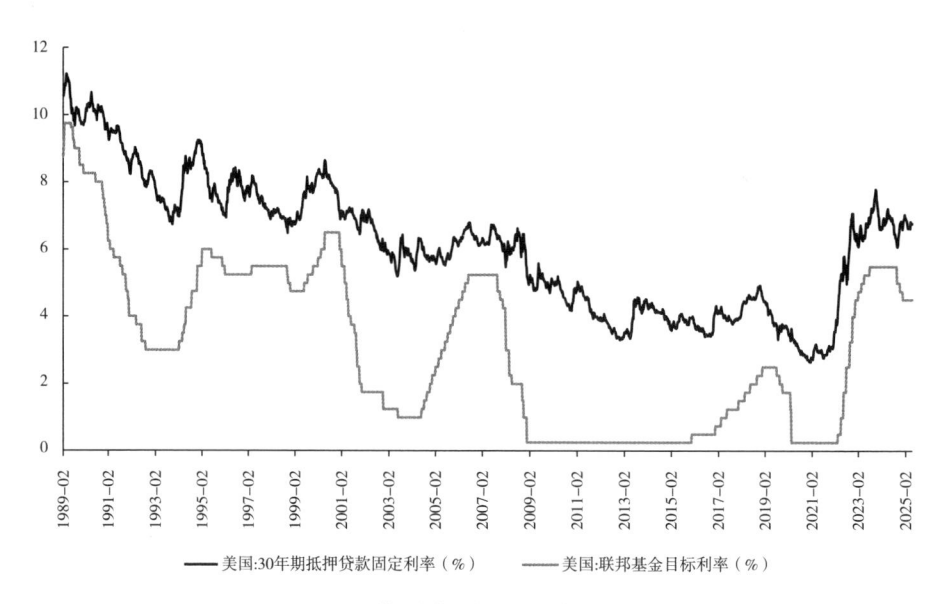

图 11.11：美国房贷利率与政策利率的变动关系

来源：iFund，信达证券研发中心

表 11.1：美国房贷利率在四次降息周期中的变动情况

时间	联邦基金目标利率变动区间	联邦基金目标利率回落幅度	30年抵押贷款固定利率回落幅度
1989年2月至1992年9月	9.75% → 3.00%	675 bp	280 bp
2000年5月至2003年6月	6.50% → 1.00%	550 bp	275 bp
2006年6月至2008年12月	5.25% → 0.25%	500 bp	70 bp
2019年7月至2020年3月	2.25% → 0.25%	200 bp	46 bp

来源：iFund，信达证券研发中心

随着新一轮降息周期的开启，房贷利率下行将降低融资成本，从而助推房价上行。

租金回报率与抵押贷款利率之差，是考察美国房屋销量的有效指标。根据2013年1月—2024年1月数据，租金回报率与抵押贷款利率之差与美国房屋销量呈现显著的正向相关关系。其中原理在于，租金回报率是居民地产的投资回报率，而抵押贷款利率则是融资成本，只有居民部门的投资回报率显著超越其融资成本，才能真正提振住房地产需求。2023年8月，房贷利率突破租金回报率开始压制购房需求，而同年11月则有所回暖。

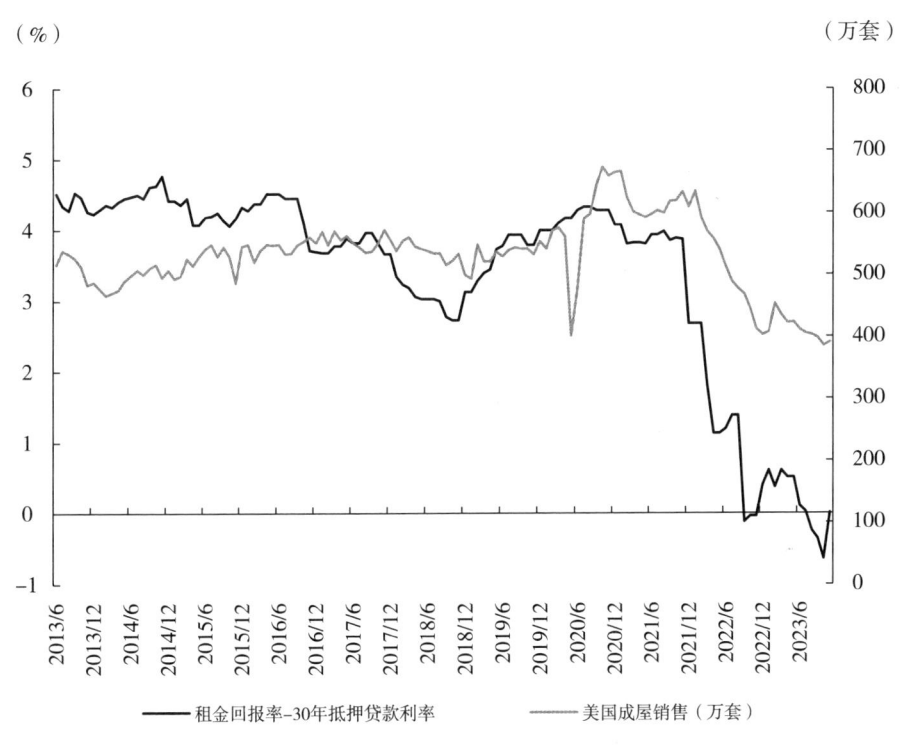

图11.12：租金回报率与抵押贷款利率之差与美国房屋销量的关系

来源：Haver，中金公司研究部

由此可见，后续美联储开启新一轮降息周期将打开长端利率下行空间，减轻付息压力对居民现金流造成的负担，从而助力地产需求持续改善。

第二，股市与经济上行，改善居民资产负债表

短期住房需求的改善，还来自居民资产负债表优化所带来的购买力增强。

资产端：股市繁荣与经济上行，提升居民住房购买力。对比2001—2023年美国股市、房价与GDP增速数据，三者周期变动方向呈现较强的正向相关性，其中，S&P 500指数增速＞SP房价指数增速＞GDP增速。由于美国房

图 11.13：美国房地产投资回报率 vs 融资成本

来源：Haver，中金公司研究部

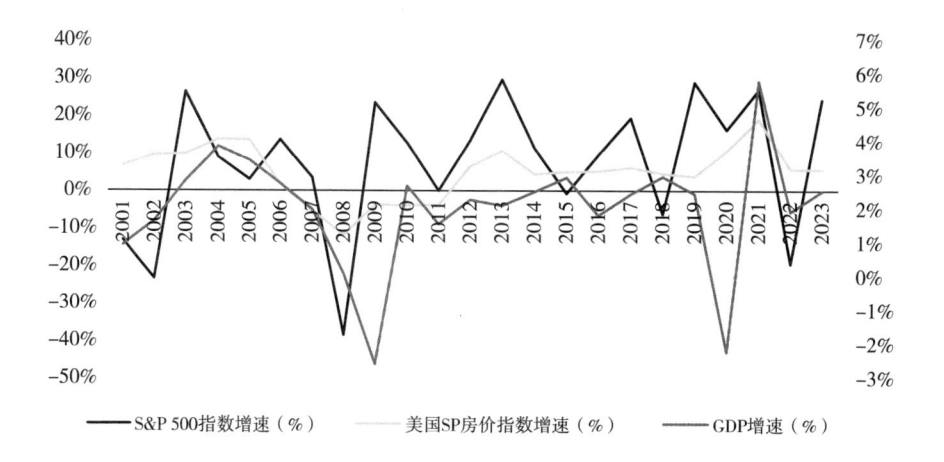

图 11.14：美国股市、房价增速与 GDP 增速对比

来源：世界银行、财经 M 平方、雅虎财经、德林新经济研究院

地产行业占 GDP 比重在 15%—18%，GDP 与地产间存在相辅相成的关系。美国股市繁荣与经济强周期显著提升了居民可支配收入预期及储蓄量，从资产端为居民购房提供了强劲购买力。

根据 Macrobond 数据，2009—2023 年 Q4（四季度）美国居民总资产扩张了约 120%，其中房地产的占比实现 V 形反转，从次贷危机前的 34.6% 陡峭回落至 2013 年 24.3% 的低点，随后在经济修复中又逐步回到了 30% 以上。

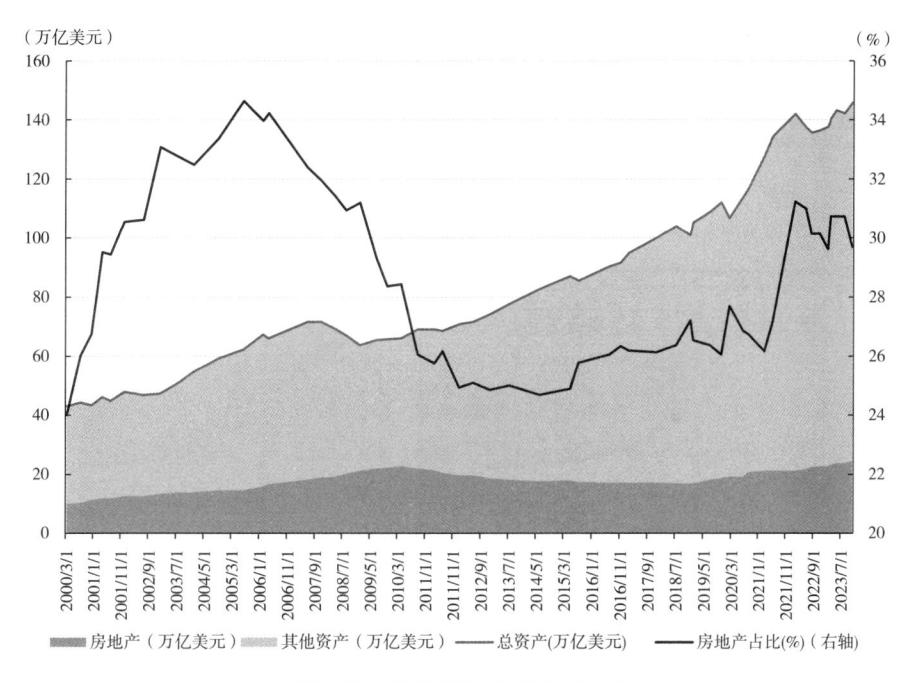

图 11.15：美国居民部门资产水平及构成

来源：Macrobond，招商银行研究院

负债端：居民负债情况优化，信用能力向疫情前靠拢。从负债情况来看，居民宏观杠杆率（总负债／名义 GDP）已经从次贷危机时的 98.7% 下降到了 2023 年 Q4 的 73.1%，资产负债率同步从 2009 年 Q1 的高点 19.6% 回落至 2023 年 Q4 的 11.5%，整体负债水平已经脱离危险区域。其中，净资产排名后 50% 的低净值人群的资产负债表优化最为显著，从 2010 年 Q4 的 95.7% 恢复至 2023 年 Q4 的 62.0%，基本重返次贷危机前的健康水平。从信用能力来看，

美国购房居民的信用评分结构正在往 2019 年疫情前的情况靠拢，为居民购房能力提供一定程度的保障。

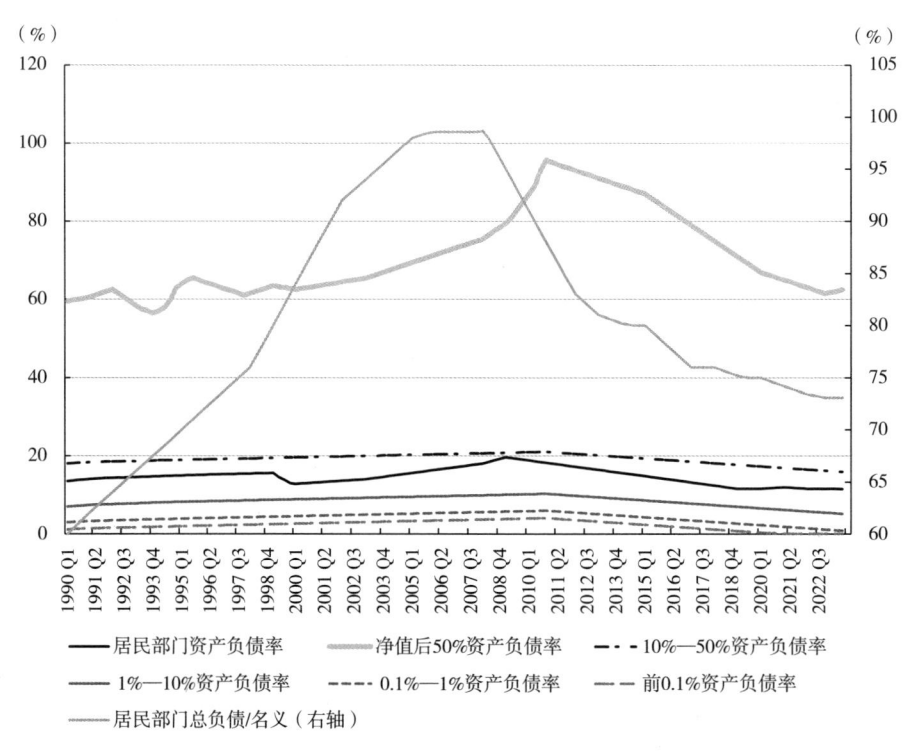

图 11.16：美国居民部门宏观杠杆率与按净值排名的资产负债率情况
来源：Macrobond，招商银行研究院

此外，利率锁定效应大大减轻付息压力，为美国居民加杠杆提供了充分的空间。根据 Zillow 数据统计，40% 的美国屋主已经没有房贷，美国存量房贷中超过 94.2% 都采用了固定利率按揭，将房贷利率锁定在了 5% 以下。根据中金公司研究部测算，美国居民房贷实际利率仅为 3.8%，与 2024 年 8 月 1 日 6.73% 的房贷利率存在较大差距。这也是为何屋主不愿在当前高利率水平进行交易，从而导致成屋库存短缺和成交量下降的原因之一。结合美国居民资产负债表的持续修复和利率锁定效应所减轻的付息压力，美国居民在降息周期中再度加杠杆的空间可以被充分释放。

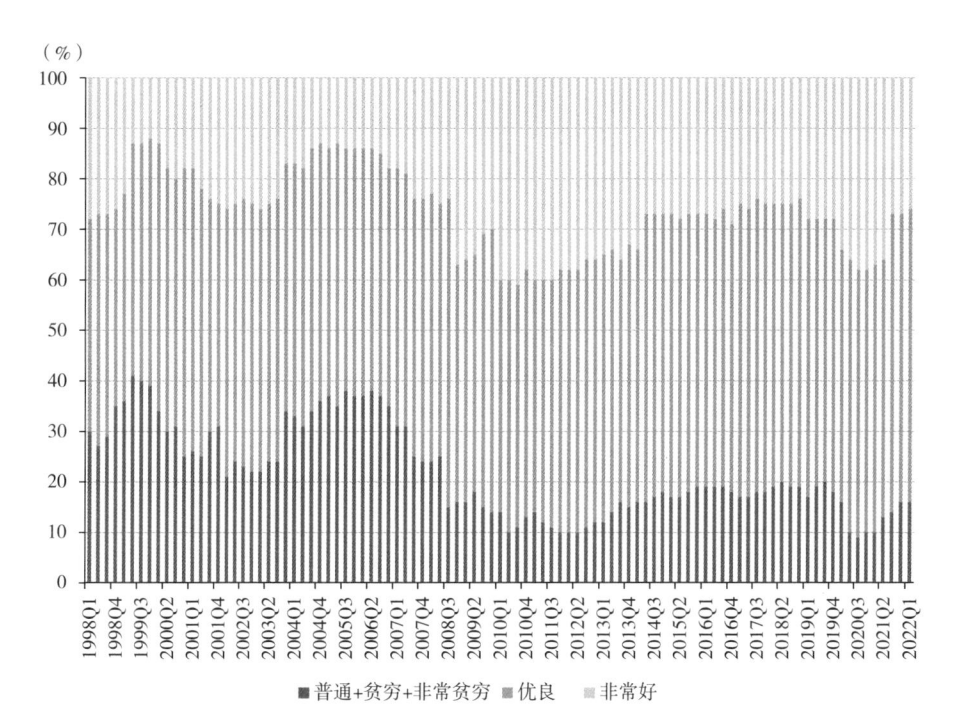

图 11.17：1998—2022 年美国居民信用评分结构（%）

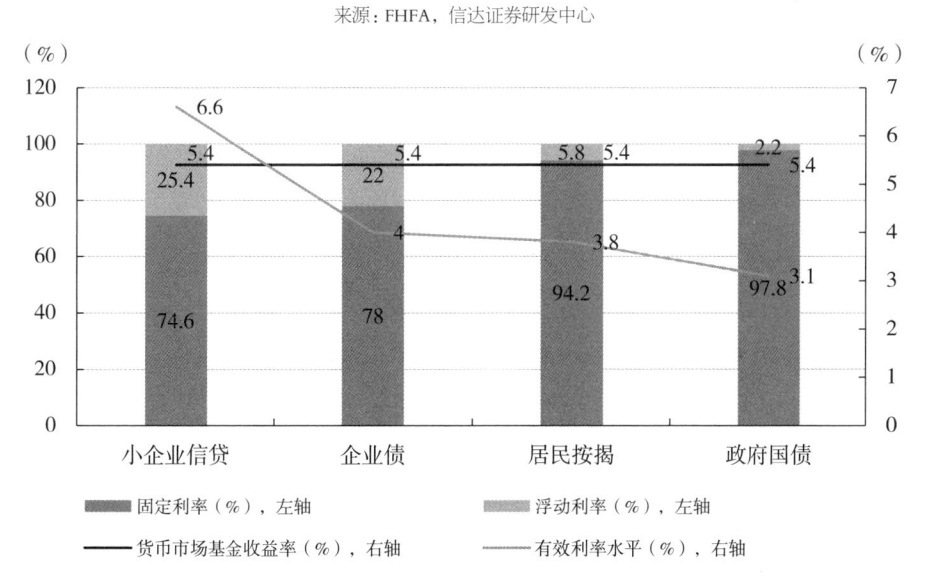

来源：FHFA，信达证券研发中心

图 11.18：美国居民存量房贷利率结构与实际利率情况

来源：Haver，中金公司研究部

11.1.3 长期动力：千禧一代与超高净值提供坚实需求

第一，普通住宅：千禧一代成为购房主力

房地产需求短期看利率，长期看人口。千禧一代带来人口红利，将托底美国地产周期。千禧一代即美国1981—1996年出生的人口，这一阶段，美国累计出生新生儿达到6197万人，相较之前16年的新生人口总数增幅达到12.9%。目前，千禧一代的中青年人总数，已经超过"二战"后人口爆发期的"婴儿潮"一代，成为美国购房需求的主力。由于美国首次购房者平均年龄为35岁，可以粗略推算千禧一代购房需求已经在2016年开始逐步发酵。

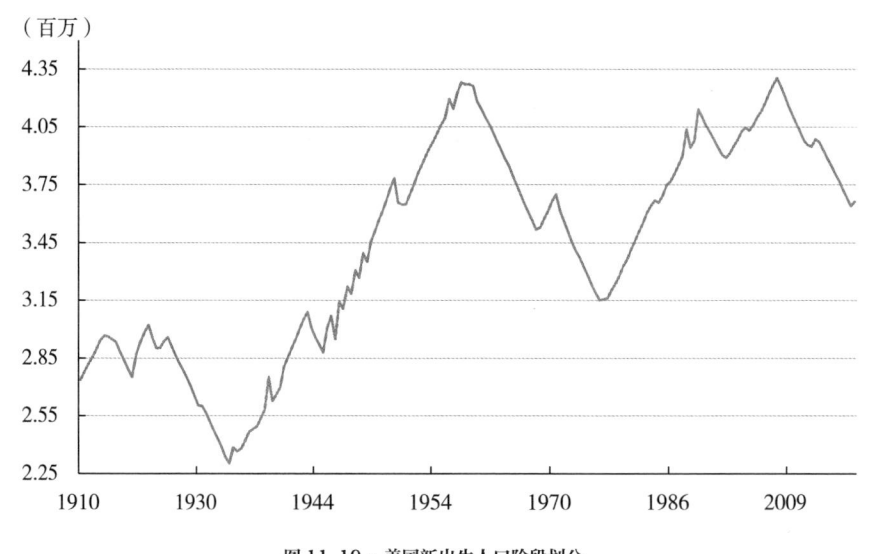

图11.19：美国新出生人口阶段划分
来源：Macrobond，招商银行研究院

根据Macrobond数据，千禧一代出生人口数量峰值为1990年的416万人，因此按照首次购房者平均年龄估算，其购房需求高峰期为2025年，并于2031年后逐渐消退。后续，千禧一代的人口红利将逐步由Z世代（1998—2012年出生的人口）接棒，这一时期的美国新生人口甚至高于千禧一代，可以为美国地产周期提供强劲底盘。

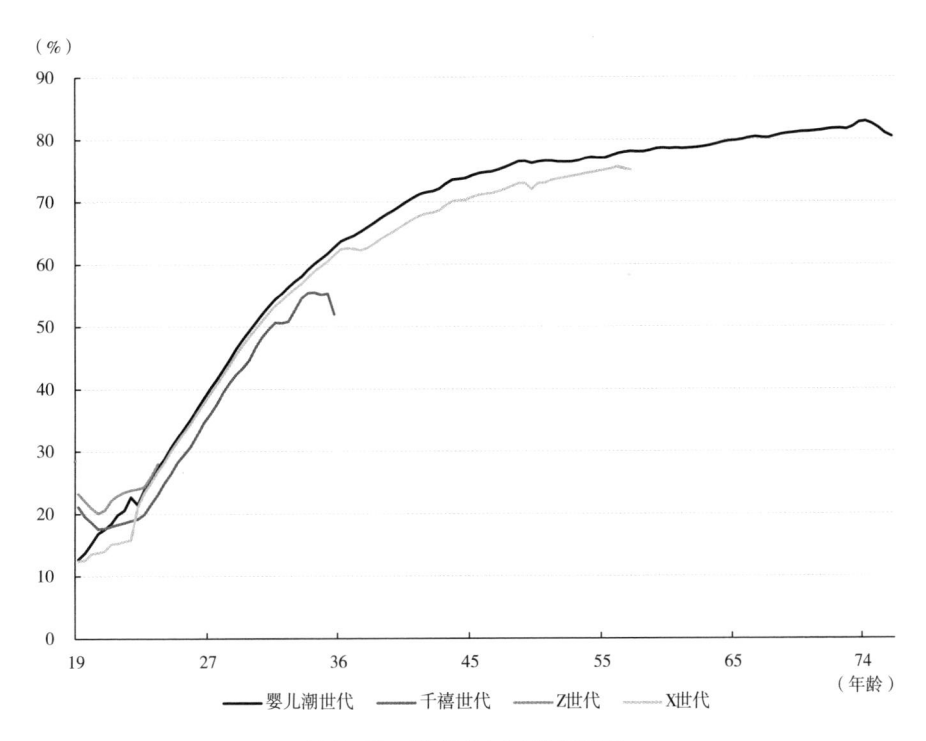

图 11.20：美国购房主力人群交替情况
来源：FEDFIN，招商银行研究院

第二，高端住宅：超高净值财富增长奠定需求基础

受益股市财富效应和低利率敏感度，美国高端住宅成交量表现出色。根据房地产网站 Redfin 的数据，截至 2024 年 6 月底，售价在 500 万美元以上的住宅销售额超过了 4000 套，同比增长 13%。根据 Christie's 的《2024年中期豪宅展望》，全国各地的高端市场需求强劲。报告称在佛罗里达州那不勒斯，第一季度 1000 万美元以上的房产销售增长了 14%；而在蒙大拿州，截至 2024 年 5 月初，400 万美元以上的房屋销售额增长了 50%。截至 2024 年 7 月 15 日，美国已经售出了 6 套价值超过 1 亿美元的住宅。这一出色的成交量一方面源于美股在 2024 年连创新高，另一方面来自富裕群体较低的利率敏感度，他们可以直接现金买房。纽约房地产评估公司 Miller Samuel 表示，2024 年春天，在曼哈顿的房产交易中，有三分之二的交易是用

现金支付的，豪宅交易中这个比例更高。超豪华房地产市场几乎完全脱离了典型的房地产市场，它更像是全球金融市场健康状况的晴雨表。

富裕人群数量的增长，是美国高端房产需求的底层基础。据Henley&Partners发布的《2023年亿元超高净值报告》，目前全球亿元超高净值人士达28420名，与2022年同期相比增加了12%。其中，首先是纽约以775名亿元超高净值人士居于榜首，同比增速为5%；其次是旧金山湾区，该地区亿元超高净值人士达692名，同比增速为11%；最后是洛杉矶，共有504名。总体而言，美国有12个城市跻身前50名，亿元超高净值人士总和为3311位，占全球亿元超高净值人士人数的11.7%，为美国高端住宅提供长期人口底盘。

富裕人群的财富总量持续快速扩张将带来高端房产需求的稳定增量。

表11.2：《2023年亿元超高净值人士报告》前10名城市

城市/地区	国家/地区	资产过亿的富翁（1亿美元以上）	十亿富翁（10亿美元以上）	资产过亿的富翁增长预测百分比（2023—2033）
纽约	美国	775	62	22%
湾区	美国	692	69	50%
洛杉矶	美国	504	44	17%
伦敦	英国	388	36	12%
北京	中国	365	44	60%
上海	中国	332	40	60%
新加坡	新加坡	305	27	55%
香港	中国香港特别行政区	286	34	24%
芝加哥	美国	280	22	6%

来源：Henley&Partners发布的《2023年亿元超高净值人士报告》(The Centi-Millionaire Report 2023)，数据截至2023年6月。

11.1.4 小结

基于上述分析，我们可以得出以下三点结论：

结论 1：降息将推动普通住宅繁荣

房地产短期看金融，长期看人口。从短期支撑来看，一方面，降息周期将带动房贷利率下行，从而降低居民融资成本，推动房价上涨。我们统计了 1989 年 2 月到 2020 年 3 月的四次降息周期，平均每 1bp 的政策利率下调将带来 2—8bp 的房贷利率回落；另一方面，居民资产负债表优化和利率锁定效应，将为居民提供充分的杠杆空间。2009—2023 年 Q4 美国居民总资产扩张了约 120%，居民宏观杠杆率已经从次贷危机时的 98.7% 下降到了 2023 年 Q4 的 73.1%，而在利率锁定效应下其房贷实际利率仅为 3.8%。从长期驱动来看，千禧一代及 Z 世代所带来的人口红利，将托底美国地产周期，从而使得房价在美联储降息期间可以获得较大的上升弹性。千禧一代及 Z 世代的新生儿浪潮，有望为美国楼市创造最少持续至 2042 年的人口红利。

结论 2：美国豪宅市场将会加速复苏

2024 年上半年，美国高端地产成交量表现出色，底层逻辑是富裕人群数量持续增长，提供长期人口支撑。据 Henley & Partners 发布的《2023 年亿元超高净值报告》，美国有 12 个城市跻身前 50 名，亿元超高净值人士总和为 3311 位，占全球亿元超高净值人士人数的 11.7%。其中，排名第一和第二的纽约和旧金山湾区，亿元超高净值人数增速分别为 5% 和 11%。

结论 3：长期来看，只有地产能穿越周期

美国房地产，是具备长期抗通胀属性的优质资产。曾在 2013 年获得过诺贝尔经济学奖的罗伯特·席勒教授追踪了美国自 1890—2022 年的美国房价变化及物价变化。1890 年以来，美国名义房价指数从 3.56 上涨至 307.45，消费者物价指数从 7.61 上涨至 296.28，房价的年化增幅在 3.44%，通货膨胀的年化率为 2.81%，这意味着长期来说，美国的房价是跑赢通胀的，而扣除通货膨胀的影响后，美国房价还可以保持每年增长 0.6%。

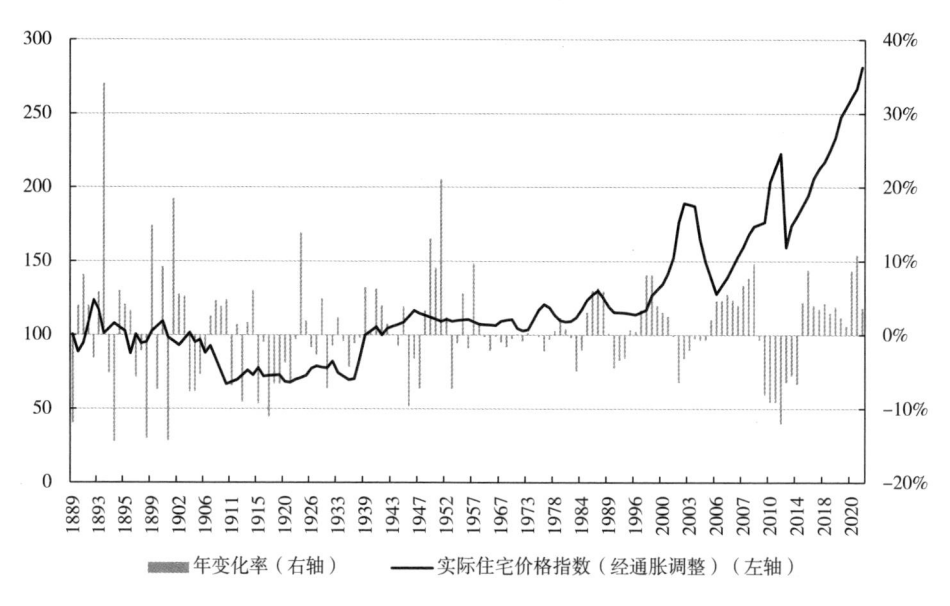

图 11.21：美国扣除通胀影响后的房价指数
来源：席勒数据库

"二战"结束以后，人口持续增长和经济的发展造成了房屋需求的上涨，土地和房地产价格持续走高，在 1973 年达到顶峰。而从 20 世纪 70 年代至今，美国房地产虽然经历了 3 个短期波动，但均在几年的时间内迅速恢复。进入 21 世纪，尤其是次贷危机以来，美国开足马力使用印钞机拯救其经济，而房地产作为居民部门的重要蓄水池也承接了大量的资金。2022 年，美国房地产市场的总值达到 43 万亿美元，较 2008 年的规模增长了一倍。

信用货币时代，美联储不可能成功缩表。2020 年疫情暴发以来，美国政府贯彻现代货币理论，通过财政手段为居民发钱，发生通胀就回笼货币。至此，货币已经完全沦为政治工具，而通胀成为唯一的财政约束，美联储不过是国会下辖的印钞公司。在现代货币理论的规则下，美联储的资产负债表会持续膨胀下去，因为缩不了多久美国就会碰到下一次"危机"，而危机必然导致美联储印钞救市。当政府负债足够大，利率必然降到零附近。这时候货币政策就基本失效了，这也是日本量化宽松带给我们的经验。至此，现代货币理论的实践就会进入第三阶段，通过财政政策达到政府目标，也就是媒体常说的财政赤字货币化。这种情况下，M2一定会加速上涨。

我们观察到，1959—2022年美国M2和CPI相关性高达0.92，房地产是为数不多能够稳定抗通胀的产品。在货币超发、通胀仍会持续的大环境下，房地产仍然是抗通胀的重要资产，是相对坚挺的"硬通货"。

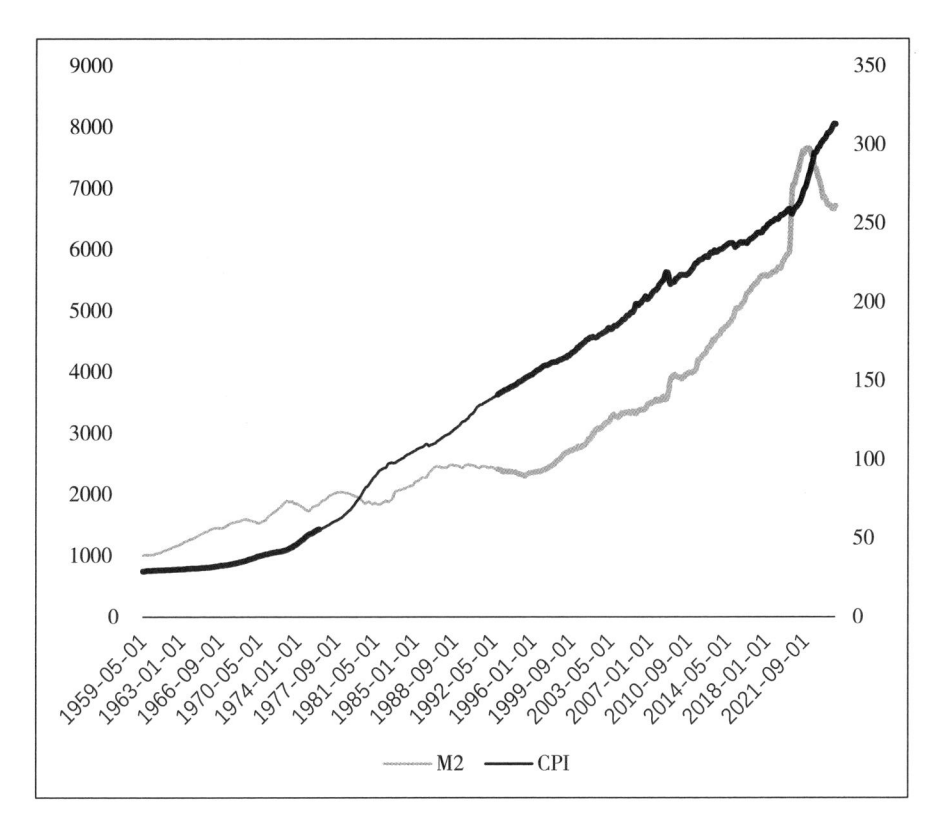

图11.22：美国M2和CPI相关性达0.92
来源：FRED，德林新经济研究院

11.2 美国住宅：2024年的最佳资产配置[①]

2024年8月伊始，全球股市突发"黑色星期一"，多地股市大跌，日经指

[①] 原文写于2024年8月13日。

数、韩国综指甚至一度触发熔断。与此同时，巴菲特持续减持美股，现金储备刷新纪录。美债市场里，2年期美债和10年期美债收益率一度结束了长达2年的倒挂，也预示着市场预期美国即将进入降息周期。同时黄金来到历史高位，而"数字黄金"比特币在过去一路高歌猛进中再次大幅回调震荡。港股、A股继续保持同步低迷的状态。

从全球资产配置的角度分析，在这样一个混沌的局面下，似乎最佳方案是将资产类别锁定在提供接近4%收益的10年期美国国债。难道2024年下半年就真的这么简单无趣吗？真的就不能找到安全、波动性低、流动性相对较高且回报高的投资产品吗？

答案正如我写的标题"美国住宅：2024年最佳的资产配置"。关于美国住宅地产的投资价值，我曾多次撰文《2022年美国房地产市场还会继续火爆吗？》《2023年美国房地产值得投资吗？》等，持续看好美国住宅地产。

现在，我想从住宅地产的金融和商品两个属性，再次谈谈美国住宅地产的投资价值，尤其是现在这个时间点的投资价值。

11.2.1 房价在量化宽松和降息周期时是上涨趋势

20世纪70年代初布雷顿森林体系瓦解，美国进入牙买加体系——美元自由发行。相较于商品属性，美国地产的金融属性越发体现出来，表现为受到美联储量化宽松/紧缩和利率政策影响。由于货币超发和低利率，房价从整体来看，虽然也会出现泡沫，但长期是上涨的。

自1990年至今的30多年里，美国房价经历了3个阶段。

（1）1990年到2008年次贷危机，美国房价18年间上涨了142%（年化约7.9%）。

（2）次贷危机后到疫情前，美联储实施多轮量化宽松，累计约4万亿，美国房价不仅走出了次贷危机后的阴霾，更是创出新高，12年间上涨了58%（年化约4.8%）。

（3）疫情后，美联储量化宽松达到7.8万亿美元，美国无论是新房还是二手房价格都快速上涨，涨幅近50%（年化约12%），该阶段涨幅最快。

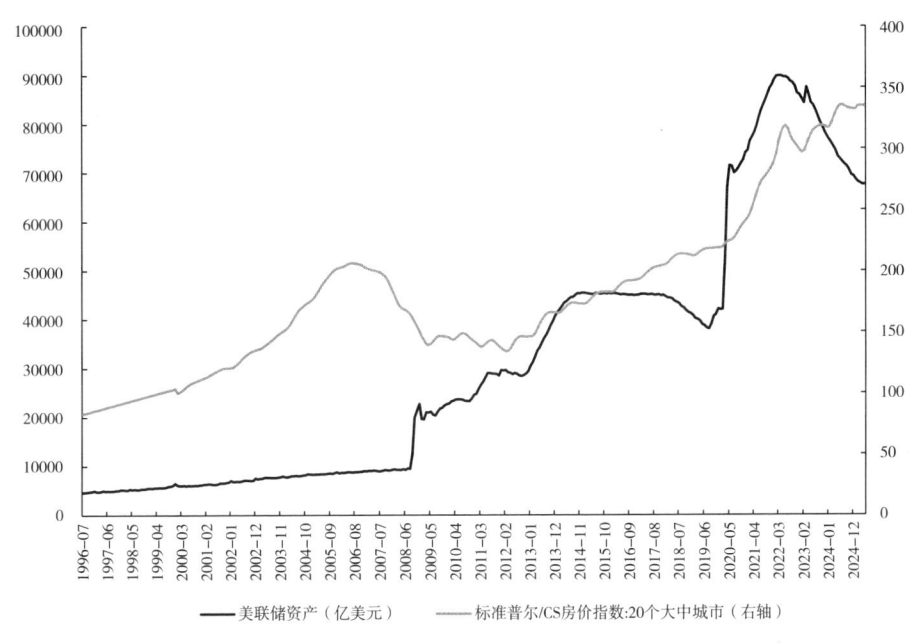

图11.23：美国房价指数和美联储资产负债表
来源：MACROMICRO

这充分说明了，我们在投资美国房地产时，除了关注其作为商品属性的影响因素（供给和需求），以及短期价格波动，更要从宏观的角度，把握其在美联储开始量化宽松时（大放水）的大的投资机遇。

就房价和利率关联度而言，除了2008年次贷危机，美联储降息时美国房价却仍然下跌，从其他时间段看，在利率下行的总体趋势下，房价是上涨的。

在2022年美联储加息后，美国30年抵押贷款利率也随之不断上升，达到了6.8%，逐步抑制了买房需求。导致新屋价格快速回落，回落幅度达到了25%。然而二手房价格却由于库存低，以及换房要按照新的高利率按揭，反而因为供给减少导致价格有所上升。2024年3月，美国二手房价格的中位数为39.35万美元/套，同比增长4.8%，呈现缩量上涨。

若美国进入降息通道，美国30年抵押贷款利率（融资成本）将下降，减少买房者成本；同时，也使得租金回报率高于融资成本，带动房地产投资需求，交投活跃下房价也将上涨。

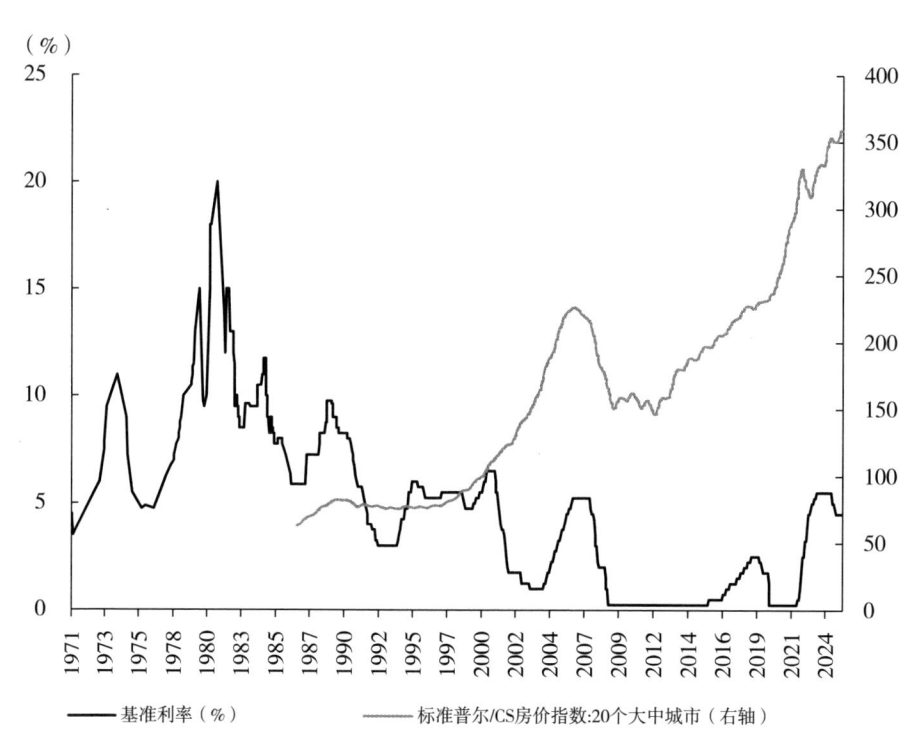

图 11.24：美国基准利率和房价

来源：MACROMICRO

11.2.2 美国地产是抗通胀地产

正是因为美国房地产较强的金融属性，房价长期是上涨的，所以美国地产得以穿越周期，对抗通胀。

曾在 2013 年获得过诺贝尔经济学奖的罗伯特·席勒教授追踪了美国自 1890 年以来 132 年间的房价及物价变化。1890 年以来，美国名义房价指数从 3.56 上涨至 307，物价指数从 7.6 上涨至 296，房价的年化增幅在 3.44%，物价的通货膨胀年化率为 2.81%。这意味着，长期而言，美国的房价是跑赢通胀的，而扣除通货膨胀后，美国房价还可以保持每年增长约 0.6%。

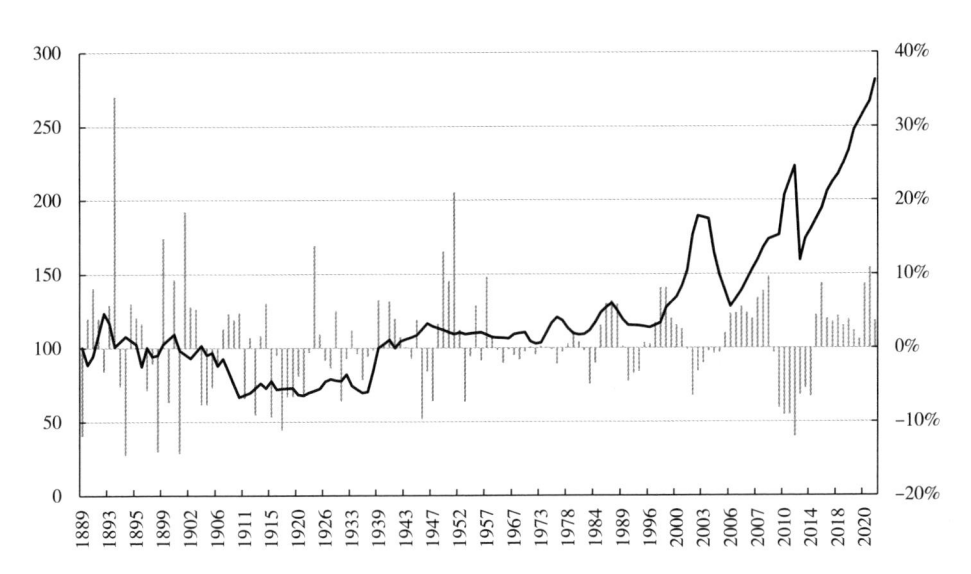

图 11.25：1890 年以来美国扣除通胀影响后房价指数

来源：席勒数据库

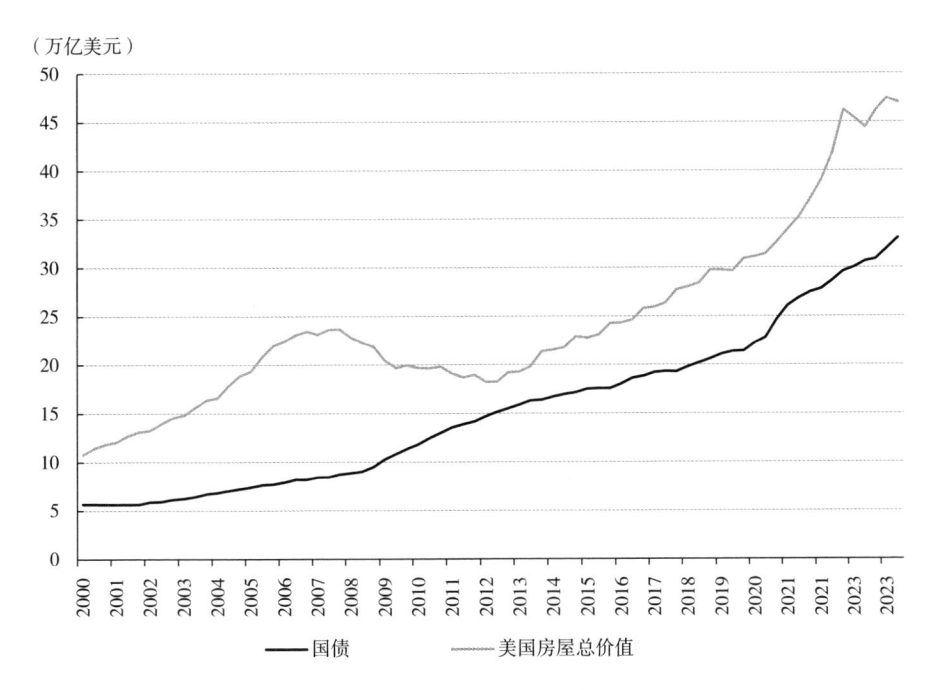

图 11.26：美国住宅市场价值增速超国债

来源：INVESTOPEDIA

2023 年，美国房地产市场的总值达到 47.5 万亿美元，较我写《2023 年美国房地产值得投资吗？》时（2022 年市值达 43 万亿美元），又增长了 4 万亿美元，增长了 10.5%；而较 2008 年次贷危机时更是增长了一倍还多。

我曾多次论证，将通胀维持在一定水平，有利于缓解美国的债务危机，与美国整体利益相符。从美国房产市值不断增长和美国债务不断上升、美联储很难长期维持缩表状态可预测：在货币超发、货币贬值的大环境下，房地产仍然是抗通胀的重要资产，是相对坚挺的"硬通货"。

11.2.3 美国房市和股市

2000 年互联网泡沫破灭后，美联储 2001 年 1 月开始降息刺激经济，资金逐步从股市流向房地产，推动美国房地产市场价格逐步上涨最终形成 2008 年泡沫和次贷危机。

现如今的美国股市和 20 多年前互联网泡沫破灭时很相似。一方面，美国股市总体估值较高。股市整体市值 58 万亿美元，其中 25% 是头部科技企业。2024 年大部分时间，推动美股上涨的正是这些科技公司。尽管近期下跌，但科技板块的预期市盈率仍高达 29.5 倍。标普 500 指数的预期市盈率 20.7 倍，远高于其长期平均水平（15.7 倍）。

另一方面，巴菲特却在不断减持，现金储备达到 2770 亿美元，不仅比 2023 年末的 1572 亿增长了 76%，也创下了其历史记录。在 2000 年互联网泡沫破灭、2008 年次贷危机、2020 年新冠疫情前，其每一次现金储备快速增加后，股市都急速下跌。

由美国标普指数和房价的走势可见，90 年代股价快速上升引发的 2000 年科技股泡沫破灭后，房价由缓慢上涨转为快速上涨，而当房价加速上涨形成 2008 年泡沫，股价重新上涨直至形成泡沫。周而复始，交替进行。那么，当本轮股市泡沫破灭，假设短期资金会流出 10%——5 万亿美元，房地产价格则会至少上涨 10%，并有可能进入加速上涨阶段。

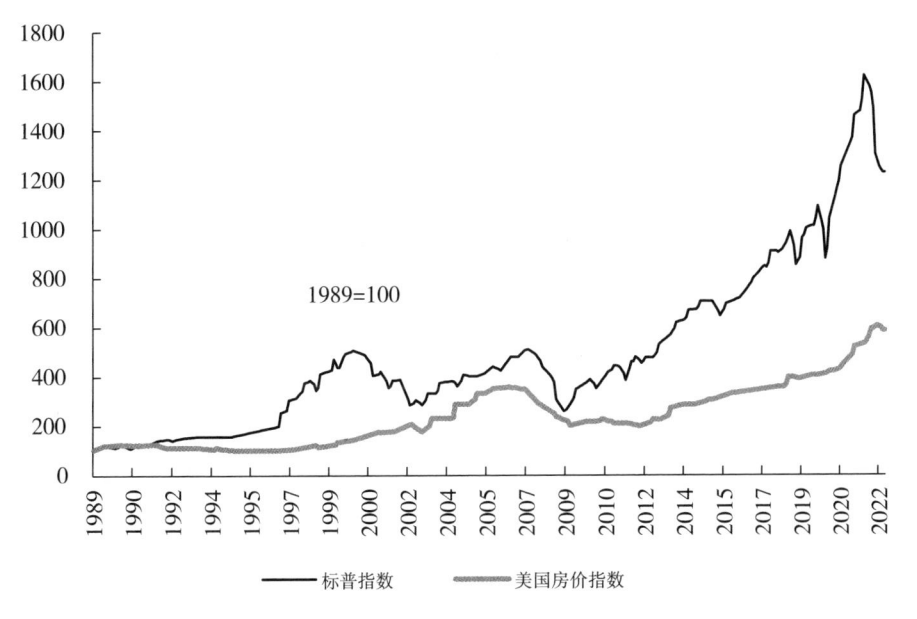

图 11.27：美国标普指数和房价指数

来源：Economics

11.2.4 美国房地产的供给仍无法满足需求

房地产作为商品，需要分析其供给和需求层面。就供给而言：次贷危机以来，美国房地产在售库存从高峰时超过 400 万套跌至 2024 年 6 月的 132 万套，累计跌幅高达 68%，总库存规模处于 1983 年有数据以来的低位。

全美房地产经纪人协会 2024 年 6 月数据显示：供应量只有 4.1 个月——而在我写《2022 年美国房地产市场还会继续火爆吗？》预测房价将上涨的依据之一即是供应量——2022 年初供应量只有 1.7 个月。现在虽然比 5 月提高了 3.1%，但仍低于健康、平衡市场所需的 5—6 个月。这导致了即使高抵押贷款利率也没有减缓房价上涨。2023 年 10 月，抵押贷款利率飙升至 8%，即当年最高水平，房价仍保持稳定。

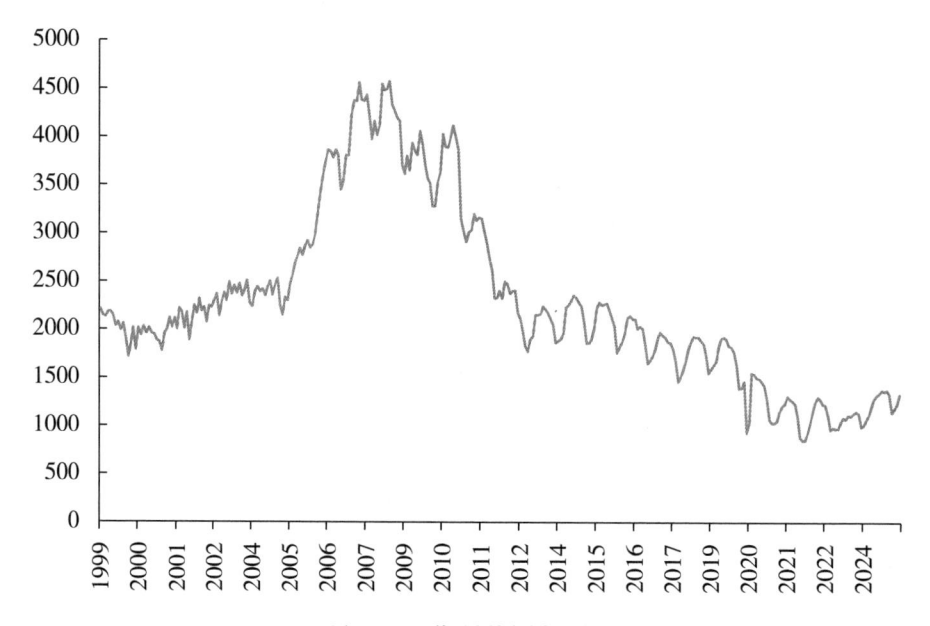

图 11.28：美国房地产市场库存
来源：TRADEECONOMICS

就需求而言：美国住房自有率从 2004 年的 69.4% 一路下跌至 2016 年的 63.1%，自住房增长停滞达十年之久。但是 2017 年以来，美国住房需求进入了新一轮扩张期——主要受人口增长、居民资产负债表修复的提振。2020 年后美国新增按揭贷款中千禧一代占比已超一半，再加上更多的移民来到美国需要置业，都意味着美国楼市的"人口红利"仍将延续，人口增长多于住房库存。

2023 年末，美国居民部门宏观杠杆率回落至 73%，资产负债率回落至 11.5%，均大幅低于次贷危机之前的水平。人们在新冠疫情后对居住品质的提升需求，又让住房需求的提升进一步得到了强化。

现在这些需求被高利率暂时抑制，一旦进入降息周期，被抑制的需求会很快得到充分的释放。

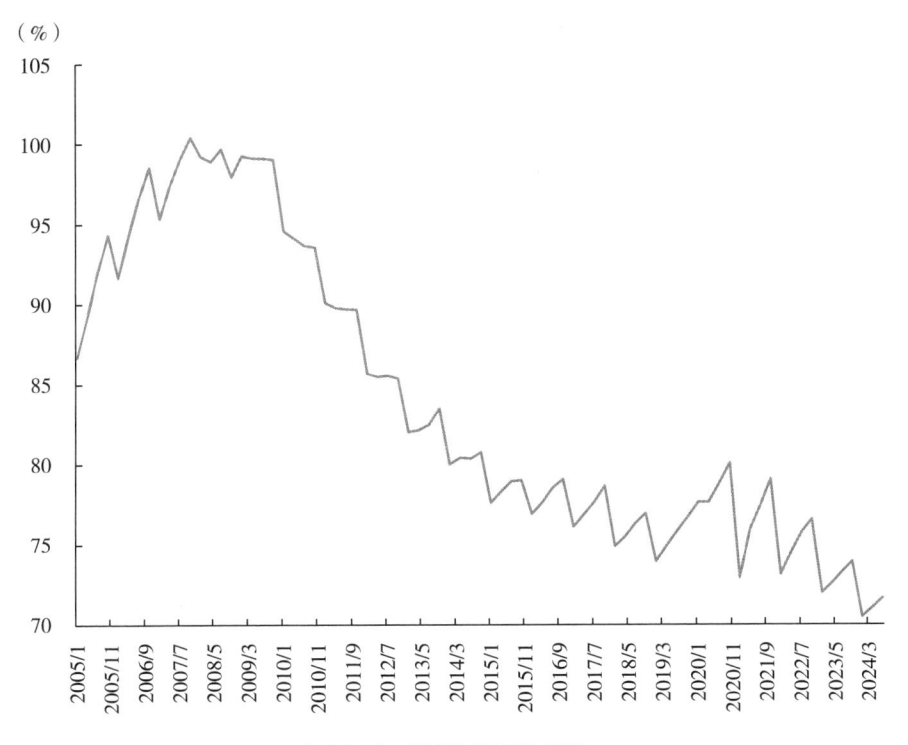

图 11.29：美国居民杠杆率 /GDP
来源：FRED

11.2.5 美国房价理性繁荣

美国房价理性繁荣的主要原因在于，94% 的买房者采取买方可以固定长期房贷利率的政策，买房受加息周期影响较小，有利于房价的稳定。

在美联储加息后，抵押贷款利率一路上升。尽管高抵押贷款利率会阻碍潜在的新购房者，但也会减少房屋供应，现有房主不愿意出售——这样会失去原先在低利率时的抵押贷款利率。

一方面，平均每月抵押贷款还款额创历史新高；另一方面，也导致房地产市场交投动态放缓。现有房屋销售下滑至每年不足 400 万套，同比下降 5%。由于高利率，新房开工减少，二手房销售也未能弥补这一缺口。

图 11.30：30 年期抵押贷款利率
来源：FRED

现在房价虽然上涨，但和次贷危机前的一个明显区别是：房主的个人资产负债表比当时健康得多。住户杠杆率从 100% 下降到 73%。在次贷危机后，美国抵押贷款标准提高。2007 年，借款人无须提供收入证明，贷款人几乎可以向任何人提供贷款，"骗贷"现象十分普遍；而现在房主的信用度是符合资格的。更重要的是，房屋锁定在低利率时期的固定抵押贷款利率上。到 2023 年底，70% 的美国抵押贷款持有人的利率比当时的市场利率低 3 个百分点。

根据 ATTOM Data Solutions 的数据：2024 年 6 月，美国共有 1.86 万套房屋被申请止赎（违约通知、预订拍卖或银行收回），同比大幅下降 23%。因此，美国住宅房地产现在是理性繁荣。

作为美国州和地方财政收入的重要来源，房地产税占地方税收总额的 70% 以上，站在政客、近 70% 的房屋拥有者、绝大部分的消费者以及金融服务业的角度，都希望美国房价理性繁荣。

11.2.6 小结

这次的结论与以往不同，不再是总结，而是再次掀起一阵高潮，结论如下：

（1）自1860年美国南北战争后，就再没有任何形式的战争发生在美国本土。在过去150年的历史周期中，美国地产数据充分证明了自身价值随美国经济以及通胀走势不断上升，住宅地产从商品属性来说也一直是长期抗通胀的资产类别。

（2）2000年科技泡沫破灭后，大多数资金开始转投固定收益类的资产，在低利率环境下，美国住宅地产则成为资产证券化的最佳选择，于是从商品属性转向至金融属性。在结构化金融产品的包装下，地产行业杠杆不断积累所产生的巨大泡沫最终在2008年掀起了全球金融风暴。

（3）2009年后，低利率、去杠杆，但是同时又在量化宽松（疯狂印钱），美国住宅市场再次在商品属性和金融属性中寻找平衡。从供给端看，由于去杠杆因素，房产开发、新屋建设每年探底，进而让美国住宅库存越来越低。从需求端看，美国经济在量化宽松的推动下持续向上，长期维持低利率的环境让更多资金从债市不断去往股市，由于资金的财富效应和溢出效应，使得资金加速进入住宅地产，低利率又进一步推高房价。供需关系不平衡推高了美国房价，在量化宽松1.0、2.0、3.0背景下，资金端的不断溢出，外加低成本的融资杠杆，使得美国房价又开始不断创下历史新高。

（4）2022年的俄乌冲突点燃美国通胀的导火线，美联储开始量化紧缩并快速进入加息轨道来抑制通胀，美国经济和股债市场在调整一年后，随着疫情结束以及AI科技浪潮的推动下，再次高歌猛进，通胀压力的持续也导致了利息维持在目前的高位以及对未来预期的反复拉锯。

（5）美国住宅地产在过去两年内的高息环境下略微调整后又慢慢抬头。住宅市场由于高息环境下的高融资成本使得需求端的买家大幅度减少，与此同时，前期买家已经锁定了低利率的抵押贷款，并不受利息变化的影响，从而导致供给端大大萎缩，新的供需关系注定了过去两年间房屋成交量的低迷，但是房价却在这经济强劲上涨、股市屡创新高的背景下再次抬头向上。

（6）美国经济现在开始显出顶部，股市开始调整，美国在"软着陆"还是"硬着陆"的争论中将不可避免地进入降息周期。2000年科技泡沫破灭下的资金从股市转向房产的历史是否会重演？2025年量化紧缩结束后，降息周期到达一定低位，美联储是否又会开启新的一轮量化宽松？我们不得而知。

但能肯定的是：在前三轮量化宽松后，仍有大量的资金在市场流动。在美联储开始降息、股市开始调整时，毋庸置疑，资金最合理的去向必然是美国历史上最优质的资产类别——美国住宅地产！

（7）美国地产的理性繁荣是美国经济和政治的基石，我在这里不再赘述，等进入降息周期后，资金流向住宅，将多余资金沉淀到这更大的资产类别，也同时会有抑制通胀的效果（由于低利率，通胀指标里的重要组成部分——租金可能反而不会升高），同时在资产价格上涨的推动下，又将释放新的消费力，并让美国科技公司在这段时期缓和调整，为下一轮生产力的爆发蓄能。

（8）只要美国能够维持其军事霸权、金融霸权、国际学术地位，那美国的资产永远是最佳选项，而在加息降息的康波周期中，资金的流动就在全世界的股市、债市、房市、商品这四个地方游走。地缘政治的影响将让绝大部分资金留在美国，而降息周期即将开启，此次资金将不可避免地涌入美国地产，住宅需求也会同时进一步快速释放。是的，这一次美国住宅地产将再次进入金融属性和商品属性双牛的黄金时代。

11.2.7 补记

历史上，美国政府购买最多的资产是土地和黄金（8133吨，中国是2245吨）。美国建国时领土还只局限于东部，1803年以1500万美元向法国购买路易斯安那领地后，领土面积翻倍。

不仅美国政府买土地，美国富豪也喜欢买土地。美国100个最大的私人土地所有者总共拥有4020万英亩土地，相当于新英格兰地区在十年内翻了一倍。

2024年，美国已经售出了6套价值超过1亿美元的豪宅。2024年的总数将有望打破2021年9套的历史纪录。2023年豪宅的价格同比增幅是9%，是普通住宅的3倍。在疫情后，豪宅价格增幅比普通住宅更大。买10套普通住宅不如买1套豪宅。

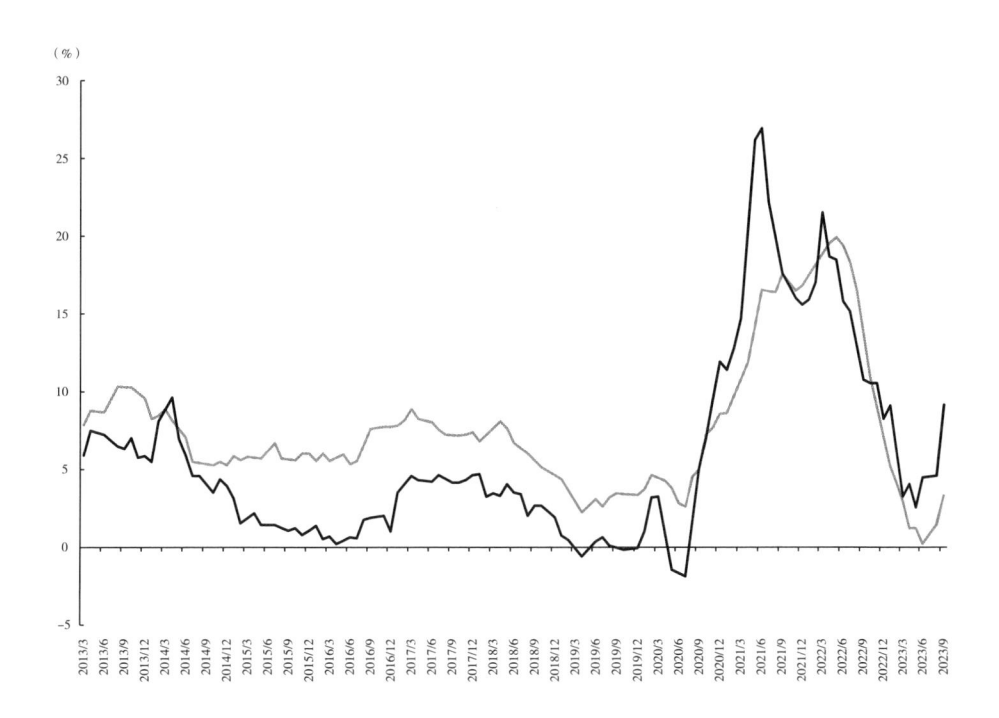

图 11.31：美国豪宅价格涨幅 VS 普通住宅
来源：REDFIN

房屋建筑商在 2008 年次贷危机后大幅缩减，仍没有恢复到之前的水平，没有办法以足够快的速度购买土地并获得监管部门的批准，15 年前的过度建设不会在一夜之间发生。同时，世界上有山有水、远离战争、政治稳定、宜居且能传承的土地并不多。

德林在美国加州湾区附近的壹号·卡梅尔（ONE Carmel）项目，其安全性、稀缺性、增值潜力以及投资回报是其他地产项目无法比拟的。与美国其他地区相比，壹号·卡梅尔有着四季如春的气候；与同在加州的其他地块相比，又有着价格优势和一站式房屋设计服务优势。

在中国，房屋的价格不包括土地，而在美国，房屋价格中的 67% 是土地价格。稀缺性的土地价值决定了房屋的升值潜力。美国土地审批手续复杂，壹号·卡梅尔是过去 20 年及未来 20 年内唯一获批的封闭式社区，是已经完成所有审批手续的、现成的、已经开工的项目。

卡梅尔临近硅谷，而硅谷是全世界富豪及科技新贵的聚集区，财富的聚集效应会溢出，令壹号·卡梅尔具有更广阔的升值空间。更重要的是，壹号·卡梅尔将配备全球最先进的 AI 智能社区系统，这是当地第一个 AI 赋能的社区，将会引领全美豪宅的风潮。

11.3 降息开启，美国地产顺风满帆[①]

2024 年 9 月 18 日，美国联邦储备委员会宣布，将联邦基金利率目标区间下调 50 个基点，降至 4.75％至 5.00％的水平。这是美联储自 2020 年 3 月以来的首次降息。

大家知不知道美国房价最贵的地方在哪里？你首先想到的可能是纽约，或者佛罗里达的度假胜地，又或者是比弗利山庄。其实都不对，美国房价最贵的区域在北加利福尼亚州的阿瑟顿（Atherton），它已经连续多年成为美国房价最贵的区域，在它之后，第二名是比弗利山庄（Beverly Hills），第三名是纽约的萨加波纳克（Sagaponack），第四名是佛罗里达的费希尔岛（Fisher Island）。

我们在阿瑟顿有一个会所，我曾在那里接待众多新老朋友，他们当中有很多人是来自卡梅尔（Carmel，距离硅谷仅 100 多公里的著名小镇）的二代、三代，其中包括扎克伯格的家族办公室管理人格里芬（Griffin），他管理的资金规模约 1000 亿美元。客观上这是因为阿瑟顿距离卡梅尔很近，从我们开发的卡梅尔项目到阿瑟顿只有一个半小时的车程，也就是说硅谷不仅吸引全世界的精英，也吸引很多周边白人精英在这里落地生根。

阿瑟顿给我最大震撼的是，这里的房地产交易非常火爆。我的老熟人，房地产经纪迈克尔·沃伦（Michael Warren）告诉我，阿瑟顿的房子开始变得很热门，中介们都苦于没有房源。用迈克尔的话说，美联储降息以来的两个礼拜，房地产活跃度是过去两年加一起的三倍。而阿瑟顿的房子在美联储降

[①] 原文写于 2024 年 10 月 15 日。

息后平均价格非常昂贵，高达 1000 万美元。

我在思考的是，为什么顶级豪宅率先复苏？这股热度什么时候能传导到普通房产？放眼美国房地产发展史，美国豪宅什么时候变成了金融风向标和抗通胀的利器？2024 年 11 月的大选又会对美国房地产产生什么影响？这篇文章将试图回答这几个问题。

11.3.1 美国房地产现状——冰火两重天

第一，普通房产价格上涨、成交低迷

根据全美房地产经纪人协会的数据，2024 年 8 月美国现房库存 135 万套，可以销售 4.2 个月（图 11.32）。两项指标相比 2024 年 2 月都大幅上升。但 2024 年 8 月美国成屋销售量环比下降 2.5%，同比下降 4.2%，都低于市场预期。现房销售折合成年化销量是 386 万套（图 11.33），创年内新低，完全没有豪宅市场的火热感。

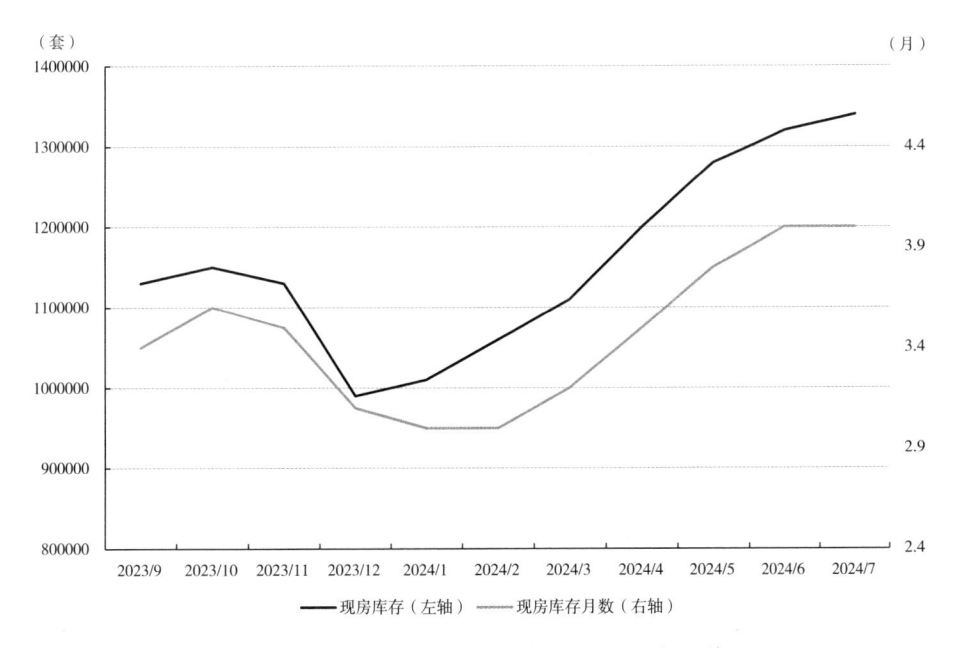

图 11.32：美国现房库存（2023 年 9 月至 2024 年 7 月）
来源：MacroMicro

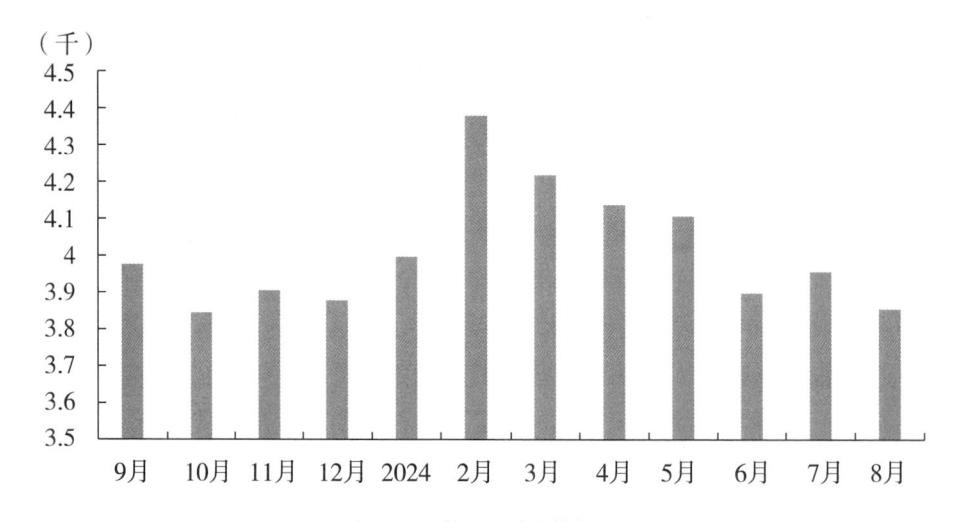

图 11.33：美国现房年化销售量

来源：National Association of Realtors

美国房产库存上升、销量下降的同时，房价却从 2024 年 2 月再次进入了上涨轨道，现房售价从年初的 37.9 万美元涨到 7 月的 42.3 万美元，半年涨幅 11.6%（图 11.34）。要知道这是全美平均房价，涨幅非常惊人。

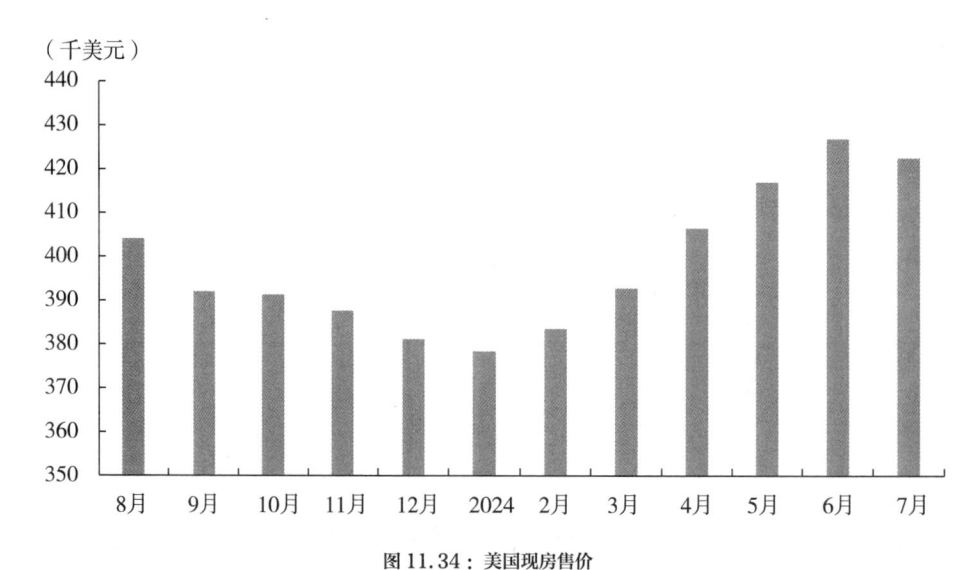

图 11.34：美国现房售价

来源：National Association of Realtors

为什么美国房地产有价无市？原因很简单，利率的锁定效应。在美国，买房子的时候你可以选择用固定利率还是浮动利率。大部分消费者会选择固定利率，选了以后贷款利率的波动就和你没关系了。关于锁定利率的详细分析，大家可以看我的《美国住宅地产，2024年的最佳资产配置》和《美国地产投资价值研究》。目前美国30年期抵押贷款利率是6.12%，而美国现存的抵押贷款利率高于6%的只占16.3%，所以美联储降息对大众房地产市场还没有实质性影响。

各国因为历史情况、央行政策、社会预期不同，选择固定利率的比例差别很大。根据IMF的统计，美国、墨西哥、法国固定利率按揭贷款在95%以上，但是澳大利亚、葡萄牙则不足25%，日本、韩国在30%—40%，中国在买房时同样可以选固定利率或浮动利率，但是目前没有公开占比。

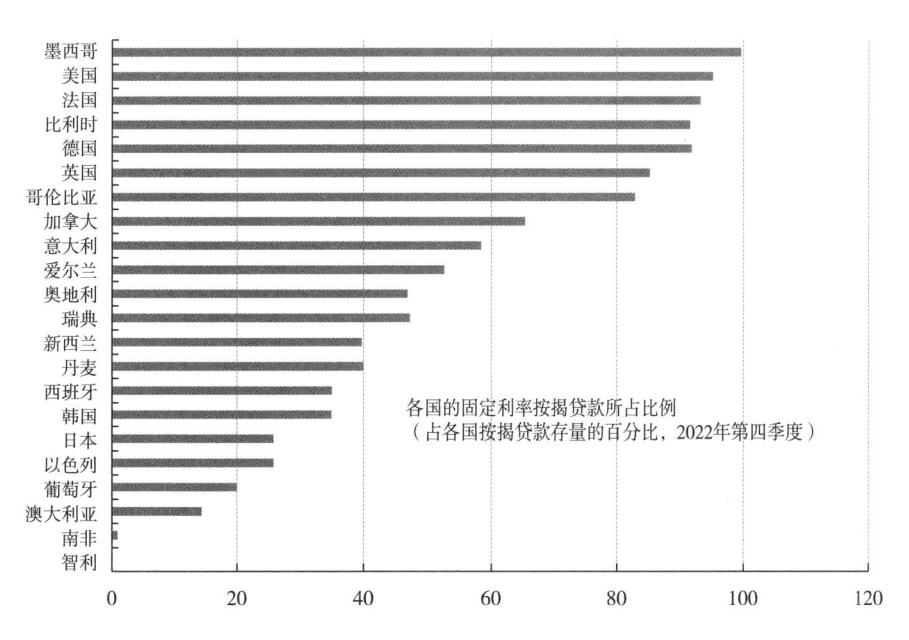

图 11.35：各国固定利率按揭贷款差异很大
来源：IMF

大家最关心的还是，美联储降息到什么程度才会对美国房地产市场造成实质性影响？经过我们的计算，其结果如下：当30年期抵押贷款利率降到5%

时，会影响 25.6% 的现存抵押贷款；当 30 年期抵押贷款利率降到 4% 时，会影响 40.5% 的现存抵押贷款。我们认为这时候降息对市场就会产生实质性影响。如果房贷利率继续下降到 3%，会影响 74.2% 的现存抵押贷款。目前现存抵押贷款利率小于 3% 的占比 25.8%，因此抵押贷款利率降到 3% 以下才能影响到市场。

在市场锁定效应下（整体 83.7% 的抵押贷款都低于 6%），消费者不想用这么高的利息去贷款买房。同样是因为利率仍在高位，所以新屋开工也没有出现反弹（图 11.36）。这就是美国房市成交量低迷的原因。

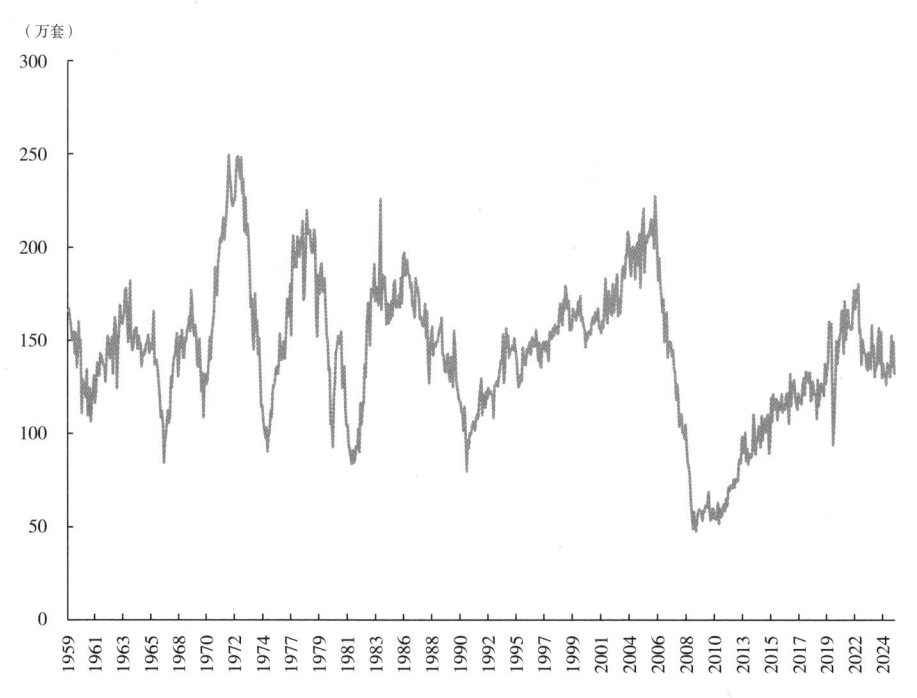

图 11.36：美股新屋开工数
来源：IMF

房价为什么上涨呢？因为美联储的降息预期！市场猜测的只是降息时间和幅度，随着利息越来越低，之前被锁定的存量房产也将进入解锁期、新建房屋供给也会上升，同时利息减少后交易将重新活跃。

美国世界大型企业联合会的调查显示，计划在2024年10月到2025年3月购房的美国消费者比例跃升至2023年8月以来最高水平。建筑商预计在此期间房屋销售有望增加。

面对这种情况，富人迅速买房，锁定当前价格，享受升值。普通人则继续等降息，等降息到位了才会出手置换或购买，所以美国现房就出现了冰火两重天的现象。

第二，阿瑟顿等豪宅暴涨

如果你只是去看中介网站的平均成交价格，你看不出来房价的涨幅有多凶猛。因为可售房源太少。截至2024年9月30日，Zillow这个中介平台上阿瑟顿只有10套房子在售，平均成交价1053万美元，中位数成交价790万美元。

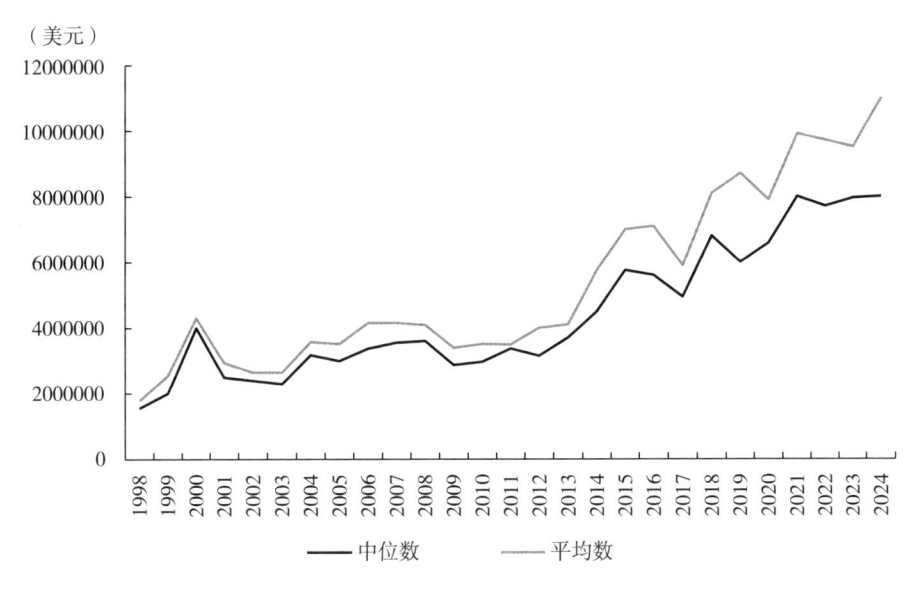

图 11.37：阿瑟顿房价走势
来源：Zillow

以前这里的房子挂出去40天能卖出去，2024年成交中位数是15天，最近成交时间更短。

图 11.38：阿瑟顿房子成交天数
来源：Zillow

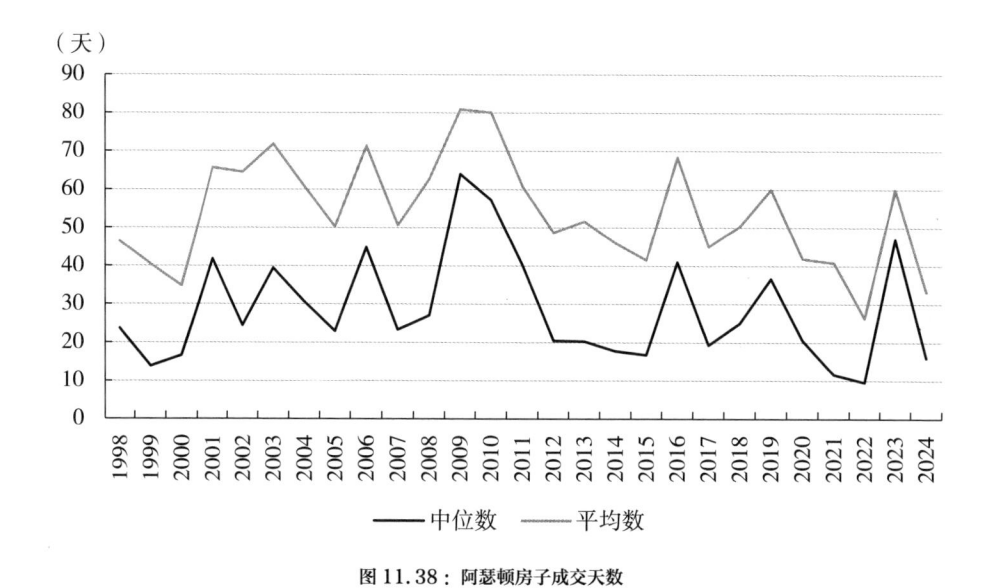

所以结论很简单，富人看到降息信号或趋势就会下手，所以降息对豪宅影响最大，就像我在硅谷观察到的现象；中产等利息降到位才会出手，因为他们要算自己每个月的房贷支出，但此时房价可能已经上涨了；穷人则会等市场稳定了才下手，通常此时房价已经很高了。这就是世界运转的方式。我希望这些观察能给大家一些启发，至少让你学会用富人的方式看世界、做决策。

11.3.2 美国房地产的历史

图 11.39 展示了 1870 年以来 14 个富裕国家的房价走势，大家可以清晰地看出，房价自 1950 年以后就开始持续稳步上涨，已经从一个不起眼的资产类别成长为全世界最大的资产种类。2008 年房价经历了短暂下行，全球房价实际下跌了 6%（2007—2009），2010 年之后就迅速超越了之前的峰值。2022 年各国央行提高利率，再次燃起了大家对房价的担忧，结果房市只下跌了 5.6%，眼下房地产又开始了新一轮的上涨。难道房地产超越了所有周期？打破了所

有经济规律？

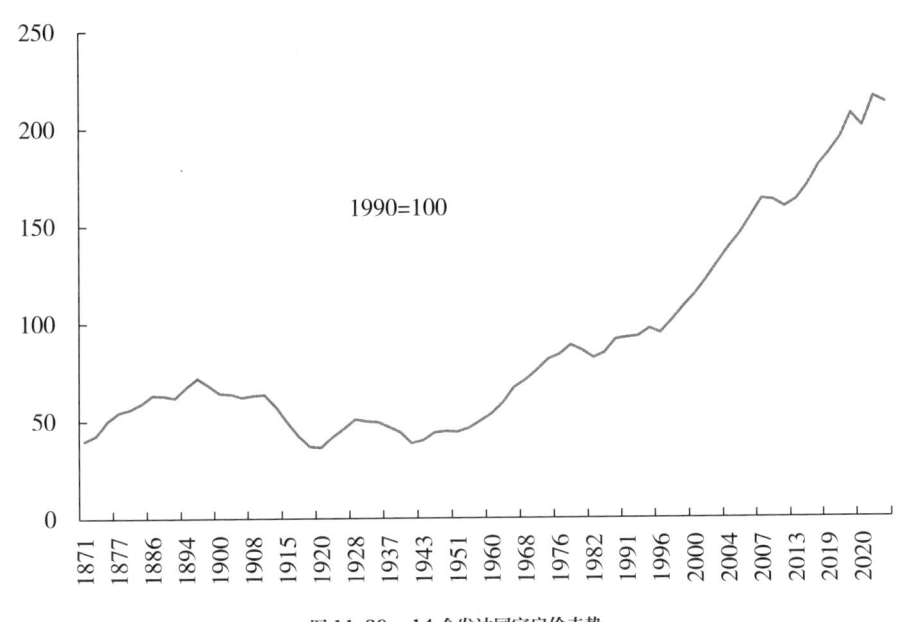

图 11.39：14 个发达国家房价走势
来源：The Economist

我们还是要回到供给和需求这两个基本面来讨论。

第一，房地产供给越来越紧

"二战"后包括美国在内的发达国家出现了一系列土地使用法规、环保法规，这些规章制度从客观上限制了基础设施的供给，城市扩张受到严重影响。结果就是从纽约到伦敦，发达国家的大都市建设从 20 世纪 60 年代起开始踩刹车。施加在建筑行业身上的限制越来越多，表现为建筑行业的平均工作效率越来越低（图 11.40）。与此同时，房价开始不可阻挡地上涨，60 年代以后尤其明显。

直到今天，美国新房批复的程序越来越烦琐，我们卡梅尔项目所在的旧金山湾区，2023 年只批准建设了 7000 套新房。而加利福尼亚州 2023 年新增了 6.7 万人，这还不算非法移民。因此房屋本身越来越紧俏也是房价上涨的重要原因。

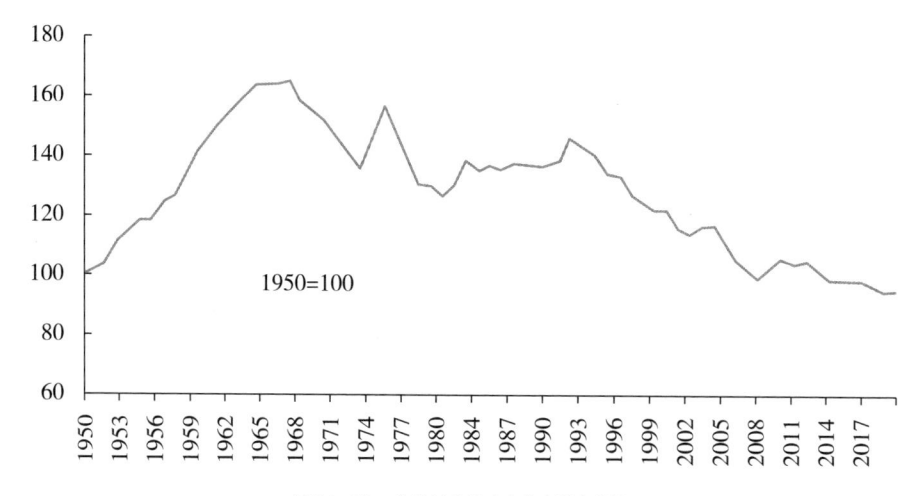

图 11.40：建筑行业劳动生产率越来越低

来源：Chicago Booth Review

这背后的逻辑也很容易理解。无论是地方政府还是已经拥有住房的本地居民，他们都不希望在当地建更多的房子。因为房子建得越多，房价就越低；房价越低，地方政府能收到的房产税就越低。而美国地方政府 70% 的收入首先靠房产税，其次才是销售税、所得税等。随着 20 世纪 60 年代以后建房越来越难，美国实际房价也从 60 年代末结束下跌，开始了上涨之路。

第二，房地产需求越来越大

需求层面驱动房地产最重要的因素是人口增长。发达国家普遍在"二战"后产生了人口大爆炸，也叫战后婴儿潮（图 11.41）。1945—1959 年美国婴儿出生率大幅上升，他们驱动了 20 世纪 70 年代以后的房地产的需求上涨。

第二个因素就是移民。发达国家凭借其高工资、高福利、机遇多吸引着全世界的精英。富裕国家的外国出生人口年增长率为 4%，远远超过发达国家的出生率。这些移民在任何时候都会直接推高房租和房价。巴塞罗那大学的罗莎·桑奇斯-瓜尔内尔（Rosa Sanchis-Guarner）发表的一篇研究西班牙的论文发现，移民率每上升 1%，平均房价就会上涨 3.3%。而加州作为民主党的大本营、科技企业的摇篮一直是高端移民的聚集地。我在《美国的阳谋：降息后的明枪与暗箭》一文中讲过，最近几年美国移民增加已经严重到影响纽约酒店价格的程度了。

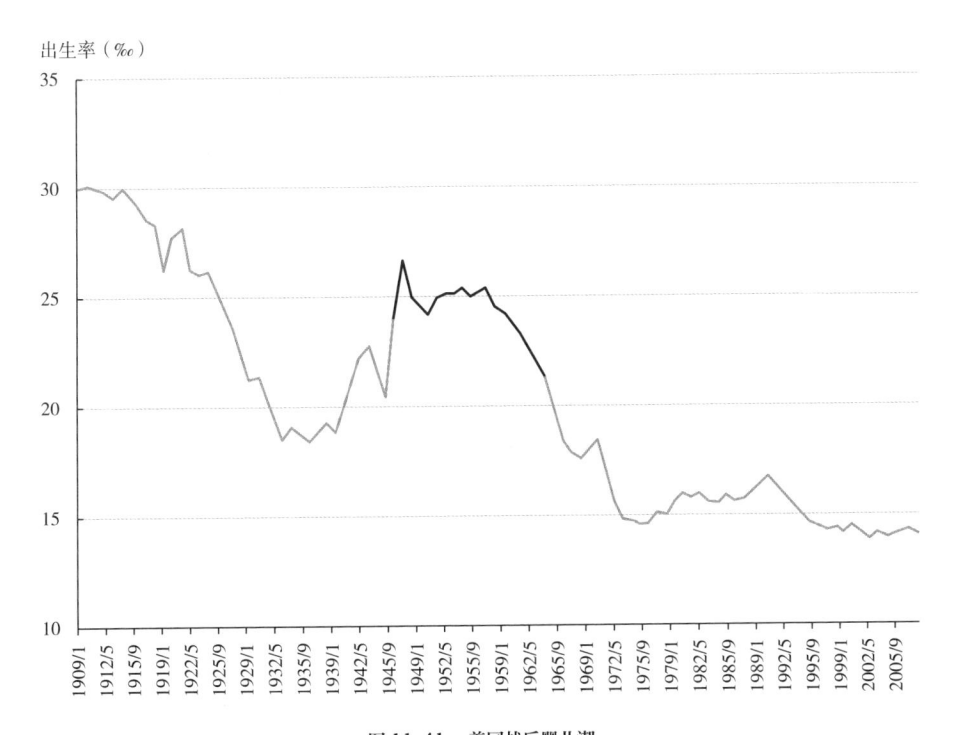

图 11.41：美国战后婴儿潮
来源：U.S. CENTERS FOR DISEASE CONTROL AND PREVENTION

因此，供给受限，需求上涨才是推动发达国家房价屡创新高的根本原因。

第三，美国房市也不例外

图 11.42 是经过通胀调整后的美国房价，我们能从中读出更多有价值的信息。万变不离其宗，供需仍然是影响美国地产价格最重要的因素。

（1）1915 年"一战"爆发后，美国房价下跌，之后一直没有恢复。因为这段时间美国先后经历了大萧条和"二战"，和其他发达国家一样，房地产的财富效应还没显现。

（2）1945—1968 年，供需双旺。"二战"结束后，数百万年轻人解甲归田，房屋需求上涨，美国房价迅速恢复到 1915 年以前的水平。因为美国当时庞大的生产能力，这一需求迅速被大量房屋供给所满足，因此美国房价并没有暴涨，从1953年到1968年实际房价持续温和回落。与此同时，越来越多的环保法规、土地使用法规、审批限制开始阻止房地产的供应，房价开始具备了大幅上涨的动力。

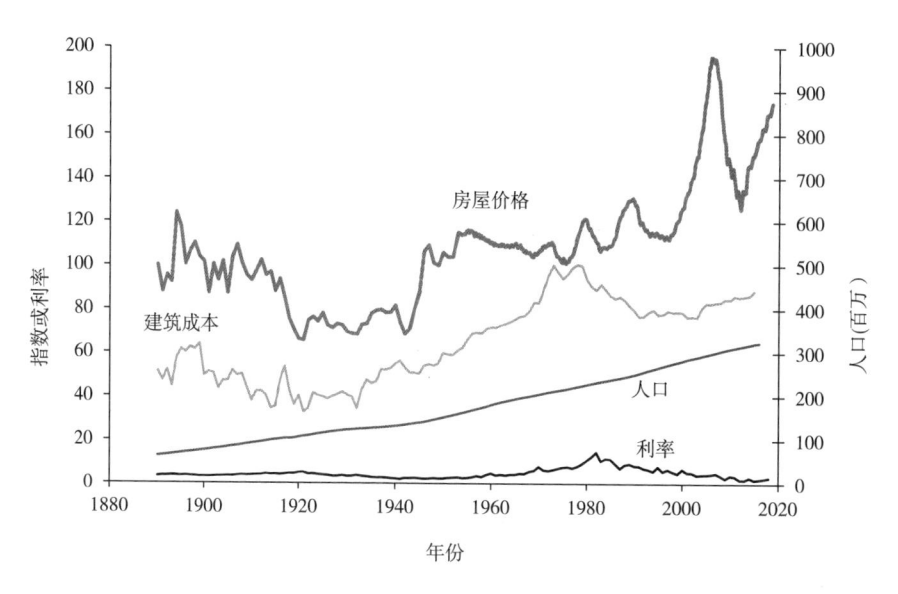

图11.42: 美国通胀调整后的房价走势

来源：Online data Robert Shiller, econ.yale.edu

（3）1970—1990年，货币转型和建筑成本上升同时发生，房地产名义价格率先上涨（图11.43）。20世纪七八十年代，美国处于从金本位货币向信用货币转换的转折期，不管是美联储还是美国政府都在摸索中前进，没有清晰的政策逻辑。70年代美国进入滞胀，名义房价开始大幅上涨。与此同时，施加在新房建设上的成本也越来越高。80年代沃尔克暴力加息抑制通胀，同时美国推出"401K"计划也吸引了大量资金进入股市，美国实际房价有所下跌，直到1985年以后实际房价才再次恢复上涨。

（4）20世纪90年代以后，美国房地产供给受限、需求上升，加上金融大放水，让房地产的金融属性越来越强。

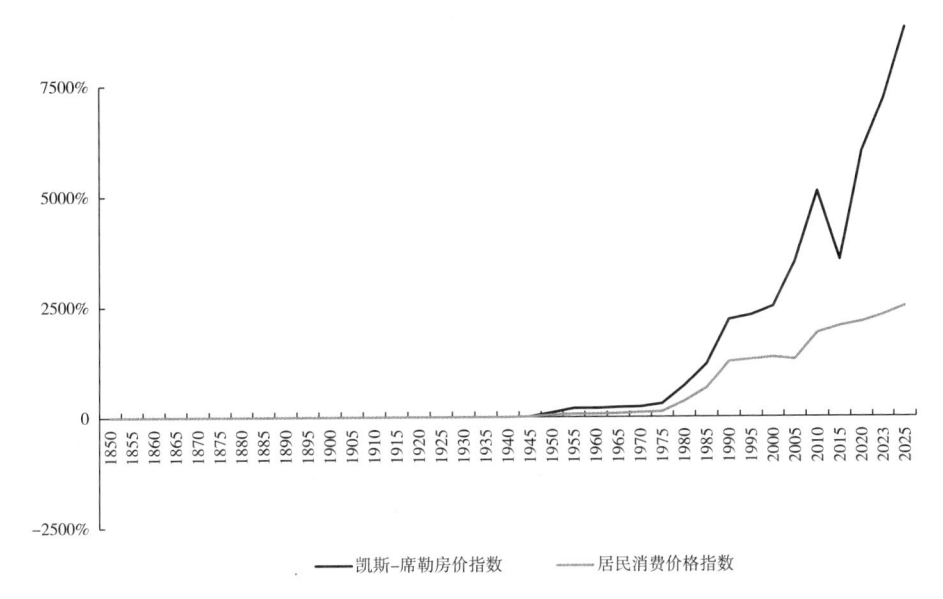

图 11.43: 美国名义房价从 20 世纪七八十年代开始大幅上涨

来源：德林新经济研究院

1990—1997 年，房价下跌对应的是美国股市暴涨，资金从楼市转入股市。2000 年互联网泡沫破灭后，房价进入上行区间，一直到 2007 年次贷危机之前都在上涨。之后的故事大家更熟悉，次贷危机后美联储持续放水救市。与此同时，开发商越来越保守，新房建设大幅减少，直到今天美国的新房建设数量仍然没有达到 2007 年以前的高点。

但是美国人口的自然增长、房子的自然老化、新移民带来的住房需求并没有减少。2008 年美国有 3.04 亿人，2024 年增长到 3.36 亿人，但是新房子盖不出来。这导致的第一个结果是，房地产库存率创新低（图 11.44）。这种情况下房子不涨价才是怪事！

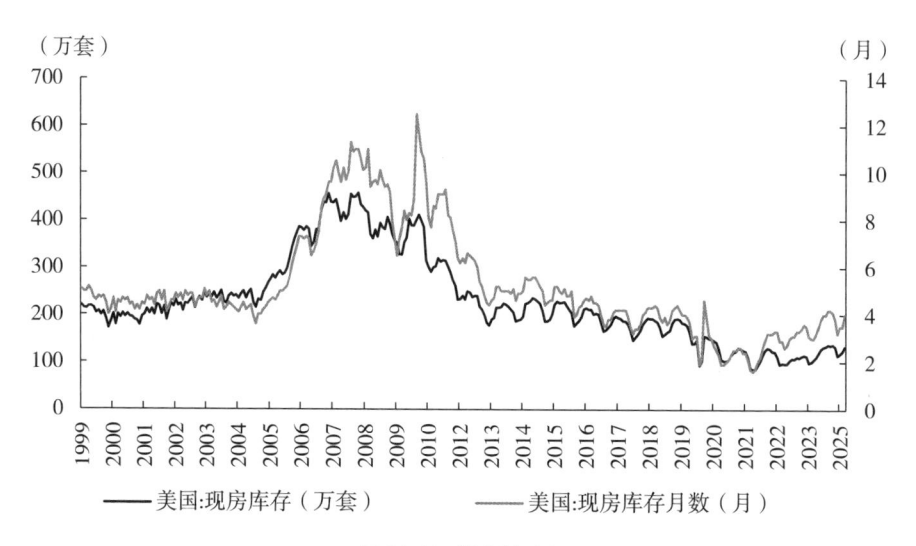

图 11.44: 美国现房库存
来源：Macromicro

与此同时，由于美联储 2020 年的大放水导致美国工资上涨、建筑行业用工荒持续存在，再加上土地价格随着通胀水涨船高，这些因素导致新房建造成本不断上升（图 11.45），也推动了新房价格上涨。

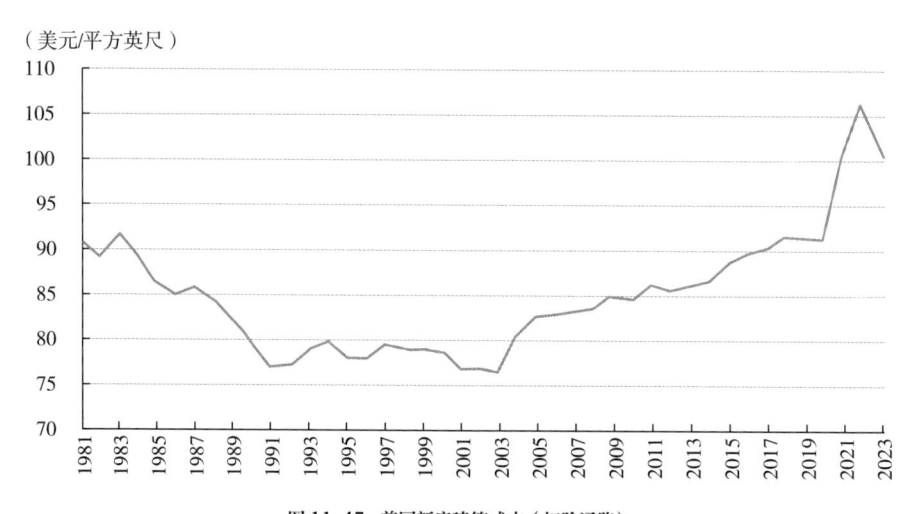

图 11.45: 美国新房建筑成本（扣除通胀）
来源：iFind
注：1 平方英尺约合 0.093 平方米。

这就是为什么我从 2021 年开始就多次发文呼吁投资美国房地产。大家可以参考 2021 年的《美国房价还会继续上涨吗？》《2022 年美国房地产市场还会继续火爆吗？》《2023 年美国房地产值得投资吗？》《美国住宅地产，2024 年的最佳资产配置》等文章。从中可以看出，我们的决策逻辑是一以贯之、清晰透明的。不是我们蒙对了房价趋势，而是大道至简，供需和利率决定了价格和交易量。

2020 年疫情来临美联储再次大规模印钞。房地产作为金融蓄水池，价格一飞冲天，不管是名义价格还是实际价格都实现了跳涨。也正是因为房地产的蓄水池效应，美联储大放水的同时并没有引发大规模通货膨胀，直到疫情阻断了生产和物流，再加上给百姓发钱才最终引发了大通胀。

凡事都有两面性，我们抛开道德因素，客观看待这一轮的大放水起到了什么效果。2024 年 Q2 美国最富有的 1% 的家庭，其财富达到 46.7 万亿美元，比 2020 年 Q1 的 30.4 万亿美元增加了 16.3 万亿美元，增幅达 54%（图 11.46）。

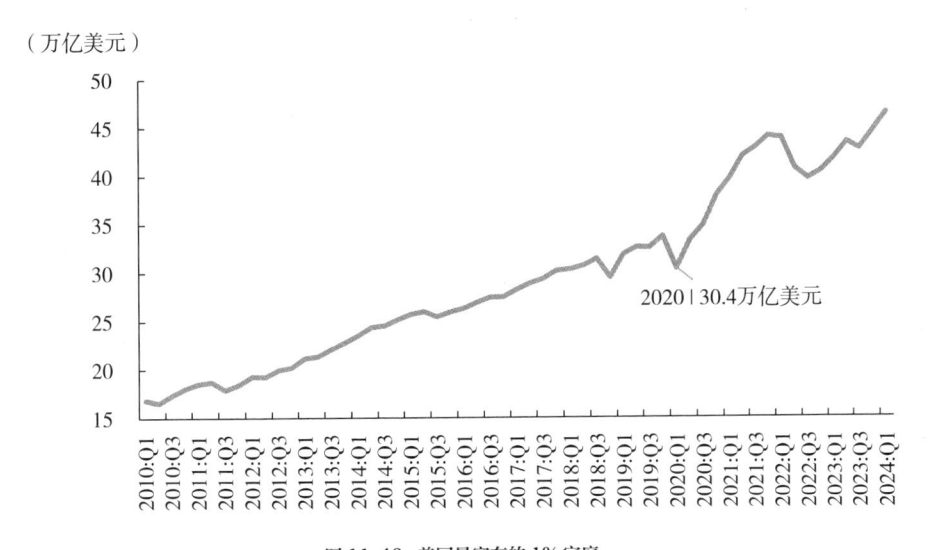

图 11.46: 美国最富有的 1% 家庭

来源：U.S. Federal Reserve

截至 2024 年 Q2，美国前 1% 的家庭拥有的财富占美国财富的比例达到 30.2%（前 0.1% 是 13.5%，之后的 0.9% 是 16.7%），接下来的 9% 的家庭拥有 36.5% 的财富，也就是说前 10% 的人拥有 66.7% 的美国财富（图 11.47）。富人财富的直接增加让豪宅市场越发火热（后 50% 的家庭只拥有 2.5% 的财富，中间的 40% 拥有 30.8%），这就是美国的房地产现状。

以古鉴今，回顾历史是为了看清下一步美国的政策会往哪里去?

第四，住房繁荣将抑制通胀

目前美国房地产是有价无量，一旦供应上升，住宅市场真正繁荣后将抑制通货膨胀。个中原因可以从两个层面分析。

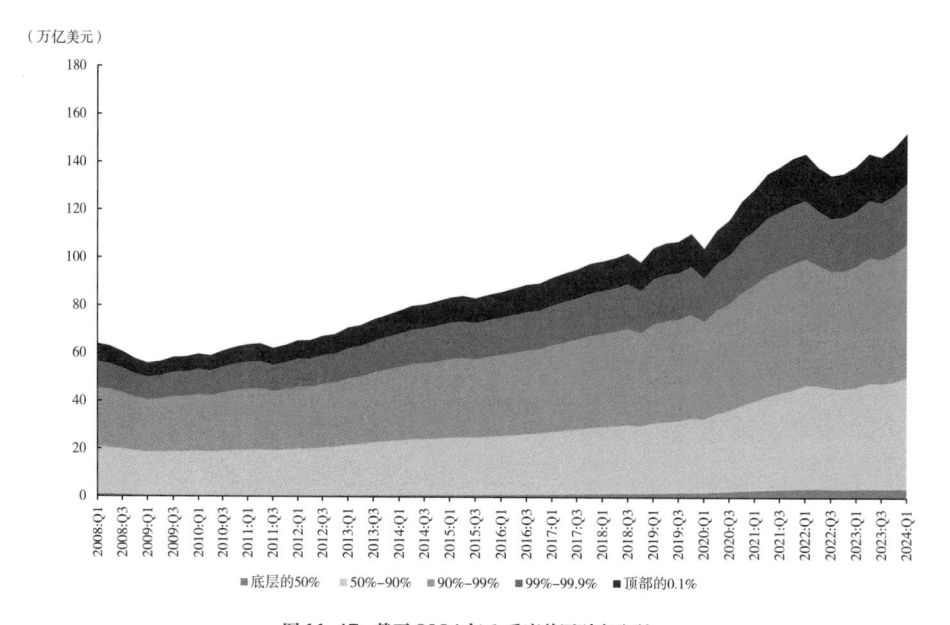

图 11.47: 截至 2024 年 1 季度美国财富分配

来源：Survey of Consumer Finances and Financial Accounts of the United States

（1）从微观角度看，房租是影响美国 CPI 的最重要因素，其占比高达 36%。它包括两部分，一个是直接租金，另一个是业主等价租金，其中业主等价租金占 70% 的比重。从历史上看，只要房屋供应充足，住宅租金就没有大幅上涨的理由（图 11.48），即便在 2008 年之前美国房价暴涨，租金也没有跟着上涨。从图中可以清晰地看出，从 1993 到 2008 年美国名义房价持续上涨期间，美国住宅租金一直在低位，只有 2001 年到 2002 年有过短暂的上升。同样，2008 年到 2020 年疫情前，租金也维持在低位。

唯一的不正常就是 2022 年以来的暴涨，其根源不在于房价上升，而是房屋供应因为疫情而中断，住宅缺口上升，供给不足导致租金暴涨。一旦房屋供应恢复，租金将维持在合理水平，不会成为引发通胀的幕后推手，当下才是历史的意外。

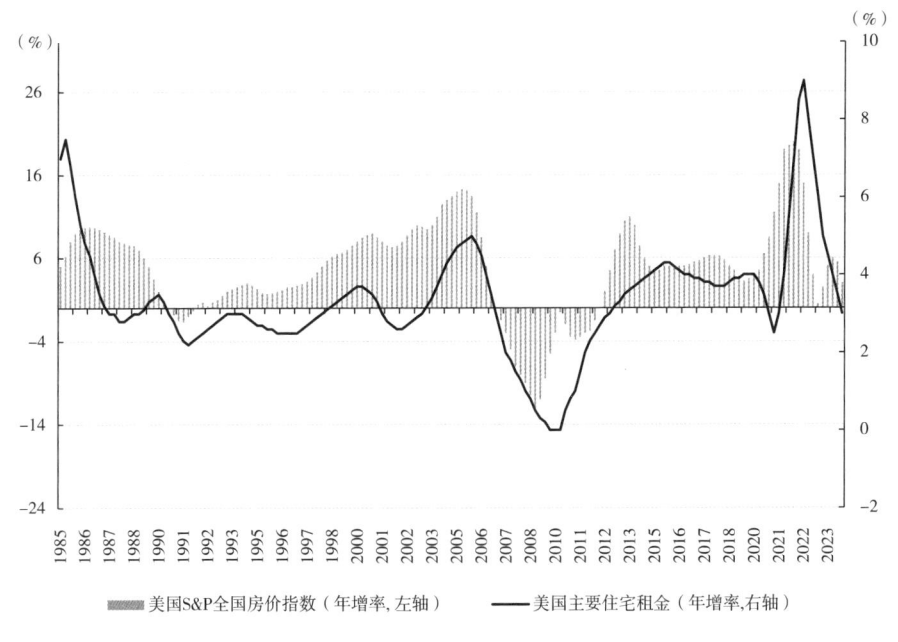

图 11.48：美国房屋租金和房价指数
来源：Macromicro

（2）从宏观角度看，房地产繁荣后将成为资金蓄水池，社会资本会沉淀到地产账户，社会消费不会暴涨。2008 年中国通过了 4 万亿政策，这是绝对的货币大放水，4 万亿占当年中国 GDP 的 12.7%，可是 2009 年中国 CPI 是负 0.7%，老百姓的吃喝拉撒一如既往，只有房价出现了上涨，房市就是这些增量资本的蓄水池。基本上，房地产市场繁荣的时候，通胀都不会太高，历史上还找不到反例。

11.3.3 小结

（1）目前美国房地产冰火两重天，豪宅市场一片火热，供不应求，量价齐升；普通住宅依然有价无市，库存上升，市场都在等利息进一步下降。

（2）对于新房市场，因为新开发房屋建设的保守及缓慢，房屋造价及人工不断上升而导致过去十年新房库存不断降低，新房出售价格也不断上扬，成交量也随之萎靡；而二手房由于美国独有的房屋抵押的利率锁定效应也冻结了房产交易。现存抵押贷款利率在3%—3.99%的占比33.8%，小于3%的占比25.8%。因此只有30年期贷款利率降到4%或更低，才会对房地产市场产生实质性影响；所以，目前主要房屋市场基本仍处于有价无市的状态。

（3）从历史发展的趋势来看，发达国家房价于20世纪60年代以后暴涨是因为供需失衡。一方面人口增长、移民流入增加了房地产需求，另一方面既得利益者阻挠导致审批成本、环境成本、建筑成本越来越高，让新房供应不足，地方政府也因为房产税而有动力推高房价，由此产生的供需失衡导致发达国家房价持续上涨。房地产的金融属性也在2000年后逐步放大。

（4）降息是房价短期上涨的重要原因，无论民主党还是共和党上台执政，美国进入降息轨道都是既定事实。只不过共和党上台降息可能会更快，加上特朗普的减税政策，房地产复苏会加速。民主党上台，降息节奏不变，低端供应增加（300万套），房地产温和复苏态势不会改变。

（5）与大家对通胀的想法不同，我认为住房繁荣将抑制通胀。房租是影响美国CPI的最重要因素，一旦房地产供应短缺被弥补，房租将回归常态。房地产市场繁荣后将扮演资金蓄水池的角色，把社会资本以及消费者的主要购买力沉淀到房地产上，反而有利于通胀长期稳定。

春江水暖鸭先知，布局地产正当时！

悲观是一种远见，而乐观需要智慧！

11.4 小汉堡大地产：麦当劳的商业地产密码[①]

2024年9月前，我用时4个月和客户在几个国际大都市走了一遍，清晰看到当今财富流淌的脉络，感兴趣的读者可以搜索我的文章（《漫步曼哈顿"帝国"——老钱的含义》《从威尼斯到米兰——我的意大利旅行随笔》）。在新加坡的酒店里，我忙里偷闲重温了一部经典电影《创始人》（The Founder），它讲述了"麦当劳之父"雷·克洛克（Ray Kroc）的故事。

20世纪50年代，雷·克洛克靠售卖奶昔机维生，麦当劳兄弟餐厅下了大订单，他登门拜访后，发现这间新式快餐店是一只能生金蛋的母鸡，于是提出合作并最终鸠占鹊巢。在此过程中，雷·克洛克遇到贵人——财务专家哈里·桑那本（Harry Sonneborn），他建议雷·克洛克购入土地，再在上面建加盟店，获得的回报继续买地扩店。此举使雷·克洛克越过"麦当劳兄弟"，对加盟店有着不容分说的控制权，让麦当劳在扩张初期保持良好的财务状况。此后雷·克洛克一步一步攫取餐厅的控制权，最终以270万美元收购麦当劳，之后做大做强，使该品牌在全球发扬光大。

土地无疑是麦当劳的实力与底气，至今麦当劳维持着良好的现金流及行业内高利润率。2023年，麦当劳以57.1%的毛利率，力压拥有肯德基和必胜客的百胜餐饮，连续7年保持行业领先地位。

让我们像剥洋葱一样，一层一层剥开麦当劳收益的奥秘。

"洋葱的第一层"：租金占麦当劳营收近四成。在麦当劳的加盟模式中，公司拥有土地或者建筑资产，加盟商则需要向公司支付租金。从2012年开始，麦当劳的营收构成中，租金收入的占比逐年递增，2016—2018年增速格外迅猛。至2023年，租金收入已占据总营收比重的38.6%。

[①] 原文写于2024年9月4日。

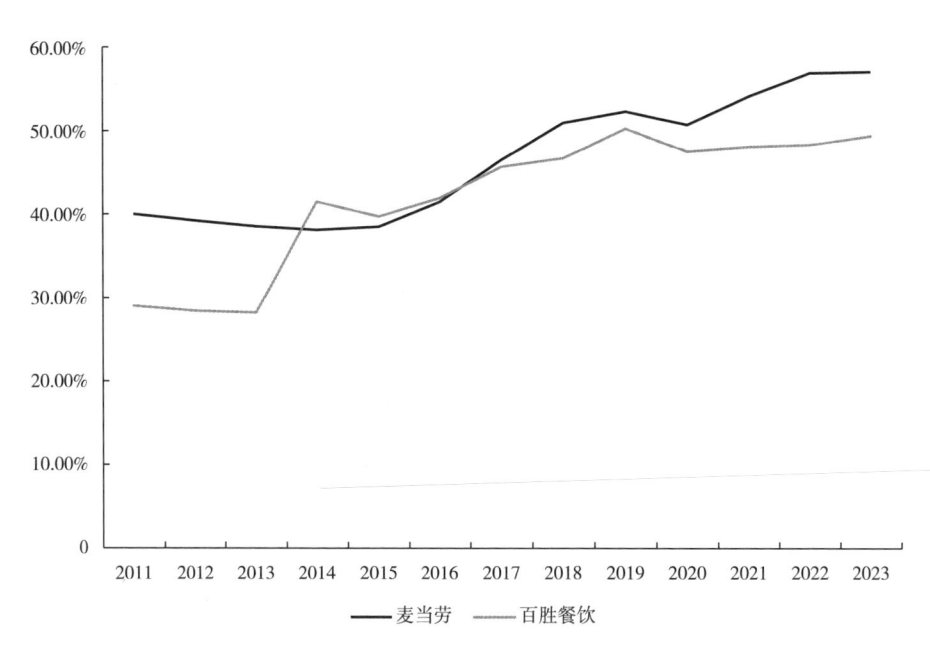

图11.49：麦当劳和百胜餐饮销售毛利率对比

来源：德林控股

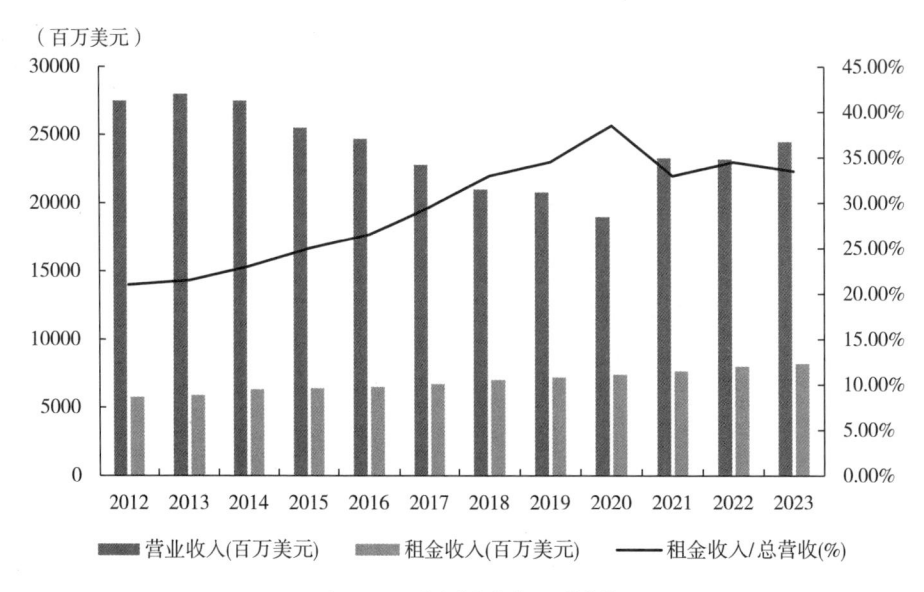

图11.50：麦当劳租金收入／总营收

来源：德林控股

"洋葱的第二层"：加盟店向总公司"进贡"的租金远超特许经营费。2023 年，麦当劳加盟商总计为公司贡献收入 154 亿美元，其中租金收入为 98.4 亿美元，占比高达 63.9%。剩下的部分是特许经营费 55.3 亿美元，以及初始费用 0.6 亿美元。

加盟店租金收入包括两块，分别是最低租金付款（minimum rent payments），以及浮动租金付款（variable rent payments）。前者根据加盟商条款，按照直线法入账，是一个可预测的固定数值；后者则以销售额的一定百分比，在产生销售时入账，是一个浮动的不可预测数值。即使不考虑未来新增的加盟商合约，以最低租金计算，未来 5 年，公司也能躺赚 311.6 亿美元。

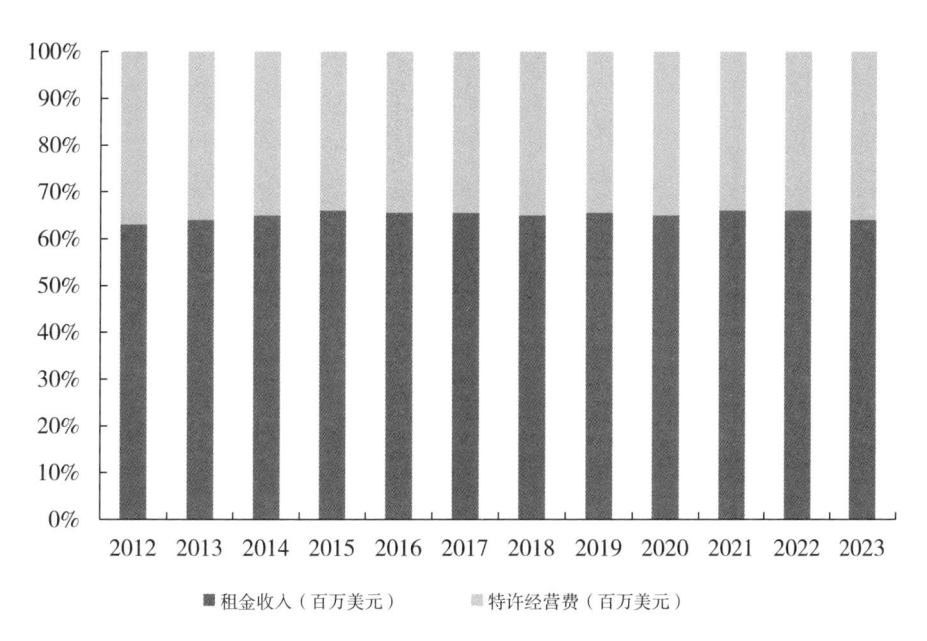

图 11.51：麦当劳加盟店向总店进贡的大部分为租金
来源：德林控股

"洋葱的第三层"：核心地产。截至 2023 年，麦当劳拥有全部餐厅约 57% 的土地和约 80% 的餐厅建筑，扣除 145 亿美元的累计折旧和摊销后，特许经营安排下的净财产和设备总计 201 亿美元（包括 62 亿美元的土地）。

难怪麦当劳创始人雷·克洛克和第一任总裁兼 CEO 哈里·桑那本，不止一次在公开场合表示，公司做的其实不是食品业务——而是地产业务。

麦当劳无法通过一个个汉堡里获取 1.4% 的利润来建立商业帝国，但可以通过一间间汉堡店所在的地产来建立！这部电影令人热血沸腾，我当然不会冲出去买地开餐厅，因为整个商业逻辑、监管环境、法律制度不一样。我想，麦当劳有它立足的土地，德林有我们立足的土地——ONE Carmel。

ONE Carmel 项目现在进入到"最后一公里"。从 2017 年买下这块土地开始，我们一直在探索什么是最适合德林的模式，因为德林不是一个房地产发展商，ONE Carmel 也不是一个单纯的房地产项目。其间我们与来自美国、欧洲、亚洲的投资者会面，大家基本达成共识，ONE Carmel 将会成为美国北加州最高端的私密社区（Private Community），在 73 幅土地上建设幸福家园。投资者是邀请制，我们将与世界级奢侈品牌联合，持续为投资人打造全方位、定制化服务。

我还得知一件趣事。张大千从巴西搬到美国后，住在卡梅尔"环荜庵"。巧的是，我认识的一位旧金山州立大学终身教授，过往十多年一直在筹备拍摄张大千的纪录片，他和我聊了许多张大千旅居此处的细节。卡梅尔海岸上怪石嶙峋，惊涛拍岸，卷起千堆雪，促成张大千泼墨泼彩意境最为成熟的一段时期。该阶段创作的《秋山夕照》2023 年岁末在香港苏富比拍出 1.99 亿港元，而这幅画第一手拍卖的价格是 5 万港元，回报相当惊人。

独具慧眼的投资者往往能获得真金白银的回报。德林的 ONE Carmel 项目日后不是以几亿／十几亿美元的速度增长，而是具备难以估量的收藏品价值。

在《巴比伦最富有的人》（The Richest Man in Babylon）书中，巴比伦首富传授了三条致富法则：一是把收入的 10% 存下来；二是把存下来的钱交给专业人士打理；三是不要使用投资回报，让它滚动生钱。这三条法则大道至简。德林手握优质资产（土地），拥有顶尖投资团队（人才），让土地的价值为我们所用，而我们所做的商业活动再为土地加持价值。志同道合的客户与我们携手并进，一起享用复利（时间）带来的丰厚成果。

12. 资本代价——美国的贫富悬殊

12.1 美国的深层问题是贫富悬殊

美国经济面临的最大问题是收入两极分化。这个问题不是今天才出现的，而是从 20 世纪 80 年代美国去工业化的时候就开始了。2016 年特朗普能上台的重要原因就是，他抓住了"广大白人生活水平下滑"的痛点，明确说要"替沉默的大多数发声"，要让工作机会从中国回来，要开打贸易战，要"美国优先"，等等。最终特朗普依靠煽动美国白人的民族主义情绪登上了总统宝座。

新冠疫情的暴发进一步加剧了美国的贫富分化，所以特朗普只能靠进一步煽动民族主义情绪才能维持表面和谐。于是共和党把矛头对准中国的同时又鼓吹非法移民和普遍关税问题。稍微有点经济学常识就知道，已经转移到中国的劳动密集型制造业很难返回美国，非法移民问题也根本没有大到能影响美国的医疗、教育和住房成本。但是美国老百姓不知道，也不想知道。

本质上只要美国的贫富差距继续扩大，美国国内就不可能稳定。

第一，美国的基尼系数在发达国家中最高

为什么美国的贫富悬殊这么大？我们认为有三大原因。

（1）制度原因。自由主义是刻在美国人基因里、写在宪法上的立国宗旨。美国宪法对政府权力的限制非常多，但是缩小贫富差距必须靠大政府，这是制度难题。美国历史上唯一一次政府权力扩张是在大萧条期间。当时民众大规模失业，政府不得不把提供就业当成自己的责任，开始兴建公共工程。

（2）路径依赖。我们认为，美国科技创新能力之所以比欧洲强就是因为它的小政府理念。民众普遍接受社会达尔文主义，接受社会的不平等。某种程度上这也是美国社会的基因，他们相信凭借个人奋斗就可以实现自己的美国梦。从西海岸的硅谷到东海岸的华尔街，美国的每一天都在上演着弱肉强食的竞争，胜出者可以通过资本市场获得千万倍的回报，正是这个制度激励着全球的聪明人去美国淘金。某种程度上，自由至上的小政府是美国竞争力的来源，所以它不可能轻易放弃。

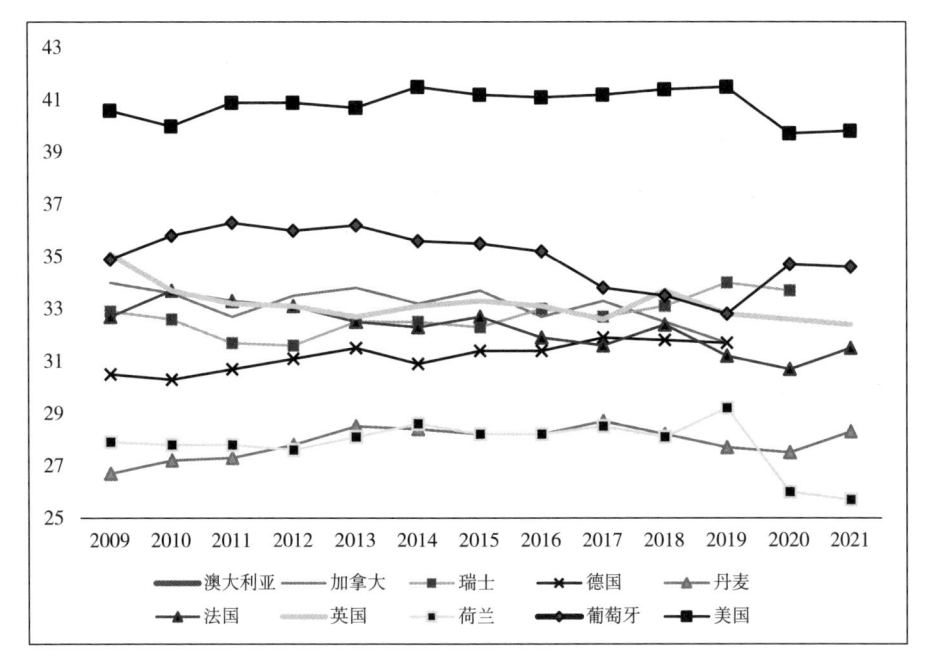

图 12.1：主要发达国家基尼系数
来源：世界银行

新冠疫情来临时，有钱有势的人可以优先检测，特朗普可以直接说：也许这就是人生。普遍接受社会达尔文主义让美国社会的统治成本极低，一切靠市场。而市场优胜劣汰又必然会带来贫富分化。

（3）既得利益者阻挠。缩小贫富差距意味着收入再分配，也就是劫富济贫，让富人交税给穷人提供福利。但是富人控制着国会和政府，当然不愿意多交税。从 20 世纪 80 年代美国实现金融自由化以后，前 0.01% 的富人提供了越来越多的竞选资金（图 12.2），底层的 90% 人口几乎对政坛没有任何影响。你们认为 0.01% 的有钱人为候选人提供竞选资金是在做慈善吗？就像这次石油资本赞助特朗普一样，目的是废除对化石能源的限制，一切都是交易。事实上美国贫富差距变大和富人的竞选投入上升是同时发生的，就在 20 世纪

80年代以后。

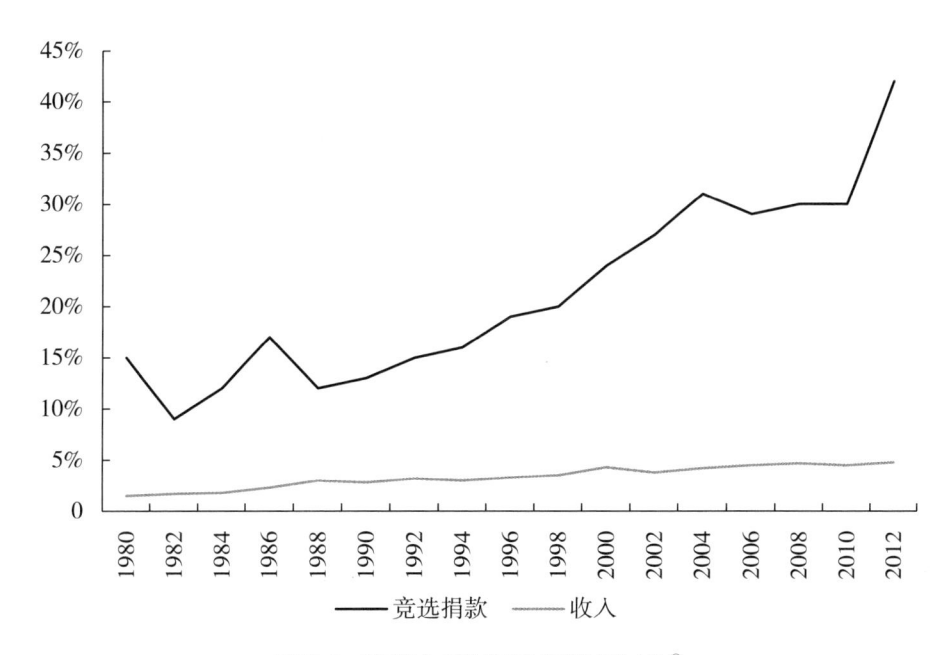

图 12.2：顶层前 0.01% 的富人的竞选捐款占比[1]

别的不说，就以疫情来临后的第一个救助法案说起。2020 年 3 月 25 日美国参议院以 96：0 的投票结果通过史上最大的经济救助计划，拨款 2.3 万亿美元。这个法案的内容有 808 页之多，我相信没几个人看过。大家只记住了美国给年收入 7.5 万美元以下的老百姓每人发 1200 美元。似乎钱都是给老百姓的，但是算一下就知道，3 亿乘以 1200 美元，才 3600 亿美元。据美国税收联合委员会估算，2.3 万亿里 81.8% 都发给了年收入超过百万美元的富人，这不是媒体小报的胡诌，美国税收联合委员会（Joint Committee on Taxation）是官方机构。

欧洲在疫情期间也有救助计划，但是欧洲企业接受救助的前提是不许裁员，美国则没有限制。美国企业直接裁员，员工交给政府负担。这恰恰反映

---

[1] Adam Bonica, Nolan McCarty, Keith T. Poole, Howard Rosenthal, "Why Hasn't Democracy Slowed Rising Inequality?" *Journal of Economic Perspectives*, Vol.27, No.3, 2013, pp.103–124.

了劳资双方发生矛盾时美国企业更强势的地位。正是美国资本的绝对自由造成了美国社会越来越严重的分配不均,进而产生一系列社会问题。

这三个原因注定了美国的贫富差距很难逆转。

第二,金融资本挣脱了政府束缚

历史上美国富人的政治权力一直受到政府的制约,政府会利用社会舆论周期性地调整规则遏制富人,维持了政府、社会、市场三者的平衡。

19世纪30年代,杰克逊主义者打击特权精英,确保市场制度服务于普通公民。

19世纪末20世纪初期,进步主义者实施反垄断法,拆分大型托拉斯组织,设立负责监管垄断问题的独立委员会,并且禁止企业进行政治捐款。

20世纪30年代,罗斯福新政限制了大企业和华尔街的政治权力,并且扩大了工会、小企业和小投资者的权力。

"二战"后,美苏争霸,在苏联扩张的高峰期,美国联邦政府把个人所得税的边际税率提高到90%,在美国率先实现了"均贫富"。政府的转移支付的确帮助了穷人,创造了庞大的中产阶级,这是20世纪的美国中产都怀念的黄金时代。

从美国的历史中我们可以清晰地看到政府在遏制资本、维护中产方面起的作用。可惜,金融资本在20世纪80年代起逐步挣脱了束缚。无论是民主党还是共和党,都持续为金融资本松绑(表12.1)。

表12.1:美国利率市场化进程

1971年8月	尼克松宣布终止用美元兑换黄金
1973年5月	取消1000万美元以上、期限5年以上的定期存款利率上限
1978年6月	打破支票存款不允许支付利息的限制
1980年3月	取消贷款利率最高上限规定
1982年5月	放松3.5年以上的定期存款利率管制
1983年10月	取消所有定期存款利率上限
1986年3月	取消所有利率上限

来源:德林控股

20世纪50年代，美国联邦税收32%由企业承担，到2022年企业税只占联邦税收总额的9%，普通老百姓变成了纳税主力，占比高达84%（个人所得税+社保税）。

1964年，只有29%的美国选民认为政府由"几家只顾自身利益的大型利益集团所控制"。到了2013年，有79%的美国人认同这一观点[1]。估计今天这一数字能突破90%。富豪们可以通过捐款获得直接的回报，基本上捐款50万美元就能保证你获得一个美国驻外大使的职务。类似这样的政务官美国总统可以直接任命4000个。这就是赤裸裸的钱权交易。当然，总统下台后，这类官员也会辞职，乖乖把位置留给下一任总统任命。

20世纪70年代，只有3%的国会议员在退休后会成为说客，2010年以后，50%的退休参议员和42%的退休众议员会从事游说工作。这里有两种模式，一种是在任时议员替企业通过某些法律，退休后企业直接高薪雇用议员当说客或顾问，是变相贿赂；另一种是企业看重议员在圈子里的人脉，雇用他们游说性价比高。毫无疑问，这样的议会是不可能代表老百姓利益的。

1787年美国宪法诞生，1986年美国金融自由化完成。200年时间，资本成功把美国政府关进了笼子。

12.2 把金融自由化拓展到全世界

第一，向全球推广金融自由化

当资本需要自由贸易时，论述自由贸易的学者就会被抬出来吹捧。1846年英国资产阶级抬出亚当·斯密的自由贸易理论并奉为经典的时候，《国富论》已经出版70年了。在此之前英国是全世界贸易壁垒最森严的国家。历史上所有发达国家，只有当自己在工业具有世界竞争力以后才会实施自由贸易的政策。

当资本需要贸易保护时，识时务的学者就会主动提出相关理论满足资本的需求。2004年，当今的西方经济学泰斗萨缪尔森以中国崛起为背景对国际贸易提出一个新概念——"萨缪尔森陷阱"。他指出："自由贸易和全球化

---

[1] Citizens United v.Federal Election Commission, 558 U.S.310, 2010, p.5.

有时可以把技术进步转变成双方的收益，但是有时一国生产率的提高却只带来该国自身的收益，并通过减少两国间本来可能有的贸易收益而伤害另一国家。"萨缪尔森还认为："自由贸易的新风对中国十分有利，但是……这个风已经卷走美国过去在自由贸易中获得的所有快乐……未来国外会有某类发明反复减少美国在自由贸易和全球化中的绝对人均收益吗？正确的答案是：肯定会……"

翻译一下就是，美国生产飞机，中国生产衬衫，双方交换，皆大欢喜。如果中国生产衬衫的同时也学会了更高效率地生产飞机，那么就会永久性地损害美国利益。萨缪尔森对政治的敏感把握才是他能够立于经济学殿堂之巅的根本原因。1873年马克思说："资产阶级在法国和英国夺得了政权……现在问题不再是这个或那个原理是否正确，而是他对资本有利还是有害，方便还是不方便。"[①]

1989年，陷入债务危机的拉美国家急需国际援助。美国政府伙同国际货币基金组织、世界银行制定了救助拉美的条件，共10条政策，被称为"华盛顿共识"。

表12.2：华盛顿共识10条政策

1.	加强财政纪律，压缩财政赤字，降低通货膨胀率，稳定宏观经济
2.	把政府开支重点转向经济效益高的领域和有利于改善分配的领域
3.	降低税率
4.	利率市场化
5.	汇率市场化
6.	贸易自由化
7.	放松外资限制
8.	国企私有化
9.	放松政府管制
10.	保护私人财产权

来源：德林控股

---

① ［德］马克思：《资本论》第一卷，人民出版社2004年版，第17页。

这些政策实施的后果是灾难性的。危机国关系国计民生的产业都落入了跨国资本之手，经济发展的果实完全被窃取了。

1982年拉美经济危机爆发，资产价格大幅下跌。1985—1990年，美国金融资本收割胜利果实，阿根廷几乎全部卖光了所有战略性行业的国有企业。石油、天然气、通信、电力、公共事业、核电站、港口、机场、火车站、供水等所有公共设施都被外资收购！

到了1997年，泰国率先爆发危机，随后波及东南亚诸国，资产价格大幅下跌。东南亚金融危机后的20个月内，跨国公司在东南亚进行了186起并购，这是51年来东南亚最大规模的资产转移，金融、石油、电力、矿产、电信等统统被私有化，国家的经济控制权被跨国公司掌控。

有兴趣的读者可以看《一个经济杀手的自白》这本书，里面讲了很多金融资本利用国际货币基金组织（IMF）、世界银行去海外坑蒙拐骗的事迹，这本书的作者就是参与者之一。

2008年美国自身爆发金融危机，2020年全球疫情，连续打击了美国的经济，让它再也无法对其他国家轻松剪羊毛。2020年以来美联储资产负债表从4.2万亿迅速涨到8.96万亿美元，翻了一倍，标普500指数同期涨幅基本一致。与此同时，美国通胀也达到31年最高！新增国债一半以上被美联储直接购买，说明国际社会已经消化不了超发的美债。这也意味着美国的金融全球化之路走到了尾声。

当特朗普秉持着"逆全球化"的执政理念时，美国会带给世界什么呢？

第二，"美国优先"及其悠久的历史

孟子曰：穷则独善其身，达则兼济天下。从建国到1947年，美国一直是"独善其身"的存在，从1947—2017年则坐拥"兼济天下"的辉煌。2017年至今，尤其是特朗普执政期间，美国开始朝着"独善其身"的道路回归。

1796年9月17日，华盛顿总统退出政坛时发表《告别辞》指出，"美国应该与外国发展商务关系，但是却要避免与它们发生政治联系，不要与任何外国建立永久的联盟……我们通过人为的纽带把自己卷入欧洲政治的诡谲风雨是不明智的……美国独处一方，远离他国，这种地理位置允许并促使美国推行一条独特的外交路线，使好战国家不能从美国获得好处，也不敢轻易冒险地向美国挑衅。美国因此可以在正义的指引下依照自己的利益，在和平和战争的问题上做出自己的选择"。美国这种孤立主义的思想通过美国国父传达出来更具说服力，为美国的外交政策奠定了总基调。

1914年第一次世界大战爆发，美国始终坚持不与任何国家结盟，不卷入列强纷争。

20世纪30年代末40年代初，"美国优先"这一口号仍然是美国孤立主义者反对参加第二次世界大战的标语。直到日本偷袭珍珠港才让孤立主义的思想破产，美国不得不加入对德国、日本、意大利的决战。

"二战"后，美国基于自身的经济和军事实力开始规划战后世界新秩序。1945年12月19日，时任美国总统杜鲁门在特别咨文中明确提出："不论我们是否愿意，我们大家都必须承认，我们赢得的胜利已经把领导世界的持续重担放到了美国人民身上。世界未来的和平在很大程度上取决于美国是否真正表现出有决心继续在国家间发挥领导作用。"[1]《时代》周刊引用丘吉尔的话说："在这一时刻，美国站在世界的巅峰。"[2] 无论从军事实力还是从经济实力看，都是如此。

2025年特朗普再次祭出"美国优先"的大旗，开启了向美国传统的回归。即一切国际合作必须服务于美国利益，是美国向现实主义的回归。

从历史的角度看，也许"二战"后这段时期才是美国的偶然。

---

[1] https://www.presidency.ucsb.edu/documents/special-message-thecongress-recommending-the-establishment-department-nationaldefense.
[2] "Days to Come", *Times*, Vol.46, No.9, August 27, 1945, p.19.

PART. 3

AI，中国的机会

从神经网络到开源博弈，抢占智能时代的生存席位

  科技创新则是财富创造的源头活水。资本如何流向科技前沿，又如何从中汲取回报，构成了现代经济增长的深层逻辑。如今，中美在人工智能领域的角逐，正以前所未有的力度重塑全球财富创造的版图。

  洞悉人工智能的本质是理解这场变革的钥匙。AI 通过模拟人脑神经网络生成智能，却与人类大脑有着天壤之别。人脑由本能脑、情绪脑与理性脑协同运作，80% 的神经元致力于身体运动，每秒放电仅 40 次。而 AI 剔除了本能与情绪的桎梏，独放大理性脑的功能，依托计算机每秒 40 亿次的运算速度，其潜在智力或超人类万倍。这一跃升彻底颠覆了财富创造的范式——AI 不受贪婪、恐惧等人性弱点牵绊，能提供超越凡俗的理性决策支持。

  人形机器人领域折射出中美迥异的技术路径与财富模式。美国以特斯拉 Optimus、Figure 01、波士顿动力为代表，追逐技术巅峰，打造全能型机器人，付出的代价是商业化前景模糊。中国则以宇树科技为先锋，推出价格亲民（约 10 万元人民币）且聚焦场景应用的机器人，依托完备产业链快速迭代。这种路径分野塑造了不同的技术演进的方向。

开源代码在科技博弈中扮演着双面角色。以 DeepSeek 开源大模型的横空出世，其震撼效应波及美国科技界，触发英伟达股价震荡与美国政策调整。开源自诞生起便在理想主义与商业利益间摇曳，如今多被巨头用作扩张生态的利器，同时严守核心竞争壁垒。中国工信部已将开源纳入国家战略，但市场活力与企业创新仍是胜负手。DeepSeek 成功的秘诀，在于创始团队凭借幻方量化积累的雄厚资本，网罗顶尖人才，构建扁平化研发体系，核心仍是市场驱动的创新。

中国香港作为中西交融的枢纽，拥有跻身国际创新科技中心的天然优势。硅谷的崛起证明，科技创新中心需仰赖三大支柱：大学科研成果的商业转化、风险投资的催化，以及高效的技术落地体系。香港坐拥世界级大学集群、普通法环境与国际金融中心地位，若能嫁接大湾区的产业优势，便有望锻造"香港创新—大湾区制造—全球消费"的崭新链条，推动经济多元腾飞。

随着中美关系风云变幻，中国地缘战略的东西转向成为科技与经济发展的关键命题。"一带一路"倡议唤醒古老丝绸之路，为中国制造业与资本"走出去"铺路，同时破解能源安全与产能过剩困局。这一战略与 19 世纪 90 年代美国因产能过剩而通过海权扩张走向全球的路径异曲同工。

科技创新引领的财富创造从宏观层面改写国家间的实力天平，从微观层面重塑个人财富守护的策略与路径。在这场中美博弈中，制度创新、人才培育与战略布局，往往比单纯的技术飞跃更具决定性。这不仅是国家崛起的命门，亦是个人财富守护必须锚定的核心考量。

13. AI 的智能是如何产生的 [1]

2024 年，新华社评选出来的年度国际词是——人工智能（Artificial Intelligence，AI）。大家接触 AI 主要是通过 DeepSeek、ChatGPT、豆包、Kimi 等各种应用程序，只知道：你提一个问题，它就会直接给你答案。再加上媒体对 AI 的展望，比如自动驾驶的普及、AI 和人形机器人的结合等，让我们对 AI 的未来充满了期待或担忧。今天我想回答一个 AI 最底层的逻辑——为什么机器忽然拥有了智能？只有深刻理解这个问题，我们才能更清晰地看见未来。

第一，机器拥有智能是因为它模拟了大脑的工作方法

现代医学对大脑的研究已经持续了数百年。我们现在知道大脑由神经元组成，神经元组成的神经网络通过电信号传递和处理信息，神经元之间的信息传递则通过突触释放化学信号完成，所有生物的大脑都是这样工作的。

1986 年人类绘制出了线虫的大脑连接图，共 302 个神经元和 7000 个突触。2023 年人类绘制出了果蝇幼虫的大脑连接图，共 3016 个神经元和 54.8 万个突触。小鼠的大脑连接图目前绘制了一部分，包括视网膜、嗅球、新皮层等，小鼠的大脑包含约 7100 万个神经元和 1 万亿个突触。

我们人类大脑有 860 亿个神经元和 100 万亿个突触，随着检测手段的进步，可能突触数量还会上升。总之，人类大脑只是神经元和突触的数量更大，但是和其他生物比并不特殊。

人工智能就是用计算机来模拟神经网络的工作方法，这个过程中主要有两个障碍：一是计算机的算力不足，二是不知道用什么算法来模拟人脑的思考过程。1986 年辛顿提出了"反向传播算法"来训练多层神经网络，随着计算机算力越来越强，2012 年辛顿和他的团队在图像识别比赛中取得第一名，这一算法从此名声大噪，人类打开了进入机器智能世界的大门。

---

[1] 原文写于 2025 年 2 月 23 日。

什么是反向传播算法？大家请看下面的图，中间黑色部分代表用于训练的参数，比如 DeepSeek 有 6710 亿参数，就是说在计算机的模拟训练中有这么多可调的变量。假如你问了一句："天空为什么是蓝色的？"如果大模型回答"因为上帝给天空涂了蓝色的油漆"，这时候你就要调整它的参数，直到它能正确回答出：是因为光的散射作用。这个调整参数的过程就叫反向传播。

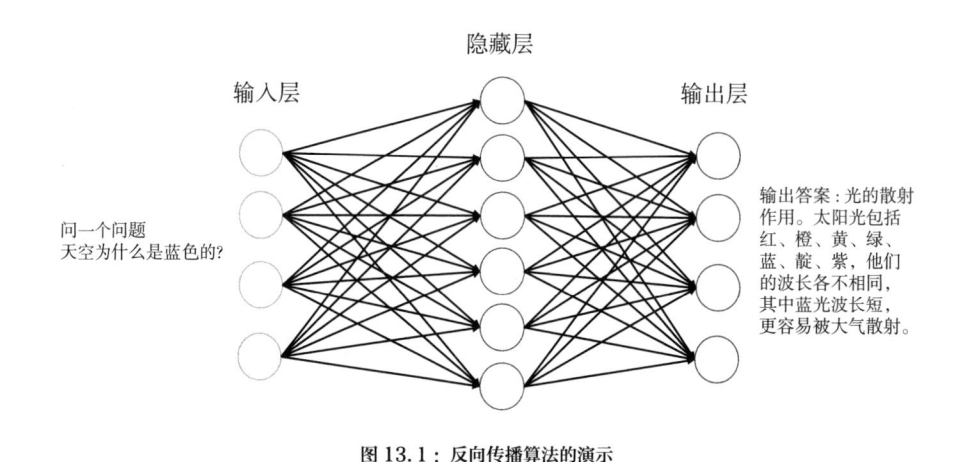

图 13.1：反向传播算法的演示

你可能也发现问题了，反向传播依赖于人们知道标准答案，这是反向调整参数权重的基础。

第二，人类打开了人工智能的大门

如果你也感觉人类的大脑不是靠反向传播工作的，那么恭喜你，你的判断和诺贝尔奖得主、DNA 结构的发现者之一、神经学家弗朗西斯·克里克（Francis Crick）一样。他在 1989 年就说过："就学习过程而言，大脑实际上不太可能使用反向传播。"

和辛顿一起获得图灵奖的约书亚·本吉奥教授说：任何生物学上可行的学习规则都需要遵守一个限制，即神经元只能从相邻神经元获取信息，而反向传播算法可能需要从更远的神经元处获取信息。因此，"如果你非常严格地来分析反向传播算法的话，大脑是不可能这样计算的。大脑能够比最先进的人工智能系统更好、更快地概括和学习"。

2017年10月，辛顿在多伦多的一场AI会议上表示，反向传播算法并不是大脑的运作方式，一举推翻自己过去几十年的研究，并随之提出全新的神经网络架构——胶囊网络。

既然大脑不是用反向传播的算法工作的，为什么我们还是觉得DeepSeek等AI都很聪明呢？最新的研究表明，大脑的局部会使用与反向传播类似的算法，大脑可能通过多层信号传播和反馈环路来实现近似反向传播算法的误差调整。也就是说，反向传播只是模仿了神经网络的一点皮毛就取得了如此巨大的成就。

我们可以毫不夸张地说，现在对AI的开发程度、认知程度只是冰山一角、九牛一毛。以马斯克公布的Grok-3为例，他调用1.8万亿个参数，用了20万块GPU，每小时耗电7万度，另外每小时还需要3万度电来冷却机器，而DeepSeek所用的算力只有Grok-3的1/263，推理能力方面，Grok-3仅以非常微弱的优势胜出。

为什么Grok-3和DeepSeek能耗对比这么悬殊？因为DeepSeek用了辛顿2015年发明的大模型蒸馏法。蒸馏法相当于把一个大脑拆成10个用，但是每个大脑总结出的经验可以直接给其他9个共享，这不就相当于学生听老师讲课吗？大家轮流当老师就行了。就是这么一个简单的算法变换就让AI的效率提升了263倍。从这个角度看，改进AI算法的空间还非常大。

人脑有100万亿个突触，Grok-3是1.8万亿个参数，只是有人脑的1.8%。人脑运行的耗电量相当于一个20瓦的灯泡，Grok-3是10万瓦的灯泡。从这个角度看，未来的算法改进空间几乎是无限的。就像我在《人类大脑和人工智能》一文中说过的，人工智能有可能达到人类智力的1万倍甚至更多。

人类的大脑可以分为满足生理需求的本能脑、满足心理需求的情绪脑、满足理性思考的理智脑。理智脑的出现赋予了人类极其特殊的能力，包括科技、艺术、教育、文化等。

在大脑实际运行中，理性脑的使用率小于10%，大部分时候是本能脑（70%）和情绪脑（20%）在工作。本能脑和情绪脑掌管着生理系统、潜意识，它们运算速度极快，达每秒1100万次，但是能耗极低。理性脑虽然使用频率低，但是耗能极大，运算速度也仅为每秒40次。

而 AI 的出现将把人类的理智脑无限放大！想象一下，人脑大部分神经元每秒放电 40 次，计算机 40 亿次；神经元的电信号在体内传播速度每秒 100 米，计算机信号传播速度是光速，每秒 3 亿米；神经元之间的信号传递依赖突触释放的神经递质，平均释放概率只有 30%，这就是为什么我们经常记不住东西，而计算机存储数据的概率是 100%。随着人脑神经网络运转方式被解读，接下来的问题是，我们如何迎接这个智能爆炸的时代？

我前面说了，人工智能有可能达到人类智力的 1 万倍甚至更多。很多人不理解 AI 比人类聪明 1 万倍意味着什么。举个例子，人跑步的速度是 10 公里/小时，提高 10 倍就是普通汽车的速度，提高 100 倍就是民航客机的速度，提高 1000 倍就是 X-43A 超高音速侦察机的速度，但这一速度只能持续 11 秒，这是人类目前造出来的最快的无人机，已经卡在这里无法进步了。跑步速度提高 10000 倍就是地球绕太阳的速度，这是人类目前无法想象的。

以此类比你就理解 AI 比人类聪明 1 万倍意味着什么了。接下来的问题是，如何把 AI 为我所用？

第三，如何把 AI 为我所用？

德林缘起于家族办公室，为了帮客户做好每一次决策，我们不但时刻关注宏观经济、国际局势、资金流向，也一直密切留意科技最前沿的动态，并在此基础上布局未来。早在 2020 年德林就开始了公司内部的数字化改造，并于 2021 年实现了家族办公室业务数字化，成为全球家族办公室领域第一个吃螃蟹的。2022 年，德林继续潜心研发人工智能在金融领域的应用，率先开发出基于人工智能的数字分身。2023 年，德林金融 GPT、德林数字人大脑先后启动测试，并在小范围试运行。2024 年，成功上架了 AI 驱动的基金超市，数字人、金融 GPT、德林大脑都在稳定运行。

现在我们正式把德林潜心孵化了 5 年的人工智能项目——突触科技从幕后推到台前。我们之所以将其中文名定为"突触"，是因为突触是神经元网络最精妙的纽带，也是人类大脑智慧的源泉。正是突触将彼此孤立的神经元相连，才编织出人类思维的无限可能；同样，人工智能的智慧也源于神经算法对突触权重的精准调控，仿佛在无形之中重现了生命的奥秘。突触很微小，却是承载万千智慧的起点；它连接的不仅是神经元，更是人类与未来。我们相信，AI 和金融的未来必将在神经网络的土壤上交汇，所以突触科技的英文名字我们选了 NeuralFin。

突触科技将重新定义财富管理，打造一个由人工智能驱动的动态金融社区。把最前沿的 AI 技术与最专业的金融知识相结合，创建一个充满活力的生态系统。在这里，持牌金融人士可以创建自己的虚拟分身，将他们的专业知识分享给更多人，并通过智能合约实现收益分成；在这里，突触科技的专业顾问将会用服务顶级家族办公室的智慧，为你量身打造高度定制化的财富管理方案；在这里，每一个聪明的你都能创建属于自己的数字人，你的数字分身将会学习各类专业知识、提升实战技能、助力你的财富梦想。

随着算法的突破，AI 将不再是工具，而是一个与各行各业共生的智能体。突触科技厚积薄发，有幸在这场 AI 与金融的互动中扮演了领路人的角色，我们希望在未来的日子里继续带领大家走进一个更智能、更高效的金融世界。AI 时代来了，你准备好了吗？

14. AI 如何帮助人脑扬长避短 [1]

当我们惊叹于人工智能 AI 发展的日新月异时，在 20 世纪成功投资互联网，并获得巨大成功的日本软银集团的创始人孙正义预言：10 年内，通用人工智能 AGI（Artificial General Intelligence）将是人类智力的 10 倍；而再过 20 年，超级人工智能 ASI（Artificial Super Intelligence）将是人类智力的 1 万倍。

在超级人工智能面前，人类就好比是大猩猩。那么，这个预言会实现吗？它的底层逻辑到底是什么？

带着这样的疑问，我在台北出差时，再次来到了诚品书店。有趣的是，书店的畅销书区里有无数讲述 AI 的书籍，但是，在有关脑科学相关书籍的区域，除我以外无人驻足。当我浅读了一些脑科学研究和探讨的书后，才突然明白人类大脑的力量和天然的缺陷，以及为何人工智能有可能达到人类智力的 1 万倍甚至更多。

14.1 大脑的进化史

在约 5 亿年前，地球进入了爬行动物时代，为了适应陆地生活，爬行动物演化出了最初的本能脑（Primal Brain）。本能脑可以使生物在面临生存危机时做出快速的本能反应，比如饥饿的时候要进食、疲惫时要休息，本能脑会引导生物满足其最基本的生理需求。

在约 5000 万年前，哺乳动物开始出现在地球上。它们逐渐演化出了情绪能力，在面对各种挑战时具备了更高的生存竞争力。比如，恐惧情绪可以促使它们远离危险，愉悦情绪有助于加强社交联系，而伤心情绪则能引发同情和关爱。在这一演化过程中形成了大脑中包裹着本能脑的情感区域，被称为情绪脑（Emotional Brain）。

直到大约 300 万年前，人类才逐渐进化出了位于大脑前额部分的新皮层

---

[1] 原文写于 2024 年 7 月 5 日。

区域——理智脑（Rational Brain），这也是人类区别于其他动物的根本特征。陈列在华盛顿自然博物馆的古人类标本露西（Lucy），是已知的最早的人类祖先，具有理智脑。

经过理智脑的不断进化，古人类形成了现代人类，而理智脑也是地球上的所有生物种类中，人类所独有的。这个脑区主导人类的理性思考，赋予人类极其特殊的能力，包括语言的产生、艺术的创造、科技的发展以及文明的建立。

因此，只有现代人类，才拥有本能脑、情绪脑和理智脑的三重大脑的集合。

14.2　三脑理论

那么，这三重大脑有什么作用？

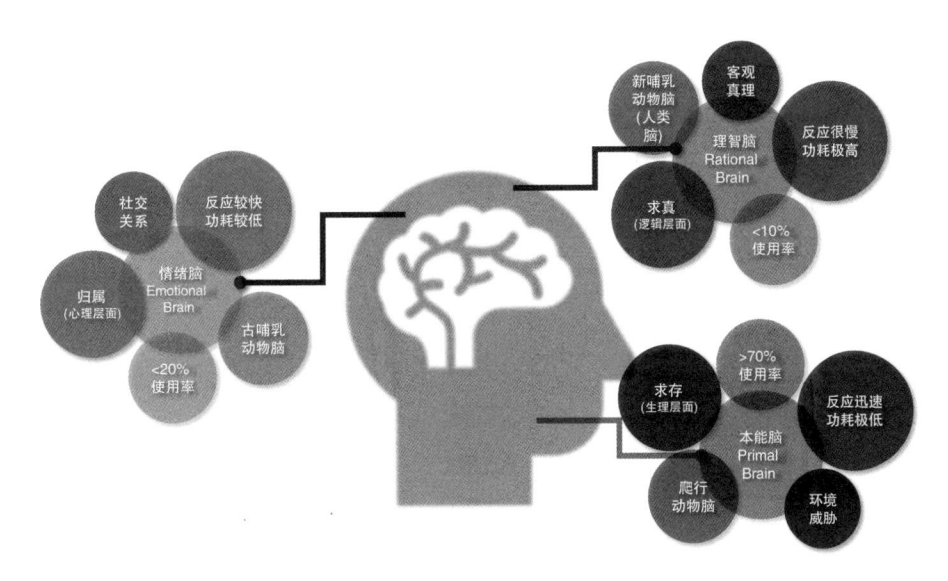

图 14.1：三脑理论
来源：德林控股

本能脑的使用率大约在 70%，主要满足人类生理层面的需求，其反应迅速、消耗能量极低，主要应对生物体对环境的判断，其工作模式类似于爬行动物脑（负责呼吸、心跳、进食等）。

情绪脑，其使用率小于20%，反应较快、功耗较低，主要用于处理社交关系，满足人类心理层面的需求，其工作模式类似于高级哺乳动物，比如群居的猴、马等，情绪脑会产生喜悦、焦虑、恐惧、紧张等情绪，在人类眼中这类动物也更聪明。

理智脑，它的反应很慢但消耗能量极高，平时使用率小于10%。理智脑是人类脑独有的功能，主要处理逻辑层面的信息，比如追求真理、建立文明、吟诗作赋、参禅悟道等。

14.3 大脑的"四宗罪"

人类的几乎所有负面行为都能用本能脑和情绪脑解释，可以概括成大脑进化形成的"四宗罪"。

排在最前列的便是本能脑形成的贪吃和懒惰。现代人贪吃导致肥胖，虽然理性脑告诉你，过度摄取营养是不健康的，可是人类却很难与之对抗。从脑科学的角度很容易解释这种行为。因为能在漫长的、食物不足的进化阶段活下来的人类必须能大量迅速进食。同样地，懒惰（躺平）也源于我们的本能脑，因为原始人打猎后必须储存能量、减少消耗，为下一次狩猎做准备，只有这样才能最大限度地活下来。

情绪脑则可以解释人类日常生活中的恐惧和自傲等负面情绪。一旦我们和群体产生不同，比如独处或被孤立，情绪脑就会开始工作，并且告诉我们要和群体保持一致，否则就会有生存危机。情绪脑在进化中形成了恐惧和自傲。这又进一步产生了害怕创新突破、傲慢和盲目自信等人性的弱点。

进化让大脑告诉我们尽量远离痛苦，比如创伤后应激障碍（PSTD），这种痛苦的经历会让大脑产生恐惧的情绪。远离痛苦的同时，大脑是追求快乐的，并且在追求快乐的过程中，本能会让人们不断朝着这个方向追求。这种不断远离痛苦、追逐快乐的本能，让人们总是希望停留在舒适圈中，不做改变。

本能脑和情绪脑相比于理性脑看似低级，但却掌管着潜意识和生理系统，运算速度极快，达1100万次每秒；理性脑虽然高级，但运算速度却很慢，仅为每秒40次。理性脑耗能极大，为节约能耗，人类倾向于减少理性思考，更多选择不动脑的娱乐和消遣，比如宁愿刷短视频而不愿意看书，更不愿意思考甚至写文章，因为写作是典型的理性脑在工作。很多时候我们无法完成目标，并不是因为意愿不够强烈或意志力不足，而是因为亿万年进化形成的本能脑和情绪脑过于强大。正因如此，人类社会几千年来一直是少数愿意运用理性脑的精英在引领世界前进，比如老子、佛陀、耶稣、牛顿、爱因斯坦、马斯克等。

14.4　短期记忆和长期记忆

本能脑进化出了懒惰的特征，是为了让人类能够及时得到休息。在休息的时候，人的记忆才能从短期记忆变成长期记忆。

短期记忆是大脑在短时间内能储存的有限信息，长期记忆则保存着大量的过往经历和知识。短期记忆容量有限，约能记住七个事物，这也是由大脑的结构决定的。海马体负责接收来自大脑各个部分的信息。我们接收到的外界信息会被储存在海马体内，然后在休息，比如睡眠中，这些记忆通过回放过程得到强化，转移到大脑的前额叶皮质及各个皮层。

本能脑让短期记忆强化成长期记忆，形成思维惯性，这也是人类对自己认知偏差的习惯性确认，是大脑给人类带来的弱点。

14.5　脑科学的正确打开方式

理解了大脑的结构和运作模式后，我们也就不难理解脑科学的奥秘。

首先，大脑的存在并非为了正确，而是用来确保生存。人类的大脑实际上相当懒惰，不喜欢主动消耗大量能量进行思考，因为这不利于生存，这是人类演化形成的特质，大脑会主动选择能量消耗低的思考模式，因此在很多情况下，人类都会优先使用本能脑和情绪脑，不会每次都动用理智脑。这表现为人们常常是短视的、及时满足的，而不能坚持长期主义。

其次，短期记忆经过强化形成长期记忆，又进一步形成了思维惯性，这是大脑给人类带来的弱点。人们将各种经验积累下来，形成对自己生存有益的结论。大脑为了机体的生存，为人类设下了诸多陷阱，也使得我们产生了很多的认知误区。大脑会让我们太习惯于相信自己脑中的信念，思维固化让我们更愿意坚持自己是对的。

最后，人类是从群居演化而来，通常保持在 150 个人左右的群居规模是最为安全的。通过群居保护自己，又形成了趋同和随波逐流，这表现为失去创新力：当群体中有人提出不同意见，比如，当我想创新设立人工智能家族办公室时，团队的第一反应是抵触的。

14.6　人类大脑和 AI 的本质区别

当探索大脑的演化和结构后，我们了解了人类大脑与人工智能最本质的不同：人类的大脑不是设计出来的，而是经历了 5 亿年的漫长时光自然演化形成的三重结构。本能脑和情绪脑对大脑控制力强于理智脑。然而，科技进化即将形成的人工智能，将人类大脑 90% 的本能脑、情绪脑都去除了，只剩下 10% 的理性脑。

回到本节开始孙正义的预测，当把 90% 的本能脑和情绪脑都去除后，人工智能只保留了理性脑，将彻底改变也将彻底摆脱因为本能脑和情绪脑留给人类的弱点。这可不就实现了 10 倍于人类的智力！当把人工智能进一步迭代：产生超级人工智能，实现人类智力 1 万倍，也不是没有可能！

人类是很难对抗人性的，但人工智能的出现，赋予了我们对抗人性的可能。我们可以将未来的人工智能视作一个摒弃了容易做错误决定，仅保留了理性思考功能的类人类的大脑。在做与投资相关的决定时，人工智能可以摆脱人脑出于本能和情绪而陷入的误区，以先进的数学计算和模型代替人为的主观判断，克服贪婪、恐惧、侥幸等人性的弱点。

而这，也是我为什么在面对诸多挑战和质疑时，依然坚定地打造德林 AI 家族办公室的原因。德林将为客户打造专属的"理性大脑"，专属于每一个客户的 AI 家族办公室。

14.7　后续

大脑的三重结构：本能脑、情绪脑和理智脑。本能脑和情绪脑进化时间远长于理智脑，所消耗的能量也由于基因的长期排序优先而远远小于理智脑，因此我们在绝大多数时间受到来自本能脑和情绪脑的不由自主的控制。贪吃、懒惰、恐惧和傲慢等弱点仅仅是在大脑强烈控制下的人性的表现。即使是理性脑终于开始大展身手时，大脑长期记忆的形成路径，使得远离痛苦、接近快乐的惯性思维让人们一次又一次地重新陷入舒适区的困境，无法自拔。

人性的弱点是来自大脑基因上亿年的进化和沉淀，利用人性来制定权力的游戏规则终将是反人性的精英阶层的选择，而普罗大众也终将沦为三重大脑操控下的乌合之众。

全世界都在关注和加速 AI 的投资和研发，AGI 和 ASI 或许会在某个时刻突然降临。人工智能去除人类本能脑和情绪脑，只保留并强化理性脑，它或许将克服人性的弱点，甚至拥有超越人类的几何级别的智慧。但那时我们又该如何应对呢？现有的社会结构将会有什么样翻天覆地的变革？精英阶层又将会以什么状态来引领时代？人生的酸甜苦辣是否还将存在？人类生存的意义又是什么呢？大家在努力研发大脑的基本逻辑时，是否需要重新思考这棵科技树的茁壮成长，能够将人类带向怎样的未来？

15. 代码开源：科技民主化还是大国新战场？[①]

　　DeepSeek 的横空出世，打破了美国独自引领 AI 产业技术方向的企图。美国 AI 龙头之一英伟达的股价下跌超过 10%；美国政府迅速展开行动，对 DeepSeek 进行污蔑、调查和限制；OpenAI 也声明，不允许用它的数据开发竞争性产品，并可能采取法律行动。

　　中国自媒体上则是另一番景象，大家歌颂 DeepSeek 是国运级的技术突破，是鸦片战争以来中国最大的科技成果，是凭借开源战略突破美国技术封锁的重大胜利。

　　真相到底如何？本节将从开源代码、商业利益与大国博弈的角度客观分析 DeepSeek 带来的这次科技地震。

15.1　美国的朝野震动是真实的

　　AI 科技从诞生以来一直是美国企业在引领，不管是 AI 神经网络的理论提出还是英伟达的芯片，不管是 AI 领域的基础算法还是后来的技术迭代，不管是 2016 年打败李世石的 AlphaGo 还是大放异彩的 OpenAI，它们统统是美国企业搞出来的。DeepSeek 是唯一一个中国企业在 AI 领域实现的技术突破。

　　DeepSeek 只用了 OpenAI 5%—10% 的算力，其表现就超越了 OpenAI。这让市场质疑训练大模型到底需不需要这么多芯片，由此导致英伟达股价最高下跌了 17%。

　　不仅如此，美国政府也开始阻挠 DeepSeek 的发展。美国国家安全委员会开始调查 DeepSeek 是否对美国国家安全构成影响；美国白宫人工智能与加密货币事务主管戴维·萨克斯表示：DeepSeek"很可能"窃取了美国的知识产权；2025 年 1 月 30 日美国参议院情报委员会主席霍利提出一项《美中人工智能能力脱钩法案》，要求切断美中在 AI 领域的所有合作，禁止 AI 技术对华进出口

[①]　原文写于 2025 年 2 月 6 日。

与投资；美国商务部正在调查 DeepSeek 是否使用了被禁止运往中国的美国芯片。毫无疑问，中国在 AI 领域的成就已经引起了美国政府和企业的强烈反弹。

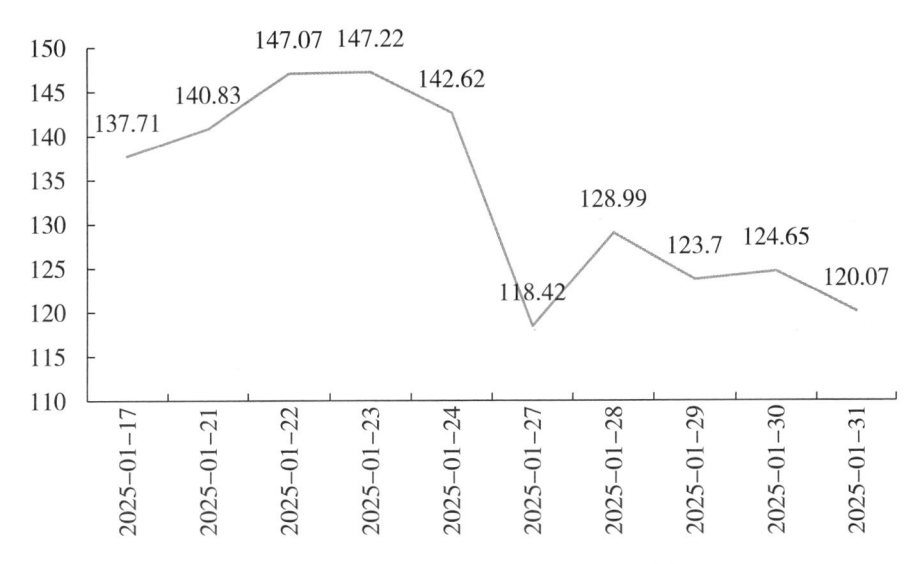

图 15.1：2025/1/17—2025/1/31 英伟达股价变化
来源：新浪财经

OpenAI 发言人对媒体说："我们意识到并正在评估 DeepSeek 可能不恰当地'蒸馏'了我们的模型的迹象，并将在我们了解更多信息时分享信息。"根据 OpenAI 的官方使用条款，不允许外界使用 OpenAI 模型的产出来开发与 OpenAI 竞争的 AI 模型。但是，2025 年 2 月 3 日，OpenAI 创始人兼 CEO 山姆·奥特曼说，OpenAI"没有计划"起诉中国人工智能（AI）新创公司"深度求索"（DeepSeek）。其实背后的原因不难猜测，一方面 OpenAI 自己也面临很多版权方面的诉讼，另一方面 DeepSeek 是完全公开源代码的，是真正造福 AI 行业的，这和闭源的 OpenAI 完全不同，打官司的话 OpenAI 不仅会输了名声，而且胜算不大。

可以肯定的是，未来美国政府一定会对中国 AI 产业进行更严密的封锁，甚至直接对 DeepSeek 进行"华为式"打压。我们要关注并解答的重点是，以 DeepSeek 为代表的开源策略是不是代表着未来行业的前进方向？中国政府力推的开源计划能否帮中国解决高科技领域的卡脖子难题？DeepSeek 和中国的开源计划有没有关系？

15.2　开源软件代表着未来趋势吗？

2018 年图灵奖得主、"卷积神经网络之父"、Meta 首席 AI 科学家杨立昆（Yann LeCun）说："与其说是中国在人工智能上超越美国，不如说是开源模型正在超越闭源系统。DeepSeek 从开放研究和开放源码中受益（例如来自 Meta 的 PyTorch 和 Llama），提出了新想法，并将它们建在其他人的工作之上。而因为他们的作品也是开源的，每个人都可以从中获益。这就是开放研究和开放源代码的力量。"

如果你认同 Meta 首席 AI 科学家杨立昆的说法，你可以找到很多类似的证据支持你的观点。比如在互联网基础设施领域完全是开源软件在主导；在 AI 为主导的新兴技术领域也是开源软件占主导。但事实真的如此吗？

● **基础设施领域，开源软件是主导！**

目前全球 90% 以上的公有云工作是开源的 Linux 在主导，基于 Linux 开发的安卓系统占据全球 85% 的智能手机份额。

开源的 Kubernetes 主导云技术的容器编排市场，Docker、Prometheus、Istio 等开源工具构成了云技术的核心。

数据库领域，开源技术占比超过 70%（如 MySQL、PostgreSQL、MongoDB），不过高端企业数据库市场还是闭源的，比如微软（部分开源）、甲骨文等。

Web 服务器领域，开源的 Apache 和 Nginx 占 60% 以上的市场份额。

编程语言和框架方面，Python、Java、React、Vue.js 等开源技术是主流，只有英伟达的 CUDA 是封闭的。

● **新兴技术领域，开源引领世界**

AI 框架方面，90% 以上的研究机构与企业应用的是开源的 TensorFlow、PyTorch。

大数据生态方面，Hadoop、Spark、Kafka 等开源工具构建了数据基础设施的基石。

边缘计算和物联网是开源的 Linux 和 RT-Thread 占主导。

区块链领域的典型产品如比特币、以太坊都是开源项目。

- 应用和消费领域，企业占绝对主导

在基础设施和前沿技术之间存在着庞大的企业应用和消费级软件，这是消费者每天接触的工具，是真正赚钱的领域，这个领域仍然是闭源软件在主导。

操作系统领域，Windows 和 Mac OS 占据 90% 以上的市场份额。移动端的安卓是开源的，但是安卓生态的收入完全被谷歌赚走了。

生产力工具方面，微软的 Office 仍然占据主导地位。Adobe 全家桶（Photoshop、Premiere）在创意领域几乎垄断。企业软件市场，闭源的 SAP、Salesforce、Oracle 占据主导地位。主流游戏引擎（Unreal、Unity）和 3A 游戏开发都是闭源的。

因此，在商业领域，闭源的企业级应用占据绝对主导地位！那什么情况下企业会选择开源呢？我们要从软件的诞生开始说起。

15.3 开源变成了大企业占领市场的工具

- 代码从诞生起都是开源的

很多人不知道，计算机代码在诞生的第一天是"学术论文"一样的公共品。因为计算机这个行业是在美国军方和政府的资助下成长起来的，研究方主要是大学以及拿到军方订单的贝尔实验室等机构。所以软件开发者从一开始就是共享代码、共同改进，和今天的学术论文一样。

微软是代码领域由开源到闭源的始作俑者。1976 年比尔·盖茨发表了《致电脑爱好者的公开信》谴责盗版软件，这标志着软件开始向商品转型。

1982 年美国法院判定 AT&T（美国电话电报公司）必须被拆成 8 家公司，这一判决让拆分后的公司可以进入计算机行业。1983 年，由 AT&T 程序员开发的开源软件 Unix 开始变成付费的商业产品，并引发了 AT&T 和 BSD 的版权诉讼（BSD 是基于 Unix 开发的免费软件）。

AT&T 和 BSD 之间的诉讼是当代版权诉讼中最恶劣的案例。AT&T 管理层不顾创造者和开发者的愿望，执意维护版权，由此导致 Unix 社区丧失活力，大量开发者怕被诉讼而离开了平台。事后发现，BSD 的 18000 个组成文件只有 3 个涉嫌侵权，也就是说至多只有千分之一的 BSD 代码有版权问题，但是整个诉讼期间开源系统的开发停滞了，导致 AT&T 和 BSD 一起错过了个人电脑的黄金时代，Windows 趁势崛起。在此之后，传统协作模式被彻底打破，越来越多的软件走向闭源，每个人都不得不重新发明"车轮"。

- 自由软件运动

1983 年，自由软件运动的发起人理查德·马修·斯托曼提出软件的四大自由原则（使用自由、研究自由、修改自由、分发自由），目的就是对抗 Unix 商业化。

1990 年，林纳斯·托瓦兹（Linus Torvalds）在芬兰赫尔辛基大学读书期间开始开发 Linux，1991 年最初版本的 Linux 发布。托瓦兹通过邮件列表协调全球开发者，证明了分布式协作可构建复杂系统。

1998 年，埃里克·雷蒙德（Eric Raymond）等人提出"开源"（Open Source）概念，弱化道德诉求，强调技术优势，吸引企业参与。

1999 年，Apache 基金会模式诞生，企业—社区共治模型（如 HTTP Server、Hadoop）出现，开源社区开始平衡商业利益与开源治理。

面对 Linux 的开源挑战，微软前 CEO 史蒂夫·鲍尔默宣称"Linux 是颗毒瘤"（Cancer）。2007 年，微软法律顾问布拉德·史密斯和专利主管古铁雷兹仍然声称，Linux 侵犯微软 235 项专利，并表示要向所有使用 Linux 的企业收取费用。

- 企业拥抱开源社区

2000 年，IBM 投资 10 亿美元支持 Linux 开发，公司通过销售硬件和提供服务获利，证明了"开源可商业化"。

2007 年，谷歌提出 Android 策略，Android 也是基于 Linux 的开源移动操作系统，谷歌通过免费的方式成功构建了应用生态，挑战了苹果 iOS 的封闭体系。

2008 年，比尔·盖茨退休前对微软做出方向性决策——拥抱开源。随后微软收购了基于开源项目 Hadoop 开发的网络服务公司 Powerset。2009 年微软向自己的死敌 Linux 贡献了两万行以上的代码。2012 年微软成立微软开放技术公司,"推动公司在开放性方面的投入,包括互操作性、开放标准和开源"。2014 年 10 月,时任微软 CEO 萨提亚·纳德拉第一次公开宣布"微软爱 Linux"。2016 年,微软成为 GitHub 项目贡献第一的组织,并陆续开源了 Chakra JavaScript 引擎、Visual Studio 的 MSBuild 编译引擎、Computational 网络工具套件、支持 Linux 和 Mac OS X 的 PowerShell,并推出了运行在 Linux 系统下的 SQL Server 数据库。2018 年 10 月,微软加入开源专利联盟并开放了 6 万项专利。

- 对 IBM、谷歌、微软来说,开源不是公益,而是扩展生态的手段

首先,企业级版本的使用并不免费,相关技术支持、安装、系统整合、认证和培训等服务都是收费的。其次,项目开源之后吸引社区中热情的开发者相当于把一部分工作免费"外包",同时增加了大公司招纳贤士、吸纳顶级程序员的可能。

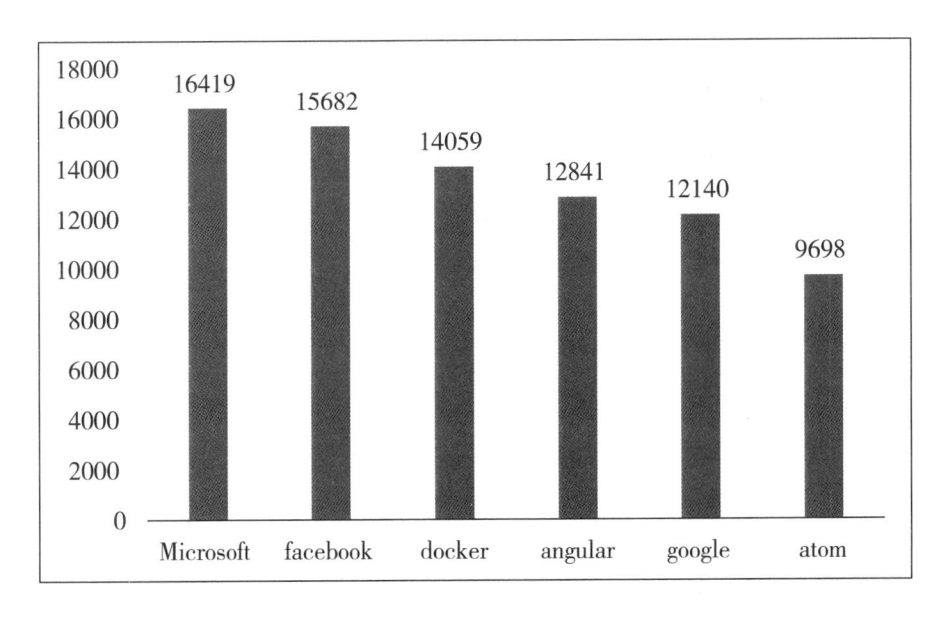

图 15.2:最多开源的贡献者一览
来源:公开数据

2011 年,Facebook 创立了开放计算项目,目标和其他大公司是一样的,

打造生态系统。以 Horizon OS 为例，Meta 所谓的"开放"，是指其操作系统的授权模式与苹果相比更自由；以 Llama Meta 项目为例，Meta 追求的是开放的权重，然后将模型部分商品化；对于数据中心，Meta 倡导的"开放"是指开放的规格标准；在 React 和 PyTorch 这样的工具性项目中，Meta 强调的"开放"才是完全开源的代码。换句话说，Meta 并不是在坚持某种哲学理念，而是充分利用开源的活力，同时保持自己的竞争优势。

开源软件运动的诞生是技术理想主义、工程实用主义与经济理性主义的三重奏。今天，经济理性主义仍起着绝对主导作用！在这个背景下再来思考"开源软件能否帮助中国突破卡脖子技术"这个问题，你可能会有不一样的答案。

15.4 开源代码能帮助中国突破卡脖子技术吗？

• 开源已经成为国家战略

2021 年工业和信息化部发布《"十四五"软件和信息技术服务业发展规划》，明确将开源纳入国家战略，提出"繁荣开源生态"的目标，包括关键技术自主化：应对"卡脖子"风险，通过开源模式加速芯片、操作系统、数据库等核心技术的国产化替代。

2020 年 6 月，由工信部主导，华为、腾讯、阿里等企业联合发起了"开放原子开源基金会"，成功孵化出了 Open Harmony（鸿蒙系统就是基于它开发的）、Open Euler（针对服务器、边缘计算、云和嵌入式）等技术；开放原子同时致力于推动谷歌、英特尔等 13 家企业发起全球 RISC-V 软件生态计划在中国的发展，阿里巴巴推出的"平头哥玄铁处理器"就是基于这个框架开发的。

坦白地讲，政府组织的这些开源应用还没有大规模走出国门，备受瞩目的 DeepSeek 也不是上述机构的成员。全球主流的开源社区还是由美国商业机构主导的，开源是商业机构为了构建生态系统而熟练使用的"工具"，期待通过开源社区打破商业机构的垄断，任重道远！

• 开源是大企业的工具，还没成为改变世界的途径

2014 年，特斯拉公开了所有电动车专利，希望能吸引更多后来者加入，

构建智能汽车生态系统。随后大量中国公司进入了电动车领域，但这并没有威胁到特斯拉的优势地位（比亚迪比特斯拉更早生产电动汽车）。

互联网领域更是如此，谷歌、微软、Meta 等企业都通过开源赚得盆满钵满，甚至最封闭的苹果也开源了它的 SWIFT 编程语言。事实上，这些公司的核心竞争力，即周边服务生态没有一个是开源的。通过有控制的开源，大公司能准确察觉前沿动态，保持竞争优势。所以结论很简单，市场仍是技术发展的决定性力量。

大家更不要天真地以为开源等于安全。俄乌冲突期间，Github、Node.js 等开源社区公开表示"开源有国界"，直接关停被制裁组织和人员的账户，删除部分账户的代码存储库。开源的安卓系统照样可以禁止华为使用其中的谷歌商店、谷歌地图等数据服务，缺少这些软件，华为手机在欧美市场上寸步难行。开放源代码基金会（OSI）已批准 80 多个开源许可协议，但是每个许可协议都有单独的规则，不同开源组件的许可协议存在很大的差异，甚至有直接冲突，如不认真分析甄别，很容易陷入知识产权陷阱。开源已经成为大企业手中的工具。

15.5　Deepseek 能改变国运吗？

DeepSeek 是伟大的技术创新，它证明了在一定程度上可以靠算法优势弥补算力不足。但是如果就此说 DeepSeek 是国运级的科技成果则有点言过其实。

从技术角度看：DeepSeek 的核心算法"AI 蒸馏法"是前谷歌副总裁辛顿等人 2015 年发明的；DeepSeek 的核心架构"Transformer"是八位谷歌员工 2017 年发明的；AI 预训练模型是开源社区于 2019 年通过逆向工程复现的；ZeRO 内存优化技术是 2020 年微软主动开源的；2023 年 Meta 的 LLaMA 尽管未正式开源，但泄露的模型权重奠定了"基座模型＋轻量适配"的技术路径，我们不知道这是故意还是不小心的。2023 年 5 月幻方成立 DeepSeek 公司做大模型，所用的工具正是也只能是这些大企业开源的技术。用 DeepSeek 创始人梁文峰的话说："我们不过是站在开源社区巨人们的肩膀上，给国产大模型这栋大厦多拧了几颗螺丝。"这话有谦虚的成分，他不是拧了几个螺丝钉，而是装上了一个发动机，但是造发动机的原料都来自这些大企业。

按照业内专业人士的说法，DeepSeek 是伟大的技术创新，对 AI 这座大厦的贡献可能在 5%。这已经超过了阿里、腾讯等中国互联网巨头，但是因此称它为改变国运的技术有点夸大其词。如果 DeepSeek 是美国公司做出来的，它引起的轰动效应怕没有今天这么大。大概率是被谷歌、微软或者 OpenAI 以天价收购。但是，这是一家中国公司，大概率不会卖给美国资本，所以才引起了这么大的市场反响。

我讲这些并不是要唱衰中国的 AI 产业，而是想要大家看到真实的差距。AI 竞争最后比的无非三样：数据、算法、算力。

数据在各大平台（国外的谷歌、Meta、X，国内的华为、百度、腾讯、头条）上都有不少。但国内可以通过统筹，打通各大平台的数据共享，美国则很难。中文语料占全球互联网内容的 18.9%，英文占 20.4%，差距并不大。

算法方面，引领这一轮 AI 创新的科技巨头（微软、谷歌、Meta）拥有服务器、数据中心、云计算、AI 平台、操作系统、工具链以及应用程序的全套体系。DeepSeek 正是用这些公开的工具在为 AI 大厦添砖加瓦。但是 DeepSeek 摆脱了 OpenAI 开创的监督学习路径，单独使用强化学习实现了巨大提升。英伟达闭源的 CUDA 语言本来是它最重要的护城河，现在被 DeepSeek 使用 PTX 操作绕开了，而且绕开之后实现了效率大幅提升。因为掌握算法，DeepSeek 还可以适配算力只有英伟达 60% 的华为昇腾芯片。

最后是算力，也就是芯片技术。美国通过禁止台积电为华为代工高端芯片"卡脖子"，通过禁止 EVU 光刻机对中国"卡脖子"。这是芯片领域最大的堵点，其他像电子设计软件 EDA、单晶硅、光刻胶、蚀刻机、离子注入、封装、EVU 光源都被中国攻克了。我们不知道什么时候能打通全产业链，但是我们认为改变国运靠的绝不是一个技术突破，而是能持续产生技术突破的生态环境。而打造这样的生态环境，必须依靠市场的力量。

● 必须依靠市场的力量

具体到 DeepSeek 为什么能取得突破的问题，我更愿意从微观层面找原因。

（1）DeepSeek 创始人梁文锋早已通过幻方量化在商业上的成功，提前解决了研究团队的资金问题。

（2）DeepSeek 研究员的招聘要求非常严格，不要所谓的大佬，只要中国顶级高校的应届毕业生或者博士在读生，而且公司对竞赛成绩看得非常重，用猎头的话说，"基本金奖以下就不要了"。入门严格是为了找到真正愿意做研究的人，然后给他们行业最高的待遇。DeepSeek 在待遇方面对标行业给钱最阔绰的字节跳动，然后在字节跳动的基础上再加钱。

（3）扁平化管理。正是因为招到了最愿意做研究的人，所以公司内部不搞竞争：研究员不带团队，没有上下级、没有固定分工、没有硬性 KPI、没有商业化任务。公司的每个人都能提出想法，每个人都能组建团队，每个人负责解决自己最擅长的问题，遇到困难一起讨论。这就是梁文峰所说的："自下而上、自然分工。"因为他自己就是这样的天才少年出身，所以打造了最适合做研究的公司。

换句话说，如果没有幻方量化提前通过金融市场赚到钱养这个团队，DeepSeek 是不可能出现的。而且 DeepSeek 很早就买了上万张英伟达的显卡，团队有充足算力搞实验，这样的团队全中国有几个？理论上这样的研究工作应该是清华、北大、北邮或者阿里、腾讯来做，实际上只有 DeepSeek 做到了。DeepSeek 所依靠的还是商业的力量、市场的力量。

从企业层面说，OpenAI 也从非营利改组为营利组织才从微软获得了 140 亿美元的投资和算力支持，才能持续以大算力推进扩展定律，以大资金和高估值吸引全球顶尖人才，成为一家生成式人工智能的领军企业。市场力量是这一切的决定性因素。

综上所述，开源只是企业扩张生态的途径，真正要突破卡脖子的技术必须靠市场的力量，国家层面大力投入基础科研，同时鼓励创新型企业、互联网大厂进行前沿探索研究，除此以外没有捷径。

15.6 小结

（1）DeepSeek 横空出世，震惊美国科技界，美国政府已经开始用各种政治手段对 DeepSeek 进行打压。这一切只是因为 DeepSeek 不是美国公司！

（2）软件的历史经历了从开源到闭源的过程。开源软件运动在根源上是技术理想主义、工程实用主义与经济理性主义的三重奏，其中经济理性主义仍起主导作用。

（3）名义上开源软件主导着基础设施和前沿研发，实际上企业才是背后最强大的推动力。即便是开源软件，其背后也都站着一个个企业巨头。

（4）开源代码不能帮中国解决"卡脖子"难题。DeepSeek虽然很伟大，但是它对整个AI领域的贡献也就是5%，无法就此逆转国运。DeepSeek的成功是创始人的资金实力、管理方式、研发人员共同作用的结果。要想取得科研突破，还是要依靠资源投入。

（5）如果中国能出现100个DeepSeek这样的团队，我相信可以突破所有的"卡脖子"技术，引领世界。

16. 人形机器人的竞争——中美谁赢？

这两年人形机器人的概念很火，不管是美国的特斯拉、Figure 01 还是中国的宇树科技、小米、优必选等，都赚足了媒体的眼球。我想通过本节分享一下我对这个行业未来的看法，同时回应一些投资人在这方面的疑惑。

16.1 人形机器人使用的三个维度：大脑 + 小脑 + 空间

第一，大脑

人形机器人的大脑是指它的思维能力，即人形机器人必须能接收人类的语音指令。这在以前是无法想象的，过去的工业机器人、玩具机器人的运动都需要人类提前编写代码，用机器的语言告诉机器人应该怎么动。现在，有了 AI 语言大模型（ChatGPT）的突破，计算机和人类首次可以用自然语言沟通了。这为人形机器人接收人类语音指令提供了可能。

在 AI 加持下，机器人能听懂人的话了，下一步就是机器人如何执行特定动作、满足人类的意愿。这就涉及机器人的运动，也就是小脑功能。

第二，小脑

大家不要小看小脑的功能（运动功能）。更不要觉得机器都能听懂人话了，都具备大脑了，执行动作应该是很简单的事情。其实完全不是这样！我们人类的脑子可以分成四个区域：大脑、小脑、间脑和脑干。

- 大脑及大脑皮层让我们能有意识地控制自己的行为。
- 小脑调节身体运动、言语表达和平衡。
- 间脑协调感觉、管理情绪并控制整个内部系统。
- 脑干则传递来自脊髓的信号并引导基本内部功能和反射。

大家猜一下，人脑的神经元是如何分布的。你可能想当然地以为大脑产生意识、控制行为，所以神经元最多，实际上大脑只有 140 亿—160 亿个神经元，约占 20%；控制运动和平衡的小脑有 690 亿个神经元，约占 80%；脑干和间脑各占 1%。

是不是超出大家的想象？因为运动已经变成了人类天然的一部分，我们把它当成了本能，实际上是小脑一刻也不停地在指挥全身的肌肉、骨骼按照特定的顺序先后运动，我们才能走路、跑步、吃饭、打字、刷手机等。

所以让机器人像人一样运动，对环境做出反应，这是一件非常难的事情。至少比让机器人理解人类语言要难得多。怎么办呢？

第三，空间

现在人类想到的办法是，让机器人尽可能面对情况简单一些的场景，比如把机器人的活动范围限定在家庭、工厂车间、养老院等内部，一个机器人只要学会特定技能就可以了。也就是说，必须把机器人限定在某个特定空间，以减少机器人的运动难度。这就是为什么我们只能看到机器人公司展示"家务机器人""工厂机器人"，但是却看不到通用机器人。

16.2 中美欧在人形机器人领域的进展

第一，欧洲传统工业机器人最强，观望人形机器人

在医疗机器人领域，德国的西门子和 EndoMaster、意大利的 Medical Microinstruments（MMI）、法国的 Quantum Surgical 和 HEPTA Medical 等几乎垄断了整个市场。医疗手术对于高精度、稳定性的需求只有它们能满足。

在传统的制造业机器人领域，欧洲、日本是当之无愧的老大，"四大家族"里两家位于欧洲（瑞士的 ABB 和德国的 KUKA），两家位于日本（发那科和安川电机）。除了"四大家族"，还有意大利的柯马，瑞士的史陶比尔、孚朋，丹麦的优傲，它们都可以制造包括工业、移动、服务、搬运、协作、轨道等各类工厂用的机器人。

在应用领域，国际机器人联合会发布的《2023 世界机器人报告》显示，2022 年，亚洲制造业的机器人密度为每万名工人 168 台，北美机器人密度为每万名工人 188 台，而欧盟的机器人密度高达每万名工人 208 台，位列全球第一。当然，如果把长三角和珠三角单独统计就会发现，这里每万名工人机

器人已经达到400—500台，超过了欧洲。

人形机器人领域，欧洲也是先驱。2007年法国企业Aldebaran Robotics推出过人形机器人NAO（被软银收购）；2009年德国航空航天中心发布了轮式人形机器人Justin；2017年，西班牙公司PAL Robotics推出了仿人机器人TALOS……2021年，特斯拉发布人形机器人，配备人工智能，并宣称要让它进厂打工。欧洲这方面跟进不多，反而专注于为全球机器人提供高端零部件，整体处于观望态度，只有少数几家决定下场竞争。这一决策也可以理解，因为现有机器人业务都能稳定盈利，而且欧洲没有AI技术的基因，所以在人形机器人方面没有美国、中国积极。

第二，美国AI最强，立志造出全能机器人

美国的研发特点是大投入、高标准。最典型的就是波士顿动力，目前拥有全球最多的人形机器人专利，而且媒体曝光量非常高，能做很多炫酷的动作。但问题也很明显：成本太高、无法量产。公司至今已经先后三次被出售，仍然没有找到商业化的途径。

其次是特斯拉和Figure 01，两家的技术投入都很大。目标都是建成通用型人形机器人，既能进厂打工，又能居家服务，还能外出遛狗。目前市场给予它们很高的期望。特斯拉134倍的市盈率本质上就是全自动驾驶和人形机器人这两个概念在支撑着。Figure 01的估值也高达400亿美元。

美国的全能型机器人未来还面临两个方面的难题：第一是重塑硬件产业链。因为美国制造业空心化由来已久，所以机器人产业链基本是从头打造，零部件供应依赖欧洲、日本和中国，这就使得制造成本非常高。以特斯拉的擎天柱为例，硬件成本在5万—6万美元。不过相比之下，第二个问题可能更加致命。

第二是AI技术的突破。要想让人形机器人像人一样聪明，不仅要能理解人类的语言，还得能完美地控制自身的动作。我们前面讲解人脑时说了，小脑的神经元数量是大脑的4倍。目前大脑的运作（语言模型）还没研究明白，不管是DeepSeek、Grok3还是GPT 4都解决不了这个问题，所以现在就让AI控制机器人运动还没法实现。因此，图灵奖得主、卷积神经网络发明人杨立昆说，现在人形机器人企业都在豪赌未来3—5年AI会突飞猛进，解决机器人的智力问题，然后就能大规模生产和销售这些机器人。但他认为 3—5 年里 AI 技术很难突破，也许 10 年才有可能。

第三，中国两条腿走路：补工业机器人短板，同步研发人形机器人

目前中国已经建成完整的机器人产业链，传统工业机器人的"四大家族"在中国都有替代品。正因如此，宇树科技能够推出 10 万元的超低价机器人。从图 16.1 可以看出，大多数人形机器人的零配件都来自工业机器人，而目前全球一半以上的工业机器人都部署在中国。

工业机器人的核心零部件国产化率在逐步提升，这让机器人的成本持续下降，也让欧洲和日本在工业机器人领域的地位日渐衰退。

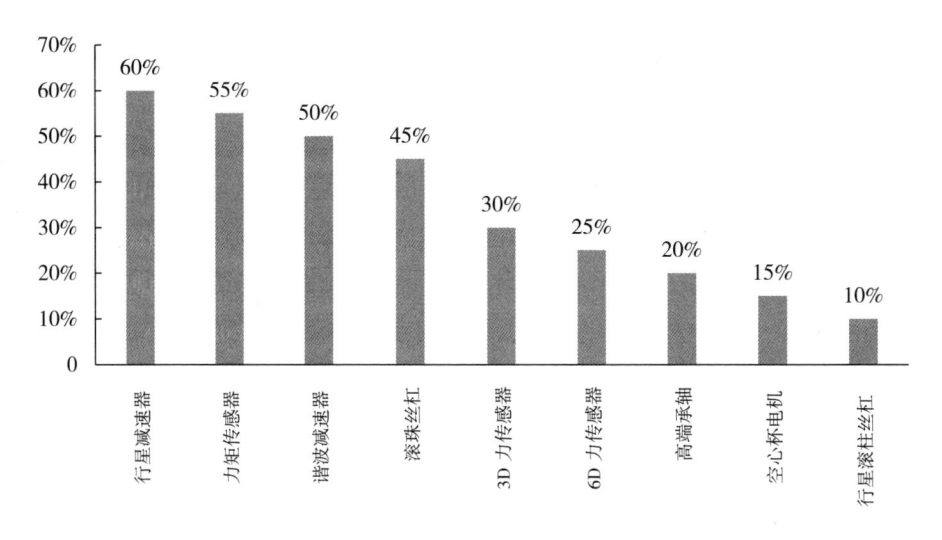

零部件	国产化率
行星减速器	60%
力矩传感器	55%
谐波减速器	50%
滚珠丝杠	45%
3D 力传感器	30%
6D 力传感器	25%
高端承轴	20%
空心杯电机	15%
行星滚柱丝杠	10%

图 16.1：人形机器人核心零部件国产化率
来源：华西证券

在人形机器人的发展上，中国走低成本快速迭代之路。比如宇树科技的 AI 技术可能比不上特斯拉，机器人动作能力可能比不上波士顿动力，综合性能和 Figure 01 也有差距，但是中国胜在全产业链自主可控，而且价格便宜。任何环节的技术更新都能快速迭代到下一版机器人。

比如特斯拉正在试验把擎天柱机器人应用在工厂。其实这样的工作优必选早就试验过了，只不过进展很不顺利。比如，优必选在蔚来合肥工厂，因为不能适应动态环境变化（光线变化）导致视觉识别失效，不得不在生产线上停用；珠海格力应用优必选搬运测试，连续工作 4 小时就会因为过热而死机，远不如专门的工业机器人可以 24 小时不停工作；比亚迪试用优必选机器人一段时间后选择和库卡、新松等传统机器人厂商合作。此外，人形机器人的成本并非只是购买成本，很多零部件耐用度都不如工业机器人而且非常昂贵，使用机器人的同时还要配备调试机器人的工程师，所以即便人形机器人只有 10 万元一台，真实使用成本仍然远高于真实的工人，且出错率完全不能被追求效率的传统工厂所接受。我们认为特斯拉在这个领域也不会取得突破性成功。

未来在工业现场中，机器人只有做得比人更好才会吸引工厂接受并引入设备。正如波士顿动力创始人马克·雷伯特（Marc Raibert）旗帜鲜明地表达了对于人形机器人进入工业制造领域的态度："不看好，没有必要，完全是在炫技。"因为这完全是工业机器人的领域，只不过工业机器人取得进步后，这些技术可以用到人形机器人而已。

16.3　小结与行业展望

（1）全能机器人取决于 AI 产业的进展。目前 AI 只解决了人类语言和机器语言的联通问题，机器人如何在有限空间内进行运动控制还没有完全解决，只是刚刚入门。从人脑的神经元数量看，小脑比大脑更复杂，需要解决的问题更多。因此我们对于美国打造全能型机器人的前景持保留态度。

（2）欧洲、日本是传统机器人领域的巨头。欧洲、日本即便不改革也可以凭借现有的工业基础赚到人形机器人硬件的利润，所以它们的积极性不是很高。再加上欧洲在 AI 领域优势不明显，所以它们进展缓慢，本质上处于观望状态。

（3）我们更看好中国在机器人领域的发展。一是中国人工成本上升导致制造业需要升级，制造业升级带来的刚需可以养活众多的传统机器人厂商，传统机器人厂商就是人形机器人的零部件供应商，这一产业链优势让中国的人形机器人成本在行业内最低，而且有充足的市场化研发动力。这就是中国雄厚的制造业基础带来的产业链优势，它带来了工业机器人的消费场景，进而推动人形机器人的发展！这种"一箭双雕"的效果是欧美完全不具备的。

二是中国在 AI 领域落后美国并不多。ChatGPT 出来后感觉中国 AI 明显落后，加上英伟达芯片禁令，似乎前途无望。但是 DeepSeek 横空出世，中国用开源的方式缩短了在 AI 领域和美国的差距。这为人形机器人的发展奠定了良好基础。硅谷投资人、连续创业者、Coinbase 前 CTO 巴拉吉·斯里尼瓦桑（Balaji Srinivasan）说：美国的优势是软件，中国的优势是硬件，但是中国在软件方面的进步比西方在硬件方面的进步要快。中国通过 AI 大模型开源让软件不赚钱，这等于打到了西方的命脉，他们在大模型的训练、推理上花了那么多钱，未来真的不知道如何收回成本。

我们认为未来中国的人形机器人产业会产生自己的安卓系统，就像今天的安卓手机一样，每个厂商都能生产手机，但是 APK 软件是通用的。A 家机器人的技能可以在付费后直接复制到 B 家的机器人身上，只要适当做一点优化就行了。我们认为这种开源策略是中国人形机器人突围的捷径。2024 年 11 月 15 日，华为和 16 家企业签署合作备忘录，计划整合具身智能的大脑、小脑、工具链等关键根技术。这只是打造中国机器人的"安卓平台"的第一步，未来还有很多工作要做。但我们认为这是中国在 AI 和机器人领域取得领先的重要一步。

17. 创新生态的竞争：香港如何成为国际创新科技中心？[①]

2023年3月15日，香港特区行政长官李家超在北京出席《内地与香港关于加快建设香港国际创新科技中心的安排》签署仪式时表示，"特区政府会全力、全速把香港建设成为具有影响力的国际创科中心"。特区政府在2022年底也公布了"香港创新科技发展蓝图"，提出四大发展方向和八大重点策略，覆盖了从设立100亿港元的"产学研1+计划"，推动优秀科研成果商品化，到增加创科人员的住宿支援，舒缓人才的生活负担等多个方面。

距离上一次香港尝试发展科技产业的"数码港"计划彻底失败，至今已有25年。目前大多数质疑声涉及人才结构、生活成本、产业资本，似乎没有一项能够证明这一次的转型决心能够救赎失落30年的香港科创。但是，我本人却持有完全不同的态度。正所谓"三十年河东，三十年河西"，30年前的中美关系、中国经济体量、中国香港在中美关系中的地位和目前的状态已经大相径庭。

这里，我不想去争辩香港能否成为国际创新科技中心，而是希望与大家分享一下我对香港科创发展的一些建议。

香港已经没有条件停留在过去的辉煌中，房地产和金融让过去的香港繁荣起来，也造成了现在的困局。香港的经济增长已经开始缺乏动能，金融服务、旅游、贸易及物流业和工商业这四大支柱产业中仅有金融行业在稳步增长。但金融行业一方面需要直面来自新加坡的竞争，另一方面吸纳就业能力差，虽然占GDP总量的20%，但仅仅创造了6%—7%的劳动岗位，也进一步加大了贫富差距等社会问题。

过去几十年间，香港在房地产、金融及贸易产业聚拢了大量资源，但却错失了科技与互联网的发展机遇。展望前路，香港如果想触底反弹，而不是

[①] 原文写于2023年5月23日。

走上一条漫长的下坡路,应该从现在开始积极地进行经济转型,使其经济多元化,而这其中最重要也是最有效的方式,就是将香港打造为国际科创中心。

那这一次选择怎样的方法和路径呢?我们来看看成功国家的案例。从英国牛津郡,到日本东京都,再到美国马萨诸塞州128公路,甚至是以色列,都可以带给中国香港很好的启发和借鉴。但如果直接比较经济体量,尤其是香港和大湾区以及内地经济体未来的双向结合,美国的硅谷可能是香港最为直接的目标。

那么,硅谷是如何被造就的呢?

我将硅谷的发展简单归纳为三个阶段:诞生—发展—腾飞,而最终造就了21世纪前20年"美国创新—中国制造—全球消费"的经济一体化局面。

这一切要从硅谷如何诞生说起。

17.1 硅谷的诞生

美国尚未宣布正式加入"二战"前,时任总统罗斯福已经觉察到美国将无可避地全面卷入战事。出于提升研发力量和升级武器装备的考虑,罗斯福找到了著名军火商雷神公司(Raytheon Company)的创始人万尼瓦尔·布什(Vannevar Bush),在他的建议下,美国成立了由布什领导的"科学研究和发展办公室"(The Office of Scientific Research and Development,OSRD)。OSRD建立了整合军方、大学和企业资源的研发联合体机制("军—学—工"复合体的研发机制),布什带领6000多名科学家主管美国"二战"期间的所有军事研究项目。

战后,"军—学—工"的复合研发机制也使得大量人才可以围绕着战时的科研成果研究和开发商业化产品,并孵化和创立了大量科技公司,为美国培养了大量复合型人才。在这一阶段,布什的一位学生弗雷德里克·特曼(Frederick Emmons Terman)扮演了重要的角色。

特曼在1925年开始在斯坦福大学担任教授。他十分推崇创业精神,不仅鼓励学生创业,还为他们提供投资帮助。比如特曼投资了他的学生创立的惠普公司,并为惠普公司的第一款产品介绍了第一批25名潜在客户。而在战时,特曼曾在哈佛大学的"无线电研究实验室工作",也为军方研究武器。

战后，布什领导的 OSRD 通过后来成立的国家科学基金会，把联邦政府拨付的军工研究经费和课题成果转移到民间，并支持符合要求的企业承接军方的订单。特曼认为这是一个好机会，当时他担任斯坦福大学工程院院长，在斯坦福成立了一个行动小组，聘请顶尖科学家，争取获得 OSRD 转移来的项目并为斯坦福大学工程院申请政府经费。

1953 年，特曼说服大学拿出来一块尚未开发的土地，建立了斯坦福工业园，通过承诺低廉的租金，允许驻园企业的工程师攻读斯坦福大学的工程学硕士，并且帮助企业对接军方订单以及为企业寻找投资等方式，吸引科技公司入驻。科技园提供的资金、人才、军方订单等多个利好因素吸引了不少企业入驻。

17.2　硅谷的发展

起初的斯坦福工业园只有几家公司，到了 1960 年就增到 40 多家，1970 年达到 70 家，1980 年整个工业园的土地全部租完，有 90 家公司租用。到 2000 年，工业园内已经发展出 150 家公司。而硅谷之所以和"硅"扯上关系，其重要的里程碑是肖克利半导体实验室（Shockley Semiconductor Laboratory）进驻斯坦福工业园。

肖克利是晶体管之父，在来到当时还不叫硅谷的加州圣克拉拉谷（Santa Clara Valley）后，他吸引了来自东部的 8 位年轻科学家一起创业。之后，这 8 位年轻的科学家选择了离开肖克利，自立门户。

8 位科学家自立门户后，开始为新公司寻找投资，但开始并不顺利，接触了数十家公司都以失败告终。一个偶然的机会，他们遇到了仙童照相机与仪器公司（Fairchild Camera & Instrument）的老板谢尔曼·费尔柴尔德（Sherman Fairchild）。费尔柴尔德的父亲曾经资助了老汤姆·沃森（Thomas Watson Sr.）创办 IBM。作为继承人，费尔柴尔德成了 IBM 最大的个人股东，非常富有。费尔柴尔德与这些科学家谈过以后，决定投资 150 万美元。凭借这笔钱，硅谷第一家由风险投资创办的半导体公司——仙童半导体公司，终于宣告成立。仙童半导体公司的创立被公认为硅谷诞生的标志，因为它不仅孕育了硅谷大约 70 家半导体公司中的半数，为硅谷提供了无数的人才，还第一次采用了

"风险投资"这种模式。可以说，仙童半导体公司创造了硅谷和硅谷的特有文化。

根据粗略统计，仙童半导体公司的员工在出走后创办的公司大约有92家，包括知名的英特尔、AMD等。这些公司的员工总人数超过80万人，市值也高达21万亿美元，超过了大部分国家的GDP。受到仙童半导体公司间接影响的公司更是不计其数。

17.3 硅谷的腾飞

在1980年前，美国的专利政策奉行的是"谁出资、谁拥有"原则。一方面，研发的成果不仅收益权归政府，而且一切的后续性研发也不可以由发明人独享，这导致高校没有动力去推动新技术转化为民用科技产品。而另一方面，只有数量有限的大公司才有能力以昂贵的代价购买技术专利的所有权。这样的制度安排最终导致大量科研成果闲置浪费。

1980年，《拜杜法案》问世，对美国的专利制度做出了几项重大调整。

首先，它规定技术成果的权利由大学保留，并与发明人分享成果转化的收益。高校获得了收益权，便有了转化的动力。

其次，公司购买技术，但没有在一定时间内对其做市场化开发，高校则可以收回知识产权，公司无法获得对专利的完整控制权，也就意味着公司只要获得独家的商业开发权就足够了。而所有权和商业开发权的分离，使技术转让费用大幅降低，小企业也能负担。

最后，如果大学不能让科技成果服务于市场，政府则有权收回成果的所有权，这就进一步刺激大学努力推动成果的转化。

《拜杜法案》之后，"政府、大学、企业的三螺旋联盟"改变了美国科技创新的产学研链条，成了创新的新基石。大学的创新热情被大大激发，与产业界的合作也进入新的阶段。学术研究不断将知识转化为产业界乃至市场所需要的发明，使得美国在信息技术、基因工程、医疗方法以及计算机软件产业化方面取得了显著进展。

1980年前，政府拥有2.8万项专利，大学拥有的专利不到250件，科技成果的商业转化率不足5%；1991年到2003年，大学新的许可量从1229件增加到 4516 件，总量达到了 2.59 万件。同时，大学创设了近 1 万家公司，并涌现出大批以大学为中心的创新型中小企业集群，尤其以马萨诸塞州的 128 公路地区和加利福尼亚州的硅谷最为著名。

美国中小企业数量远远大于大型企业，《拜杜法案》使得新技术的商业转化时间缩短，转化率大幅提升，创新的活力也被充分激活，这都极大地促使了美国中小企业的发展。而大企业面对中小企业已经失去了技术创新速度的先发优势，更多的是产品和观念的创新。在这样的竞争格局中，大企业为了确保自己的优势地位，就必须将大部分生产流程外包到劳动力密集型地区，拆散细分，从而保证整个生产链条可以及时调整以适应创新端的变化。适逢中国开始全面对接全球中低端制造业转移的大潮，美国创新科技生产链逐渐形成了"美国设计/创新—中国制造—全球消费"的局面。

17.4 硅谷成功经验的借鉴意义

硅谷不是一蹴而就的，而是经历了几十年的累积和无数人才的贡献。总的来看，其发展经历了四个阶段：

第一阶段是战后美国政府及时推出了将战时研究成果商业化的政策，而斯坦福大学也在具有创业精神教授的带领下把握了机会，成立了大学科技园区，并积极引进了包括惠普、德州仪器、IBM 等多家知名企业落地。

第二阶段是仙童半导体公司的诞生，它像蒲公英一样，让创业精神和反叛精神布满硅谷的各个角落。此外，它还第一次采用了风险投资的融资模式，此后硅谷的科创公司几乎都采用这种模式。投资者们带来的资金和各种资源帮助了无数初创公司的飞速发展。

第三阶段是 1980 年以后，《拜杜法案》改变了美国专利的所有权安排，极大激发了各界尤其是中小企业的创新热情。而大型企业在面对中小企业在科技创新上的竞争时，开始寻求新的商业模式以优化自身的资源配置巩固竞争优势，这就是生产外包。

第四阶段是"政府、大学、企业的三螺旋联盟"进一步得到优化，形成了"美国创新—中国制造—全球消费"的一体化链条。美国以最小的投入及更快的速度将其科技研究成功商业化，巩固了"二战"以来一直牢牢占据的

"科技第一强国"的位置。

17.5 小结：供香港特区政府参考的几点建议

硅谷的成功不能被复制，但其发展的历史已经给到香港特区政府足够多的理由和信心来开启香港成为国际科创中心的新篇章：

（1）香港与硅谷一样具有优秀的世界级大学群；

（2）香港的普通法环境、知识产权保护和高度国际化更易同国际学术、企业和人才接轨；

（3）香港作为亚洲的国际金融中心，其资本市场优势能为香港科创发展有效助力；

（4）中美逐渐脱钩的形势下，中国香港将会是大批原计划赴美国上市或已在美上市的中国优秀科创企业以及海外学者的首选地；

（5）大湾区特别是深圳将给予香港足够的产业战略纵深和配套发展科技，并提供广阔的消费市场；

（6）还有更多，就此打住。

有鉴于此，在特区政府最新的施政纲领基础上，我希望提出以下建议，抛砖引玉，为香港的未来出一份绵薄之力：

（1）特区政府一定要依靠目前8所大学的资源及影响力，鼓励发展基础科学、理论科学及应用科学，并为高校提供相匹配的研发资金、土地等政策支持；

（2）鼓励海外学者、教授、研究员回归香港各大高等学府；

（3）特区政府可以参照《拜杜法案》的条款，规定在政府出资的研发项目中，相应的知识产权及专利的所有权无条件释放给高校，而高校可以将其商业开发权／使用权以相对较小的代价转让给旗下的孵化科创企业及其他中小型科创企业，让该研发专利商业化落地，最终推动技术成果的转化；

（4）在现有科学园的基础上鼓励设立中小型科创企业，同时引进深圳及内地其他地区的大型知名科技企业，让其设立窗口／分公司，促进大型科技企业与中小型企业之间的合作与联动，并最终将技术成果转化后的产品最快速度市场化；

（5）积极引进风投公司及资金与科学园、未来大学工业园有机地/物理性地结合起来；

（6）大湾区的制造业基础，包括人力和设备还有管理经验都可以为香港所用，打造出"香港创新—大湾区制造—世界消费"的新链条。

最后，重要的事要反复强调：香港也应有所为，有所不为。香港成为国际创新科技中心的前提一定是政府大力出资，依靠高校，专注科学园区的中小型科创公司，服务大湾区/国内大型科技企业，制造端完全外包给大湾区的产业链。

18. 香港的二次革命不能舍本逐末 [1]

> 市场的大幅波动其实是人性的集中体现，理解市场，懂经济固然重要，但是读通历史更重要，因为历史就是人性的反复重演。
>
> ——陈宁迪

2022年11月初，中国香港迎来了连串盛事。首先是国际金融投资峰会不受风雨影响，成功举办；之后是暌违三年的国际7人橄榄球比赛的回归。这两项大型活动的成功举办，使得不少人欢呼"Hong Kong Is Back!"（"香港回来了"），而这句"香港回来了"，也是香港希望向全世界传递的一个信号。然而，过去三年，香港先后经历政治风波和疫情阻隔，甚至在2022年的金融中心指数排名中，将亚洲第一的位子拱手让于新加坡。现在，香港真的回来了吗？我想，香港要真正回来，我们最需要思考的问题是：香港需要做哪些事，才能重回亚洲金融中心的位置？

18.1 香港国际金融中心的形成建立在中国改革开放的基础之上

我们要客观回顾历史来分析香港成为国际金融中心的历程和原因。大多数香港的专家学者们自豪地宣称，香港的普通法制体系、优秀的人才储备、与世界接轨的金融系统、得天独厚的地理位置是香港成为国际金融中心的必要条件，但事实上这些所谓的条件仅仅只是表面优势的一种体现和结果。真正能让香港不断发展成为现在的国际金融中心的根本因素，就是这40年中国改革开放后的发展。一度形成的"美国设计—中国制造—全球消费"的全球化现象，使中国成为世界的制造业中心和枢纽。香港在1984年《中英联合声明》签订后，就注定成为连接中国和世界的最佳桥梁。

截至2020年，香港在内地的实际投资占全部外商直接投资的近70%，在

---

[1] 原文写于2022年11月8日。

对内地投资的国家和地区中，香港位居第一。而内地经济的迅速发展，也需要借助香港融资。1992年中国内地第一只红筹股在香港上市，截至2021年底，在港上市的内地企业数量为1368家，占港股上市公司数量的一半以上，市值占80%以上。大量内地企业赴港上市，不但扩大了港股市场，提升了香港对国际资本的吸引力，也推动香港由一个区域性的股票市场升级为国际金融中心。当然这里最关键的是中国从改革开放前的GDP占全球比重不足2%，到现在成为世界第二大经济体，GDP占全球比重接近20%（大约是第一大经济体美国的80%，按照购买力平价计算，已经超过美国）。而香港就是让国际资本能够投资全世界第二大经济体，拥有对占全世界20%生产力的资产配置通道，也自然而然才有资格成为国际金融中心。香港的发展完全受惠于过去几十年中美发展的互惠互利以及在此期间中国的快速发展。然而近几年来，由于中国的发展和对美国地位的挑战以及未来越来越明显的去全球化趋势，香港突然从连接世界资本与中国的宠儿，变成不知所措的集中矛盾点。三年疫情仅仅是延缓了香港处于这个时代转折点该体验的阵痛，也不可避免地让香港在主观意识上仍然依赖于之前的思维惯性及惰性。"Hong Kong Is Back"也不过是其对之前的良辰美景、左右逢源的黄金年代的极度怀念而已。

18.2　舍本逐末地争夺全球虚拟资产中心

2022年10月16日，香港财政司司长陈茂波发表文章《香港的创科发展》，指出要推动香港发展成国际虚拟资产中心。31日，香港特区政府也发布了《有关虚拟资产在港发展的政策宣言》，阐明为在香港发展虚拟资产行业和生态系统而订立的政策立场和方针。香港特区政府声势浩大地表示要跻身元宇宙、Web3.0赛道的消息，使得香港成为第一个明确要在Web3.0和元宇宙领域进行前沿布局的城市。

近两年来，香港股市颓靡，不仅恒生指数创下了20年来的新低，2022年的IPO数量和募资金额也大幅下降。很多人将发展虚拟经济视作香港目前金融局势之下的救命稻草，对此，我持有不同看法。在我看来，去竞争虚拟资产中心而忽视发展原有的资本市场，是舍本逐末之举。

首先，在发展虚拟经济上，香港已经错失先机，在目前加密货币市场遭遇寒冬之际再提出发展虚拟资产，显得有些不合时宜。2022年以来，随着美联储加息，全球资产缩水，资金回归传统类别资产，虚拟资产泡沫也被进一步挤压。CoinMarketCap数据显示，2021年11月，整个加密货币市场总市值为3万亿美元。而到了2022年，市场蒸发掉2万亿美元，总市值仅为1万亿美元，缩水近70%。与此同时，Facebook改名Meta、重磅押注元宇宙的这一年间，市值蒸发超过6600亿美元，股价也暴跌70%，跌幅远超FAANG中的其他公司。种种迹象显示，虚拟货币似乎到了暂时谢幕的时间。

其次，虚拟货币与中国的国策背道而驰，也不符合未来绿色经济的标准。过去的几年里，中国政府针对相关领域的政策和条文不下二三十条，口风也越来越严，比如虚拟货币发行。2017年，ICO（Initial Coin Offering，首次代币发行）被人民银行等七部门定性为"非法公开融资"。2021年，人民银行等十部门又联合出台对虚拟货币相关业务的"全面禁令"，监管强度再创高峰。之所以有如此强力的监管，主要还是因为加密货币、虚拟资产核心的去中心化，被视作是与中国国策脱钩的，不利于其金融体系的稳定。除此以外，绿色金融，也是全世界目前金融发展的重要关注点之一，而加密货币的挖矿机制会耗费巨大的电力，在目前很多地方依然以化石燃料发电的背景下，加密货币是极其不环保的，这也与绿色金融冲突。

全球领先的科技企业都在研究Web3.0和区块链技术在未来应用的可行性，虚拟货币仅仅是区块链技术应用的一种场景，而背后的研发和资源的配给已经完全超越了虚拟货币的交易。早在2017年，日本和新加坡就试图推动虚拟货币零售交易，香港不仅是时间和思路上的滞后，更会让真正意义上的金融科技被替换成金融庞氏骗局的媒介平台。更重要的是，去中心化的区块链虚拟货币直接挑战中心化的数字人民币国策，香港在目前这个时代转折点，难道不应该花更多精力支持人民币国际化以及未来数字人民币交易体系的金融安全属性？这不仅是舍本逐末，更是本末倒置！

18.3 香港应采取措施提高股市流动性

前文提到加密货币的全球市值为1万亿美元，而全球股票市场市值接近100万亿美元（截至2022年9月底，全球前15大交易所总市值为82万亿美元），债券市场也有 100 万亿美元的规模。与传统资本市场相比，虚拟货币的市场规模不值一提。香港特区政府与其视虚拟资产为救命稻草，更应该思考的是采取什么样的措施可以重振其原有的证券市场和金融行业。一个股票市场的深度与广度，通常以其规模、上市公司质量和投资者因素来衡量，而流动性也是一个重要指标。港交所一直是世界领先的集资市场之一，但其二级市场尚有改进空间。对提升香港股市的流动性，我有以下两点建议。

首先，香港可以考虑减免股票印花税。香港是全球主要股市中，唯一向买卖双方收取印花税的地区，并且在 2021 年还将印花税由之前的 0.1% 上调至 0.13%。从数据上来看，印花税越低，股票市场市值及成交量越大，市值排名前十及交易额排名前十的主要股票市场中，仅中国香港、中国内地、法国分别向双方、卖方或买方收取印花税；印花税最高的英国伦敦证券交易所日均交易额仅为市值的 0.22%，收取 0.13% 较高印花税的香港日均交易额仅为市值的 0.32%。与之相比，不收取印花税的美国纳斯达克证券市场及日本交易所的日均交易额分别为市值的 0.77% 及 0.55%，收取 0.1% 较低印花税的上海证券交易所及深圳证券交易所日均交易额则分别为其市值的 1.05% 及 2.02%。由此可见，双边印花税一定程度上会给股市的交投带来负面的影响，全球前几大股市中，中、美、日的多个交易所 2022 年前 9 个月的交易额已经接近或超过其市值，而中国香港交易额落后幅度较大。

其次，特区政府可以采取措施欢迎海外量化基金和指数基金来港设立分支机构。中国香港和美国市场流动性的差异除受印花税影响以外，也受到活跃于市场的不同类型的投资者影响。在香港，机构投资者主导了现货市场。以 2020 年为例，这些机构交易者占据市场的 56.4%；而活跃程度高于机构交易者的做市商、高频交易和量化基金仅占香港市场交易额的 28.1%。而在美国，较为活跃的做市商、高频交易、对冲基金和量化基金占交易总额的 67.9%。

表18.1：全球主要股票证券交易市场印花税情况

股票市场	纳税人	印花税	交易所	市值（2022年9月值,10亿美元）	交易额（2022年1月至9月,10亿美元）
中国香港	双方	0.13%	香港交易所	3927.03	2146.23
美国	无	0	纽约证券交易所 纳斯达克证券市场	23752.49 16591.12	NA 21655.75
日本	无	0	日本交易所	4756.46	4438.88
中国	卖方	0.10%	上海证券交易所	6328.08	11270.45
			深圳证券交易所	4352.86	14926.46
英国	买方	电子交易的股票或使用股票交易表格交易并超过1000英镑:0.5%；特定交易:1.5%；但对于交易所内部的大多数交易以及在伦敦证券交易所AIM上市的公司的股票转让，豁免印花税。	伦敦证券交易所	2654.06	996.1
法国	买方	0.30%	泛欧交易所	5075.79	2260.16
印度	无	0	印度国家证券交易所	3309.71	1380.67
沙特阿拉伯	无	0	沙特阿拉伯证券交易所	2893.68	368.58
加拿大	无	0	TMX Group	2591.74	1845.35
德国	无	0	德意志交易所	,540.55	1273.81
新加坡	无	0	新加坡交易所	587.97	173.01
澳大利亚	无	0	澳洲证券交易所	1700.11	914.36
韩国	卖方	上市股票:0.23%；非上市股票:0.43%	韩国交易所	1387.51	2423.08

来源：德林控股

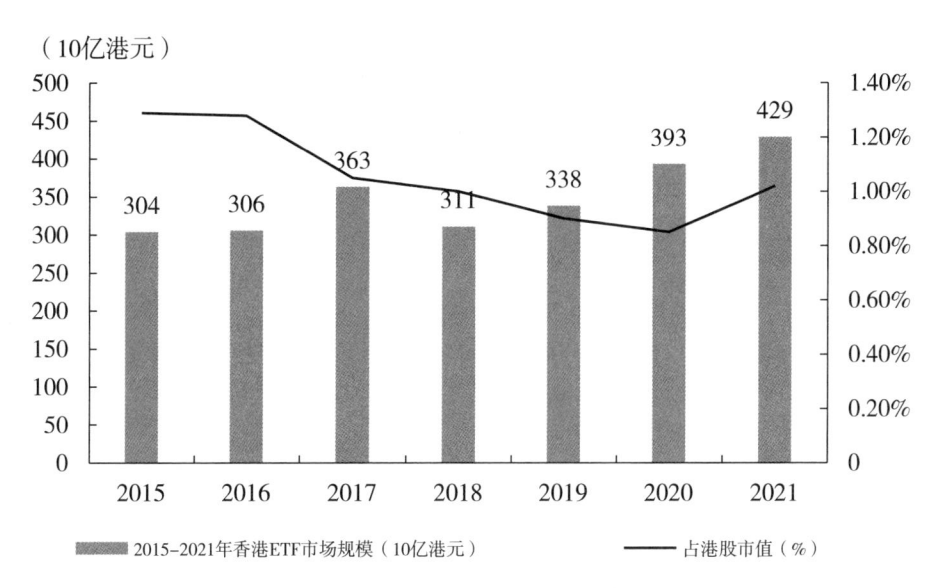

图 18.1：2015—2021 年香港 ETF 市场规模
来源：香港交易所，易方达基金

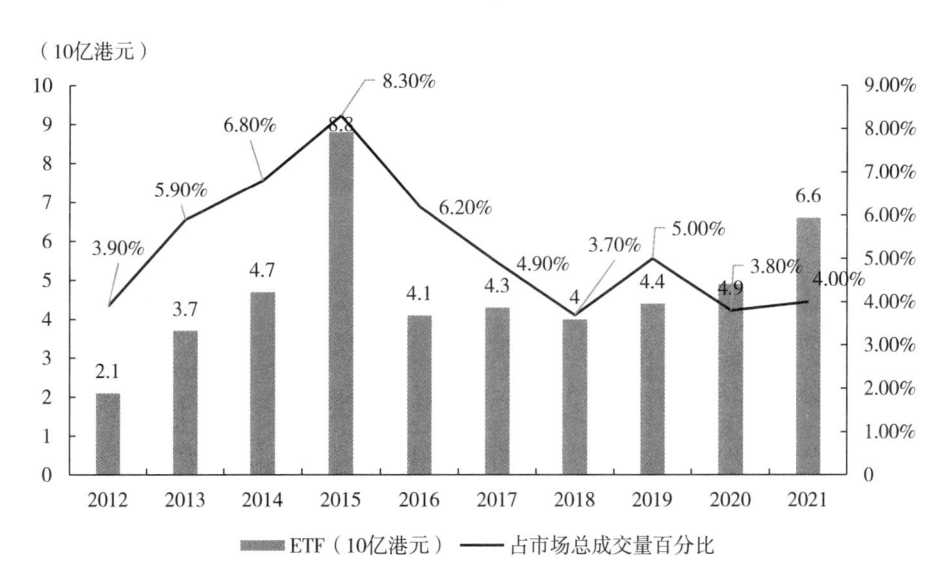

图 18.2：2012—2021 年 ETF 占港股总成交量的百分比
来源：香港交易所

另一个重要的差别，是美国交易所买卖基金（ETF）的普遍性。截至

2022年9月底，美国已经有超过3000只ETF，总资产规模为5.9万亿美元，日均交易额为1500亿美元。而中国香港ETF市场从1999年11月12日上市第一只ETF产品起，资产管理规模也仅扩大到550亿美元，上市的ETF数量为155只。从市值来看，ETF市场占港股总市值仅为1%；从交易量来看，香港ETF日均成交量不足10亿港元，占市场日均成交量的比重为4%。而美国ETF的交易额占到股票交易总额的25%。

18.4 在新的世界格局之间找准自身定位

过去的几十年中，香港背靠内地、面向全球，一直发挥着联通中国和世界的桥梁作用，既是"中国制造、全球销售"供应链上的重要贸易环节，也是外资投资中国的窗口。而近年来，随着世界冲突的加剧，香港如何继续扮演好"超级联系人"的角色，也是值得我们思考的问题。在我看来，香港最大的优势，就是背靠强大且深厚的内地，因此，香港未来的发展策略，也是要以服务构建以国内大循环为主体、国内国际双循环相互促进的新发展格局为重点，着力发展以下三个领域。

首先，香港要强化离岸人民币业务枢纽功能，为人民币的进一步国际化做准备。中国从改革开放前GDP占全球比重不足2%，到现在成为世界第二大经济体，GDP占全球比重接近20%，与第一大经济体美国的差距也逐年缩小。而人民币也有望在计价、交易、结算、清算和储备等国际贸易与金融交易中发挥更重要的作用，人民币国际化是大势所趋。这是一个循序渐进的过程，香港可抓住这一机遇，发挥连接人民币与国际资本的管道功能，积累离岸人民币业务枢纽的竞争优势，成为人民币国际化网络中的关键节点。

其次，与粤港澳大湾区的深度融合，进一步推动"一带一路"的金融服务。粤港澳大湾区的战略定位，是继京津冀、长三角和珠三角后的新增长点和爆发点。香港应充分发挥自己在人才、资本、法治和通行便利的优势，填补大湾区对境外资源的需求，成为粤港澳的领航者。而"一带一路"倡议的延续和发展，同样需要香港作为离岸人民币结算中心和数字人民币的海外试点，这将进一步加强香港对全国金融系统的整体布局的作用。

最后，香港可以着力于打造ESG投资枢纽。近年来，全球各界越来越关注气候变化风险以及社会可持续发展的问题，绿色金融、ESG（Environmental, Social and Governance，环境、社会和公司治理）投资、影响力投资等概念也在金融领域掀起热潮，中国也在 2020 年 9 月提出了双碳目标。香港应把握这个机遇，利用成熟的金融基础建设、优质的人力资源和独特的地理位置，打造面向全球的可持续发展金融中心和 ESG 投资枢纽。

18.5　小结：危中有机，明确方向

随着美联储的持续加息，全球资本市场遭受重创。香港一方面受到美联储加息带来的流动性影响，另一方面因为内部经济的疲弱，相比其他资本市场更加风雨激荡。但对此我们也不必过于悲观，因为目前的情况是好于 2019 年的。银行间结余虽较高位大幅下降，但仍有 1000 亿港元，高于 2019 年最低时 500 亿港元的水平；借款成本虽受货币政策缩紧影响升高，但香港银行同业拆息 HIBOR 仍低于伦敦银行同业拆息（Libor）。此外，外汇储备也维持在 4000 亿美元以上，为香港流通货币的 5 倍多。

走过风雨飘摇的 3 年，香港的重新出发初现曙光。而重新夺回亚洲金融中心的位置，并不仅仅是香港与新加坡盲目的竞争，更重要的是找到一条符合自身优势和定位的发展道路。香港应该深化其作为中国和世界的"超级联系人"的角色，左手金融，右手科技，以科技带动金融，进一步打造服务于以国内大循环为主体、国内国际双循环相互促进的新发展格局的资本市场。在金融领域，一方面，香港可以通过降低印花税、推动 ETF 发展为二级市场注入新的活力；另一方面，可以巩固其离岸人民币中心的地位，更好地服务于人民币的国际化，同时深入到粤港澳大湾区的深度融合中。而在科技领域，特区政府不应该过度重视虚拟资产，更不能提倡加密货币的运营，而应将重心放在以开拓数字人民币的跨境支付路径和绿色金融等方面。

19. 中国崛起，一路向西[①]

> 但见巨龙呼啸过，丝霞万匹映天红！
>
> ——《丝绸之路赋》
>
> 我们的人民是伟大的人民。在漫长的历史进程中，中国人民依靠自己的勤劳、勇敢、智慧，开创了各民族和睦共处的美好家园，培育了历久弥新的优秀文化。
>
> ——习近平

我花了一些时间研究了罗马史、西方中世纪文献以及大航海时代的相关文章，也同时总结了"君士坦丁堡的沦陷，让欧洲在前所未有的来自东方的攻击和精神压迫感下产生了更大的格局，反而有了文艺复兴，有了向西的美洲大陆发现，从此开启了海权时代的新的世界文明和格局"。这一历史和地理穿插的交错感，让我进一步探究了近一百年的海权时代的发展以及帝国的兴起。在这里，我希望给中美之间"修昔底德陷阱"博弈下的未来发展趋势带来一些启发，也为目前充斥在市场的悲观负面情绪或者所谓的普世价值观祛除一些刻意的成见，带来一些属于我们华人应有的多巴胺。

19.1 纵横时间和地理四维跨度的臆想

打开世界地图，看向孕育过古老文明的欧亚非大陆，大陆两旁东向是太平洋，西向是大西洋，之后就是连接两大洋的美洲大陆，最后是亚欧大陆南向的印度洋和大洋洲。

在1492年哥伦布发现美洲新大陆之前，人类东、西方文明史基本发生在亚欧大陆这个板块中，东方以贯穿历史的华夏文明以及北部草原匈奴、突厥和鼎盛期的蒙古帝国为核心，西方则以古埃及、古巴比伦文明再到罗马帝国、波斯、奥斯曼帝国为核心，而古时的丝绸之路则是贯穿在历史长河中的东、

[①] 原文写于2022年12月18日。

西方商品贸易和语言文化交流的枢纽。帝国的崛起、扩张及衰落也局限在这片亚欧大陆的陆权时代。强大的蒙古帝国在顶峰时东征西讨、所向披靡，将亚欧大陆2/3的版图收为己有，却两次被一海相隔的日本"神风"击败，而最终成就了日本战国时代后丰田秀吉、伊藤博文之众的对外野心。这同时也代表了陆权时代最典型的局限。

15—16世纪西方大航海时代的开启给予了世界文明新的格局，麦哲伦的环球航行让人类天文史终于突破了天主教对中世纪文明1000多年的束缚，民智的开化也同时带来了西方的文艺复兴和人类科技水平的发展。从美洲大陆的人口迁徙、土地开垦，进一步到海洋探索、新大陆棉花种植及贸易、非洲大陆的发现及黑奴贸易，再到以海外殖民地为核心的大不列颠帝国为典型的帝国模型，西方的第一次和第二次工业革命，都是与东方陆权国家衰败的鲜明比较。国家的更替、制度的革新也将世界文明发展推到了新的高度。这段时期，东方国度里也出现了短暂的光辉，但是具有历史意义的郑和下西洋最终还是被遭受倭寇肆扰的明朝悻悻然地画了句号。直到1840年的中英鸦片战争，西方才终于撬动了东方最大文明古国中国的大门，尽管中国此后并未出现"明治维新"的效果，但是洋务运动证明了垂死挣扎的大清帝国已经意识到建设海军的重要性以及加入海权时代的世界格局的必要性。

连接东西方的丝绸之路被海洋之路所代替，而处于海洋之路中的美洲新大陆开始冉冉升起，美国这个新的超级帝国由此诞生。自1776年独立后，美国便一路高歌猛进在美洲大陆扩张，从东部13个州开始，1803年向法国拿破仑购买中部路易斯安那地区，再到西部开发，1846年美墨战争后再并入得克萨斯、新墨西哥以及加利福尼亚，然后在美国内战后的1867年又向俄国购买了阿拉斯加。

同时期，历史的车轮来到了世界第二次工业革命时期，第一次工业革命时期那个以煤矿为能源、蒸汽机为动力、钢铁和铁路为交通基建、纺织产业工业化的世界，逐步走进一个新的时代：以石油为能源，电力被大规模应用，钢铁化工行业取得巨大创新，出现以燃油蒸汽涡轮和内燃机驱动的船舶、飞机。而就在这段具有历史意义的重大转折时期，19世纪末美国开始将眼光放在了本土以外的世界，并给予海权时代一个新的诠释。

洋洋洒洒写到这里，上述四维空间的臆想和驰骋也就此转成对美国通过海权主义崛起的简化解析，而未来中国一路向西的伟大复兴的蓝图也因此孕育而生。

19.2　美国通过海权主义的崛起

一直以来，很多人认为美国只是靠着"一战"和"二战"的红利才崛起成为世界第一大国，但事实上，美国真正意义上的崛起早在1890年便开始了。美国经济在19世纪下半叶取得了令人瞩目的成绩，尤其是在工业上已经超越英国。1870—1896年，美国占世界制造业的份额从23.3%上升至30.1%，而英国的份额从31.8%下降至19.5%。当时衡量工业能力最重要的指标之一就是钢的产量，美国在1880年开始钢产量就与英国并列第一，并在1890年超过英国20%。当时美国钢产量的激增与5条横贯美国的铁路线的建设正好形成了供需双方的相互促进。而铁路的发展也为工业扩张提供了良好的基础设施，同时带动包括机械制造业、石油工业、交通业和通信业等关键领域的协同发展。

与生产力跃居全球第一同时发生的一件事是，一个多世纪以来一直为美国人提供无限机遇的西部"边疆地带"已经不复存在，这使得美国的发展面临空前的限制。美国的社会结构及人口数量决定了国内需求难以出现质的飞跃，1900年，美国总人口为7000万人，仅占全球17亿人口的4%。市场的局限性和西部扩张时期的结束共同造成了国内消费不足。而国内消费不足和产能过剩两个矛盾相叠加，最终酿成了1893年的美国经济危机：大公司和银行接连破产，失业人口节节攀升，就连联邦黄金储备都下降至7000万美元。

经济危机在接下来的一段时间内不仅造成了社会危机，各地出现的工人运动引起了更深层次的危机，即民众对美国政治体制的怀疑。这种怀疑动摇了美国人长期以来最引以为傲的民主制度。当时的美国，大众普遍陷入了一种心理危机，整个社会处于恐慌和迷惘的状态，对未来的命运感到担忧。在危机爆发后，美国知识界对危机的思考和碰撞，最终给美国指出了一个方向，决定了美国此后的发展道路和模式，奠定了美国在之后一百多年里稳坐世界第一的基础。其中最具意义的理论是马汉（Alfred Thayer Mahan）的"海权论"。

在国内市场已经饱和的情况下，美国必须给其过剩的生产力寻找去处，而"扩张"是扩大市场的唯一方法。过去欧洲国家的扩张，是在世界各地建立殖民地，是一种陆权的扩张。而海权论的不同之处在于，它提出了一种新的扩张方法，即开拓海外市场，通过对外贸易来弥补国内消费能力的不足。与此同时，马汉建议通过海军及海军基地来实现海洋的控制，并一定程度避免国际纠纷。马汉的海权论为美国的扩张指出了一个明确的方向，它以强大的生产能力和贸易能力为基础，要求其商品和影响力可自由去往世界各地，同时尽可能地减少对海外领土的直接控制以节约政治和财政成本。

按照这个思路，美国会变成一个新型的帝国，有别于像罗马帝国、阿拉伯帝国、蒙古帝国和沙俄帝国那种单纯陆地幅员扩展所形成的帝国，也有别于像近代英法等欧洲国家那种建立在直接控制基础上的殖民帝国。美国成为一个在领土上有边界的国家，一个在市场和影响力上无边界的帝国。后来20世纪美元在国际货币体系中无可挑战的资本逻辑也是由美国这个"无边界的帝国"的发展逻辑演变而来。

1890年后，美国几届政府的执政理念虽有差异，但对美国社会经济危机的认识和解决危机的思路基本都是遵循马汉的"海权论"，就是推行一种以贸易为主的海外扩张，让美国从一个地域性的大国转变为一个不受边界限制的世界性帝国。在具体政策上则表现为货币金本位原则下的三条主线：一是降低关税，二是加强海军，三是外交政策的改变。在更深层次的理念上则体现在机会均等的贸易竞争，但前提是美国的生产能力已经占有优势，那么越是机会均等，美国的优势就越能得到最好的发挥。为了实现机会均等的贸易竞争，获得战略要地和强大的海军成了必要条件，而掠夺大量的领土并加以直接控制则是不必要且高成本的行为。不以有形的土地，而是以无形的贸易和影响力作为疆域的理念让美国最终崛起成为世界性的帝国，并逐步开始发挥其未来无远不至、无孔不入的资本潜能。海权主义从此达到了一个新的阶段，世界的格局也因此而改变。就在以海权主义崛起后大约半世纪，美国以第二次世界大战胜利者的身份登上了世界霸主的宝座，美式帝国也成为真正意义上的全球性帝国。美国也由此建立起世界最强大的军事机器，来确保其以贸易为主的海外扩张政策，向金融、文化等更加隐蔽也更具有渗透力的领域转移。

19.3 中美博弈下的美国全方位压制

从历史回到现在，中美两大国的博弈已经成为全世界瞩目的话题。2022年11月28日，美国国防部向国会提交了2022年度《中国军事与安全态势发展报告》，国防部长奥斯汀在12月3日出席了在加州举办的第九届里根国防论坛，并发言表示"美国正处于抗衡中国的关键时刻"，"中国是唯一有意愿，而且越来越有能力重塑其所在地区和国际秩序，以迎合其'专制'偏好的国家。而美国不会让这种情况发生"。其实自2017年，特朗普政府便已经将中国列为"首要威胁"，"中国威胁论"也在世界各种主流媒体的包装下甚嚣尘上。不仅如此，在近五年时间里，美国对目前世界第二大经济体的中国也采取了全方位的压制。

从表象来看，"中国威胁论"折射的是美国面对中国崛起的不安和焦虑；从客观角度说，实际是对中国实力的肯定。而从最近几年美国压制中国的方向看，作为世界第一强国的美国其实已经变相地认可了中国未来伟大复兴之路的方向：

（1）以最直接的大幅提高关税的方式，表达了中国目前在商品贸易上巨大的性价比优势；

（2）直接制裁电信通讯、芯片、科技、军工等行业，尤其是将对美国产生直接威胁的行业领先的中国公司列为被制裁公司，表达了中国在美国的核心竞争领域（高端制造和科技行业）基本已经或者在可预见的未来能够赶超美国并向世界输出产品和技术；

（3）倡导全球产业链"去中国化"和所谓的安全化，表达了中国制造业已经达到全球产业体系最完整、产品种类最丰富、产能世界第一的难以替代的顶级水平；

（4）以制约投资中国资本市场的各种方式，表达了中国强大经济体下的国家和企业的健康资产负债表，以及未来极具吸引力的增长性将让全球性资本逐步从美国转入中国市场；

（5）抵制新疆棉花、诋毁新疆种族问题，表达了新疆在中国向西"一带一路"倡议中至关重要的地位和作用；

（6）直接挑战和不断挑衅中国南海的主权归属问题，表达了南海将是中国对东盟13国以及马六甲海峡未来输出影响力的至关重要的区域；

（7）不断刺激台海关系的多方面举措，表达了中国突破太平洋第一岛链的可能性，以及芯片行业安全性将被颠覆的可能性也越来越大；

（8）不断挑战香港的"一国两制"方针并对香港进行多方面制裁，表达了香港在全球资本市场的重要性，以及对中国未来发展尤其是人民币国际化以及挑战美元霸权所能起到的重要作用将越来越显著；

（9）通过西方媒体所谓的言论自由、普世价值，不断妖魔化中国政府及体制，制造全世界对中国崛起和发展的偏见，表达了因社会不平等、不公平和极大贫富差距的影响，目前美国及西方国家自由民主的理念体系越发难以平衡，且在未来极大程度上会受到中国道德价值观和文化影响力的挑战。

19.4 现在的中国和1890年的美国

以史鉴今，距离1978年中国开始改革开放已经40多年，目前的中国和19世纪的美国经济发展路径，有很多相似之处。

首先是工业的发展和基础建设的相互促进。目前，中国的钢产量占全球产量的57%，稳定的钢产量保证了过去十多年间中国基础建设的发展。过去十年，中国的铁路、公路增加里程约110万公里，建设了一大批世界级的能源基础设施，数字通信和民生工程领域也取得了傲人的成绩。基础建设为国内市场的发展奠定了基础，联通了这个拥有14亿人口的巨大市场的各个环节。除了完善的基础建设以外，中国还在过去几十年间一跃成为世界第一的制造大国。中国制造业有31个大类、179个中类和609个小类，是全球产业门类最齐全、产业体系最完整的制造业。截至2021年，中国制造业增加值达到4.86万亿美元，占全球制造业总量的近30%，而美国仅为2.5万亿美元，占全球比重15.3%，大幅落后于中国。这与百余年前的美国制造业超越英国的情形非常相似。1890年，生产力的大幅提高、产能过剩、市场的局限性和西部扩张时期的结束，共同导致了美国的经济危机。而此时的中国也面临着从"美国创新/设计—中国制造—全球消费"模式转型的阵痛，来自以美国为首的西方阵营对中国的全方位压制也让中国的现有产能和商品面临着前所未有的挑战。

1890年后的美国通过海权主义推行一种以贸易为主的海外扩张，让自身从一个地域性的大国转变为一个不受边界限制的世界性帝国。但它当时所提倡的机会均等的贸易竞争，前提是美国的生产能力已经占有优势，所以越是机会均等，美国的优势就越能得到最好的发挥。而在过去40年中美关系蜜月期以及第三次工业革命的全球化大环境下，中国也成了全球化贸易的最大受益者。第三次工业革命的核心是信息技术、信息数字化、移动通信的信息革命，而这使得全球化贸易进一步达到了最高效率的配置。在此背景下，100年前的关税、军事和外交的贸易保证手段已经被信息革命所超越，中国制造业和商品的优势也在最快速便捷的全球化信息交流革新中无限扩大。在中国生产能力占优的现实中，美国不得不收回自以为豪的机会均等的贸易竞争口号，而无限期地增加针对中国出口商品的关税，并对中国产业采取相关制裁。不仅如此，美国也在通过各种理由和方式制止其他西方及拉美国家购买中国电信科技等高端制造业的相关产品。照此，"中国制造"难以实现未来的"全球消费"，全球贸易的扩张将告一段落，全球消费市场将越来越被局限，而随着第四次工业革命的到来以及生产力的进一步提高，这也可能为中国带来类似100余年前美国因产能过剩而导致巨大的经济危机。

19.5 中国的未来一路向西

再次拉开世界地图，我又被亚欧非大陆的格局所深深吸引。美洲大陆的发现和美国的崛起注定了海权时代的到来。大西洋将欧洲和美国天然地结合在了一起，而太平洋又将美国的能量渗透到亚洲东部和南部的每一个角落。但是亚欧非大陆板块却又在内部纵横交错，世界最长的陆路通道便是从非洲最南的南非开普敦到亚洲最北的俄罗斯马加丹，途经17个国家、6个时区、4个不同季节，总共22387公里，无须经过海洋，陆路直接抵达。当美国将美洲和太平洋这扇大门向中国关闭后，通往欧亚非大陆西方的窗户无形中向中国敞开了。

古老的丝绸之路被再一次打开：越过与新疆接壤的中亚五国、俄罗斯、阿富汗和巴基斯坦，再往西就是伊朗、土耳其，而东欧、南欧紧接着来到眼前。

郑和下西洋的南海路线也同时打开：中国南海直接毗邻东盟13国，而通过云南到达缅甸出海口又直接突破马六甲海峡直驱印度洋。

新的海上丝绸之路也被开发：由新疆通过巴基斯坦出海口可直接抵达阿拉伯海和红海，阿拉伯国家和非洲东部国家映入眼帘，而顺着红海经过埃及的苏伊士运河让地中海和欧洲也变得近在咫尺。

中国的未来充满着挑战：中国的能源和资源安全，中国制造业2.0的实现，中国硬科技的发展，中国人口老龄化，中国劳动力过剩都是尚待解决的问题。但同时中国的未来又充满着希望：上合经贸组织的成立及扩编，亚洲发展银行与"一带一路"倡议的配合和进一步落实，中俄贸易的提升，中国对东盟国家的建设和制造业的扶持，"一带一路"倡议实施与未来基础设施产能和劳动力输出相结合，"中国创新/设计—中国制造—全球消费"的具体落实，通过人民币直接购买能源和资源，围绕上合经贸组织的人民币国际化的逐步实现……

太平洋的第一岛链俨然就是美国的"君士坦丁堡"，但中国却无须攻陷它，而是打开更大的格局，顺着新的丝绸之路一路向西。

PART.4

动荡年代的个体策略

锻造逆境生存的元能力

在国家兴衰与科技革新的恢宏叙事中,个人如何守护财富,成为每一个投资者必须直面的课题。动荡年代,财富守护不仅关乎策略,更考验心智与格局。

财富守护的第一步,挣脱思维的枷锁。行李箱的演进史堪称绝妙注脚——直至20世纪70年代,人们仍拖曳着无轮箱子跋涉,直到一位航空员工打破惯性思维,加装滚轮并获专利。这看似微不足道的创新,却被"常识"桎梏千年。

家族办公室则将财富守护升华为制度化的艺术。其核心在于长期主义——不同于短线投机的逐利,它通过专业资源整合、风险分散与代际传承,追求财富的恒久绵延。这种远见不仅是时间维度的拓展,更是价值观与文化血脉的延续。这与科技创新需仰赖稳定机制的逻辑一脉相承,表明长期价值导向是财富创造与守护的共振内核。

独立思考是抵御社会情绪洪流的护盾。从竞技体育的胜负逻辑,到新加坡崛起的繁荣密码;从威尼斯与米兰的历史交锋,到曼哈顿"老钱"家族的传承秘诀——这些跨文化的洞察启示我们,财富守护需以全球视野和辩证思维为翼。这与资本流动规律的剖析相辅相成，提示个人投资决策必须植根于对宏观经济周期与资本脉动的精准洞悉。

政治博弈与资本意志的交织，则揭开了财富守护更深层的挑战。美国贫富分化的加剧源于三大推手：自由主义框架限制政府干预、富人政治影响力日益膨胀，以及20世纪80年代金融自由化后权力与资本的重组。这一财富向顶层聚拢的趋势加剧了社会动荡，也提醒个人投资者，守护财富需适应社会经济结构的变迁。

美国通过"华盛顿共识"向全球输出金融自由化，构筑起金融霸权的巍峨大厦，使资本流动的终极动力为其所驾驭。从1982年拉美债务危机，到1997年亚洲金融危机，跨国资本收割战略性资产的剧本屡次上演。然而，2008年金融海啸与2020年疫情冲击撕开了这一体系的裂痕，宣告美国金融全球化模式的拐点。这一巨变提示财富守护需因应全球金融格局的重塑而谋变。在此背景下，个人财富守护需织就多元化的资产之网：其一，珍视实物资产尤其是优质地产的定海神针作用；其二，捕捉科技创新孕育的财富新生机；其三，平衡短期收益与长期保值的资产配置，构筑跨越周期的多维投资组合。《财富聚变时代》的价值就是帮助你在不确定性中找到确定，实现财富聚变。

20. 是谁给行李箱装上了轮子？[①]

周末我在家休息，点开网飞新剧《雷普利》(Ripley)，镜头掠过那不勒斯的海面、拜占庭式穹顶、火车站拥挤的人潮，接到神秘任务的雷普利从纽约千里迢迢来到意大利……等一下，为什么他要提着沉重的皮箱赶路，而不是使用更便捷的拉杆行李箱？我跳转到《猫鼠游戏》(Catch me if you can)，同一时间背景下假扮机长的莱昂纳多也是拎着皮箱行走，难道 20 世纪 60 年代现代行李箱还没有被发明出来？

作为金融从业人士，我出差非常频繁，闭眼回想过往每次出差，航站楼里来来往往的人群和形形色色的行李箱，我不禁思考：到底拉杆行李箱是何时出现的？又是何时普及的？

20.1 行李箱演变简史

美国专利局记载的带轮行李箱最早出现于 1887 年，根据 Gwilym Ioan AP Roberts 的设计图，行李箱被"切掉"一角，在斜面上安装一个或几个轮子，辅助前行，但没有拉杆。此后美国专利局还认证了 Arthur J. Browning、Saviour 等人对于借助轮子移动的行李箱的发明或设想，但这些设计并没有被大规模接受。

1970 年，四轮行李箱被美国箱包公司高管 Bernard D. Sadow 设计出来，通过一条软绳拖行，当时被称为 Rolling Luggage。但这种箱子在拖行中稳定性很不好，转弯或是速度较快就很容易翻倒。

现代意义上的拉杆行李箱在 20 世纪 90 年代才被发明出来的，西北航空的飞行员 Robert Plath 使行李箱侧立，尺寸更小、更便携。起初，Robert Plath 只是自用，后来空乘人员、其他旅客争相购买，Robert Plath 意识到拉杆箱的价值后，于 1991 年申请了拉杆行李箱的专利，并辞去飞行员的工作，专门制

[①] 原文写于 2024 年 11 月 9 日。

作拉杆行李箱。

行李箱经历了各种改良创新，出现了皮革、塑料、合金等不同材质；市场也不断扩大，出现了日用品、奢侈品、文化产品等分化。渐渐地，行李箱代表了人们的出行形象，功能也不断被拓宽。

20.2 为何普及行李箱用了一个世纪？

从1887年被发明，到1970年进入商场售卖，行李箱几乎"被遗忘"一个世纪，是什么因素导致了行李箱"被遗忘"，又是什么因素让它被"再想起"呢？

- **使用场景角度**

以前舟车劳顿的人群主要分成两类：移民留学和贵族度假。

移民留学往往要在当地停留一段时间，通常会把所有东西带齐，统一一次或两次运输。到达新住处后，行李箱还会被作为放置衣物的家具之一。不带轮子的行李箱便于固定，以免滑动，笨重反倒成了好处。

贵族度假，通常会有仆人前后簇拥，搬运行李，无须自己动手。如果是夫妻结伴而行，行李也往往在丈夫手上，女士无须出力，该图景堪称绅士与淑女的典范。

- **性别观念角度**

《发明之母》的作者卡特里内·马卡尔关注过这个问题，他曾在英国《卫报》发表文章《滚轮行李箱之谜：性别刻板印象如何阻碍了发明的历史》，认为：性别观念阻碍了创新。

有两个关于性别的设想在捣乱。第一个设想是：没有男性会使用滚轮行李箱，因为这样做"没有男性气概"。第二个设想是：女性不会独自旅行。如果女性想要出门旅行，她的身边将有男性陪同。

直到20世纪80年代，随着社会进步、思想开化，越来越多的女性开始独自出门旅行。无须男性提行李，无须限定目的地，承载女性自由意志的滚轮行李箱才在全世界流行起来。

- **经济学角度**

诺贝尔经济学奖得主罗伯特·席勒在《叙事经济学》和《金融新秩序》

两本书中讨论了这个问题。他认为,这是一个典型的例子,说明了创新为何会是一件非常缓慢的事。

传统经济学将人视为"理性人"(能够认识并追求个人利益最大化的人),认为他们能对新信息做出正确的反应。而叙事经济学研究流行叙事,这些叙事在蔓延中传播。有些叙事可以改变人们的经济决策、世界观、对重要性或危险性的判断,最终影响人的思维——即"经济叙事"。

说回行李箱,大家应该都听过"顶天立地男子汉"这句话,传统文化往往重视维护"男性气概",而不是生活本身,这种观念根深蒂固,在过去更甚。倘若社会风气认为"使用滚轮行李箱缺乏男子气概",那滚轮行李箱就拿不到投资和推广。

在依靠马车、火车出行的时代,不带轮子的行李箱便于固定和装卸。20世纪60年代后,飞机出行成为重要的出行方式,国际航班的数量大规模增加,机场航站楼的面积越来越大。行李箱成了旅客们出行的重要问题,此时"男子气概"稍稍让步给"便于移动",滚轮行李箱开始被重视,得到广泛运用。

● 思维逻辑角度

世界知名思想家纳西姆·尼古拉斯·塔利布也曾思考行李箱普及的问题。塔利布认为滚轮行李箱是一个比喻,说明我们往往忽视最简单的解决方案。作为人类,我们为难事、大事和复杂的事而努力。技术——比如在行李箱上安上轮子——或许在事后看来是顺理成章的,但这并不意味着在当下是显而易见的。

在关于管理和创新的著作中,滚轮行李箱的发明姗姗来迟常常被视作某种警告,提醒读者作为创新者的局限性。

读了这么多西方学者的论述,我恍然大悟,这不就是古诗里所讲的"不识庐山真面目,只缘身在此山中"。探究至此,"滚轮行李箱姗姗来迟之谜"得以解开。

此次一时兴起的探究,除了搞明白行李箱的前世今生外,还有两条心得想同大家分享:

(1)某些看似理所当然的事,在不同的环境、观点和习惯下,可能在很长时间内都不会发生;

（2）生活的很多细节和逻辑往往不被人关注，应当多观察、多思考、多探讨，毕竟"我思故我在"。

思绪飞了回来，新剧还没看完，我又收拾行李，推着拉杆箱，开始新的旅途了。

21. 新加坡：繁荣的背后 [1]

从 2021 年下半年到 2022 年上半年的 12 个月里，整个世界似乎陷入了一个"失效"的状态。自 2020 年疯狂印钞引发的金融市场的狂热摇滚乐戛然而止。人们对后疫情时代的经济复苏高兴得太早，而持续飙升的通货膨胀和突然爆发的俄乌冲突让全球市场危机四伏。国内的疫情影响，传导至全国的生产、供应链，导致消费、出口和融资的大幅下降，同样给全世界带来了新的压力和不确定性，没有人能从如此波动和不确定的市场中全身而退。

我们眼睁睁地目睹了美国中概股和中资（尤其是地产）美元高收益债券的崩盘，全球范围内的证券市场持续下滑，加密货币 Terra（Luna）史诗级归零，等等。而美联储为了遏制高通胀逐步实施在一年内加息 200 个基点至 3%，整体市场情绪愈发悲观。音乐似乎已经停止，没有人知道下一个篇章何时开启。周期不可避免地来了，这是规律，每次都如此。只不过这一次与之前有些不同，时间稍长一些而已。

12 年前，在无数高净值客户遭受 2008 年金融危机的毁灭性打击后，一群私人银行家和投资银行家将联合家族办公室的概念引入香港，力求保护客户的金融资产，进行更保守和稳健的传承投资。但是，金融市场充满利益冲突，是自己的回报最大化，还是客户的需求最大化？站在哪一边，是核心问题、原则问题和道德问题。家族办公室的核心理念是与客户保持利益的绝对一致，而不是为了满足 KPI 或为了从私人银行获取回报而推荐给客户本不应该配置的高佣金但高风险的产品。

秉持着为客户最优利益服务和传承投资的坚定信念，德林家族办公室开启了在香港和内地的漫漫征程。成立以来，我们的座右铭就是成为客户最佳的合作伙伴和家族的守门人，保障客户家族财富的代际传承。

然而，过去十年中国经济的高速增长及香港特区繁荣的资本市场并不利

---

[1] 原文写于 2022 年 5 月 28 日。

于家族办公室业务的开疆辟土。德林最开始花了近3年的时间才迎来了第一位来自内地的家族客户。甚至在之后的5年里，客户数量和管理资产的增速也远不及预期。随着业务量的逐渐增多，德林也面临着各式各样的问题和挑战：家族宪章及信托的设立，不同周期的投资回报，风险承受能力的评估，流动性管理和多元化投资需求，在岸和离岸的合法合规，都需要持久地与客户沟通以及坚决地执行。而有讽刺意味的是，德林面临的最大障碍是投资者的心态。

中国目前是世界第二大经济体，GDP总量为美国的70%。而以超高净值人群的数量来看，中国也位居第二，2022年全球共有2668名亿万富翁，中国就超过了600位。过去十年，中国以惊人的速度创造了大量的财富，也给内地和香港的财富管理领域带来了巨大的商业和投资机会。然而，很多人都忽视了一个事实，那就是中国的这一批财富新贵，还没有经历过真正意义上的经济大周期，领衔的仍然是传统制造业、矿业、房地产行业的第一代，以及风险偏好更强、更愿意留在自己赛道上的科技新贵。

过去十年中国房地产价格不断上涨，叠加宽松的全球货币环境，使得投资者有了过分乐观的情绪，投资的自信不断增强，同时也享受了金融投资带来的巨额回报。中国的高收益债券、对科技公司的VC/PE的投资、Pre-IPO（上市前最后一轮）融资、房地产行业相关的借贷，乃至加密货币，都成了高收益、低风险的稳赚不赔的买卖。对自己盲目的自信加上高风险偏好让投资者的心态产生了一种全方位的"确认偏差"（Confirmation Bias）。因此，我们在最近的3年里，一直和这个极具压迫性的庞然大物进行着艰苦卓绝的斗争。

真正的财富保值变成了一种理想化的概念，相比之下，德林的一部分新客户以及潜在客户更倾向选择以下的错误财富管理方式：

（1）盲目地相信大品牌，较少关注服务和产品；

（2）利用杠杆进行高风险投资；

（3）在宏观经济和政治环境都发生变化的情况下依然坚信过去的趋势；

（4）过度关注和比较不同产品/服务的费用，而忽略了顾问在推荐产品时暗藏的利益冲突；

（5）更看重投资回报而不是设立家族信托以及财富配置的多元化。

新的周期已经到来，这对德林来说并不陌生。德林家族办公室的核心基础是建立在 2008 年全球金融危机的焦土之上的，而当时的次贷危机和随后而来的政府纾困改变了整个金融格局和财富管理心态。香港投资者因为雷曼的迷你债券和许多知名的私人银行推出的累计期权（Accumulator，一种金融衍生品）遭受了巨额的损失。14 年后，历史重演，而此次内地和香港蒙受的财富损失已经超过上一次危机的至少 100 倍。

德林在等待一个可以实现巨大飞跃的时机，为此一直耐心地布局和稳步地扩张。第一个对中国高净值家族财富传承有意义的周期刚刚开始，这给家族办公室提供了完美的机会去真正满足家族客户的需求和实现财富保值。遗憾的是，人们总是在经历切肤之痛和危机后，才能痛定思痛、亡羊补牢，也显得家族办公室的服务姗姗来迟。

人生所有的巨大回报都来自耐心的积累和复利的回馈。无论是财富、人际关系，还是技能，时间都是最好的压缩罐和放大器。德林在内地和香港奋斗了 12 年，也已经将投资和服务拓展到新加坡及旧金山。我们并不仅仅是一家扎根香港的为中国超高净值家族服务的联合家族办公室，而是在亚洲和美国都有着强大的投资和资管的网络，是实实在在的桥梁和守门人。

这是一场长跑比赛，真正的竞争对手其实是我们自己。

这是一趟漫漫征途，是与客户共同成长的生命之旅。

德林的目标是成为亚太第一的联合家族办公室和投资平台。过去十年，我们一直在为这个信念坚持努力，而未来的无数个十年，我们依然会不卑不亢，砥砺前行。

子曰："譬如为山，未成一篑，止，吾止也；譬如平地，虽覆一篑，进，吾往也。"

22. 竞技体育背后的人性 [1]

寒冬瑞雪的背后，是无数的煎熬和忍耐，但却带来了初春时坚强的体魄和秋收的丰年。经济的周期带来的兴衰也同时给予了体育精神的冬去春来，民族的伟大复兴也就是在这不断的冬去春来中慢慢沉淀积累而成。

——陈宁迪

2023年9月2日，中国男篮在世界杯的最后一场比赛中，以21分之差不敌菲律宾，总体小组成绩1胜4负，彻底结束了本届赛事的征程，也再一次面临无缘奥运会的窘境。而在过去40多年里一直臣服于中国的日本男篮却以小组成绩3胜2负力克欧美劲旅再度挺进奥运会。时间过去，热度减弱，批评的声音也被更多的遗憾和无奈取代，似乎中国男篮也沦落到了男足的境地，成了千夫所指的对象。相比较大多数媒体和评论都停留在针对某些球员，或者归咎于某一任教练，或者是篮协的领导，或者是球员选拔机制、CBA联赛体制甚至是整个篮协的培训体系，我倒是觉得我们应该换一个角度，从更宏观的经济层面和视角来看这个问题。

我的学历背景是经济学和统计学，所以难免会拿出最接近的样本数据来做参数，从经济学角度来总结规律并在此基础上对未来做出大概率的预测。首先，对于中国运动员身体素质的比较，最能参考的是东亚黄种人，而最接近我们的可以说就是日本和韩国。其次，从大国人口角度来看，全世界超过1亿人口的14个国家里，中国排第2，日本排第11（韩国是5000万人，排名第27），球员天赋在人口概率上来说日本也是最接近于中国的。最后，我认为篮球也好，足球也罢，体育运动成绩的好坏，实际上和一国的经济水平和民众意识有着密切的关系。基于上述三点，我试图把日本男足和男篮的成绩与其经济发展相挂钩，再来比较中国，看能否给大家找到一些规律和启发！

---

[1] 原文写于2023年9月10日。

先看日本男足。日本男足在日本经济高速发展期间（1970—1990）没有什么成绩，无论是参赛资格、参赛场次还是参赛成绩基本被同期的中国吊打。

表 22.1：中国男足战绩领先日本男足

年份	中国男足战绩	日本男足战绩
1971	2 胜,1 平,0 负（进球 :6,失球 :4）	1 胜,0 平,1 负（进球 :4,失球 :3）
1972	4 胜,3 平,0 负（进球 :17,失球 :9）	4 胜,1 平,3 负（进球 :21,失球 :12）
1973	3 胜,1 平,0 负（进球 :20,失球 :11）	1 胜,0 平,4 负（进球 :5,失球 :6）
1974	2 胜,0 平,0 负（进球 :9,失球 :3）	3 胜,2 平,2 负（进球 :11,失球 :9）
1975	6 胜,3 平,3 负（进球 :28,失球 :17）	6 胜,1 平,6 负（进球 :18,失球 :15）
1976	2 胜,1 平,2 负（进球 :4,失球 :4）	2 胜,5 平,4 负（进球 :20,失球 :18）
1977	5 胜,1 平,3 负（进球 :15,失球 :11）	0 胜,1 平,4 负（进球 :1,失球 :7）
1978	8 胜,0 平,4 负（进球 :25,失球 :9）	4 胜,1 平,9 负（进球 :20,失球 :30）
1979	无	5 胜,3 平,1 负（进球 :14,失球 :7）
1980	6 胜,2 平,3 负（进球 :23,失球 :8）	4 胜,0 平,3 负（进球 :9,失球 :4）
1981	4 胜,2 平,2 负（进球 :13,失球 :6）	7 胜,3 平,5 负（进球 :15,失球 :13）
1982	3 胜,5 平,3 负（进球 :12,失球 :12）	4 胜,0 平,4 负（进球 :9,失球 :13）
1983	2 胜,0 平,0 负（进球 :4,失球 :2）	1 胜,2 平,1 负（进球 :4,失球 :4）
1984	13 胜,0 平,8 负（进球 :42,失球 :16）	1 胜,0 平,0 负（进球 :2,失球 :1）
1985	5 胜,2 平,2 负（进球 :28,失球 :7）	5 胜,1 平,3 负（进球 :16,失球 :9）
1986	10 胜,3 平,2 负（进球 :30,失球 :13）	2 胜,0 平,2 负（进球 :9,失球 :4）
1987	0 胜,0 平,1 负（进球 :2,失球 :3）	0 胜 1 平,0 负（进球 :2,失球 :2）
1988	5 胜,5 平,2 负（进球 :20,失球 :6）	2 胜,4 平,7 负（进球 :8,失球 :17）
1989	7 胜,1 平,6 负（进球 :20,失球 :15）	3 胜,5 平,4 负（进球 :14,失球 :12）
1990	4 胜,1 平,5 负（进球 :13,失球 :9）	1 胜,0 平,5 负（进球 :3,失球 :7）
1991	无	1 胜,0 平,1 负（进球 :1,失球 :1）
1992	5 胜,5 平,5 负（进球 :18,失球 :22）	5 胜,4 平,2 负（进球 :14,失球 :8）

来源：FIFA 官网

而从 1990 年开始，随着日本经济大幅下滑进入迷失的 30 年通缩期，日本男足的成绩和排名不仅超越了中国，并逐步挤入世界级强队，从世界排名50到最高时排名14，并长期稳定在20—30名。反观中国男足，自从1990年开始，从世界排名37大幅滑落至最低时排名100，目前仅能维持在80—90名。此消彼长让人唏嘘。

而比较在此期间两国联赛中本土球员的薪资待遇，可以发现一些端倪：80年代后期，日本经济开始大幅下滑；90年代之后更出现了30年不变的总体薪酬水平，J联赛中本土球员的待遇也因此和国际球员的待遇越拉越大。但与此同时，却让日本有机会重新建立有效的本土职业联赛和培训体系，并坚持向海外输送高天赋球员。而在同期的中国，随着国家经济飞速发展，联赛中各家俱乐部频频一掷千金，乃至从欧洲五大联赛签约球员，同时砸重金争抢国脚，本土球员的薪资也水涨船高，天价迭出，甚至中国足协不得不出台限薪政策。在这种高薪待遇下，本土球员安于在中超踢球，留洋动力不足。

关于男足的吐槽很多，我在这里也不赘述，还是回归到男篮的主题。

中国男篮从2000年开始，由"三大移动长城"率队对抗历届美国"梦之队"，将2008年奥运会亚军西班牙逼入加时赛，与各支欧美劲旅打得有来有回，是多么激情四射。而在2000年前，中国男篮在1996年奥运会也曾一路爆冷打入前八，而当时的CBA联赛没有任何外援，运动员的薪酬也不高，但球员的基本功、配合和竞技状态非常优秀。如果按照男足的参数比较，为何同期的男篮却是那么可歌可泣而为国争光呢？

中国男篮的顶级球员王治郅、巴特尔、姚明、易建联等均曾在NBA打球，也正是在这批世界顶级联赛里不断磨砺的顶级球员的带领下，中国男篮在亚洲继续独领风骚，并有机会在国际舞台上继续取得良好的成绩。但是在2012年易建联之后，再无本土球员能够去NBA打球，本有潜力的周琦和王哲林因为种种原因，均选择在CBA联赛打球并领取高额薪水及商业赞助费。但是CBA里的呼风唤雨，在国际赛场上却暴露出真实的差距。

这里我们需要看一下中日男篮的薪资水平，日本男篮平均薪水是14.7万美元，而中国CBA球员最低收入也有25万美元，明星球员超过100万甚至是200万美元。这还不包括商业代言、广告、直播、综艺等活动收入。可以说，中国CBA球员的收入很多已经超过NBA的普通球员。

但是，我们也要清晰地看到，随着收入的增加、名气的增大，竞赛状态和成绩反而在下滑，CBA 的火爆不排除赞助商、冠名商、体育品牌和俱乐部的共同推动，但内卷的结果却没有如我们想象般带动中国男子篮球的整体进步，反而有些网红化倾向，变得越发浮躁。令人遗憾的事实是，CBA 其实是中超的一个递延，所有中超在 21 世纪初的弊病终于在 2010 年后的 CBA 出现了。姚明把令人眼花缭乱的 NBA 商业运营机制注入 CBA 时，也注定了他的失败。

中国过去 30 年经济的快速崛起和增长以及消费群体对篮球的长期认可度，反而被快速商业化并转化为各个传导链的商业利益。结果，CBA 联赛的薪酬体系水涨船高，而与此相关的各产业链和行政机关均从中受益，进而更加注重短期效益。各种商业活动以及权力寻租也让经济效益的诱人效应大大影响了球员的体育精神以及国家队的选拔机制。

海外顶级体育联赛例如英超、西甲、NBA 则已经在更高的维度正向运作。比如 NBA，其底层逻辑是，美国经历了近 80 年的职业联赛制，从全民运动到选拔体制已经非常完善，顶尖的球员即使在金钱的诱惑下自暴自弃，也马上会被其他顶尖的球员所替代，所以这些顶尖的球员大多数都在不断努力，丝毫不敢懈怠，而这样的竞争环境和回报也让全世界最好的球员都愿意融入 NBA 的环境和文化。本届世界杯 32 支球队、384 名球员，其中 22 支队伍有超过 50% 的球员在海外效力。而中国国家队 12 人中只有李凯尔是真正的海外球员，剩余有海外打球经验的，周琦在 NBL 效力不到半个赛季后回国；张镇麟在 NCAA 打过两个赛季，中途回国；王哲林更是在被 NBA 灰熊队选中的情况下放弃机会，加盟了福建队，和千万的年薪握手言和。相形之下，曾经经济水平远逊王哲林的日本球员渡边雄太，他选择去 NCAA 当板凳球员，然后在 NBA 当临时工，而日本政府则每年补贴 200 万美元鼓励他留在 NBA，现在渡边雄太在 NBA 站稳了脚跟，经济水平反超并甩开了王哲林。此消彼长，令人唏嘘。

日本经济从兴到衰，而其男足和男篮却由此慢慢崛起。随着中国经济的高速发展期告一段落，进入成熟及转型期，人均收入提高后逐渐稳定，无论从体制还是球员选拔及培养，还是球员本身的专业素质，必将会进入下一阶段，也就是顶级天赋球员再次被送出海外，本土球员将面临更集体化、高效化、系统化的重塑训练，商业活动也会由于国际赛事成绩的不理想而逐步减少，短期内，中国男篮所面对的国内外环境将更加困难。但是，一代球星的老去和退役，也为新生代球员提供了成长的空间。

  人无千日好，花无百日红，要时刻保持巅峰的状态，我们就需要不断审视自己，也要谦虚地向他人学习，苦练基本功，并在日趋完善的有长远计划的职业联赛中磨炼自己。中国经济减速和国际赛场的失利给我们的体育产业敲响了警钟，但同样给每一位中国球员打了一针强心剂，在黑暗的时刻，信心和信念以及痛定思痛后的绝地反击，一定会让中国之队重燃希望，涅槃重生。

23. 新加坡繁荣的辩证思考 [①]

在新加坡出差时，我在瑞吉酒店的早餐厅突然意识到，眼前乌泱泱的全是西装革履、来自世界各地的银行家，早晨八点已是人声鼎沸，一时之间有点恍惚，仿佛看到十年前港岛香格里拉酒店的辉煌。

嗅觉灵敏的银行家们如同候鸟般，能最先感知温度变化，他们栖息的酒店可视作当地经济状况的先行指标。仅从五星酒店的入住率和价格分析，日本今年异军突起，量价齐升；新加坡和美国依旧红火，名列前茅；香港地区入住率有所回升，呈现游客多、商务人士少的特点，港岛香格里拉酒店的房间价格较十年前腰斩；内地的五星酒店尚未恢复至疫情前水平。

我想单独谈谈美国纽约酒店价格一骑绝尘的原因，除了长久以来的"金融帝国""旅游胜地"等因素，还和一项新政策有关：纽约市缩短成年无证移民在收容所的停留期限至一个月，许多平价酒店不得不开始为这批人提供收容所。根据《每日邮报》(*Daily Mail*) 报道，纽约市近 700 家酒店中，约有 135 家被用作收容所计划的一部分。联想"多米诺骨牌"效应，原本住三星级酒店的旅客改住四星级酒店，住四星级酒店的旅客改住五星级酒店，供小于求，纽约五星级酒店价格自然水涨船高。

而新加坡的酒店则受益于疫情期间较为宽松的出入境政策，以及疫情结束后的经济快速恢复。2023 年新加坡人均 GDP 为 8.47 万美元，超越美国跻身全球前五。2023 年消费、投资、商品和服务净出口占新加坡 GDP 比重分别为 46%、23%、32%，三者均衡分布，有助于经济体可持续发展。自 1998 年以来，新加坡一直保持贸易顺差状态，截至 2023 年，前五大贸易顺差来源地为中国香港、欧盟、印度尼西亚、韩国、泰国。

[①] 原文写于 2024 年 9 月 7 日。

23.1 新加坡的双重热闹

走出瑞吉酒店，步行几分钟就是著名的乌节路（Orchard Road），这里是新加坡最有名的购物街区，世界名牌琳琅满目，各国美食丰盛异常，即便过了暑期，大街小巷挤满了世界各地的游客。为了街市里的一份招牌海南鸡，我和初次来星洲的朋友足足排了一小时。

新加坡的热闹，不仅是酒店里、商业街上看得见的人头攒动，还有看不见的资金涌入和货物吞吐。

表23.1：新加坡、中国香港、美国银行体系存款结余

	新加坡（10亿新元）				中国香港（10亿港币）			美国（10亿美元）	
	新加坡银行体系存款结余			非新加坡居民存款余额	香港银行体系存款结余			商业银行存款余额	国际资本净流入
	总额	新元	外币	余额	总额	港币	外币		
2021/07	1530.0	746.7	783.3	487.6	14906.3	7482.6	7423.7	17170.9	126
2021/08	1540.9	752.5	788.3	489.7	14898.4	7457.9	7440.5	17370.8	91
2021/09	1569.1	758.3	810.9	489.5	15000.4	7480.3	7520.1	17483.4	−26.8
2021/10	1582.5	764.7	817.8	490.9	15030.0	7480.8	7549.3	17601.6	143
2021/11	1616.2	769.9	846.2	494.4	15127.3	7471.8	7655.5	17862.3	223.9
2021/12	1599.3	771.9	827.4	493.3	15186.2	7414.4	7771.8	18092.8	−52.4
2022/01	1623.4	771.9	851.6	505	15578.5	7508.2	8070.3	18004.1	294.2
2022/02	1641.5	775.2	866.3	507.6	15401.7	7544.4	7857.4	18016.8	162.6
2022/03	1651.1	791.6	859.5	503.2	15349.2	7577.1	7772.3	18165.6	146.4
2022/04	1699.6	801.1	898.5	522.6	15306.6	7536.6	7770.0	18156.5	1.3
2022/05	1692.6	798	894.6	509.6	15191.9	7490.8	7701.2	17998.7	182.5
2022/06	1694.6	798.3	896.3	511.3	15239.4	7585.2	7654.2	17977.8	22.1
2022/07	1695.5	797.2	898.3	508.4	15277.3	7532.6	7744.7	17962.1	153.5
2022/08	1722.6	790.1	932.5	523.7	N.A.	N.A.	N.A.	17981.1	N.A.

来源：公开资料

截至2022年末，新加坡累计吸收外国直接投资（FDI）约26189.9亿新加

坡元，是其 GDP 的近 5 倍。行业分布上，金融和保险业占比最高，2022 年占总 FDI 比重为 56%；其次是批发和零售贸易，分别占比 16% 和 12%。

我从持续监控的银行体系存款结余观测到，近 2 年资金持续流入新加坡。2022 年 1 月有 1.62 万亿新元，而到了 2024 年 6 月已经达到了 1.85 万亿新元，增幅达到 14%。而非新加坡居民存款余额从 2022 年 1 月的 5050 亿新元，增长到了 2024 年 6 月的 6013 亿新元，增幅高达 19%。

除却外资涌入，新加坡本身的经济结构非常健康，其中我觉得新加坡与众不同的特点在于石油炼化产业，该板块叠加港口服务业占新加坡的 GDP 接近 46%。

表 23.2：新加坡的石油炼化与港口服务相辅相成

类别	项目	中国香港	新加坡
房地产市场	住房公屋占比	49%	82%
	轮候时间	6 年	安居乐业
经济结构	服务业占比	93.50%	68.65%
	工业占比	6.50%	26.94%
	农业占比	0.10%	0.03%
吞吐量	港口货物吞吐量	1.7 亿吨	5.9 亿吨
	旅客吞吐量	3949 万人次	5890 万人次

来源：德林控股

都说马六甲海峡无法留住财富，就像埃及收不到苏伊士运河的钱一样，那为什么新加坡把钱留住了？因为聪明的新加坡人通过开展石油加工业务，留住了往来的船舶。

新加坡是世界第三大炼油中心，年加工能力高达 4290 万吨，壳牌、埃克森美孚、英国石油公司等均视新加坡为石油提炼和仓储基地。因其发达的炼油技术，新加坡也成为为数不多的拥有石油定价权的国家之一。炼化产业的高度发达使得当地船用成品油价格相对较低，加上位于国际航线要道，新加坡顺理成章地成了国际船舶燃料供应中心，往返欧亚航线的船舶大部分都会选择在新加坡和鹿特丹两地加油。

留住了船便留住了货，全球货运贸易的五分之一经由新加坡完成，平均每 12 分钟就有一艘船舶进出这里。2023 年新加坡港集装箱吞吐量排名全球第二，仅次于上海。作为全球效率港口的代表之一，新加坡港大部分集装箱的在港堆存时间仅为 3 天，20% 的堆存时间仅为 1 天。

不过，今年新加坡港口出现了罕见的拥堵。据新加坡海事及港务管理局（MPA）公开资料，2024 年 1—4 月新加坡港整体船舶到港数量持续攀升，同比增长 4.5%，达到 10.4 亿吨。据 AIS 数据，6 月以来船舶进港滞留时间在不断拉长，由 7 天左右拉长至约 10 天；港区内集装箱堆放数量达到自 2022 年以来的新高，其中九成为转口集装箱。停泊新加坡港的长途货船主要往返欧洲运输，一方面，源于欧洲旺盛的进口需求；另一方面，巴以冲突导致途经红海区域的货船需绕行新加坡。

23.2 热闹背后的支柱

为什么新加坡能吸引资本和财富在此驻留和沉淀？为什么泰勒·斯威夫特选择新加坡作为东南亚唯一的演唱会举办地？为什么新加坡能平稳渡过数次经济和金融危机，并抓住时机一跃而起？新加坡建国时间短，没有"老钱"（Old Money），但却能吸引全世界的老钱蜂拥而至，这又是什么原因呢？

首先，安居—乐业。住房是民众后续发展的前提，也是社会稳定的基础。新加坡擅长打"组合牌"，除了前文所述的"航运＋石油炼化"大获成功，早在 1965 年新加坡独立时，"军事训练＋住房"便绑定在一起。当初英军迅速撤离，李光耀请以色列的将军、教官到新加坡训练军队，但效果不佳。为什么？他当时说："如果要保家卫国，首先有家的概念。"有恒产者有恒心，组屋应运而生。100 万新元的房子，组屋卖 1/5 的价格（20 万），二次交易价格在 20 万—25 万，房主的下一代可以继承组屋。而且新加坡的组屋很漂亮，平均面积约 140 平方米，足够容纳五口之家。

如今新加坡的住房制度成了全球住房领域双轨制的典范，保持"组屋＋私宅"的二元市场结构。2023 年，住房自有率达 80.7%，政府组屋占居民家庭户数的 78%，私人住宅仅占 22%。组屋能够保障居民在经济衰退或个人财务恶化时期的有产者身份，私人住宅的波动对整体市场冲击较小。新加坡房价变动基本与宏观经济相适应，历史上只出现过一次房价激增——2008年美国次贷危机后，海外资金加速从欧美流入亚洲市场，当年新加坡房价升幅逾24%，其余大部分时间房价都十分平稳。

其次，有管理的浮动汇率制度保障民众的购买力。由于整体经济体量较小，在三元悖论中，新加坡放弃了设定国内利率和货币量的自主权（参考文章《对港元联系汇率制度的再次思考》）。新加坡国内的消费和生产对进口的依赖度很高，对进口的价格非常敏感。因此，新加坡政府如果要调控输入性通胀，只能通过管理汇率波动来实现，在高通胀时期，新加坡政府可以通过让新元升值来降低通胀压力并实行货币紧缩策略。

新加坡的货币政策以汇率为中心，目标是通过新元的名义有效汇率（SNEER）的调整，保障新加坡国内中期进口货物价格的稳定，尽量把通货膨胀率保持在2%。

新加坡人有住房，有购买力，身处酷热潮湿的气候带，想必能与苏轼心境相通，"试问岭南应不好，却道：此心安处是吾乡。"

23.3 事物的两面性

事物的发展总是在天平两端游走，热闹与沉寂相伴相生。

- 第一，航运方面

2024年8月5日，中国援建的柬埔寨德崇扶南运河开工。该运河全长180公里，通航设计吨位为3000吨，能够连通柬埔寨首都金边与泰国湾。运河竣工后，金边港的货物能够径直经由本国领土出海，新加坡的石油运输中转贸易势必会减少。新加坡的经济主要依赖其位于马六甲海峡附近关键位置的地域优势，从而不断由此获得作为中转枢纽带来的收入。在热闹的景象背后，我们要始终保持冷静的观察。

- 第二，住房方面

新加坡政府对房地产监管机构的控制力较强，能够有效调控房价和抑制投机。因此，新加坡私人房地产公司面临着本土房地产市场蛋糕小、管控严、竞争激烈的挑战，所以本地房地产商龙头采取做强商业、做精住宅、做好政府后勤、布局多元业务、储备金融能力、拓展海外市场等策略，寻求不同经济周期下的业绩增长。总体上，高房价衍生的弊病没有在新加坡出现。然而事物的反面是：新加坡可供外资投资的住宅市场规模不到香港的 1/6。所以也不难推断出资金流入对新加坡楼市价格的强大推动力，但同时也会叠加楼市投资的周期性风险以及潜在的政策性干扰。

- 第三，股市方面

新加坡是全球第三大金融中心、第三大外汇交易市场和第六大财富管理中心，2023 年金融业和保险业占新加坡 GDP 的 13.4%；截至 2024 年 1 月，新加坡金融总资产 199.6 亿新元，银行及其他存款总额 15.7 亿新元。对于企业上市和国际资金无疑是有吸引力的，但新交所在市场体量、企业规模和流动性等方面存在一定的局限性。新加坡上市公司总规模不到香港的 1/7，而流动性则不到香港的 1/15。新加坡股票市场小，资金少，新兴优质企业不愿意去新加坡挂牌上市。新加坡股市由于缺乏流动性，又缺乏新兴优质企业，所以难以吸引国际资金的活跃参与，新加坡如果想要弥补股市的短板，需要相当长的时间。

表 23.3：中国香港股市较新加坡更有优势

	中国香港	新加坡
人口	·740 万	560 万
面积	·1100 平方公里	700 平方公里
GDP	3820 亿美元	·5013 亿美元
人均 GDP	5.09 万美元	·8.47 万美元
资管规模	31.19 万亿港元	·31.4 万亿港元
股市成交	·25 万亿港元	1.6 万亿港元
股市市值	·3.8 万亿美元	0.68 万亿美元
债市规模	·2.3 万亿美元	1.8 万亿美元
货币制度	联系汇率	·有管理的浮动汇率

来源：德林控股

悲观是种远见，乐观需要智慧。虽然现在香港特区的一些经济气象不如新加坡，而我却对这里很有信心。随着美国开始降息，很多国际资金会开始溢出。资金溢出的时候哪些地方会受益？我认为香港是第一个受益的地方。每一次美国加息或减息，香港受到的都是双重冲击。虽然香港的经济和内地是联动的，但是联系汇率让香港的货币政策和美国同步。正所谓危中有机，底层逻辑不会改变，香港经济会在美国降息时加速转向。

全球经济和资本市场瞬息万变，对从业者都提出了严峻的挑战，企业掌舵者不仅要有"灵敏的触角"接收海量信息，还需要"清醒的头脑"进行辩证思考。

读万卷书不如行万里路，我将继续行走着、思考着，感知新锐的风口，汲取厚重的历史，与时代的心跳同频共振，让漫游的足迹遍及全世界。

24. 随笔：从威尼斯到米兰 [1]

暑期又至，我陪家人来到意大利北部度假游历，享受难得的亲情时光，也想趁机在西欧的历史文化和美景中重游一番。我有个习惯，每到一个不熟悉的城市或国家之前，总喜欢做做功课，先去读读她的历史人文，再在她的街道漫步，寻找字里行间的深沉隽永和街头巷尾的烟火人间。万卷书，万里路，很多时候，只有你走近她，了解她，才可能会突然把历史与现实关联起来，豁然开朗，茅塞顿开。

从威尼斯到米兰，从 Brunello Cucinelli 极致低调奢华的服装，到红透半边天的泰勒·斯威夫特全球巡演，意大利的美是如此深沉，而她的新却也让我大开眼界。

24.1 永不消逝的威尼斯

谈到意大利，首先要讲威尼斯。威尼斯是个非常美丽的城市，我一直很向往，最早了解威尼斯是通过莎士比亚的《威尼斯商人》，当时威尼斯商业贸易已趋成熟，剧本还出现了犹太人放高利贷的情节；第二次了解威尼斯是看电影《偷天换日》（*The Italian Job*），江洋大盗从水库盗走金条，又在蜿蜒的河道中逃之夭夭；第三次是"007"系列在威尼斯取景，不遗余力地展示水城风光。

这次身临其境，我看到了清澈的河流、迷人的岛屿、鹅卵石铺成的小巷，以及动辄数百年历史的建筑。整个城市非常老，许多房子建成于13—14世纪，一边经受水流侵蚀，一边见证城市兴衰。

威尼斯的历史不仅仅是一座城市的历史，还是一部浓缩的欧洲历史、文明互动的历史。5世纪后，西罗马帝国名存实亡，欧洲陷入一片混乱。各路而来的蛮族在罗马帝国的故土上纷纷划分势力、建立王国，形势持续动荡不安。

---

[1] 原文写于 2024 年 7 月 19 日。

一群罗马人为了躲避战乱来到亚德里亚海（Adriatic Sea），发现了被沼泽包围着的泥滩小岛群，易守难攻的特质吸引他们定居，建立了威尼斯的城市雏形。其后，定居者专注于造船和航海技术，掌握了当时的财富密码，威尼斯共和国于 8 世纪获得自治权。

11 世纪末到 13 世纪末，基督教和伊斯兰教爆发了长达 200 年的战争，对决中心之一是君士坦丁堡。1202 年，罗马教皇英诺森三世（Pope Innocent III）号召第四次十字军东征，十字军来到威尼斯，计划从海路前往圣地。连年战事拖累了十字军的财力、人力，队伍逐渐失控，接连洗劫了同属基督教势力范围的札拉和抵抗穆斯林的主要堡垒君士坦丁堡，为拜占庭帝国带来了致命性灾难。

此后，十字军在威尼斯原地组建了由西欧贵族控制的拉丁帝国（Latin Empire），威尼斯因此获得了前所未有的巨大财富和崭新商机，占领了 1/3 的东罗马帝国的国土，在地中海确立了无法撼动的地位，成为 13 世纪末全欧洲最富裕、最繁荣和人口最多的城市之一。

福兮祸之所伏，洗劫君士坦丁堡带给威尼斯泼天富贵，同时也埋下了祸根。拜占庭帝国是欧洲阻挡东方穆斯林侵扰的屏障，但是经过第四次十字军东征后，拜占庭帝国的国力被严重削弱。此消彼长，影响力锐减的拜占庭帝国放任地中海东岸民族变得强大和逐渐扩张。15 世纪，奥斯曼土耳其（Ottoman Turks）崛起为当时最强大的民族，并于 1453 年攻陷君士坦丁堡，拜占庭帝国灭亡。但土耳其人的野心不止于此，接下来的百余年，奥斯曼帝国进入了漫长的扩张期。威尼斯在奥斯曼帝国征服整个欧洲的进程中屡遭攻击，丢失大量国土及贸易网络。

福无双至，祸不单行。长期被威尼斯人打压的热那亚人，开始往西另谋出路，开启了伟大的航海时代。著名的航海家哥伦布就来自热那亚，他往西探寻新的连结亚洲印度的航线，继而发现了美洲大陆。这一重大发现使欧洲贸易重心从地中海移到了大西洋，东方贸易路线又被奥斯曼帝国阻隔，威尼斯人在海上贸易上的优势已经大不如前。

1797 年，威尼斯共和国被拿破仑征服而亡，但这座城市的生命并没有终结。从 19 世纪开始，威尼斯就是最受欧洲上流社会喜爱的度假胜地，至今热度不减。在 G20 成员中，酒店和旅游业的就业人口平均占总就业人口的 10%，其收入平均占 GDP 的 9.5%，而在意大利，旅游业收入占 GDP 比重高达 14%。

根据世界货币基金组织 2023 年 4 月公布的数据，2022 年意大利是欧洲第四、世界第十大经济体，GDP 达 2.01 万亿美元；人口约 5891 万，人均 GDP 超过 3.4 万美元，全球排名第 28 位。但意大利的地区经济发展不均，北部发达富裕，南部落后凋敝。

米兰、都灵、威尼斯所处的意大利北部占地面积约 40%，人口约占 46%，但 GDP 占到全国的 59.4%，仅米兰所在的伦巴第大区就占了全国 GDP 的 20% 以上。

意大利中部包括首都罗马所在的拉齐奥、佛罗伦萨所在的托斯卡纳以及马尔凯、翁布里亚 4 个大区，地理面积占全国 19.2%，人口约占 20%，GDP 约占全国 22%，人均 GDP 略高于全国平均水平。

按照目前的主流观点，北部和中部地区被视为北意大利，剩下的阿布鲁佐、巴西利卡塔、卡拉布里亚、坎帕尼亚、莫利塞、普利亚、西西里、撒丁 8 个大区则被视为南意大利。地理面积占全国面积 40.8% 的南意大利仅贡献了 18.6% 的 GDP，人均 GDP 仅为全国平均水平的六成。

我在北部遇到的意大利人和法国人很像，金发碧眼，兼具时尚品位，在南部看到的意大利人肤色偏深一点，不少人是黑发黑眼睛。当黄昏缓缓落幕，靠近欧洲腹地的北部亮起璀璨灯火，南部和地中海一起沉寂于黑夜之中。

24.2　上帝从科莫湖开始偏爱意大利

行至米兰，我们下榻在科莫湖畔（Lake Como）最著名的酒店，窗外重峦叠翠，湖面波光粼粼，如梦似幻。

阿尔卑斯山脉消融的雪水流淌到伦巴第地区，年复一年，沉淀出独特的科莫湖蓝，沿岸月桂、山茶花、杜鹃缱绻盛放，湖光山色间，豪宅掩映在翠绿葱茏之中。

英国前首相丘吉尔、美国前总统肯尼迪、金融世家罗斯柴尔德等名门望族，先后在科莫湖购置别墅花园。这些豪宅和我在法国看到的很像，都是用石头和圆柱建造的传统巴洛克式或哥特式建筑风格，看得我心潮澎湃，立即打电话给太太，她正在为美国 ONE Carmel 项目开工建房询价，我想知道："按照科莫湖周边的豪宅建筑标准，在 ONE Carmel 建造 73 栋高级住宅的成本是多少？"她回答："不低于市场上的 5 倍，并且没有可能再造，以前时代拥有的东西，以后是不可能再发生的。"

新时代的钢筋混凝土取代大理石，老派建筑变成一段历史、一种文化，因其特有的稀缺性流转于欧洲老钱家族之间，不断从这个家族到那个家族，穿越不同的政权、不同的帝国、不同的时期，传承下来。

为什么欧洲有这么多的老派建筑保存完好，被一些家族拥有，而其他地区的传统建筑没能保存下来？为什么东方国度的建筑都是木制而西方国度的建筑都是石头的？为何东方的工匠精神体现在传统木雕上，而西方的则体现在石像雕刻上？是信仰的宗教方式不同？是古代西方战争主要由贵族组织并直接领导参与，并一直保留贵族血统的统治和传承，而东方则都是平民起义、反复不断推翻政权的缘故？到底是什么让东方国度的工匠选择了更简单容易的建造技术，而西方则相反？为何东方流行"富不过三代"的谚语，而西方讲的都是几代、十几代的家族财富传承？人们所说的气候、材质、时间的缘故恐怕不应该是主要因素，而历史、宗教、人性则是更值得我们深度思考的因素……德林的 Slogan 是"创富有你，守富有我"，家族办公室业务协助家族传承，更要因地制宜，考虑不同地域的 DNA……对岸的山脉和树木倒映在清澈的湖水中，远处窗户透出的光线洒在平静的水面上，我盯着幽蓝的科莫湖，陷入沉思……

24.3　全球化的宠儿，后疫情时代的梦想

此行米兰的另一个重要原因，是第一次亲身体验泰勒·斯威夫特的"时代巡回"（The Eras Tour）演唱会。我从 2007 年开始听她的歌，那时还是单身，转眼间女儿已亭亭玉立。我们父女俩坐在 Piazzale Angelo Moratti 的中间位置，身旁青春洋溢的年轻人欢呼、尖叫、大声歌唱，极具感染力，整个会场流光溢彩。

女儿沉醉于演唱会中，我开始观察现场观众的人群分布。左右两边分别有 30 列座椅，每列有 20 个人，其中 3—4 个男生；我转身往上看，越往后走，

女生越多；俯身往下看，越往前去，男生比例上升，在最贵的 Floor 区域，通常是男女成对出现，我猜是稍微有点经济实力的男生出钱来带女朋友看演唱会，当然也有可能是女生出钱带男朋友来看演唱会。

纵览全场，应该只有我一个中年老爸带着青春期的女儿来看演唱会，兴许少有半大的孩子愿意在"非必要时间"待在父母身边。整个灯光、音响、舞美是我有生以来看过最漂亮的一次，真的很震撼，大家如果有机会都应该去看一下。

我们买的演出票价是 2000 欧元，最贵票价是 10 万欧元，全场售出 8 万张票，均价为 800—900 欧元。原本我以为是在米兰这种国际性大都市才卖这么贵，查看公开资料发现整个"时代巡回"演唱会 152 场票价的均价是 1083 美元，米兰站的售价并不特殊。横向对比，世界范围内所有演唱会门票均价为 120 美元，泰勒演唱会的门票动辄十倍、百倍、千倍于均价，不可谓不昂贵，但一票难求，本轮世界巡演已全部售罄。我从演唱会出来的时候，发现外面还有 8 万人，都是没买到票站着听的热情粉丝。

泰勒每开一场演唱会能赚取 1700 万美元，最近公布的全球胡润富豪榜上，泰勒以 11 亿美元身家上榜，成为唯一不靠副业，只靠纯音乐收入上榜的明星。这得益于其唱片和巡演的双重收入。截至 2023 年 12 月，"时代巡回"演唱会已经成为历史上票房最高的演唱会，超过 10.4 亿美元，打破了麦当娜保持了 14 年之久的女歌手演唱会票房纪录。

泰勒对演唱会场馆有严格要求，"时代巡回"演唱会在东南亚选场时，其实她有很多粉丝在菲律宾，但交通、安全方面未能达到要求，因此改道新加坡。那一场办得非常成功，吸引了全亚洲有经济实力的粉丝飞过去看，据新加坡亚洲新闻台报道，此次巡演将为新加坡带来 5 亿新元（约合 26.7 亿元人民币）的旅游收入，分析员调查指出，受益于演唱会带来的影响，新加坡第一季度 GDP 增长预期从之前的 2.3% 上调至 2.5%。

按照我在米兰站看到的情况，场内场外 16 万人，如果 152 场演唱会场场如此，意味着有 2000 万人现场参与泰勒的"时代巡回"演唱会。一个 1989 年出生的女生能够这么成功？不光是财富身价，而是在整个世界都有影响力，能够给所到的城市带来这么大的财富，为什么？

除了高挑美丽的外形、几任男朋友都很出名这些表面上的原因，我认为背后深层次的原因是：时代机遇。

首先，泰勒是全球化的宠儿。全球化从 2001 年开始发展，差不多到 2017 年特朗普上台慢慢减退，在这个时间段里，主调是"全球融合"，英语文化、美国文化、流行文化"一日同风起，扶摇直上九万里"。泰勒 2006 年出道，乘着全球化的东风，火遍千家万户。根据晨间咨询机构（Morning Consult）在 2023 年的调查，美国有 53% 的成年人表示他们是泰勒的粉丝，其中 44% 自称为"Swifties"，16% 被归类为她的"狂热"粉丝。在这些粉丝中，52% 为女性，48% 为男性。就年龄结构而言，45% 为千禧一代，23% 为婴儿潮一代，21% 为 X 世代，11% 为 Z 世代，囊括了 20 世纪 40 年代到 2010 年以后出生的所有年龄段。粉丝年龄段跨度大，地域多元化，影响力深远，能做到这样的歌手凤毛麟角。

其次，泰勒是后疫情时代的梦想。疫情期间大家足不出户，消磨了大量时间在手机上，泰勒借助互联网进一步积攒人气，我记得女儿那段时间在背泰勒歌曲 Betty 的歌词，学会后和好朋友交流。疫情封住了人们的脚，却封不住渴望交流的心，一旦疫情缓和，能够重新从家门走出去，大家第一时间就会找朋友庆祝"新生与自由"。泰勒抓住了这个时间点，开始了两轮世界巡回演唱会，这是一场流动的盛宴，所到之处皆带来欢乐，弥补遗憾，释放压抑。《时代》周刊将泰勒评选为 2023 年度人物："在一个充满分裂、无数机制正在失效的世界里，泰勒·斯威夫特找到了一种超越边界、照亮他人的途径。今天，地球上没有其他人能够如此出色地感动这么多人。"

不仅是因为泰勒唱歌动听，有歌唱技巧比她更强的歌手，也不是她的歌曲创作有多么深邃的思想深度，真的是时代给予的机会。她现在紧紧抓住了这个机会，如此频密地开演唱会，对体力、精力要求非常高，作为"向前一步"的大女人，泰勒正不断自我挑战。

大家可以关注一下"泰勒效应"（the Taylor Swift effect）对全球经济的影响。根据 2023 年 10 月的数据，仅"时代巡回"演唱会对美国经济的贡献就达到 57 亿美元，超过全球 35 个国家。美国旅游协会表示，如果考虑到那些可能没有实际参加演唱会但参与活动周边消费的间接支出，这一数字可能接近 100 亿美元。

为什么泰勒能做到，其他国家的歌星都做不到？在全球化和逆全球化的过程中，谁才能成为流行文化的引领者？未来的国际巨星将以什么样的语言，什么样的方式传播影响力？

处于瞬息万变中，我们不该拘泥于生活的同温层，要多出去走走，多出去看看。行走在这个时代，记录这个时代。

25. 漫步曼哈顿：老钱的秀场[①]

　　沿着中央公园（Central Park）一直走，进入第五大道，就能望见曼哈顿中城最高的商业大厦范德比尔特一号（One Vanderbilt），乘坐玻璃电梯直上屋顶花园（The Summit）后，整个纽约尽收眼底。

　　这座城市的天际线被帝国大厦（Empire State Building）和克莱斯勒大厦（Chrysler Building）主宰了许多年，这两座建于 20 世纪 30 年代初的大厦高度超过 300 米。最近十年，来自俄罗斯、中国和中东的资金持续涌入，新楼拔地而起：曼哈顿西区的哈德逊园区（Hudson Yards）大型项目，中城"亿万富豪街"（Billionaires' Row）的高级公寓，世界贸易中心一号大楼（One World Trade Center）引领了曼哈顿下城区的复兴。从公园大道到百老汇，星罗棋布的摩天大厦点缀着天际线。

　　世界上没有一个地方如纽约般，拥有如此密集的高楼群，新旧交织，鳞次栉比。对比香港中环、新加坡、东京散落的块状高楼建筑群，纽约的片状高楼建筑群显得气势恢宏，有帝国之感，我不禁思考：这些高楼大厦意味着什么？

　　把时钟拨回 1865 年 4 月 9 日，南北战争结束，废止黑奴制扫除了发展资本主义经济的障碍，土地问题的解决直接推动农业资本主义经济的发展。北方工业资产阶级利用政权，通过"南方重建"，大力发展资本主义，掀起了第二次工业革命，美国经济进入飞速发展的时代。

　　其后百余年，美国本土没有发生过战争，工业革命 1.0、2.0、3.0 的生产力最终都被美国土地所消化，并以土地价值不同程度地呈现出来，也就是以此来定义"老钱"的传承以及阶级的分化。普通法系强调"私有财产神圣不可侵犯"，"老钱"的大部分资本积累在地产中；银行的 60% 以上资金用于房地产；联邦政府和地方政府的财政收入，除了消费税之外，主要来自房产税。

[①] 原文写于 2024 年 8 月 15 日。

可以说，整个金融体系都是围绕着房地产开始的，也因此才有了现在的美国。置身高处眺望纽约曼哈顿建筑群，更能深深体会到资本发展的复杂性。

纽约摩天大厦始建于20世纪20年代（也称"咆哮的二十年代"，Roaring Twenties），面对前所未有的工业化浪潮、民众旺盛的精神需求和无处不在的消费欲望，高耸入云的建筑物成为美国梦的具象化。我认为有一个故事能很好地展现 Roaring Twenties 的气质——《了不起的盖茨比》(*The Great Gatsby*)。

故事讲述了一对昔日情侣因战争和门第被迫分开，穷小子盖茨比参军，富家千金黛西嫁人。多年后盖茨比功成名就，在纽约长岛戴西家别墅的对岸买了一栋巨大的豪宅。盖茨比不敢贸然拜访，只是每天举办来者不拒的豪华派对，希望有一天能吸引戴西的注意。后来经过朋友尼克引荐，盖茨比和黛西再续前缘。

黛西的丈夫汤姆发觉此事后怒不可遏，前去质问二人："一、盖茨比的钱来自偷运禁酒，来路不明的钱是否可持续？二、黛西已有孩子，应当如何取舍？三、黛西和盖茨比来自不同阶级，身上流淌着不同的血液，值得抛下一切吗？"听完一席话，黛西大梦初醒，彻底改变了观念，无论盖茨比有多少钱，也无法带来"老钱"的优越感。"新钱"无法得到上流社会的认同，在"老钱"面前显得不堪一击。

经过此事，黛西果断抛弃"新钱"，重回"老钱"怀抱，但黛西越是远离，盖茨比越是紧追，他难以忍受再次失去苦心经营的一切。他渴求黛西的爱，亦是渴求上流社会的接纳。黛西离他而去，也带走了他的安全感，他不得不面对残酷的事实："新钱"与"老钱"中间存在不可逾越的屏障。最终，他为真爱付出了生命的代价，为黛西顶罪，而后被枪杀，黛西没有丝毫感动，也没有出席葬礼，只想撇清与盖茨比的关系，上流社会的冷血和排他性展现得淋漓尽致。

这个故事非常现实，让我想到现在香港、纽约、上海、新加坡所有浮于表面的这些关系网，人与人的关系是那么肤浅。最后是什么决定一切？你的阶级（Class），你的血统（Blood），不同阶层决定了你的命运。

盖茨比曾一次又一次地眺望"绿灯"："他朝着幽暗的海水把两只胳膊伸

了出去，那样子真古怪，尽管我离他很远，我可以发誓他正在发抖。我也情不自禁地朝海上望去——什么都看不出来，除了一盏绿灯，又小又远，也许是一座码头的尽头。"那盏绿灯象征盖茨比咫尺天涯的美国梦，相信自己能够通过勤奋、勇气和决心实现向上流动。绿灯逐渐熄灭，象征着美国梦的破碎，美国梦的传承最终体现在土地价值，"新钱"只能通过土地传承，慢慢变成"老钱"。

漫步曼哈顿"帝国"给我带来一个启示，全世界的资金汇入美国华尔街，整个金融体系最终沉淀在眼前的高楼大厦中，世界上没有任何国家能够与之媲美。如今的硅谷大佬都集中在新兴科技领域，当他们在实现了财富自由之后，绝大多数人又会将身家投入他们的居所。因此，硅谷的土地价值随着Web 3.0、人工智能等新兴科技一同上升。可以预见，几十年后硅谷的土地拥有者也将慢慢变为坚不可摧的"老钱"。只有美国房地产才能承载整个国家的金融的命脉，才能真正传承富裕家族的财富。

得益于前瞻性目光，德林在美国加州北部湾区拥有891英亩（3.6平方公里）土地。前些日子我去视察73栋高端独立屋的落成进度，把车开到壹号·卡梅尔（ONE Carmel）的山顶，阳光穿过淡蓝色的晨雾，青草的露水折射光芒，近处山花烂漫，远处水天一色。此情此景不禁让我有些感触，何德何能在他乡拿到这么美丽的土地，而它将为德林带来源源不断的能量。

客户愿意把钱放在德林，不仅仅因为我们的投资能力和人格魅力，还因为我们的前瞻性理念，能及早协助客户做全球资产配置。我们还有坚实的基石——优质地产项目，包括在香港中环的德林大厦、加州湾区高端地产等，当集团拥有这些底气，真正的资金会跟着我们走。

ONE Carmel是德林的瑰宝，是"新钱"跨越至"老钱"的桥梁。客户依靠自己的实力，与德林携手并进，不断在超越自我，用土地承载梦想、跨越阶级、传承财富，真正实现人生意义。最后，我想引用美国作家玛格丽特·米切尔在《飘》中的一句话作为结语："土地是世界上唯一值得你去为之工作、为之战斗、为之牺牲的东西，因为它是唯一永恒的东西。"

26. 日本：美国的附属品 [①]

自两周前结束了新加坡的出差，我又再次马不停蹄地赶赴日本。这次有幸见到了一位横跨日本政经的大佬，在几番争论和他的点拨后，我对日本的政坛结构又有了新的认知。我不是什么亲日派，但确实对日本很多地方有仰慕之情，所以在进入主题之前，我就先给我们这些炎黄子孙泼些冷水，这样我们才能更清醒地虚心学习，更务实地做分析和判断。

步行在日本东京的大街小巷，映入眼帘的都是我们的汉字，作为中国人，会不自觉地为我们华夏民族的文化影响力而深感自豪。但大家似乎不知道或者国内从不宣传的是：我们目前所用的商业和科学类的中文词汇很多是从日本引入的。事实上，由于明治维新之后，日本西化较中国早，成功学习了西方的技术与制度，相当多西语词汇首先经日本学者翻译成汉字词汇，然后通过中日的文化交流传到中国。由于同是建立在汉字的基础上，日制汉语和中国自己翻译的汉语词汇在相当长时间的演变之后，逐渐进入汉语圈并成为汉语的新兴词汇，图 26.1 只是截取了很小一部分，还有很多词汇对现代汉语的形成有非常重要的作用。作为中国人，不能总沉浸在中华文化中自我陶醉，外面的世界仍有很多我们未知之处。

政治

政治 / 政府 / 政策 / 行政 / 自治 / 方针 / 司法 / 制度 / 主权 / 宪法 / 改革 / 革命 / 解放 / 干部 / 政党 / 左翼 / 右翼 / 选举 / 内阁 /（政治上的）运动 / 共产主义 / 社会主义 / 资本主义 / 民主 / 共和 / 阶级

经济

经济 / 企业 / 团体 / 组织 / 工业 / 商业 / 金融 / 财政 / 财务 / 财产 / 收支 / 均衡 / 计划 / 劳动 / 生产 / 保险 / 银行 / 会计 / 物价 / 市场 / 证券 / 纳税 / 消费 / 竞争 / 景气

图 26.1：从日本引入中国的词汇

[①] 原文写于 2024 年 9 月 11 日。

26.1　岸田文雄为何退出首相选举？

目前日本最大的话题就是新一届首相的人选，日本执政党自民党会在 9 月 12 日发布竞选公告，27 日举行投计票，新当选的自民党总裁将成为日本下一任首相。岸田文雄上任首相不到 3 年，自 2024 年 4 月于美国国会意气风发地演讲后不到 4 个月就突然辞任，让外界一片哗然。媒体试图做了很多解析，包括黑金政治、国内通货膨胀的矛盾激化等，对这些浮于表面的言论，我不敢苟同。我可以把我对日本政坛运作的底层逻辑的理解和大家分享一下，并结合现状来思考未来的发展方向，希望和大家一起拨云见"日"。

外界对日本政坛最大的感触即是——三天两头换首相。的确，自 1885 年伊藤博文就任第一任内阁至今 140 年间，日本首相任期超过五年的只有 5 位：吉田茂、佐藤荣作、中曾根康弘、小泉纯一郎、安倍晋三。大部分首相任期只有一年多，但这并不代表日本政坛是混乱的。相反，如果深入了解自民党内部的派系发展历程就会发现，首相不过是自民党内六大派系根据时局变化持续调整的结果，日本政治本身运作的底层逻辑非常稳定。比如前面提到的 5 位长命首相都非常亲美，而他们内部也有着世袭的痕迹。

随着美国大力投资日本，日本政坛未来的趋势不言自明。2024 年 8 月 14 日，日本首相岸田文雄决定不再参加 9 月举行的自民党总裁竞选。媒体解读主要是三方面的原因：一是日本通胀高企物价上升、民众日渐不满；二是自民党 2023 年 11 月爆出的黑金丑闻持续发酵，导致自民党六大派系中的 5 个都宣布解散；三是东京都议会补选，自民党仅仅获得 8 个席位中的 2 个，岸田内阁支持率创 2021 年 10 月以来新低，只有 15.5%（图 26.2）。

真相是什么呢？或者说，驱动日本政治运行的底层逻辑真的就是媒体分析的这些吗？绝对不是这么简单！

先看几个关键事件的时间点。2024 年 7 月 31 日，日本央行宣布加息 25 个基点，高于之前市场预期的 15 个基点。日本央行的决策流程和美联储不同，日本首相是参与这一决策的，现任日本央行行长植田和男又是岸田文雄任命的。日本突然加息的消息宣布后，日元暴涨，美元兑日元汇率从 7 月 30 日的 154 跳涨到 8 月 5 日的 144（图 26.3），升值了 6.5%，如果从 7 月 11 日的高点算则上涨了 11%。日元短时间大幅升值，导致华尔街很多做利差交易

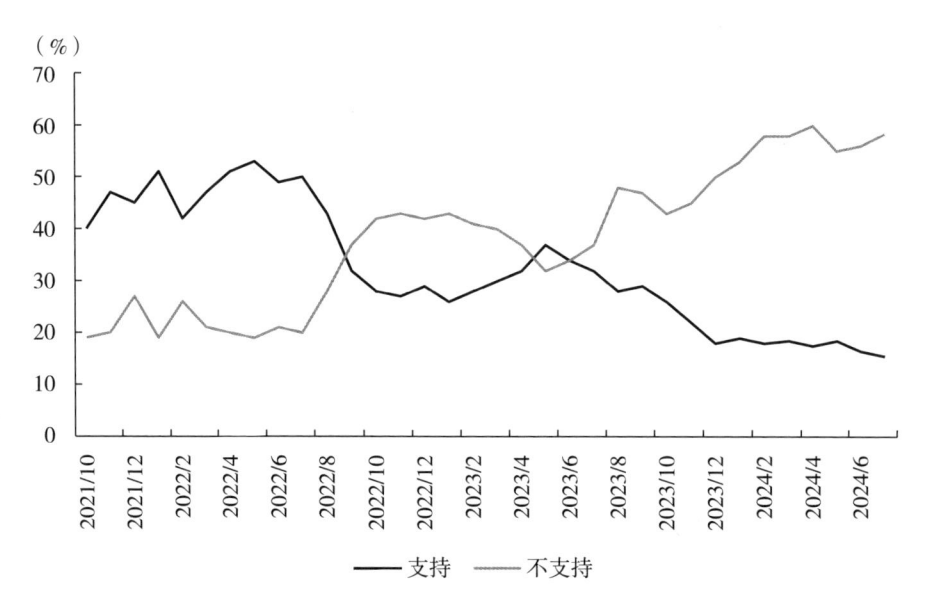

图 26.2：岸田文雄内阁支持率变化
来源：网络

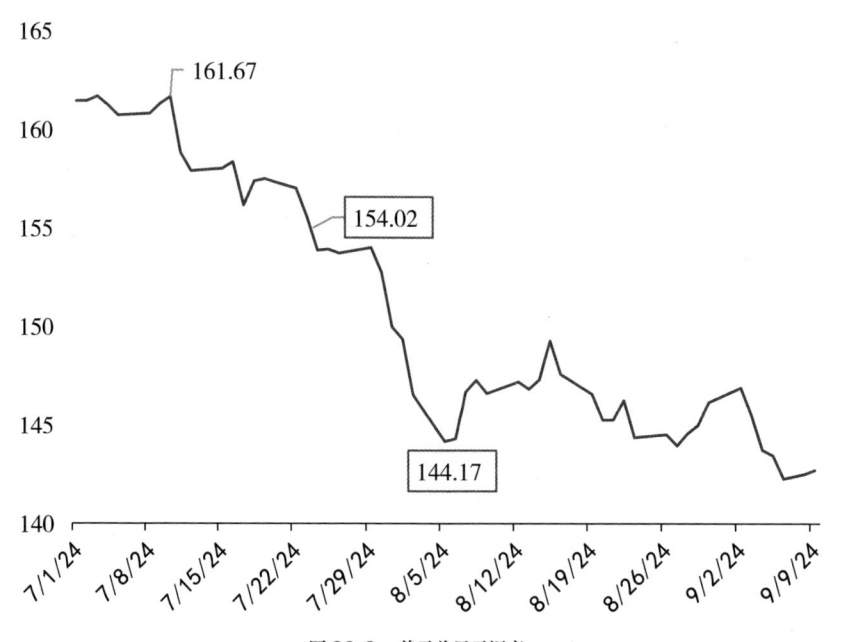

图 26.3：美元兑日元汇率
来源：iFind

（Carry Trade）的基金爆仓。

同时，日元大涨导致日本股市暴跌，7月31日日本加息前日经指数39101点，到8月5日已经下跌到了31458点，累计跌幅高达19.5%（图26.4），8月5日也被称为"黑色星期一"，当天盘中跌幅已经超过1987年的"黑色星期一"，其间两次熔断，收盘跌幅12.4%，成为日本股市历史上第二大跌幅日。8月14日岸田文雄首相宣布弃选自民党总裁。

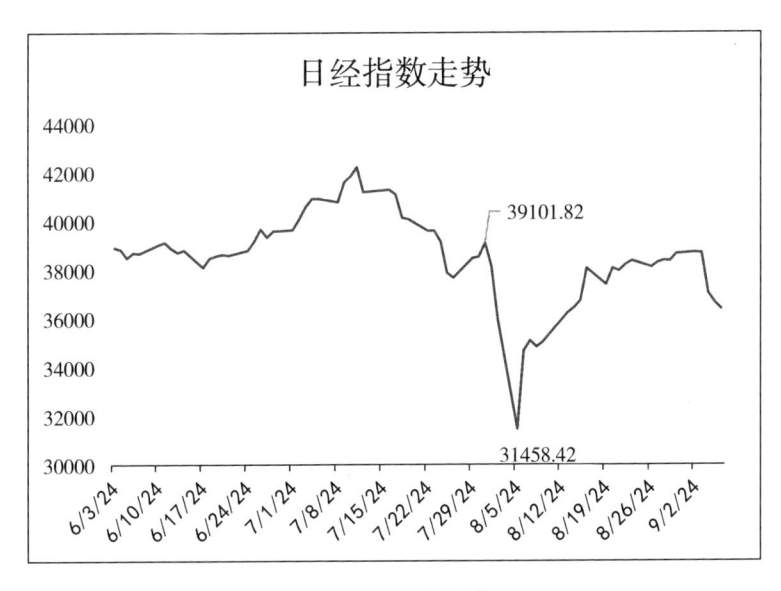

图26.4：日经指数走势

来源：iFind

在一个金融资本主导、美国驻军、没有主权的资本主义国家，如果首相可以直接损害金融资本的利益，那他的下场只有一个。因为资本的背后站着华尔街以及三菱、三井、伊藤忠等真正的"国家主人"。

岸田文雄放弃竞选，站出来竞选的都有谁呢？我们梳理了日本共同社、《读卖新闻》、《朝日新闻》和《每日新闻》近期的民调，结果显示，石破茂、小泉进次郎和高市早苗在上述民调中均位列前三位。他们的政纲如下（表26.1）：

表 26.1：石破茂、小泉进次郎和高市早苗的政纲

民调前三的候选人	担任职务	主要政纲	优劣势
石破茂（1957年出生）	前防卫大臣（石破二朗之子，石破二朗曾任日本防卫厅长官、农林水产大臣等要职）	1. 提高金融所得税、逐步提高利率、提高工业竞争力、提高政治资金透明度等。 2. 8月7日出版新书：**主张删除日本"和平宪法"第九条第二款"不保持陆海空军及其他战争力量，不承认国家的交战权"的内容。**	优势：个人能力突出，分别在小泉纯一郎、福田康夫、安倍晋三内阁担任重要职务。 劣势：党内基础薄弱，被贴有"党内在野党"的标签。
小泉进次郎（1981年出生）	前环境大臣（前首相小泉纯一郎之子）	1. 解散国会重新选举。 2. 制定经济方案。 3. **就修改宪法举行全民公投；每年8月15日都会参拜靖国神社。** 4. 允许已婚夫妇选择使用不同姓氏。	优势：政治世家出身，得到前任首相菅义伟支持 劣势：学历差（关东学院大学），能力差（没担任过重要内阁职务），在按资排辈的日本难以服众。
高市早苗（女，1961年出生）	前经济安全保障担当大臣、总务大臣	1. **主张修改宪法，把日本自卫队改为国防军。** 2. 认为参拜靖国神社是个人自由。 3. 被视为政坛极右翼政治人物。	优势：平民政治家，善用互联网，观点明确的保守派。 劣势：政治主张激进，主动脱离了曾经最大的靠山安倍派。

来源：德林新经济研究院

请注意看表26.1中加粗的部分，三名候选人都主张修改"和平宪法"，把日本恢复为"正常国家"。这三个人中，石破茂可以被视为中间偏左，因为他2002年以后就没有参拜过靖国神社，而且他主张分祀甲级战犯，即便如此他也要求日本保持战争能力。另外两个不用说，右翼的小泉进次郎和极右翼的高市早苗标签鲜明。这意味着无论任何人当选，日本都会大力发展军事，美国在"二战"后加在日本身上的枷锁正在一一去除。日本右翼将实质性崛起。大家想想为什么？

我们看任何政体都要分析它的底层逻辑，要知道一个资本主义社会运行的基本原则：政治是为经济服务的，更进一步说就是权力是为资本服务的。换成马克思的话就是："经济基础决定上层建筑"。

26.2 日本政治是美国资本决定的

"二战"后,在美国、中国、日本三大格局中:70年代后期,中美友好,则中日也友好。比如,旧民主党系的福田赳夫,原本阻挠田中角荣首相访华,但后来却在著作《回顾九十年——福田赳夫回忆录》中强调日本不做军事大国,要全力为亚洲的繁荣做贡献。正是在这一背景下,《中日和平友好条约》签订,从此开启了两国间大规模的经贸合作。后来福田赳夫的儿子福田康夫做首相,同样重视亚洲关系,大力推动中日建立战略互惠的关系。

现如今,美国对中国的定位是战略竞争,从各方面打压中国,那么日本也必将跟随美国一起,表现出强硬的姿态。比如,7月日本凉月号军舰侵犯中国领海。而一旦政治表现为站队,又会表现出极大的趋同,这从此次三位支持率最高的候选人的竞选纲领都反华、都希望修宪可见一斑,这也是日本政治人物求生使然。而这反映了日本政坛的底层逻辑:一是跟随美国总纲;二是政治为权贵服务,权贵背后是资本,因此美日资本决定了日本政治的走向。

美国已经决定利用日本的制造能力遏制中国的高端产业,维护美国的"国家安全"。2024年4月,日本首相岸田文雄与美国总统拜登达成了成立国防工业委员会的计划,将允许日本造船厂为美国海军舰艇提供维护,同时美国在日本重塑芯片产业链。

2024年7月28日,美国国防部长奥斯汀、国务卿布林肯、日本外相上川阳子、防卫大臣木原稔在东京宣布美日协议,宣布启动先进导弹的联合生产、船舶维修和供应链恢复等领域的合作。而且以后日本自卫队将归驻日美军直接指挥。美国重申《日美共同安全条约》适用于钓鱼岛,允许日本向海外出口武器装备,允许日本部署战斧巡航导弹等进攻性武器。其实是美国需要日本放弃"和平宪法",需要把日本重新武装成为合格的"马前卒"或"替罪羊"。三位政客宣布的政纲不过是美国资本意志的体现。

在这个基础上,我们再看当下的日本政治格局。为什么岸田首相宣布不竞选?因为他损害了资本的利益,不按规矩出牌,他需要下野。为什么黑金事件现在发酵出来,因为这是给岸田文雄一个说得过去的辞职理由,否则此刻让东京地检特搜部去调查现任首相太难看了。美国现在的主要任务是团结日本。

此次选举，日本名义上摆脱了派系束缚，因为自民党六大派系有 5 个已经解散。在这个变化之下，日本选谁当首相都不奇怪。这也是为什么石破茂这个自民党内无派无系的候选人反而成了优势候选人，因为他能争取最大公约数，在几乎所有民调中都能排第一。

小泉进次郎，一个只有 43 岁、野鸡大学毕业、没什么政绩、除了官二代身份带来的人脉外几乎一无所有的人，为什么能有这么高的呼声，而且还能得到前任首相菅义伟的公开支持？因为这样的人当选后最容易被操控、最听美国资本的话！初选时小泉也的的确确获得了最多的议员票，只不过在基层党员票方面输给了石破茂和高市早苗。

2024 年 9 月 27 日，石破茂成为日本自民党总裁，这一消息让美元兑日元从 146 迅速升值到 142。原因是石破茂赞同日本央行的加息轨迹，所以日元转向升值。

市场之前押注高市早苗获胜。第一轮选举中高市早苗的优势很明显（表 26.2），小泉进次郎和她分别获得国会议员票的前两名。因为高市早苗曾经明确批评日本央行过快加息，市场已经部分消化了她胜出的信息。可是随着石破茂爆冷胜选，市场又迅速调整了预期。

小泉进次郎之前是自民党总裁的大热门，很多媒体看好他能成为日本最年轻的首相。小泉也确实在第一轮获得了最多的国会议员票，这说明他的上层路线是稳固的，说明他父亲小泉纯一郎的政治遗产是足够的，更说明日本的垄断财阀阶层最初其实是主推他的。一旦小泉进次郎进入第二轮，不管是对战高市早苗或者对战石破茂，高层路线占优势的小泉将大概率胜出。

但是小泉进次郎输在了地方票。和石破茂以及高市早苗这些资深政客比，小泉在地方党员中的基础差一些。其次是面对媒体的经验不足，比如他提到为了恢复日本经济活力必须挑战解雇规则，这引发了民众的担忧，后面不得不改口；还提出把养老金发放年龄提高到 80 岁；以及对媒体承认自身能力差。这些对自己不利的新闻被媒体迅速放大，最后都反映在地方票不足上，小泉进次郎率先出局。

表 26.2：日本自民党总裁选举两轮票数

第二轮			
候选人	国会议员票	地方票	总得票
石破茂	189	26	215
高市早苗	173	21	194
第一轮			
候选人	国会议员票	地方票	总得票
高市早苗	72	109	181
石破茂	46	108	154
小泉进次郎	75	61	136
林芳正	38	27	65
小林鹰之	41	19	60
茂木敏充	34	13	47
上川阳子	23	17	40
河野太郎	22	8	30
加藤胜信	16	6	22

来源：信报

和高市早苗不同，石破茂是公开支持央行加息的。2024 年 7 月 31 日，日本央行加息后石破茂说："日本央行走在正确的政策路径上，逐步与全球正利率接轨……加息的负面影响如股市暴跌是目前关注的焦点，但是加息的优点可以降低进口成本，使产业更具竞争力。"他的结论是，日本央行应该向公众解释加息的好处，毕竟出口只占日本 GDP 的五分之一，日本经济是靠内需驱动的，即使出口企业因为日元走弱受惠，但是弱汇率导致的物价上涨对大多数人影响更大。

我发现石破茂的施政纲领和他支持加息的决策之间存在着难以调和的矛盾。总体来说，他的政纲以扩大政府投资、维持高福利的支出型政策为主。考虑到加税的难度，日本的债务支出和赤字将不可避免地继续扩张。这种情况下支持央行加息无异于作茧自缚。再加上日本通胀放缓，东京核心 CPI 已经跌到 2%，美元兑日元也已从 160 的低位上升到 142，美国开启降息通道，因此日本的加息预期已经不再符合当下的经济环境。

26.3　石破茂的施政纲领

石破茂的政纲分五大部分：第一是改善自民党的形象；第二是保护日本，包括外交、人口、经济、金融等领域的安全问题；第三是保护人民，以工资、社保等民生政策为主；第四是保护地方经济；第五是保护年轻人和女性的就业机会。因为很多议题是政治议程的需要，因此没必要逐条解读，其中最值得关注的是以下三条。

首先，日本不管任何人当首相都会修改"和平宪法"，为军工产业解除封印。因为这是美国的战略需求，不管是石破茂还是高市早苗或者小泉进次郎，所有日本自民党总裁候选人都主张修改"和平宪法"、恢复发展军力，让日本成为所谓"正常国家"，又因为美国对日本有实实在在的经济安全需求，所以每个政客都希望把它顺水推舟变成自己的光辉政绩，这就是为什么所有候选人都说要修改"和平宪法"。

解除军事封印的背后是美国的巨大军事订单，包括军舰维修、飞机维修、导弹联合生产、后勤保障等 70 项防务合作。想象一下美军每年 8000 多亿美元的国防预算就知道，这些合作将给日本企业带来巨大经济效益。因此不管谁当选，都会热烈拥抱解封军力的政策，这会为日本军工产业创造巨大机会。

石破茂在他的执政纲领中也提出"讨论修改'和平宪法'"，制定《安全基本法》。这个《安全基本法》的本质就是取得威慑能力，建立亚洲北约抗衡中国等。因此这一条作为美国的既定政策，和石破茂是否当选关系不大。

其次，强调日本政府应该继续扩大投资。他认为克服通缩仍然是日本面临的首要任务。具体到要投资的产业类型，首先是半导体产业，要完善日本的半导体供应链，并通过税收优惠刺激民间投资。其次提高能源自给率，应对即将到来的 AI 产业电力需求爆炸性增长，包括建核电站、开发地热能等。最后是支持高科技产业，石破茂宣称要用 5 年时间把日本打造成亚洲最大的创业中心，重点发展人工智能、量子计算机、核聚变产业化等，并通过产—学—官合作增强技术创新和国际竞争力。

最后，强调日本应该继续维持高福利。他明确提出，要让工资涨幅和物价同步，强化企业对成本转嫁和价格传导的应对能力。其他福利性政策还包括恢复最低工资，推动医疗改革，强调以实物形式提供食物、衣服、住所，并结合免费教育防止贫困传承；计划把育儿支援的性质从补贴转向免费；设立专门的防灾部门，运用高科技手段实现灾害零死亡的目标。

为了帮助地方经济发展，石破茂提出要制定10年规划，类似于中国的新型城镇化；要把就业机会、人口吸引力和城镇发展有机结合起来推动地方发展；同时大力推动中央部委机构向地方转移；改善地方的通信环境，实现数字化，促进远程教育、医疗、商业等。这些都需要巨大的政府投资才可能实现！

不管是扩大投资还是维持高福利，这都需要日本政府继续增加支出。问题是钱从哪里来？政府支出的来源无非三个：收税、发债、政府投资回报。

• 关于税收

石破茂在政纲中没有提加税，但是日本电视台在9月2日的节目中说，"他确实想对出售股票等资本收入课税，因为这也是岸田文雄当初的政纲之一，但是不知道因为什么原因搁置了"。9月23日，石破茂在一场网络直播中表示，企业税率仍有调高空间，某些企业可能需要承担更高的税收义务。高市早苗则多年来一直明确反对加税，日本政府也确实多次加税失败，因此通过加税维持政纲的开支困难重重。

最新消息是，金融所得税提高无望。2024年12月22日，日本政府决定从2026年起将法人税税率提高4%，所得税税率也将从2027年起提高1%，同时逐步提高烟草税等。

• 关于发债

石破茂的政纲需要大举投资，这一定会增加赤字，加息则会直接增加投资成本。当下日本通胀已经出现缓解迹象，9月东京核心CPI回落至2.0%（图26.5），东京是日本通胀的领先指标，日本央行行长植田和男也认为："与日元疲软相关的通胀上行风险已经缓解。"然而，通胀回落不过是硬币的另一面，它意味着日本经济复苏的基本面并不稳固。

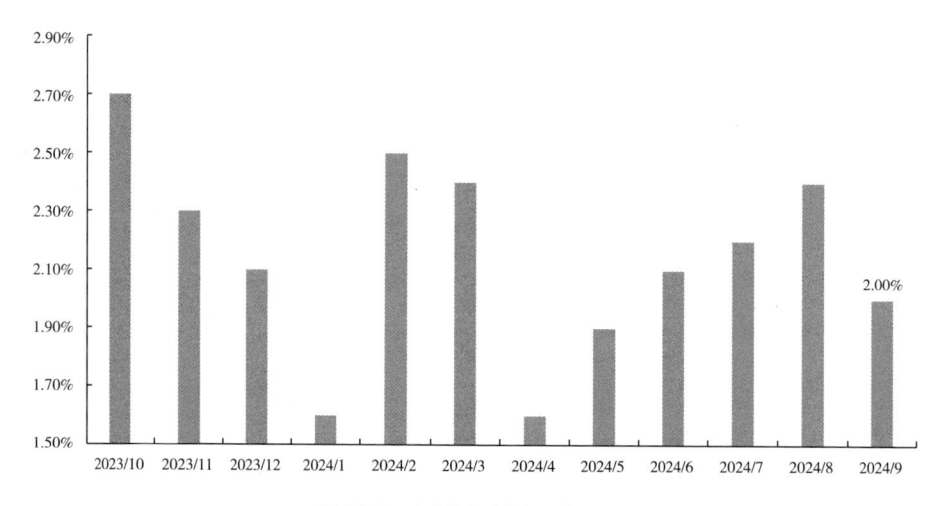

图 26.5：东京核心通胀率回落至 2%
来源：日本统计局

所以，不管是从石破茂政纲的投资计划还是日本的经济基本面，两者都不支持石破茂的加息意图，他的加息意图会让执政出现重大阻力。尤其是最敏感的股市，一定会因为实质性加息而下跌（具体分析见 26.1 一节）。

而且美国降息周期刚刚开始，石破茂的加息预期与美国资本的规划直接违背，这本来就是岸田辞职的重要原因。2024 年 7 月 31 日，日本央行宣布加息 25 个基点，消息宣布后日元暴涨，美元兑日元汇率从 7 月 30 日的 154 跳涨到 8 月 5 日的 144，升值了 6.5%，华尔街很多做利差交易（Carry Trade）的基金爆仓。日元大涨还导致日本股市暴跌，7 月 31 日加息前日经指数 39101 点，到 8 月 5 日已经下跌到 31458 点，累计跌幅高达 19.5%。8 月 14 日岸田文雄首相宣布弃选自民党总裁。如前所述，在一个金融资本主导、美国驻军、没有主权的资本主义国家，如果首相可以直接损害金融资本的利益，那他的下场只有一个。

我相信等石破茂明白过来后一定会暂停加息。因为不论是从执行政纲的角度，还是从日本经济发展的角度，以及配合美国资本战略的角度，加息都不应该是石破茂的政策选项！

• 关于政府投资回报

2023 财年，日本政府养老投资基金（GPIF）实现了 45.42 万亿日元的利润，回报率 22.67%，创 2001 年以来最高纪录，资产管理规模也达到 253 万亿日元的历史高位。45 万亿日元占 2023 年日本的预算支出的 40%，是非常高的比例。但是，养老金是现收现付、专款专用，政府的财政支出不可能指望养老金的投资每年都能有这么高的回报率，何况有的年份养老金回报是负数（图 26.6）。近 23 年来，日本政府养老投资基金的平均回报率是 4.3%。

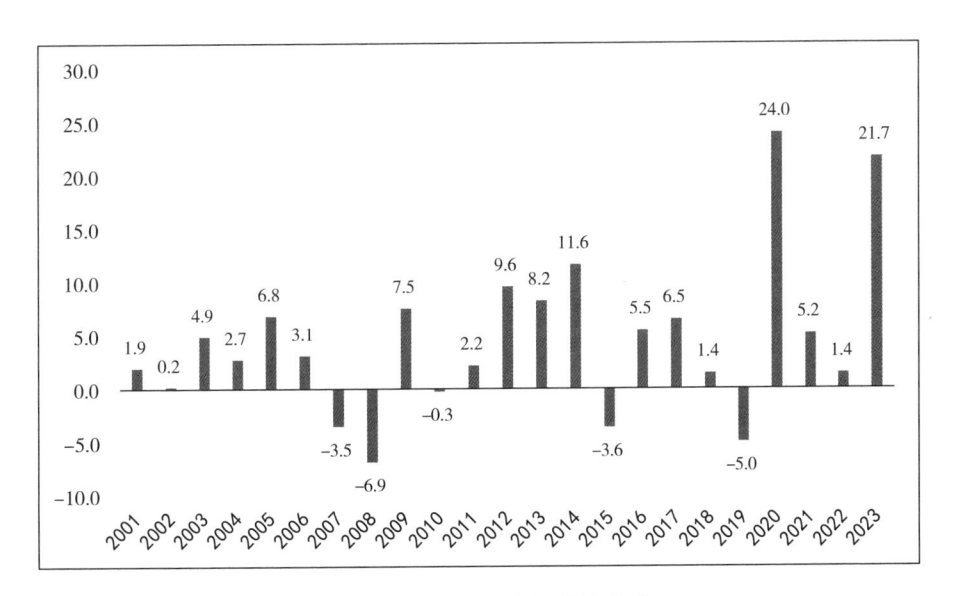

图 26.6：日本养老基金年度回报率（%）
来源：iFind

我们再进一步分析，日本 253 万亿日元的养老基金，债券和股票各占一半（表 26.3）。继续细分的话，日本国内债券 26.95%，海外债券 23.86%；日本国内股票 24.33%，海外股票 24.86%。

表 26.3：2023 年日本养老基金配置

	市值 (10 亿日元)	养老金储备分配 （1）	养老金储备分配 （2）
国内债券	68,171.40	26.95%	50.81%
国外债券	60,372.10	23.86%	
国内股票	61,553.20	24.33%	49.19%
国外股票	62,898.90	24.86%	
总计	252,995.50	100.00%	100.00%

如果石破茂选择加息，则日本国内债券价格有下跌压力，国内股票的下跌压力则更大。虽然日元升值可以弥补一部分损失，但是整体肯定得不偿失。因为 2023 财年日本养老金 45 万亿日元的利润里，日本股市贡献了 41.41%（19.4 万亿日元），日本国内债券录得亏损 1.1 万亿日元（表 26.4）。一旦石破茂按照之前说的逐步加息！日本将陷入极大困难，他也很可能会是日本下一个短命首相。

表 26.4：2023 年日本养老基金回报

	一季度	二季度	三季度	四季度	总计
总计	9.49%	−0.31%	2.62%	9.52%	22.67%
	¥18.98 万亿	−¥0.68 万亿	¥5.73 万亿	¥21.39 万亿	¥45.42 万亿
国内债券	0.36%	−2.71%	0.95%	−0.57%	−2.00%
	¥0.18 万亿	−¥1.52 万亿	¥0.53 万亿	−¥0.33 万亿	−¥1.14 万亿
国外债券	8.07%	−0.80%	2.55%	5.36%	15.83%
	¥3.90 万亿	−¥0.40 万亿	¥1.36 万亿	¥3.01 万亿	¥7.87 万亿
国内股票	14.46%	2.46%	1.99%	18.24%	41.41%
	¥7.09 万亿	¥1.33 万亿	¥1.11 万亿	¥9.86 万亿	¥19.39 万亿
国外股票	15.46%	−0.15%	4.91%	15.80%	40.06%
	¥7.82 万亿	−¥0.09 万亿	¥2.72 万亿	¥8.84 万亿	¥19.30 万亿

相反，如果石破茂暂停加息，日元在短暂升值后可能维持在 140—145 区

间震荡，这反而有利于石破茂以投资为主的经济政策，也有利于日本经济恢复，更能配合美国的降息节奏，他的首相宝座也能因此坐得更久一点。

2024 年 12 月日本通胀率达到 3.6%，2025 年 1 月通胀率突破 4%，1 月 24 日日本选择加息 25 个基点，不得不开启了这趟危险之旅。

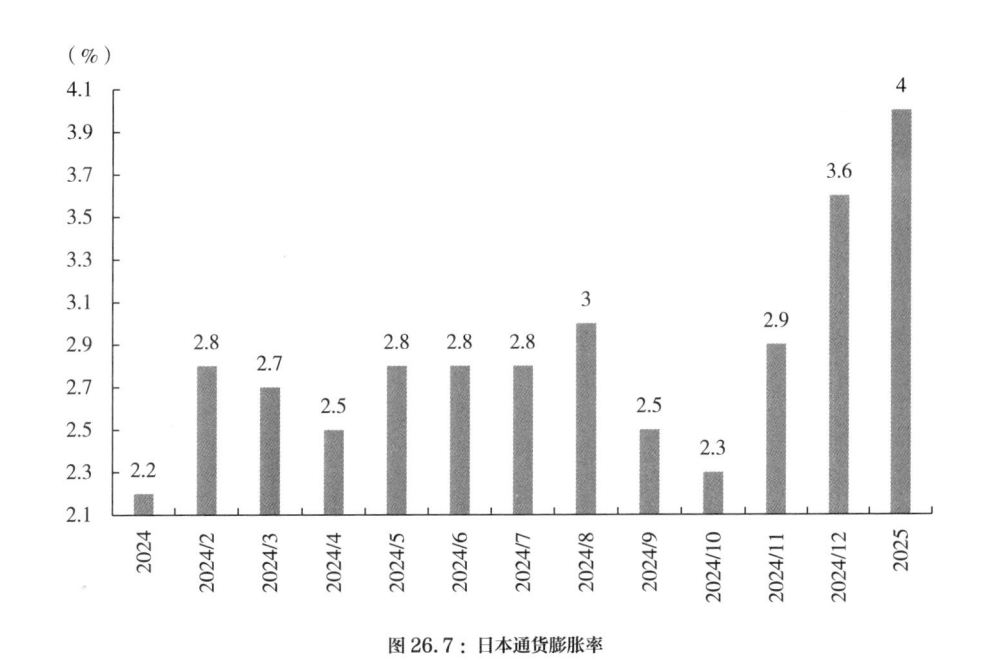

图 26.7：日本通货膨胀率
来源：日本内务部

26.4 小结

（1）石破茂是爆冷登上大位，所以日元大涨。垄断财阀最初推的是小泉进次郎，后来资本市场看好高市早苗，不过都没能走到最后。

（2）石破茂支持日本央行加息和他的支出型政纲存在不可调和的矛盾，加上日本通胀放缓、日元大幅升值以及美国开启降息通道，日元的加息预期已经不再符合当下的经济环境。

（3）日本不管任何人当首相都会修改"和平宪法"，大力发展军工产业，因为这是美国的战略需求。所有政客都主张修改"和平宪法"不过是做顺水人情，捞取政绩。

（4）石破茂的政纲是继续扩大投资、维持高福利，这需要日本政府继续增加支出，但是新增税收收入不明确，再考虑到政府在日本股市和债市的投资仓位，一旦加息，将会产生巨额财政赤字以及未来债务进一步大幅增加的预期，因此维持低利率既符合石破茂的政纲，又符合日本经济现状。如果他提倡加息，而加息步伐与美国降息轨迹错位，则满盘皆输，可能导致迅速下台，成为和岸田文雄一样的短命首相。

（5）如果石破茂采取宽松货币政策则有利于他的经济政策，有利于日本经济恢复，有利于配合美国降息，还能满足美国的战略需求，这也会避免他的执政策略矛盾激化而导致迅速下台，换言之，这才能让他更长久地执政。

27. 日裔在美国："二战"中的财产被没收了吗？ ①

> 现实的世界如果允许人类自由迁徙，那人流的方向就是自由和文明的方向。
>
> ——哈耶克

之前和客户聊天时，我们谈及了美国对于公民私人资财产保护的话题。他抛给我一个问题，说"二战"时美国对日宣战后把美籍日本人都关进了集中营，日裔的财产也全部被没收。言外之意，这种情况在未来是不是会再次重演？其实我不止一次听到身边的朋友、客户有类似担忧，大家用的例子都是各种自媒体的内容："二战"时美国对日裔资产的强制没收，对美籍日裔或者在美居住的日裔实施拘禁，以及他们受到其他所谓非法或者非正当手段的夸大式宣传。我之前都是一笑置之，但是鉴于很多媒体歪曲事实，误导我身边善良的朋友和客户，我觉得是时候好好聊一聊这段历史，以正视听。

在说历史前，我先给大家读一下美国建国的根本及原则——《美国宪法》的两个修正案里的规定：

《〈美国宪法〉第五修正案》中规定：不经正当法律程序，不得被剥夺生命、自由或财产；不给予公平赔偿，私有财产不得充作公用。

《〈美国宪法〉第十四修正案》中规定：无论何州未经正当法律程序均不得剥夺任何人的生命、自由或财产。

好了，现在让我们回到80多年前的美国，从真实发生的事件的记载来还原事实真相。1941年12月7日，珍珠港事件爆发后，美国正式向日本宣战。1942年2月19日，罗斯福总统签署了9066号行政命令，授权美国陆军全权处理美国西海岸的事宜，军队可以强制命令任何人离开西海岸，这些日裔也正是因为这个原因被关进了"集中营"，所有后续的故事自此围绕这个事件逐步展开。

---

① 原文写于2024年10月24日。

27.1 日裔的财产损失

日裔的财产有没有损失呢？有！日本学者森田幸夫的估算是 3.5 亿—4 亿美元，当时美国西海岸有大约 12 万日裔，平均每人损失 3182—3640 美元。主要原因是，美军强迫日裔在极短时间内搬家！

1942 年 3 月 27 日，美军发布公告，2 天之后的凌晨，所有日裔必须原地待命。于是二手商贩去日裔居民区以极低的价格收购那些搬不走的资产，比如以 5 美元的价格买下本来值 200 美元的物品，这种事情在日本人写的回忆录中很常见。

另一种财产损失是仓储过程中的损坏，比如从"集中营"出来的日本人发现，他的家被烧了、渔船不见了、存在仓库里的贵重物品被盗了等。

27.2 美国政府没收日裔财产了吗？

上述两种财产损失都和没收无关。那美国政府到底有没有没收日裔的财产呢？我研究的结果是——完全没有！美国政府对私有财产的保护远超我们的想象。

1942 年 2 月 19 日，罗斯福总统签署了 9066 号行政命令，第二天美国战争部副部长迈克洛伊就指示西部防区司令部动用军队及采取其他办法来保护被迁移日裔人员的财产安全。一开始美国军队命令太平洋沿岸三个州（加州、华盛顿州、俄勒冈州）的日裔自主搬迁。但是这些日裔在搬迁过程中碰到很多困难，因为两国处于交战状态，日裔去加油站加不到油、去餐馆人家不让他进，甚至某些城市的治安官会直接把他们抓起来。

上述问题导致日裔不愿搬迁，为此，1942 年 3 月 11 日，美军成立"战时民事控制管理局"，专门负责处理被迁移日裔的财产问题，使日裔的财产在搬迁过程中受到了充分的保护：政府在日裔集中区提供了 19 个大仓库供免费使用，总面积达 38.6 万平方英尺。3 月 18 日，美国联邦储备银行发布了一项特殊规定：日裔如果感觉到自己的财产正面临不公平交易，可以申请将财产冻结。对于拥有大宗资产如土地、农场、房产、渔船的人来说，这一规定非常及时有效。这些日裔搬迁到安置区后，管理局还专门成立了日裔财产管理处，帮他们打理外面的财产，包括代为收账、招揽租客、检查仓库里的物品有没有损坏等。

至于自媒体说的，政府没收、强迫售卖完全是子虚乌有！所以结论很清楚，美国政府没有侵犯日裔的财产权！

27.3 美国政府为什么要补偿日裔？

很多自媒体拿美国政府战后的补偿来说事儿，似乎政府补偿了就等于当初没收日裔的财产了。这是完全错误的逻辑！美国政府事后对这一历史事件的反省都是——剥夺了日裔美国人的自由。政府补偿的是对公民自由的侵犯，而不是财产！因为即便是在最苛刻的日裔眼中，政府也没有直接侵犯他的财产权。

1948年美国国会通过了《日裔美国人遣送补偿法》，补偿日裔所受到的不动产和个人财产损失，战后共26568人提出总计1.48亿美元的索赔，政府考察后实际支付了3700万美元。1988年里根总统签署《1988公民自由法》，给所有被拘禁过的日裔2万美元作为补偿，最终82219人领到了这笔补偿金。请注意，两次法案补偿的原因都是剥夺了日裔美国人的自由！而不是侵犯了这些人的财产权！

美国当时没有、事后也不需要反省他们是不是侵犯了这些美国公民的财产权，因为美国政府根本就没犯这个错！话说回来，为什么美国政府当时决定侵犯这些日裔的人身自由权，强制搬迁并拘禁他们呢？

27.4 为什么要强制搬迁这些日裔？

美国政府在珍珠港事件之前就破译了日本外务省的情报密码，美国知道日本政府在利用日裔建立间谍网络。而且珍珠港事件后，日本潜艇一直能精准知道每一艘离开蒙特利湾的船只动向，并成功对它们发动了袭击（见本节末尾的附注1），这足以表明美国岸上与日方潜艇之间有秘密联系。

即便如此，因为《美国宪法》对个人权利的保护，美国军方也不能越过司法部直接去疑似间谍的家里搜查。经过多方协调，一直到1942年2月7日，美国军方在和司法部多次沟通后才获得了部分搜查权。结果不出所料，搜出大量违禁品，包括无线电接收器和发射器、弹药筒、炸药、雷管、美国防御工事的照片等（附注2）。

再加上美国西海岸的防御力量太弱，所以罗斯福总统才签署9066行政命令，授权陆军部把日裔迁出美国西海岸。被强制迁移的12万日裔里，有4700名在战争结束后主动要求被遣返回日本。

27.5 被强制搬迁的日裔受虐待了吗？

美国政府明确要求搬迁管理局一定按照《日内瓦公约》对待安置中心的日裔们。从1942年3月31日到1942年8月7日，12万日裔们被陆续迁往政府设置的安置中心，行程中每一辆车至少有一名医生和一名护士随行。

日裔每人每天平均45美分的餐费标准，吃得比前线美军还好！每一餐都既有美式食物也有日式食物，每个人都能吃到撑，这让外面的美国居民怨声载道！1943年1月29日，搬迁管理局公布了一个更为详细的安置中心食物供应政策，总的原则是食物供应标准不能高于外面普通美国家庭所能达到的标准。

安置区内学校是优先配置的；卫生和医疗设施都高出《日内瓦公约》规定的标准，安置区内没有出现严重的传染病，居民患病率也不高于美国社会同等规模的普通社区；如果病人需要特殊的医疗器械医治，就会转移到安置中心外的医院。

1942年7月20日，也就是搬迁政策执行了3个多月以后，开始试行日裔永久离开的政策，只要审查合格日裔就能离开美国；10月1日，日裔永久离开安置中心的政策正式确立，审核标准也比之前宽松；1944年战争胜利前夕，军事管制被完全取消。

27.6 著名的日裔442独立团和日裔参议员井上

1943年2月1日，美国政府允许日裔参军，并把他们组建为日裔442独立团，这个编制5000人的团在欧洲战场创造了美军的多项历史纪录：一是美国陆军战损率最高的团。这个团作战勇猛，伤亡9000多人，至"二战"结束，这个团的补充人员数量是原人数的2.5倍，总计有14000人"二战"期间在该团服役。二是美国陆军获奖最多的团。这个团共获得9486枚紫心勋章，有21

人获得"二战"荣誉勋章，还曾获8次美国总统部队嘉许奖。

从这个团里还走出来美国历史上职位最高的亚裔政治人物——丹尼尔·健·井上（附注3）。井上于2010至2012年逝世前担任参议院临时议长，并担任参议院拨款委员会的主席。2017年4月28日，美国夏威夷机场（原名檀香山国际机场）更名为"丹尼尔·井上国际机场"。

战后，美国政府花了很多资源宣传日裔442独立团在欧洲战场的英勇表现。美国媒体也开始改变对日裔的敌视态度。《纽约时报》刊登了牺牲在战场上的日裔名单；《旧金山纪事报》刊登了日裔在战场上表现卓越并获得诸多勋章的文章；《华盛顿邮报》发表评论："如果将日裔排挤出西海岸仅仅是出于对这个种族的敌意，那么这种做法势必威胁到美国的基本生活原则，就如犹太人在德国和欧洲经历的不人道经历一样，如果一个公民仅仅因为他的姓氏拼写不同而自由受限，那么我们对于自由的理解都是暂时的、虚假的。"

27.7 小结

（1）日裔的财产在强制搬迁时有损失，但是这些损失并不是政府没收、征用带来的，是收购二手物品的价格低、仓储损失等原因带来的。

（2）美国政府用了各种手段保护日裔居民的财产权，包括提供免费仓库、帮助冻结财产、处理土地租赁等各项事宜。

（3）美国政府战后对日裔的补偿都是因为侵犯了他们的自由权，而不是财产权！侵犯自由权是因为美国政府发现日裔中建立了旨在帮助日本的间谍网络。

（4）日裔在安置中心的饮食、教育、卫生都有很好的保障，其待遇甚至超过美国普通居民。他们除了自由，什么都没有失去。

（5）美国社会对日裔在"二战"时的英勇表现也给予了充分的肯定和表彰。

世界各地（EVERYWHERE IN THE WORLD）的人们应该享有的四大基本自由（THE FOUR FREEDOMS）：

言论自由（FREEDOM OF SPEECH AND EXPRESSION）；

信仰自由（FREEDOM OF WORSHIP）；

免于匮乏的自由（FREEDOM FROM WANT）；

免于恐惧的自由（FREEDOM FROM FEAR）。

——美国总统富兰克林·德拉诺·罗斯福

附注1

12月17日，日军潜艇I-76在夏威夷海域击沉马尼尼号游轮，2名水手丧生。

12月18日，日军潜艇I-72击沉一艘开往马尼拉的名为普吕萨的货船，9名船务人员丧生。

12月20日，日军潜艇I-17袭击了美国艾米迪奥号油轮，5名船员丧生。

12月23日，日军潜艇I-21击沉第二艘油轮蒙特贝罗，36名船员搭乘救生艇在弹雨中侥幸逃生。

12月24日，日军潜艇I-23扫射并撞击汽轮多萝西·飞利浦。

12月25日，日本潜艇I-19发射鱼雷袭击了阿柏萨罗卡号木材运输船，船员被迫弃船逃生，1名水手死亡。

12月27日，日本潜艇I-25发射鱼雷击中康涅狄格号油轮，油轮被迫搁浅。

附注2

波特兰地区：搜查81处住所，逮捕4人，因其涉嫌拥有21个炸药棒、62个雷管、140英尺长的导火线。

西雅图地区：搜查28户，2名日本敌侨和1名德国敌侨被发现拥有1个无线电接收器、2部照相机、1个短波收音机、2英尺长的导火线、约100个雷管以及半桶火药。

洛杉矶地区：搜查46处敌侨住所，逮捕17名敌侨；查获违禁物品有7台能够接收短波的无线电设备、1台无线电振荡器、4箱各种无线电设备、2部照相机、23个手电筒、4个大型探照灯、3把报务员的钥匙、1台小型无线电发射机、1个扩音器、1把点38口径左轮手枪、50个弹药筒、1把点22口径步枪、4个雷管、3磅重的黑火药、3英尺长的导火线以及2卷有战舰和防御工事照片的胶卷。

附注3

丹尼尔·健·井上生于美国檀香山，1943年加入美军并分到442步兵战斗团，获颁铜星勋章及杰出服役十字勋章；1945年4月，在意大利的一场战役中失去了右手臂，也因此于2000年获得象征美国军事最高荣誉的荣誉勋章；1947年以上尉军衔退伍；1950年自夏威夷大学政治系毕业，1953年获得乔治·华盛顿大学法律博士；1954年开始从政，1962年当选美国联邦参议员，为美国史上首位日裔参议员，随后连任至2012年逝世为止。

附注4

文中数据来源主要参考以下学位论文，并根据作者判断有所取舍：

柴金璐:《太平洋战争期间美国强制迁移日裔问题研究》，吉林大学博士，2016年；

周天:《"二战"时期美国曼扎那日裔拘留营研究》，北华大学硕士，2023年；

宋青青:《"二战"期间的美国日裔拘留营研究》，郑州大学硕士，2012年；

杨阳:《罗斯福与"二战"期间日裔集体拘禁》，山西大学硕士，2020年；

吴雅欣:《"二战"时期美国对日裔集中管制合法性研究》，武汉大学硕士，2020年；

李红梅:《美国公民自由联盟关于日裔被拘留事件的分歧研究（1942—1946）》，福建师范大学硕士，2022年。

28. 再读《孙子兵法》[①]

> 欲立不世之功，得成勋世伟业，非坚忍所不能也，坚忍于战则无敌，于礼则大治，外无敌，内大治，厚道载物乎？
>
> ——曾国藩《挺经》

德林在 2024 年 3 月发布了关于配售的公告。港股 2024 年以来持续低迷，市场交投和募资都较为惨淡，更衬托出德林此次配售意义的重大。逆市中投资者对德林的充分肯定，不仅仅是认可我们过去十几年在金融行业的深耕，也代表了对德林未来发展路径和愿景的支持。配售的资金将对德林的未来战略起重要的支撑作用，也标志着德林正式迈入了一个新的篇章。

此时此刻，我又不免有些感慨，回顾创立德林这十几年的经历，我们也遇到不少的挫折，踩过很多坑，一路摸爬滚打，到今天，德林的未来蓝图才逐渐清晰起来。在这个过程中，我也逐渐体会到，一份事业，最重要的不是成天想着怎么打败对手，而是找到正确且重要的事情，专注自身、打磨自己，让自己立于不败之地。最近正巧也在重读《孙子兵法》，对其中的内容也深有共鸣、感触良多。

说到《孙子兵法》，很多人会将其和三十六计画上等号，而实际上，孙子兵法比三十六计早上千年。三十六计语源于南北朝，成书于明清，讲的是计策、是谋略，是侧重细节的小术。而《孙子兵法》，是放眼全局的战略部署，对于企业的管理者来说也更具参考学习的意义。我和我的太太，都是《孙子兵法》的忠实拥趸，我太太曾撰写过一篇关于《孙子兵法》中"五事"的文章（《从〈孙子兵法〉谈企业发展的五事》），阐述了"道、天、地、将、法"如何影响企业的管理，而今天，我想再和大家分享一下"五事七计"中的七计。

[①] 原文写于 2024 年 3 月 31 日。

28.1 何谓七计

七计是五事的延伸，计是计算、是精确地分析我们和他人的优劣势。在做分析的时候，《孙子兵法》问了七个问题：

第一，"主孰有道"，问国君是不是有道，就是看国君和民众是不是上下一条心；

第二，"将孰有能"，是比较谁的将领更有本事，更有军事才能；

第三，"天地孰得"，是比较天时地利到底谁占优势；

第四，"法令孰行"，是指双方的军法、法令谁更加严明；

第五，"兵众孰强"，谁的武器装备更精良；

第六，"士卒孰练"，谁的士兵更加强悍，平时的训练更加完备；

第七，"赏罚孰明"，跟前面的"法令执行"意思差不多，就是军法赏罚是不是严明。

七计的原意是带兵打仗，而应用到现代企业治理中，则演变成了下列七个问题：

第一，"主孰有道"，即公司的管理者和员工是否认同公司的愿景，是不是都认为现在做的事情是正确的事情；

第二，"将孰有能"，即需要详细分析公司管理者的业务能力、管理能力，比较谁更有领导才能，能有效地管理团队、执行公司的计划部署；

第三，"天地孰得"，即需要全面分析天时、地利，要因势利导，把握时机和机会顺势而为；

第四，"法令孰行"，即需要考察公司内部是否有清晰严明的规章制度和内部管理体系，企业的有序运作并不是靠企业内部人与人之间有多熟，而是需要一套合理有效、导向鲜明的体系来约束每个人的言行，保障公司的正常运作；

第五，"兵众孰强"，即哪个公司拥有更好的产品或更具优势的工具，这取决于公司自身的硬件条件以及对市场的理解和判断；

第六，"士卒孰练"，即哪个公司的员工拥有更好的职业素养及优秀的品质，这部分不仅依赖于从市场挖掘优质的员工，更重要的是企业内部培训，以及员工在日常工作中不断地学习和成长，挖掘员工的潜力并加以培养、发挥，也至关重要；

第七，"赏罚孰明"，即公司需要有明晰的奖惩机制，奖惩机制"分明"是一个重点，还需要"及时"和"有效"，公司对于表现优异的员工，要不吝奖励。

明白了七计讲的是什么，也就不难发现企业的管理和发展靠的是精密的"计算"，是科学，而不是靠运气、靠小聪明。

28.2 《孙子兵法》是不战之法、不败之法、是以多胜少之法

很多人在没有读过《孙子兵法》之前，都会误以为孙子兵法教的是如何打胜仗的方法，就连我自己在没有深入研读《孙子兵法》，或者说没有足够的经历之前，也都是这么认为的。因此，回顾创业十余年来的历程，这种错误的认知也让我无法避免地遭受了很多挫折。

而积累了这么多经验以后，再读《孙子兵法》，我才领悟到《孙子兵法》的本质，不是战法，而是不战之法；不是战胜之法，而是不败之法；不是以少胜多之法，而是以多胜少之法。到应用层面，《孙子兵法》的精髓就是：第一，最好不用打就赢；第二，如果非要打，就用智慧去打，用战略去打，用最小的成本取得最大的胜利。

《孙子兵法》告诉我们最重要的道理，就是分析和判断是非常重要的，做任何一件事之前都要全面地进行分析，这个分析不仅关乎自己，也要分析外部。金融行业不乏比德林规模更大、业务涵盖更广、名气更加响亮、资源更加丰富的公司，和他们相比，我们有一定的差距，那我们如何能立于不败之地呢？那就是认清并有效地发挥我们自身的优势，继续做我们认为正确的事情。立于不败之地的核心并不在于以小搏大、以少胜多，那无异于赌博；而在于精密地计算和准备，全面地了解风险和准备应对的策略，集中优势兵力，最大化已有的资源，在自己擅长的领域以多胜少。

28.3 小结

《孙子兵法》的五事七计，总结来说，就是由本身做的事、外部的环境以及内部的团队构成的一个矩阵，各个环节紧密相连、缺一不可。严格意义上

来说，现在的外部环境对于金融行业整体来说并不算好，但对于我们，尤其是家族办公室来说，反而是不可多得的机会，因为在周期的底部，客户们才会对风险有更深刻的了解，能意识到风险控制的重要性。与此同时，低迷的市场更容易发掘到被低估的优质资产。再次，低谷时期很多人会选择原地不动，而忽视到低谷反而是布局未来的最佳时机，一旦市场开始反弹，提前布局的人就会享受最大的先发者优势。

德林过去十多年的经历反复验证了我们所做的事情的价值，而德林马上推出的 AI 家族办公室，相信也会给大家带来更多的惊喜。从更广阔的视角来说，AI 时代已经开启；从更微观的角度来看，香港刚刚推出的 CIES 计划也为我们带来了绝佳的机会。属于德林的时代已经到来，我们也期待未来能有更多优秀的人才可以加入德林，和我们一起打造属于全体德林人的未来。

仅以下面两句话与大家共勉！

我们将以如履薄冰的谨慎与战无不胜的豪情，努力创造美好的未来！

——李佳林

伟仕佳杰控股（856.HK）董事局主席

和比自己强的人在一起，才能向上爬，和比自己弱的人在一起，就会走下坡路。人是如此，公司也是如此，国家更是如此。

——陈宁迪

29. 动荡年代的坚定信念 ①

Future is uncertain.

Yet, winter is coming.

The only constant is constant change.

Let's be cautiously optimistic and be ready to strike as opportunity presents itself.

In the coming future…

————Wiseman Chen

未来充满不确定性，

然而，凛冬将至。

唯一不变的就是变化本身。

让我们保持审慎乐观的态度，准备好在机会来临时全力出击。

就在不久的将来……

————陈宁迪

过去的几天，中国北方的很多城市遭遇了突如其来的强降雪，而香港依然是 30 多度，穿着西装在室外稍微站一站便是汗流浃背。都是冬季，但对不同纬度的地区来说差异极大，但当下经济的寒冬和滴水成冰的市场，却无差别地让所有人都感受到了刺骨的寒意。疫情、房地产美元债、汇率、股市的巨大影响和调整，给市场中几乎每一个人都带来了不同程度的损失，这其中有一些人身价损失了 50%、80%，甚至倾家荡产。

当一个人在经历他人生中的冬天时，尤其是这个冬天极其寒冷，而他又损失了大部分御寒的装备，他可能会失去对春天的憧憬。而中国近代历史上有这样一位伟人，他在经历人生的寒冬时，在损失了 90% 的"身家"时，并

---

① 原文写于 2023 年 10 月 9 日。当时受清华五道口金融 EMBA 香港同学会会长、伟仕佳杰（856.HK）董事长李佳林先生启迪，有感而发，不胜感激。

没有自怨自艾，一蹶不振，而是挥毫写下了下面这首气势澎湃、震古烁今的诗词：

> 北国风光，千里冰封，万里雪飘。
> 望长城内外，惟余莽莽；
> 大河上下，顿失滔滔。
> 山舞银蛇，原驰蜡象，欲与天公试比高。
> 须晴日，看红装素裹，分外妖娆。
>
> 江山如此多娇，引无数英雄竞折腰。
> 惜秦皇汉武，略输文采；
> 唐宗宋祖，稍逊风骚。
> 一代天骄，成吉思汗，只识弯弓射大雕。
> 俱往矣，数风流人物，还看今朝。

相信这首词读毕，这位伟人是谁的答案已经呼之欲出了。这首词以如椽之笔写景论史，表达了一代伟人毛泽东"欲与天空试比高"的豪情壮志。这首词磅礴的气势，给我带来的震慑和鼓舞不禁让我好奇这首词的创作背景。起初，我肤浅地以为是创作于1945年抗日战争胜利，或者1949年新中国成立之际。然而查询以后，我惊讶地发现这首词写于1936年2月，甚至是"七七事变"日本全面侵华尚未发生之前。彼时，毛泽东刚刚带领着长征队伍来到陕北革命根据地。在两万五千里长征中，红军面对数倍于己的国民党军的围追堵截，虽然取得了最终胜利，但也付出了巨大牺牲。毛主席领导的红一方面军，是各路红军中行程最长，也是汇集最多精英的一支。长征出发时，红一方面军有86800余人，而在长征后，仅有7000余人到达陕北，人员牺牲超过90%。

红军在陕北会师之际，正处于隆冬时节，而到达陕北的红军队伍，仅剩下出发时的四分之一。这些到达的队伍面对寒冷的冬季，尚未找到可以落脚的地方，也不知道前面的战争该如何开展，心中难免悲观。但就是在这样的冬季，毛主席却依然信念坚定，写出了《沁园春·雪》这一首恢宏巨作。在坚定信念的感染和带领下，中国共产党最终取得了抗日战争和新民主主义革命的胜利，建立了新中国。

人与人之间的差异，实际上是来源于信息差、资源差和认知差。

信息差，指的获取信息的不同；资源差，简单来说是影响力的差距；而决定人与人最本质的区别的，是认知的差异。认知的能力，本质上是对一个事物分析、判断和预测等方面的能力，这会影响人看待事物的角度和进行批判性思考的能力。《沁园春·雪》，就展示了伟人不同于一般人的认知，纵使外面白雪皑皑，前路渺茫，他依然秉持着必胜的信念，不畏困难，始终如一地追求自己的理想与信念，最终成为一代风流人物。

德林已经陪伴客户走过了十余载，这不是德林面对的第一个冬天，当然也不会是最后一个。"俱往矣，还看今朝"！从中环小小的共享办公室，走到如今的德林大厦，德林的平台已经汇集了超过 100 位志同道合的奋斗者。

尽管寒冬已至，长夜漫漫，我们心中的火焰却越燃越烈。我始终坚信，"星星之火可以燎原"，越是黑的夜，越要有耀眼的火把和坚定的行者。德林会继续秉承着为客户"守富"的信念，迎接每一天的到来。

和我们一起，做那个举着火把笃定前行的人吧！